Antonio Gramsci, o homem filósofo

Gianni Fresu

Antonio Gramsci, o homem filósofo
Uma biografia intelectual

Tradução: Rita Matos Coitinho
Prefácio: Marcos Del Roio
Posfácio: Stefano G. Azzarà

© 2020, Boitempo
© 2019, AIPSA Edizioni, Cagliari (Itália), ww.aipsa.com

Título original: *Antonio Gramsci. L'uomo filosofo. Appunti per una biografia intellettuale.*
(coleção Politica e Società)

Direção-geral	Ivana Jinkings
Edição	Isabella Marcatti
Coordenação de produção	Livia Campos
Assistência editorial	Carolina Mercês e Pedro Davoglio
Tradução	Rita Matos Coitinho
Preparação	Silvana Cobucci
Revisão	Livia Campos e Sílvia Balderama Nara
Diagramação e capa	Antonio Kehl
	sobre desenho de Gilberto Maringoni,
	inspirado em *Dylan* (1966), de Milton Glaser

Equipe de apoio: Artur Renzo, Débora Rodrigues, Dharla Soares,
Elaine Ramos, Frederico Indiani, Heleni Andrade, Higor Alves, Ivam Oliveira,
Kim Doria, Luciana Capelli, Marina Valeriano, Marissol Robles, Marlene Baptista,
Maurício Barbosa, Raí Alves, Talita Lima, Thais Rimkus, Tulio Candiotto

CIP-BRASIL. CATALOGAÇÃO NA PUBLICAÇÃO
SINDICATO NACIONAL DOS EDITORES DE LIVROS, RJ

F941a

Fresu, Gianni, 1972-
Antonio Gramsci, o homem filósofo : uma biografia intelectual / Gianni
Fresu ; tradução Rita Matos Coitinho. - 1. ed. - São Paulo : Boitempo, 2020.

Tradução de: Antonio Gramsci. "l'uomo filosofo" : appunti per una
biografia intellettuale
Inclui bibliografia e índice
ISBN 978-65-5717-002-1

1. Gramsci, Antonio, 1891-1937. 2. Comunistas - Itália - Biografia.
I. Coitinho, Rita Matos. II. Título.

20-64556

CDD: 923.3543
CDU: 929:330.85

Meri Gleice Rodrigues de Souza - Bibliotecária CRB-7/6439

É vedada a reprodução de qualquer parte deste livro sem a expressa autorização da editora.

1ª edição: julho de 2020

BOITEMPO
Jinkings Editores Associados Ltda.
Rua Pereira Leite, 373
05442-000 São Paulo SP
Tel.: (11) 3875-7250 | 3875-7285
editor@boitempoeditorial.com.br | www.boitempoeditorial.com.br
www.blogdaboitempo.com.br | www.facebook.com/boitempo
www.twitter.com/editoraboitempo | www.youtube.com/tvboitempo

Para Sergio Manes

Assim, a luta política se torna uma série de questões pessoais entre quem a conhece bem, tendo o diabo na ampola, e quem é ludibriado pelos próprios dirigentes e, por sua incurável estupidez, não quer admitir esse fato.

(Antonio Gramsci, *Quaderni del carcere*, Turim, Einaudi, 1977, p. 1.597)

Sumário

Nota do autor.. 11

Prefácio, *Marcos Del Roio*... 13

Primeira parte – O jovem revolucionário... 17

1. As premissas de um discurso ininterrupto... 19
2. Dialética *versus* positivismo: a formação filosófica do jovem Gramsci... 31
3. Autoeducação e autonomia dos produtores... 47
4. Lênin e a atualidade da revolução.. 59
5. *L'Ordine Nuovo*.. 75
6. Origem e derrota da revolução italiana.. 85
7. O problema do partido.. 93
8. Refluxo revolucionário e ofensiva reacionária...................................... 105

Segunda parte – O dirigente político.. 117

1. O Partido novo... 119
2. O Comintern e o "caso italiano"... 135
3. Rumo a uma nova maioria.. 163
4. Gramsci à frente do Partido.. 177
5. O amadurecimento teórico entre 1925 e 1926...................................... 187
6. O Congresso de Lyon.. 195

Terceira parte – O teórico... 209

1. Das contradições da Sardenha à questão meridional............................. 211
2. Os *Cadernos*: o início conturbado de um trabalho "desinteressado"...... 237
3. Relações hegemônicas, relações produtivas e os subalternos................. 243
4. O transformismo permanente... 253
5. Premissas históricas e contradições *congênitas* da biografia italiana..... 267
6. "O velho morre e o novo não pode nascer".. 281
7. A dupla revisão do marxismo e o ponto de contato com Lukács............ 295

8. Tradutibilidade e hegemonia 317
9. O homem filósofo e o gorila amestrado 333
10. Michels, os intelectuais e o problema da organização 349
11. O desmantelamento dos velhos esquemas da arte política 365

CONCLUSÃO 377

Posfácio – Antonio Gramsci: o marxismo diante da
modernidade, *Stefano G. Azzarà* 383
Cronologia – vida e obra 391
Bibliografia 407
Índice onomástico 419

Nota do autor

Este livro é fruto de uma longa e articulada gestação, síntese de meus estudos e publicações anteriores sobre a figura de Antonio Gramsci. Escrevi minha primeira monografia em meados de 2005, *Il diavolo nell'ampolla: Antonio Gramsci, gli intellettuali e il partito* [O diabo na ampola: Antonio Gramsci, os intelectuais e o partido], publicada pela editora La Città del Sole em colaboração com o Instituto Italiano para os Estudos Filosóficos. Junto com o editor Sergio Manes, discutimos a ideia de uma nova edição do volume na primavera de 2011, porém a simples releitura, inicialmente destinada a corrigir alguns erros, melhorar a forma e aprofundar alguns conceitos, logo se transformou numa exigência totalmente diferente. Depois de tantos anos, impôs-se a necessidade de outro projeto, capaz de oferecer uma visão mais ampla, orgânica e completa tanto do processo de formação intelectual quanto das principais categorias analíticas elaboradas pelo pensador sardo. A despeito das intenções, aquele livro ficou no plano das ideias, uma vez que me concentrei na publicação de uma monografia sobre Eugenio Curiel e, em 2014, passei a morar e trabalhar no Brasil, dedicando-me a outras publicações em língua portuguesa. Em 2017 fui surpreendido pela triste notícia do prematuro falecimento de Sergio. Todavia, o desejo de publicar um trabalho mais sistemático sobre Gramsci não arrefeceu, alimentado pela experiência inédita de minha nova vida em uma realidade tão diferente como a do Brasil, repleta de contradições, mas ao mesmo tempo rica de um fermento cultural e político vital, na qual o interesse em torno da obra gramsciana obtém uma difusão absolutamente única no panorama internacional. Minha ininterrupta colaboração com o GramsciLab, particularmente a realização de dois seminários para os estudantes da Universidade de Cagliari, reforçou aquela exigência, obrigando-me a finalmente reelaborar notas e reflexões reunidas ao longo do tempo. Agradeço à editora Aipsa, em especial a Annamaria Baldussi, Patrizia Manduchi e Giuseppe Mocci, que, com seu profissionalismo editorial e científico, possibilitaram a concretização de um objetivo há muito buscado, ajudando-me a honrar o compromisso que assumi com meu grande amigo Sergio, a quem dedico este volume.

Prefácio

Na análise da trajetória dos intelectuais italianos, Gramsci enfatiza seu aspecto cosmopolita, cuja origem se encontra na época do Império Romano e persiste por toda a época feudal, em virtude do universalismo da Igreja. Até Maquiavel percorreu a França e a Polônia, e antecipou muito do que Gramsci quis dizer como intelectual nacional popular. Contemporâneo de Maquiavel foi Leonardo da Vinci, a expressão mais completa da universalidade do gênero humano, embora tenha emigrado da Itália para a França apenas nos últimos tempos de vida. O que ambos antecipavam e projetavam jamais se concretizou: nem a Itália se unificou verdadeiramente com o protagonismo das massas e dos intelectuais, nem a universalidade do homem italiano se realizou. Mas a derrota custou caro e a Península viu-se subjugada por séculos pela ditadura terrorista da Igreja católica "reformada".

O chamado *Risorgimento* esteve longe de ser um passo significativo nessa direção. A Igreja recuou, mas não foi derrotada; a ideologia da classe dominante moderna se recompôs em torno de uma religião laica – o liberalismo –; a Itália continuou dividida, com a colonização do Sul pelo Norte. O jacobinismo francês não conseguiu ser *traduzido* para a Itália, apesar de Maquiavel ter sido o precursor da perspectiva da necessidade de se organizar a vontade popular e dotá-la de uma direção política. Um dos resultados desse duplo fracasso foi a migração em massa de trabalhadores italianos rumo aos Estados Unidos, Argentina e Brasil. O cosmopolitismo dos intelectuais era agora o novo cosmopolitismo dos trabalhadores!

Como para Sísifo, a missão continuava a desafiar o engenho e a vontade, mas onde estariam as armas teóricas capazes de dar início a uma nova batalha? Era preciso "traduzir" a circunstância de Maquiavel para o século XX e enfrentar todas as debilidades do *Risorgimento*, não para completar o que não foi feito, mas para fundar uma nova "*civiltà*". Tarefa imensa, mas as tais armas estavam nas mãos dos herdeiros da filosofia clássica alemã: o proletariado. A obra de Hegel e Marx, sua filosofia, era a arma mais forte. Mas a filosofia e a teoria eram imprescindíveis para que o descolamento entre senso comum e ciência fosse sanado numa filosofia da práxis, para evitar a brecha entre Renascimento e Reforma, como acontecera no século XVI.

Gramsci percebe desde logo que a chave para compreender como se pôr no mundo e como agir no mundo, como transformar a realidade do mundo, estava na dialética. Além de Maquiavel, ele encontra na cultura italiana referências importantes em sua busca pelo conhecimento que atua e transforma o mundo. Em Vico, em De Sanctis, em Croce, observa os elementos essenciais do que viria a ser a sua filosofia, de como se construía o Homem filósofo, o qual tinha atrás de si personagens como Maquiavel e Leonardo.

O livro de Gianni Fresu parte da dialética como instrumento de luta de Gramsci contra o positivismo e contra a intrusão positivista no marxismo e no partido socialista. O debate de fim de século, subsequente à morte de Engels (1895), entre a proposição revisionista de Bernstein e a defesa da ortodoxia relativa aos escritos de Marx, consolidou no "marxismo" (agora com aspas) o sono da dialética. A leitura que se fez dos trabalhos (aqueles então conhecidos) ficou condicionada às principais concepções da alta cultura burguesa, o neokantismo (de Bernstein a Bauer) e o positivismo de Karl Kautsky.

Na Itália, o debate sobre a "crise do marxismo" envolveu o neoidealismo italiano, que buscava o resgate da filosofia clássica alemã, mas também Sorel e Antonio Labriola. A trajetória de Gramsci como Homem filósofo implicou o debate e a superação dialética de toda essa influência juvenil. Nos *Cadernos** ficaria claro que Croce se transformara no adversário principal e que Labriola era a referência mais importante no desenvolvimento do comunismo crítico. O positivismo, todavia, continuava a ser combatido, desta feita contra Bukhárin, o mais importante teórico da Nova Política Econômica (NEP), objeto das mais incisivas críticas.

A guerra e a Revolução Russa criaram novas condições para que o teórico se empenhasse na ação política. Em 1917, Gramsci iniciou sua atividade de dirigente político, mas um dirigente político que entendia a política e a cultura como elementos forte e dialeticamente entrelaçados. Com a incidência da Revolução Russa, da experiência dos conselhos de operários, do conhecimento paulatino da obra política e prática de Lênin, Gramsci aprofundou suas próprias reflexões sobre a autonomia, a autoeducação e o autogoverno dos trabalhadores. Agora havia também uma teoria da ação político-cultural a ser desenvolvida na luta de classes agudamente travada em Turim. A experiência da elaboração do semanário *L'Ordine Nuovo,* acoplada à experiência dos conselhos de fábrica, foi um

---

* Ed. bras.: *Cadernos do cárcere*, org. e trad. Carlos Nelson Coutinho, Luiz Sérgio Henriques e Marco Aurélio Nogueira, Rio de Janeiro, Civilização Brasileira, 1999-2000, 6 v. (N. E.)

PREFÁCIO 15

laboratório riquíssimo para se projetar a reorganização da produção, a democracia dos produtores e a elevação cultural das massas.

A derrota dessa importante atividade das massas populares obrigou Gramsci a se dedicar mais ao problema do partido, da questão nacional e do vínculo internacional. Foi uma longa e intensa batalha, pois Gramsci acabou constatando como o grupo comunista de Turim era limitado regionalmente, como nos fatos era Bordiga quem conduzia a ideia de partido comunista na Itália, como a direção da Internacional Comunista (IC) pouco compreendia da situação italiana, além da emergência do fascismo como instrumento de combate destinado a anular o movimento operário.

Gramsci só conseguiu assumir a direção do partido comunista depois de agregar novamente o grupo político de Turim e de conseguir novos apoios em outros setores partidários. O respaldo da Internacional Comunista, enfim alcançado, foi decisivo, assim como a desarticulação da condução bordiguista por conta da repressão fascista, já no poder. Gianni Fresu acompanha esse cipoal político com precisão, mas importa ainda mais a observação de como Gramsci amadureceu a teoria do partido político revolucionário concatenado com a teoria da revolução socialista na Itália. A *tradução* de Lênin é perceptível: Gramsci particularizou a questão agrária na Itália para entender as condições para estabelecer a aliança operário-camponesa e pensou um partido operário capaz de educar as massas e de se alimentar da sua experiência prática. Para Gramsci, já estava nítido que a aliança operário-camponesa também exigia uma aliança no âmbito cultural, uma aliança entre os comunistas e os intelectuais meridionalistas, que pretendiam refletir os interesses do campesinato.

O amadurecimento intelectual de Gramsci ocorreu em meio à militância política revolucionária na Internacional Comunista e como dirigente do partido comunista. Esse processo ascensional foi interrompido com a prisão, em fins de 1926. Mas essa interrupção foi temporária, pois, mesmo preso e sem acesso a papel para escrever, seu cérebro continuou empenhado na apreensão do movimento do real.

Quando conseguiu autorização para tomar da pena e de papel, Gramsci começou a escrever os *Cadernos do cárcere*. Nessas páginas, como tão bem demonstra Gianni Fresu, é que desabrocha em sua inteireza o teórico, o homem filósofo. Fresu aborda os *Cadernos* por meio de temas concatenados e apresenta algumas das questões apontadas no início deste prefácio segundo a interpretação de Gramsci. A questão meridional – argumento sobre o qual Gramsci se debruçava no momento da prisão – é analisada e ampliada nos *Cadernos* como relação entre Norte e Sul, mas também como relação entre Ocidente e Oriente. Daqui também deriva o problema dos subalternos e da subalternidade, que traz à baila a questão dos intelectuais e da revolução passiva como chave interpretativa do *Risorgimento*.

Gramsci escreveu os *Cadernos* como prisioneiro do fascismo e só isso demonstra a enorme derrota sofrida pelo movimento operário e pela Interna-

16 ANTONIO GRAMSCI, O HOMEM FILÓSOFO

cional Comunista. A derrota ocorrera em 1921, mas a IC e também o Partido Comunista da Itália (PCd'I) acreditavam que a situação revolucionária ainda persistia. Foi só nos *Cadernos* que Gramsci percebeu plenamente a dimensão da derrota do movimento revolucionário. Seu programa de estudo voltou-se para a compreensão dos motivos dessa situação, de como a Itália e o mundo se encaminhavam e quais os desafios a serem vencidos para se voltar a vislumbrar o objetivo da revolução socialista.

Era preciso entender o fascismo, suas tendências e contradições, seu significado histórico como uma forma particular de revolução passiva. O capitalismo vivia séria crise, mas não era crise de morte, pois o americanismo/fordismo mostrava um caminho suntuoso de expansão capitalista, com a criação de uma nova classe operária, de um novo processo de trabalho e de gerenciamento do trabalho. A crise de 1929 certamente seria um forte abalo, superado, contudo, por um longo período de expansão, evidentemente com o auxílio da devastação da guerra que viria, da qual Gramsci ouviria apenas as primeiras trombetas.

Enfrentar os próprios limites era essencial, e Gramsci voltou a encarar seus antigos adversários intelectuais: o positivismo incrustado no "marxismo" e o liberalismo de perfil croceano. O economicismo e o determinismo sufocavam a herança de Marx, que precisava ser resgatada, o que na verdade significava resgatar a dialética. A ação política revolucionária dependeria desse resgate, mas também do reconhecimento do senso comum, das suas contradições, como o ponto de partida do progresso intelectual de massas.

O desenvolvimento do príncipe moderno dependeria da capacidade das massas de se autoeducar e de educar o príncipe, mas o contrário também é verdadeiro. Nesse processo é que se elabora a hegemonia alternativa capaz de substituir a hegemonia burguesa: a filosofia da práxis seria então a forma de apreender o mundo, de organizá-lo, reunindo teoria e prática de modo que efetivamente seria possível dizer que todos os homens são filósofos.

Este instigante livro de Gianni Fresu, que o leitor se prepara para saborear, trata de todos os temas esboçados rapidamente neste prefácio. Ao final certamente haverá uma clareza maior da trajetória intelectual de Gramsci, embora não se possa pedir o impossível, que seria abordar todos os problemas de alta complexidade deixados pelo Homem filósofo da Sardenha.

Marcos Del Roio[*]

---

[*] Professor de ciências políticas na Faculdade de Filosofia e Ciências da Universidade Estadual Paulista (FFC-Unesp), editor da revista *Novos Rumos* e presidente do Instituto Astrojildo Pereira. (N. E.)

Primeira parte

O jovem revolucionário

I
AS PREMISSAS DE UM DISCURSO ININTERRUPTO

Antonio Gramsci nasceu num contexto de profunda crise do jovem Estado italiano, com níveis de particular gravidade na Sardenha, já historicamente abalada após séculos de domínio colonial, afetada por uma miséria crônica e por um subdesenvolvimento estrutural que não lhe deixavam saída[1]. Em 1891, a Itália estava mergulhada havia alguns anos na guerra alfandegária com a França, travada por Crispi[2] para defender a indústria nascente e a grande produção agrária nacional, porém com gravíssimas consequências para o Sul italiano.

Como Gramsci esclareceu nas primeiras notas do *Caderno 1*, o sistema hierárquico de privilégios definidos durante o *Risorgimento*[3] tornara estrutural o atraso econômico e social meridional, aumentando desmesuradamente a exploração e a drenagem de enormes parcelas de sua poupança, reinvestidas no Norte do país.

---

[1] Antonio Gramsci nasceu em Ales (Oristano), um pequeno vilarejo do interior da Sardenha, em 22 de janeiro de 1891. Filho de Giuseppina Marcias e Francesco Gramsci, era o quarto de sete filhos. Três anos depois, a família se mudou para Sorgono, próximo de Ghilarza, vilarejo natal de Giuseppina, onde o pequeno Antonio Gramsci passou toda a infância e adolescência.

[2] Depois da queda do último governo da direita de Cavour, o novo presidente do Conselho dos ministros Agostino Depretis abandonou a política do livre-câmbio em favor do protecionismo alfandegário. Essa política, destinada a proteger a nascente indústria nacional do Norte e as produções latifundiárias do Sul da Itália, continuada pelo novo primeiro-ministro Francesco Crispi, provocou a denúncia dos antigos tratados comerciais e uma guerra aduaneira com a França, que levou ao fechamento desse mercado fundamental para algumas produções italianas (frutas cítricas, azeite, gado, vinho, cereais, couro) particularmente importantes para o *Mezzogiorno*.

[3] O termo *Risorgimento* indica o processo de unificação nacional italiana, que tem suas premissas na primeira guerra de independência de 1848 e desembocou na proclamação do Reino da Itália em 1861.

20 ANTONIO GRAMSCI, O HOMEM FILÓSOFO

No *Mezzogiorno** havia alguma produção agrícola de prestígio, cujo principal mercado era a França. A política protecionista e a denúncia do tratado comercial com a França atingiram precisamente essa produção qualificada. Isso significou a restrição das exportações italianas em cerca de 40%, chegando a 70% na Sardenha e em algumas regiões do Sul. Os direitos aduaneiros sobre os produtos industriais e sobre as grandes produções agrícolas favoreceram o Norte e os interesses dos grandes latifundiários do Sul, mas ao mesmo tempo acabaram sufocando as classes mais dinâmicas da agricultura e da pecuária, as únicas que investiram participações de capital na produção do Sul. No entanto, como Gramsci escreveu em seus *Cadernos*, na perspectiva histórica esse sistema de conciliação se mostrou ineficaz porque se transformou num obstáculo para o desenvolvimento da economia industrial e agrícola, determinando, em várias fases, níveis muito agudos de luta entre as classes e, por conseguinte, a pressão cada vez mais forte e autoritária do Estado sobre as massas. Nas décadas subsequentes à unificação italiana, os termos dessa contradição tiveram uma forma de expressão mais dura e dramática na Sardenha[4].

Como revelou Depretis, os três regulamentos que uniformizaram o regime fiscal e o cadastro de propriedades rurais, a legislação de 1864, contribuíram muito não apenas para criar uma situação de grande confusão, mas também para adotar um regime tributário totalmente alheio às condições existentes e às potencialidades efetivas. Para enfrentar o déficit orçamentário estatal, a lei de 1864, que aumentou repentinamente os tributos fundiários, foi promulgada sem nenhum conhecimento da realidade na qual seria aplicada e constituiu um golpe mortal nos propósitos de renovação econômica e social do campo:

> Havia uma dívida hipotecária na Sardenha que, em 1870, era de 76.664.027,00 liras; o que significa dizer que para cada hectare de terra incidia um imposto de 3.161,00 liras, mais de quatro vezes o valor da terra. Nove anos se passaram e tudo sugere que essa dívida é ainda maior hoje, e a situação não apenas se agrava, como começa a se deteriorar [...]. Todos podem e devem estar convencidos de que a propriedade rural está em estado patológico e que são necessárias medidas de correção da tabela e de redução dos impostos.[5]

---

* O *Mezzogiorno* compreende a região sul continental da Itália (também chamada Italia meridionale, Suditalia, Bassa Italia ou apenas Sud) e as províncias insulares da Sardenha e da Sicília. Optamos por manter o já consagrado termo italiano na edição brasileira, porque ele comporta essa especificidade que uma tradução literal não alcançaria. (N. T.)

[4] Para maiores detalhes sobre a história da Sardenha contemporânea, ver Gianni Fresu, *La prima bardana. Modernizzazione e conflitto nella Sardegna dell'Ottocento* (Cagliari, Cuec, 2011).

[5] Francesco Salaris, "Atti della Giunta per la Inchiesta Agraria", em *Le inchieste parlamentari sulla Sardegna dell'Ottocento* (Sassari, Edes, 1984), p. 172.

Um sinal inequívoco da depressão econômica pode ser verificado na extensão das terras (cerca de 80 mil hectares) transferidas para o Estado por dívidas fiscais não pagas. O método de cobrança imposto, além de exorbitante, mostrou-se inviável para os contribuintes da Sardenha pelo modo como foi estruturado. Os camponeses sardos não produziam o suficiente para pagar os impostos no período do inverno, em parcelas bimestrais, e para fazê-lo viam-se obrigados a recorrer aos usurários. As instituições que concediam os empréstimos aplicavam taxas de juros de até 50% ao ano para parcelas vencidas, juntamente com uma série de despesas acessórias, fato que rapidamente lançou nas ruas pequenos e médios proprietários rurais[6].

Posteriormente, entre 1870 e 1880, a economia pareceu se recuperar graças às exportações de gado, azeite, vinho, cortiça e couro para o mercado francês; no entanto, entre 1881 e 1882, a Sardenha foi esmagada por uma série de infortúnios intermináveis: primeiro, uma seca extraordinária no inverno, que se estendeu pelas estações seguintes e destruiu as plantações de cereais; depois ciclones e inundações, pragas agrícolas como o míldio e a filoxera, epidemias de peste, que dizimaram as fazendas, a falência das instituições de crédito e, finalmente, o repentino fechamento do mercado francês devido à infeliz política protecionista adotada pelos governos italiano.

Como bem documentado pelo relatório de 1879 de Antonio Zanelli ao Ministério da Agricultura, no ano anterior a Sardenha incrementara significativamente suas exportações para a França, obrigando os agricultores a contrair empréstimos para aumentar as terras destinadas à criação de gado e à pastagem, arrendadas para atender às demandas francesas. Assim, a guerra aduaneira varreu todo o setor, além de prejudicar a exportação de vinhos, cereais, azeite, couro e carvão, que tinham na França um mercado privilegiado. Como se isso não bastasse, em junho de 1887, sobreveio o fracasso do crédito agrícola industrial da Sardenha, do qual dependia todo o sistema de financiamento para empresas rurais na região, causando a falência de inúmeras empresas agropastoris, o colapso das exportações e atividades produtivas, a volatilização das poupanças coletadas com dificuldade pelos pequenos proprietários de terras e a explosão descontrolada do fenômeno da usura. Isso acarretou a pauperização da população e o abandono das áreas rurais sardas onde a única alternativa era o pastoreio, atividade prejudicada pelo estabelecimento das primeiras indústrias de laticínios entre 1885 e 1900, as quais impuseram um preço tão baixo ao leite que impediram qualquer hipótese de desenvolvimento. A alternativa à fome era a mineração, mas também nessa

---

[6] Antonio Zanelli, *Condizioni della pastorizia in Sardegna*, Relatório ao Ministério da Agricultura, Indústria e Comércio (diretor da divisão de zootecnia de Reggio Emilia; impressa sob supervisão do Comitê Agrário de Cagliari, Tipografia Editrice dell'Avvenire di Sardegna, 1880).

22 Antonio Gramsci, o homem filósofo

atividade as condições de vida e de trabalho eram desastrosas e, com o constante aumento da exploração, os salários, já muito mais baixos que no restante da Itália, foram reduzidos ainda mais. Um desastre analisado por Gramsci num artigo de 1918:

> Anos terríveis que na Sardenha, por exemplo, deixaram a mesma memória do ano de 12 [1812], quando se morria de fome nas ruas e um *starello** de trigo era clandestinamente trocado por seu correspondente campo arável. O inquérito do deputado Pais sobre a Sardenha é um documento que continuará a ser uma marca indelével de infâmia para a política de Crispi e para as classes econômicas que a apoiaram. A ilha da Sardenha foi literalmente arrasada como numa invasão bárbara; as florestas – que regulavam o clima e a precipitação atmosférica – foram derrubadas para dar lugar a mercadorias lucrativas; agora proliferam os cadáveres e corrompem-se os costumes políticos e a vida moral.[7]

Diante da crise econômica, política e moral que se abateu sobre a Sardenha depois da Unificação, a questão criminal adquiriu destaque. A *questão sarda* era vista como problema de ordem pública, sendo o banditismo visto como a causa, e não como o efeito, do subdesenvolvimento. Esse tipo de raciocínio ganhou um sustentáculo pseudocientífico com o desenvolvimento da antropologia criminal e da sociologia positivista. De acordo com essas teorias, as causas da criminalidade deveriam ser buscadas em características congênitas, biológico-raciais, do povo sardo.

O Estado considerava a ilha uma grande prisão a céu aberto, para onde eram transferidos até os funcionários públicos corruptos e envolvidos em escândalos de diversas naturezas, mantendo-se em suas funções. Diante das massas populares e mesmo diante das camadas médias, o Estado tinha baixíssimo prestígio e sua autoridade restringia-se à rapacidade fiscal e à brutalidade repressiva. Foram anos marcados pelo massacre de Buggerru[8], do qual não por acaso se originou a primeira greve geral na história da Itália, e pelos levantes insurrecionais de 1906, que começaram em Cagliari[9].

---

* Antiga medida de terreno adotada na região da Sardenha, equivalente a 3.986,75 m². (N. T.)

[7] Antonio Gramsci, "Uomini, idee, giornali e quattrini", *l'Avanti!*, 23 jan. 1918, em Guido Melis (org.), *Gramsci e la questione sarda* (Cagliari, Edizioni della Torre, 1977), p. 88.

[8] Em Buggerru, o centro de mineração do sudoeste da Sardenha, em 4 de setembro de 1904, a polícia reprimiu violentamente uma manifestação diante da sede da empresa pelo aumento salarial dos mineiros. A ação resultou em três mortes e dezenas de feridos.

[9] Esses temas encontraram um tratamento completo e bem documentado na obra de Girolamo Sotgiu, a nosso ver um dos mais importantes historiadores da Sardenha da era contemporânea. Em particular, referimo-nos a algumas de suas monografias: *Lotte sociali e politiche nella Sardegna contemporanea* (Cagliari, Edes, 1974); *Movimento operaio e autonomismo* (Bari, De Donato

As premissas de um discurso ininterrupto 23

Tudo isso é muito relevante tanto no plano da biografia humana como no da formação intelectual de Gramsci. De fato, sua produção não é um plano linear, pronto e acabado de um intelectual brilhante; é um trabalho que nasce no campo de batalha, no meio de lutas sociais, a partir da experiência direta de uma condição de miséria e marginalização social[10]. Como já se disse inúmeras vezes, entre Gramsci e o grupo subalterno se desenvolveu uma relação orgânica de afinidade, não uma mera relação de representação intelectual, e isso em grande parte se deveu ao pano de fundo social e cultural, ao conhecimento pessoal das injustiças a que eram condenadas as massas de sem-vozes de sua terra. O próprio Togliatti confirmou essa conexão direta entre formulação teórico-política e participação humana no destino dos mais humildes, já no primeiro artigo escrito por ele depois da prisão de Gramsci e publicado no jornal *Lo Stato Operaio* no bimestre maio-junho de 1927:

> Tinha laços de razão, paixão e profundo sentimento – chegado à grande cidade industrial do interior da Sardenha, onde a injustiça de certa ordem social e a expectativa de uma nova ordem expressavam-se na miséria e no instinto de rebelião e solidariedade de uma população oprimida de camponeses e pastores – o homem destinado a entender e se comunicar plenamente com os oprimidos da civilização capitalista, com os portadores da vontade de luta e de revolta a partir da qual o moderno será renovado com os operários.[11]

Uma relação de afinidade, portanto, confirmada pelo testemunho direto de tantos que com ele conviveram ou trabalharam. Dentre esses testemunhos, alguns de diversos operários de Turim, protagonistas do biênio vermelho, em grande parte coincidentes sobre uma peculiaridade de seu caráter: se tantos dirigentes do movimento eram bons oradores, Gramsci tinha uma rara qualidade: "sabia escutar". Em suas frequentes visitas aos operários em atividade, o intelectual sardo gostava de conversar, interessado em cada aspecto da existência daqueles trabalhadores: o esforço psicofísico da produção, a realidade geográfica e social de sua procedência, as implicações psicológicas de seu trabalho, a relação entre tudo

---

Editore, 1975); *Storia della Sardegna sabauda (1720-1847)* (Bari, Laterza, 1984); *Storia della Sardegna dopo l'Unità* (Bari, Laterza, 1986).

[10] "Quem conhece o pensamento e a ação de Gramsci entenderá que é certo afirmar que a origem desse pensamento e ação não se encontra apenas nas fábricas de Turim, mas também na Sardenha, nas condições estabelecidas pelo capitalismo italiano para a ilha" (Palmiro Togliatti, "Ho conosciuto Gramsci sotto il portico dell'Università di Torino", em Cesare Pillon, *I comunisti nella storia d'Italia*, Roma, Edizioni del Calendario, 1967, p. 81).

[11] Idem, *Gramsci* (Roma, Editori Riuniti, 1972), p. 4.

24 Antonio Gramsci, o homem filósofo

isso e a vida privada e familiar de cada um deles. Foi o que Togliatti confirmou mais uma vez, em 1927:

> Comunicar-se com os operários. "Debater" com os operários. Entre os mais notáveis dirigentes do nosso Partido [...] vê-se que alguns são capazes de falar para uma multidão. Mas conversar com os operários, individualmente, com simplicidade, e não no papel de mestres ou chefes, e sim como companheiro e, por assim dizer, como aprendiz, não apenas buscando encontrar, no contato com a consciência e a vontade do operário, os motivos mais profundos de nossa fé, não apenas para pôr à prova nesse contato nossa própria capacidade e vontade, mas para colaborar com o operário na busca do caminho que se abre à sua classe, para testar a exatidão de um direcionamento, de uma orientação, de uma palavra de ordem – isso é bastante raro em nosso meio, e é provável que, entre nós, somente Gramsci saiba fazê-lo.[12]

Gramsci chegou a Cagliari em 1908, depois do período no decadente ginásio de *Santu Lussurgiu* e de uma infância particularmente difícil em Ghilarza devido aos seus problemas de saúde e à complicada condição econômica da família, decorrente da prisão de seu pai[13]. Naquele momento, Cagliari[14] era, em todos os sentidos, a capital da região, convulsionada pelo fermento social, pelas primeiras manifestações de uma política de massa e por certa agitação cultural, exemplificada na existência de pelo menos três jornais diários e de diversos periódicos de aprofundamento e polêmica política. Em Cagliari, onde seu irmão mais velho, Genaro, se tornara secretário da seção socialista e tesoureiro da Câmara do Trabalho, Gramsci aproximou-se do socialismo, sem, no entanto, abandonar os temas e as reivindicações sardos.

---

12 Idem.

13 Em 1897, Francesco Gramsci, empregado num cartório de registro de Ghilarza, envolveu-se num duro embate ocorrido entre os diversos componentes liberais que controlavam o colégio eleitoral. Na luta entre o parlamentar eleito, Francesco Cocco Ortu, e o jovem Enrico Carboni Boi, as alegações deste, apoiadas por Francesco Gramsci, levaram a uma reação dura da facção perdedora. Por esse motivo, nesse mesmo ano, Francesco foi alvo de uma investigação e posteriormente preso sob as acusações de peculato, extorsão e falsificação de documentos oficiais. Em 1905, foi condenado a cinco anos de prisão.

14 Na capital da Sardenha, Gramsci primeiro dividiu um quarto em *via* Príncipe Amadeo, n. 24, depois mudou-se para um cômodo úmido em *corso* Vittorio Emanuele, n. 149, e frequentou o Liceo Classico Dettori. Dispondo de um orçamento suficiente apenas para sobreviver, raramente tinha condições de se permitir alguma pequena regalia, que geralmente se restringia a um café na [cafeteria] Tramer, na *piazza* Martiri ou a uma refeição frugal com seu irmão na *trattoria* da *piazza* del Carmine.

As premissas de um discurso ininterrupto   25

Nos anos de liceu, organizou, junto com seus companheiros, o círculo "Os mártires do livre-pensamento Giordano Bruno", no qual assumiu sua primeira responsabilidade política como tesoureiro, entrou em contato com as revistas mais importantes do debate intelectual nacional (*l'Unità, Il Marzocco, La Lupa, La Voce*) e com a imprensa socialista e realizou sua primeira investigação filosófica, que o levou do idealismo de Benedetto Croce ao materialismo histórico de Marx[15]. Cagliari também deu a Gramsci a primeira oportunidade de experimentar o jornalismo, tendo escrito suas primeiras matérias para o *L'Unione Sarda*[16]. Em relação aos eventos da época que marcam sua biografia, os episódios de Cagliari provavelmente podem ser considerados secundários; contudo, foi nesses anos que Gramsci formou seu caráter, começou a construir suas aptidões intelectuais e sua propensão à militância política. Embora numa carta a Tania datada de 12 de outubro de 1931, em que tratava de sua condição de sardo, Gramsci tenha afirmado pertencer à cultura italiana e não se sentir "dividido entre dois mundos"[17], não podemos relegar sua educação na Sardenha a um mero fator acidental, definitiva e organicamente superado pela "desprovincialização" experimentada por um jovem que escapou da insularidade de sua terra[18].

---

[15]   Gianni Francioni, Francesco Giasi e Luca Paulesu (orgs.), *Gramsci. I quaderni del carcere e le riviste ritrovate* (Catalogo della mostra, Cesena, Biblioteca Malatestiana, 17 jan.-31 mar. 2019, Roma, MetaMorfosi, 2019).

[16]   *L'Unione Sarda,* principal jornal da ilha, publicou o primeiro artigo de Gramsci em 1910.

[17]   "Eu mesmo não tenho raça: meu pai é de origem albanesa recente (a família fugiu de Épiro depois ou durante as guerras de 1821 e logo se tornou italiana); minha avó era uma Gonzalez e descendia de alguma família ítalo-espanhola do Sul da Itália (muitas permaneceram ali após o término do domínio espanhol); minha mãe é sarda de pai e mãe, e a Sardenha se uniu ao Piemonte apenas em 1847, depois de ter sido um feudo pessoal e um patrimônio dos príncipes piemonteses, que a obtiveram em troca da Sicília, que era muito distante e menos defensável. No entanto, minha cultura é italiana e este é o meu mundo: nunca me senti dividido entre dois mundos, embora o *Giornale d'Italia* tenha afirmado isso em março de 1920. Nesse jornal, um artigo de duas colunas atribuía minha atividade política em Turim, entre outras coisas, ao fato de eu ser sardo e não piemontês, ou siciliano" (Antonio Gramsci, *Lettere dal carcere*, Turim, Einaudi, 1975, p. 506-7 [ed. bras.: *Cartas do cárcere*, trad. Luiz Sérgio Henriques, org. Carlos Nelson Coutinho e Luiz Sérgio Henriques, Rio de Janeiro, Civilização Brasileira, 2005, 2 v.).

[18]   Além do grande e insuperável trabalho de Giuseppe Fiori (*Vita di Antonio Gramsci*, Roma/Bari, Laterza, 1989), conduzido por uma metodologia a meio caminho entre a reconstrução acurada da história e a investigação minuciosa do jornalista, que pôde valer-se de uma infinidade de testemunhos diretos únicos, uma importante tentativa de aprofundamento, não apenas formal, capaz de mostrar a efetiva importância dos anos de Gramsci na Sardenha, encontra-se na importante biografia de Angelo D'Orsi, *Gramsci. Una nuova biografia* (Milão, Feltrinelli, 2017).

Diante dessa premissa e de seu significado, o encontro com Turim[19], que ele definiu como "a Petrogrado da revolução italiana", representou uma guinada radical na vida de Antonio Gramsci, que, a partir de então, encontrou a oportunidade de se inserir num horizonte cultural e político incomparavelmente mais amplo. Podemos perceber a importância dessa modificação existencial numa rara passagem autobiográfica dos *Cadernos do cárcere*, na qual, referindo-se às *Recordações políticas e civis* de Guicciardini*, Gramsci abordou o gênero literário das *memórias*.

> As "memórias" têm a peculiaridade de não nos contar apenas fatos autobiográficos, em sentido estrito, mas também experiências civis e morais ligadas à própria vida e a seus acontecimentos, considerados em seu valor universal ou nacional. Em vista disso, esse estilo de escrita pode ser mais útil do que as autobiografias, consideradas em sentido estrito, na medida em que se refere a processos vitais caracterizados pelas contínuas tentativas de superar um modo de vida atrasado, como o próprio de um sardo no início do século, para se apropriar de um modo de viver e pensar não mais provinciano, mas nacional, e tão mais nacional na medida em que buscava se inserir num modo de viver e de pensar europeu [...]. Se é verdade que uma das necessidades mais prementes da cultura italiana era a de se desprovincializar, mesmo nos centros urbanos mais avançados e modernos, tão mais evidente se tornava o processo quando experimentado a partir de um "tríplice ou quádruplo provincialismo", como ocorria com um certo jovem sardo no princípio do século.[20]

Naqueles anos, a antiga capital do reino era a ponta de lança do desenvolvimento fordista na Itália, sendo, portanto, o local em que os conflitos de classe atingiram níveis mais fortes e conscientes. Esse fato teve papel essencial do ponto de vista formativo: em Turim, o jovem Gramsci – em cujo código genético político-social estava bastante presente o endêmico espírito das rebeliões pastoris e camponesas de sua terra – entrou em contato com a força organizativa do movimento operário. Daí resultou uma concepção muito articulada do conflito de classes e da própria ideia de revolução, segundo a qual era indispensável uma síntese orgânica entre as reivindicações das massas operárias do Norte e os anseios desorganizados das massas rurais do *Mezzogiorno*. Sem levar em conta esse cenário, é muito difícil compreender plenamente Gramsci, tanto nas lutas por

---

[19] Em 1911, após as férias escolares, Gramsci ganhou uma bolsa de estudos, destinada aos jovens carentes do reino, que lhe permitiu, apesar das enormes dificuldades financeiras, inscrever-se na Facoltà di Lettere da Universidade de Turim.

* Francesco Guicciardini, *Ricordi politici e civili* (Lanciano, Rocco Carabba, 2008). (N. E.)

[20] Antonio Gramsci, *Quaderni del carcere* (Turim, Einaudi, 1977), p. 1.776.

As premissas de um discurso ininterrupto 27

ele protagonizadas quanto em sua produção teórica. A nosso ver, o conjunto do legado gramsciano desenvolve-se num quadro de profunda continuidade. Isso não significa que Gramsci permaneça sempre idêntico; ao contrário, suas questões e suas conclusões se desenvolvem, ficam mais complexas, tomam novas direções e ele modifica alguns de seus pressupostos iniciais (como sua avaliação do jacobinismo, por exemplo), embora o Gramsci dos *Cadernos* não contradiga o líder político e, acima de tudo, não renegue seus ideais revolucionários de juventude e sua visão de mundo.

A existência do intelectual sardo, assim como a de tantos jovens de sua geração, foi marcada pelo drama da Primeira Guerra Mundial, o primeiro conflito de massas em que se aplicaram em larga escala os conhecimentos científicos dos anos precedentes e em que milhões de camponeses e operários foram literalmente enviados para o massacre. Uma expressão característica daquele conflito, utilizada com frequência por Gramsci, ilustra perfeitamente o uso instrumental das classes subalternas por parte de seus dirigentes: "carne para canhão". Nas reflexões gramscianas, essa relação dual ultrapassa as guerras de trincheiras, encontrando plena expressão nas relações fundamentais da moderna sociedade capitalista. Nesse sentido, como veremos em detalhe, Gramsci utilizou a categoria "cadornismo" como síntese das relações político-sociais deterioradas entre dirigentes e dirigidos, da modalidade de direção unilateral dos primeiros sobre os segundos. Em contraponto a essa ideia de hierarquia social, tida como natural e imutável, ele afirmou a necessidade de se superar a divisão histórica determinada entre trabalho intelectual e manual, que torna necessária a existência de um sacerdócio ou de uma casta separada de especialistas da política e do saber. A essência da natureza humana não é determinada pela atividade específica, material ou espiritual. Ao contrário do que se pensa e afirma, "todo homem é um filósofo". Nessa expressão, presente nos *Cadernos*, encontra-se provavelmente a definição que melhor sintetiza as ideias de Gramsci sobre "emancipação humana" e sobre a necessidade histórica – pode-se dizer até programática – de uma "reforma intelectual e moral" capaz de pôr fim à exploração do homem pelo homem, bem como à relação dualista entre dirigente e dirigido.

Entre essas duas fases há uma continuidade lógica e política que levou às elaborações presentes nos *Cadernos do cárcere* que constituem o coroamento, e não, como sustentam alguns, a ruptura dramática entre as elaborações "pré" e "pós" 1926. Referimo-nos ao debate que se desenvolveu nas diversas releituras da obra e da biografia política de Antonio Gramsci, no qual se afirmou, ao longo do tempo, uma tendência centrada na pretensa descontinuidade entre as reflexões precedentes e sucessivas ao ano de 1926. Em poucos anos, essa tendência, que responde mais a exigências políticas do que a evidências científicas, mostrou-se desprovida de rigor filológico e conceitual, evidenciando toda sua fragilidade.

Como afirmou Garin, "Gramsci não pretendia ser um acadêmico erudito: sua concepção do pensamento e do histórico estava impregnada da situação concreta, das escolhas reais"[21]. Gramsci, continuou Garin, "era um político e não um filósofo, por isso não se preocupou em recolher em singelos buquês temas intocados, por serem alheios a todos, mas lutou no terreno real, na situação real"[22]. Em Gramsci, a leitura analítica estava estreitamente ligada à batalha política, e pode-se explicar essa distinção entre as duas fases tanto pelas exigências imediatas da política, no caso da primeira fase, quanto pela maior liberdade analítica, precisamente *für ewig,* das reflexões da época da prisão. No entanto, a continuidade entre as duas fases é evidente e documentável.

Uma das alegações mais presentes nas releituras das últimas décadas é a que procura depurar a obra de Gramsci de qualquer vínculo com a herança teórica e política de Lênin, atribuindo-lhe por vezes considerações e análises políticas próprias de um período posterior. Sobretudo na Itália, há atualmente uma categoria de estudiosos especializados em especular sobre a pretensa conversão política, quando não mesmo religiosa, de Antonio Gramsci. Isso chegou a levar alguns desses estudiosos a pesquisar cartas, documentos e até um pretenso *Caderno* desaparecido em que se provaria essa rejeição, mas nenhum deles encontrou o que procurava[23].

Alguns buscaram as provas dessa ruptura nas páginas dos *Cadernos do cárcere* e nos conceitos mal empregados de "hegemonia" e "guerra de posições", para com isso justificar tal descontinuidade, quando não a absoluta incompatibilidade, com o "demônio do século XX". Contudo, nos *Cadernos* não faltam

---

[21] Eugenio Garin, *Con Gramsci* (Roma, Editori Riuniti, 1997), p. 48.

[22] Idem.

[23] É o caso do livro de Franco Lo Piparo, *L'enigma del quaderno* (Roma, Donzelli, 2013), que, para sustentar sua tese sobre o desaparecimento de um *Caderno do cárcere*, faz um tríptico de sentenças inapeláveis e sobretudo sem provas, sobre a razão desse sumiço e os responsáveis por ele: falta um caderno; foi Togliatti quem o fez desaparecer; nesse caderno Gramsci repudia o comunismo e o seu Partido. Paradoxalmente, para corroborar seus argumentos, o autor usou a própria ausência de documentos capaz de comprová-las. A estrutura lógica do raciocínio é a seguinte: se esses documentos não foram encontrados é porque foram destruídos e, portanto, havia coisas a se esconder, e certamente o culpado é Palmiro. Todas as suposições sobre a estranheza dessa inacreditável história de espionagem gramsciana seriam decorrentes das conspirações do grupo dirigente comunista, sobretudo Togliatti, que teria planejado tudo e apagado as pistas com a cumplicidade da esposa, da cunhada e do amigo íntimo (Piero Sraffa) do pobre e indefeso Gramsci, todos agentes da KGB a mando de Stálin para vigiá-lo. Mesmo que se admita a falta de um caderno, por que motivo Gramsci concentraria apenas nele todas as suas críticas ao comunismo? Essa hipótese contradiz até mesmo a estrutura dos *Cadernos* e o método de trabalho adotado por Gramsci. Em todos os outros volumes não se encontra nada sobre esse suposto tema.

referências ao Lênin "teórico da hegemonia" nem passagens em que Gramsci o classifica como o principal inovador e continuador do materialismo histórico depois de Marx. Contrariamente às interpretações favoráveis à descontinuidade, nos *Cadernos*, a relação entre o filósofo de Trier e Lênin é descrita como a síntese de um processo de evolução intelectual que se expressa na passagem da utopia à ciência e da ciência à ação.

> A proposição contida na introdução à *Crítica da economia política* de que os homens adquirem consciência dos conflitos estruturais no terreno das ideologias deve ser considerada uma afirmação de caráter gnosiológico e não meramente psicológico e moral. Daí decorre que o princípio teórico prático da hegemonia também tem um objetivo gnosiológico e, portanto, é nesse campo que se pode encontrar a contribuição teórica máxima de Ilitch à filosofia da práxis. De fato, Ilitch fez a filosofia progredir na medida em que fez avançar a doutrina e a prática política. Ao criar um novo terreno ideológico e determinar uma reforma das consciências e dos métodos de conhecimento, a realização de um aparelho hegemônico é um fato filosófico.[24]

Sob esse ponto de vista, as notas intituladas "Posição do problema", sempre no *Caderno 7*, são ainda mais explícitas e esclarecedoras:

> Marx é criador de uma *Weltanschauung*, mas qual é a posição de Ilitch? É puramente subordinada e subalterna? A explicação está no próprio marxismo – ciência e ação. A passagem da utopia à ciência e da ciência à ação. A fundação de uma classe dirigente (isto é, de um Estado) equivale à criação de uma *Weltanschauung*. [...] Para Ilitch, isso realmente aconteceu num território determinado. Em outro lugar, já apontei a importância filosófica do conceito e do fato da hegemonia, que devemos a Ilitch. A hegemonia realizada significa a crítica real de uma filosofia, da sua real dialética. [...] Contrapor Marx e Ilitch é insensato e ocioso. Ambos imprimem duas fases: ciência-ação, que são simultaneamente homogêneas e heterogêneas.[25]

Na passagem seguinte, Gramsci faz um curioso paralelo entre as relações entre Marx e Lênin e as travadas entre Cristo e São Paulo, desmentindo, assim, certas interpretações, até hoje vigentes, sobre sua distância de uma categoria surgida após a morte de Lênin, o marxismo-leninismo.

---

[24] Antonio Gramsci, *Quaderni del carcere*, cit., p. 1.249-50.
[25] Ibidem, p. 881.

Portanto, historicamente, seria absurdo contrapor Cristo e *Weltanschauung*, São Paulo e organização, ação e expansão da *Weltanschauung*: ambos são necessários com a mesma intensidade e certamente têm a mesma estatura histórica. Historicamente, o cristianismo poderia ser denominado cristianismo-paulismo e essa seria a expressão mais exata (apenas a crença na divindade de Cristo impediu que isso acontecesse, mas até essa crença é um elemento histórico, e não teórico).[26]

Deve-se buscar um dos motivos dessa operação no clima cultural e político surgido com o chamado "fim da força propulsora" da Revolução de Outubro e, sobretudo, no fracasso do socialismo real; todavia, prescindido de nosso juízo individual, as categorias filosóficas e da ciência política do passado não podem ser distorcidas para atender a exigências conjunturais. O legado da Revolução de Outubro representa o verdadeiro divisor de águas em torno do pensamento político de Gramsci, entre os que reafirmam sua adesão (nunca negada) a esse processo e os que pretendem diminuir o valor de sua centralidade, limitando-a a uma fase da sua existência. Em torno desse núcleo fundamental desdobram-se muitos dos matizes interpretativos relacionados com o legado gramsciano, tema que não pretendemos rever nestas páginas[27]. Partindo de nosso ponto de vista pessoal, limitamo-nos a expor o processo de formação intelectual de Gramsci, tentando fornecer um quadro conceitual e analítico o mais útil possível para compreender seu pensamento.

---

[26] Ibidem, p. 882.

[27] Para os que desejam se aventurar nesse terreno, sugerimos a leitura do volume de Guido Liguori, *Gramsci conteso. Interpretazioni, dibattiti e polemiche 1922-2012* (Roma, Editori Riuniti/University Press, 2012).

2
DIALÉTICA *VERSUS* POSITIVISMO:
A FORMAÇÃO FILOSÓFICA DO JOVEM GRAMSCI

Nas diversas fases de sua atividade analítica e política, Gramsci sempre identificou nas formulações filosoficamente estreitas dos teóricos da Segunda Internacional a origem de boa parte das deficiências próprias do socialismo italiano. A adesão ao partido da classe operária italiana não significou uma adesão completa e orgânica de seu horizonte ideológico e cultural, justamente porque Gramsci não chegou ao socialismo sem passar antes por debates intelectuais: para confirmar isso, basta ver o tipo de revistas com as quais ele já colaborava ou os periódicos que leu nos anos passados na Sardenha. Assim, não concordamos com os que dizem que, em sua primeira fase em Turim, Gramsci sofreu não apenas a "influência de Croce e do idealismo italiano, mas também a do patrimônio teórico do partido no qual militava, ainda ligado aos mitos, ao vocabulário e à visão de mundo derivados do positivismo evolucionista"[1].

No jovem Gramsci, a proximidade inicial com o idealismo deveu-se à recusa radical da cultura positivista. Nas notas do *Caderno 10*, o próprio Gramsci relembrou a importância dessa influência, citando um artigo sobre Croce, intitulado "Religione e serenità" [Religião e serenidade], escrito por ele em 1917:

> Escrevi que, assim como no século XIX, nas origens da civilização contemporânea, o hegelianismo tinha sido a premissa da filosofia da práxis, da mesma forma a filosofia crociana podia ser a premissa de uma retomada da filosofia da práxis em nossos dias, para as nossas gerações. Eu me limitava a aludir à questão, certamente de maneira primitiva e evidentemente inadequada, já que na época o conceito

---

[1] Michele Filippini, *Una politica di massa. Antonio Gramsci e la rivoluzione della società* (Roma, Carocci, 2015), p. 39.

de unidade entre teoria e prática, entre filosofia e política, não me era claro, e eu era, sobretudo, tendencialmente crociano.[2]

Apesar de reconhecer a imaturidade de suas posições juvenis, Gramsci considerava proveitoso retomar aquela exigência e desenvolvê-la novamente, desta vez de forma crítica:

> Em suma: com relação à concepção filosófica de Croce, é preciso realizar a mesma redução efetuada pelos primeiros teóricos da filosofia da práxis com relação à concepção hegeliana. Esta é a única maneira historicamente profícua de determinar uma retomada adequada da filosofia da práxis, de elevar essa concepção (que, pelas necessidades da vida prática imediata, tem se "vulgarizado") à altura que deve atingir para poder solucionar as tarefas mais complexas propostas pelo atual desenvolvimento da luta, isto é, a criação de uma nova cultura integral, com as características de massa da Reforma protestante e do Iluminismo francês e com as características de classicidade da cultura grega e do Renascimento italiano, uma cultura que, retomando as palavras de Carducci, sintetize Maximilien Robespierre e Immanuel Kant, a política e a filosofia numa unidade dialética intrínseca a um grupo social não apenas francês ou alemão, mas europeu e mundial.[3]

Para construir uma visão do mundo crítica e coerente capaz de disputar o terreno da luta hegemônica com o liberalismo, era preciso elevar o marxismo italiano ao nível mais alto alcançado pelo pensamento filosófico:

> É necessário não apenas inventariar a herança da filosofia clássica alemã, mas reconvertê-la em vida ativa; e, para isso, é preciso acertar as contas com a filosofia de Croce. Em outros termos, para nós, italianos, ser herdeiros da filosofia clássica alemã significa ser herdeiros da filosofia crociana, que representa o atual momento mundial da filosofia clássica alemã.[4]

A sucessiva aproximação de Gramsci com o pensamento de Lênin enquadra--se, antes de tudo, num clima cultural novo, numa fase de mudança histórica para o movimento dos trabalhadores, que tem sobre o jovem intelectual sardo o efeito de criar uma rejeição à cultura determinista e positivista que penetrara profundamente no socialismo italiano. Essa rejeição também pode ser

---

[2] Antonio Gramsci, *Quaderni del carcere* (Turim, Einaudi, 1977), p. 1.233.

[3] Idem.

[4] Ibidem, p. 1.235.

atribuída à forte influência que a filosofia idealista italiana, particularmente a de Benedetto Croce e também a de Hegel, tinha sobre Gramsci. Bem representativo dessas relações é o artigo "Il Sillabo e Hegel", publicado em *Il Grido del Popolo* de 15 de janeiro de 1916 como crítica ao livro de Mario Missiroli *Il Papa in guerra**, a respeito do qual são muito oportunas as reflexões de Domenico Losurdo:

> Croce e Gentile estão conectados por Gramsci com a Itália que nasce do *Risorgimento*: têm a oposição dos círculos clericais, que na Sardenha (e na Itália) da época constituem uma força decisiva de conservação, por seu terror a toda mudança social, vista como um assustador salto no escuro. Esses ambientes veem a besta fera em Hegel e, junto com a filosofia hegeliana, pretendem rejeitar o moderno. Mas, na *luta entre o Sílabo** e Hegel, quem venceu foi Hegel*. Foi a vitória não apenas de um filósofo, mas de um desenvolvimento histórico e de um mundo histórico real que encontrou sua expressão teórica no sistema do pensador alemão. [...] É sobretudo a vitória da consciência histórica que, na situação dada, se recusa a ver e sofrer de uma natureza imutável.[5]

Entre os séculos XIX e XX, o marxismo afirmou-se no seio do movimento operário em grande parte graças à influência de intelectuais que chegaram a Marx a partir de Darwin e dos estudos positivistas das ciências sociais. A difusão do marxismo no movimento operário alemão deu-se por meio de dois veículos extraordinários como o semanário *Sozialdemocrat*, publicado em Zurique sob a supervisão de Wilhelm Liebknecht, e a revista *Neue Zeit*, lançada em setembro de 1882 em Salisburgo por um círculo que incluía figuras como Kautsky, Liebknecht, Bebel e Dietz.

A *Neue Zeit* afirmou-se como a primeira revista teórica de um partido operário e tornou-se o principal órgão de aprofundamento do marxismo na Segunda Internacional[6]; a obra de difusão do marxismo realizada por essa revista foi muito influenciada pela postura intelectual de seus fundadores, na qual a relação estreita com o marxismo estava ligada a concepções positivistas, tais como a confiança

---

* Bolonha, Zanichelli, 1915. (N. E.)

** *Sílabo* é o documento pontifício publicado por Pio IX em 1864, juntamente com a encíclica *Quanta cura*. O documento condenava dezenas de "erros" de pensamento vistos como o mal da época, entre eles o racionalismo, o cientificismo, o socialismo etc. (N. T.)

[5] Domenico Losurdo, *Antonio Gramsci dal liberalismo al comunismo critico* (Roma, Gamberetti, 1997), p. 19 [ed. bras.: *Antonio Gramsci: do liberalismo ao "comunismo crítico"*, trad. Teresa Ottoni, Rio de Janeiro, Revan, 2011].

[6] Ernesto Ragionieri, *Socialdemocrazia tedesca e socialisti italiani 1875-1895* (Milão, Feltrinelli, 1961); idem, *Il marxismo e l'Internazionale* (Roma, Editori Riuniti, 1968).

ilimitada na ciência e no progresso, no primado absoluto atribuído às ciências sociais. A própria história dessa revista, de seus debates e de suas mudanças é a história do marxismo da Segunda Internacional. Sobre isso, Ernesto Ragionieri chegou a uma definição tão sintética quanto precisa:

> Por marxismo da Segunda Internacional entende-se, geralmente, uma interpretação e elaboração do marxismo que reivindica um caráter científico a suas concepções da história ao mesmo tempo que compreende o desenvolvimento numa necessária sucessão de sistemas de produção econômica, segundo um processo evolutivo que somente em seu limite contempla a possibilidade de rupturas revolucionárias, as quais emergem do desenvolvimento das condições objetivas.[7]

Para Gramsci, o marxismo representou um momento fundamental da cultura moderna, capaz até de influenciar algumas correntes bastante importantes, externas ao próprio campo marxista. Contudo, os "marxistas oficiais" do fim do século XIX negligenciaram esse fenômeno porque a ligação entre o marxismo e a cultura moderna era representada pela filosofia idealista. Em suas notas, Gramsci retomou várias vezes a dupla revisão do marxismo entre os séculos XIX e XX: de um lado, alguns de seus elementos foram tomados de certas correntes idealistas (Croce, Sorel, Bergson); de outro, os chamados "marxistas oficiais", preocupados em encontrar uma filosofia capaz de abranger o marxismo, apegaram-se às derivações modernas do materialismo filosófico ou até do neokantismo. Os "marxistas oficiais" buscaram uma concepção filosófica unitária fora do materialismo histórico justamente porque suas concepções baseavam-se na ideia da absoluta historicidade do marxismo, como produto histórico da ação combinada da Revolução Francesa e da Revolução Industrial, ignorando completamente a matriz filosófica alemã. Nesse contexto, de acordo com Gramsci, no interior do panorama marxista italiano, Labriola era o único a se distinguir por apresentar o marxismo como filosofia independente e original, esforçando-se para "construir cientificamente" a *filosofia da práxis*. A adoção dessa definição característica de Labriola nos *Cadernos*, que Gramsci considerava mais exata que a fórmula *materialismo histórico*, deve-se não apenas a sua capacidade de esclarecer melhor a relação unitária entre teoria e prática: ela é a expressão orgânica de uma concepção do marxismo como visão autônoma e (filosoficamente) autossuficiente do mundo. Como foi oportunamente esclarecido no importante livro de Marcello Mustè, dedicado precisamente ao percurso intelectual da *filosofia da práxis* de Labriola e Gramsci, não se trata aqui apenas de um matiz teórico. Estamos diante de um

---

[7] Idem, *Alle origini del marxismo della Seconda Internazionale* (Roma, Editori Riuniti, 1968), p. 47.

autêntico divisor de águas na maneira de compreender o marxismo, que conferiu uma fisionomia absolutamente original ao materialismo histórico italiano:

> Antonio Labriola empregou a expressão "filosofia da práxis" no terceiro ensaio marxista, ao final da quarta carta a Georges Sorel, definindo-a como a "medula" do materialismo histórico. Embora se tenham buscado antecedentes entre os escritores da esquerda hegeliana (August von Cieszkowski, Moses Hess), não há dúvida de que Labriola conferiu a essa fórmula um tom particular, seja pela reivindicação do marxismo como teoria independente, contra qualquer "combinação" com o positivismo ou com o neokantismo, seja pela mediação que realizou, do início ao fim, com a tradição filosófica nacional. Essas duas características – o marxismo como filosofia, a relação com o pensamento italiano – continuaram decisivas em toda a história subsequente, ao menos até Gramsci. A práxis, inicialmente distinguida por Labriola como princípio de uma nova concepção, capaz de se subtrair, simultaneamente, às aporias do materialismo e do idealismo, tornar-se-ia o núcleo de uma longa história intelectual, na qual a cultura italiana desenvolveria, de forma característica, sua relação com a obra de Marx.[8]

De acordo com o intelectual sardo, Labriola representava o mais elevado produto da tradição filosófica marxista na Itália. Não por acaso, nos *Cadernos 3 e 11*, ele polemizou duramente com Trótski, que tivera a audácia de definir como "diletante" a abordagem do marxismo feita pelo filósofo de Cassino. Nessas notas dedicadas a Labriola, em polêmica e contraponto com o juízo negativo expresso pelo revolucionário russo, Gramsci sentiu a necessidade de enfrentar o problema da dupla revisão sofrida pelo marxismo: a do materialismo vulgar, incapaz de abarcar o problema da cultura filosófica de Marx, e a da corrente neokantiana, empenhada em emendar e integrar o materialismo histórico a outras filosofias.

Na fase romântica da luta, diz Gramsci, a pouca influência de Labriola na imprensa social-democrata era uma consequência da excessiva valorização dos problemas táticos e da pouca propensão a se enfrentar os nós teóricos. Uma contradição destinada a ser superada com o surgimento dos novos problemas ligados à construção do Estado socialista, um contexto inédito no qual se deveria resgatar Labriola para divulgar sua abordagem do problema filosófico subjacente às tendências do marxismo[9]. Com o desenvolvimento consciente e planejado das forças produtivas, as posições mais mecanicistas e primitivas do marxismo

---

[8] Marcello Mustè, *Marxismo e filosofia della praxis. Da Labriola a Gramsci* (Roma, Viella, 2018), p. 19.

[9] Antonio Gramsci, *Quaderni del carcere*, cit., p. 309.

deveriam ser necessariamente superadas. Nesse esforço de amadurecimento do movimento socialista, Gramsci considerava que a visão filosófica de Labriola poderia exercer uma função central e por isso insistiu na necessidade de um estudo objetivo e sistemático de sua obra, de modo a esclarecer seu percurso de formação e elaboração teórica.

Como esclarece, de modo eficaz, Marco Vanzulli, o pouco sucesso de Labriola era decorrente de sua posição marginal em relação às duas principais correntes marxistas da época, tanto a ortodoxa de Kautsky quanto a revisionista de Bernstein. Além disso, a herança teórica de Labriola teve em Croce um curador "ambíguo" que "neutraliza o trabalho labriolano do qual se pretende administrador"[10]. Todavia, a despeito do resultado obtido, a obra de Labriola assumiu um papel central tanto em razão do desenvolvimento do materialismo histórico italiano quanto pelas tentativas de "revisão" efetuadas por Benedetto Croce e Giovanni Gentile.

> A antiga questão da recepção de Labriola deve ser abordada pela dupla perspectiva de suas características teóricas internas e de sua posição na luta teórica no interior e no exterior do marxismo. O fato de Labriola ter ficado isolado e de seu pensamento não ter tido adeptos não se deve ao fato de não ter sido lido. Efetivamente, foi Labriola quem introduziu o materialismo histórico na Itália. Como já foi dito, os revisionistas antimarxistas, Croce e Gentile, partiram da concepção de Labriola do materialismo histórico para criticar Marx, sem, no entanto, conseguir dominar e executar criticamente o recorte dado à exposição crítica do marxismo nos *Saggi* [*sul materialismo storico*]. Desse modo, eles fizeram uma operação revisionista concomitante sobre Marx e Labriola; sobre Marx, por meio do mal-entendido que impuseram a Labriola, e sobre Labriola pela *reductio ad unum* (Marx apenas histórico, Marx apenas filósofo, Marx apenas metafísico etc.) a que submeteram Marx.[11]

A prova de tal centralidade, a despeito do sucesso filosófico, advém do fato de que Antonio Labriola, discípulo do grande filósofo Bertrando Spaventa, foi praticamente o único ponto de referência no panorama do marxismo italiano para os jovens de *L'Ordine Nuovo* e particularmente para Gramsci.

No hegelianismo napolitano do século XIX, desenvolveram-se duas correntes contrapostas: uma de direita, ligada a Augusto Vera, e uma de esquerda, liderada por Spaventa. Ao falar das fontes do marxismo gramsciano, numa entrevista

---

[10] Marco Vanzulli, *Il marxismo e l'idealismo. Studi su Labriola, Croce, Gentile e Gramsci* (Roma, Aracne, 2013), p. 23.

[11] Ibidem, p. 24-5.

de 1953[12], Togliatti afirmou que, para o materialismo histórico italiano, Spaventa desempenhou, para Labriola, a mesma função de Feuerbach em relação a Marx. A transição intelectual de Labriola, portanto, foi a mesma de Marx e Engels, e nesse âmbito Togliatti acrescentou o percurso de esclarecimento teórico de Gramsci.

Para além da própria crítica ao positivismo e ao determinismo econômico, os dois intelectuais tinham múltiplas afinidades. Eles compartilharam o ponto de partida idealista, superado graças à descoberta do marxismo, assim como o mesmo interesse pelos estudos de glossologia e linguística comparada[13]. Tinham em comum a aversão ao diletantismo de Achille Loria, considerado por ambos como figura representativa do atraso intelectual então predominante. Os dois destacaram várias vezes como o sucesso da obra de Loria entre os socialistas, não obstante a natureza antissocialista de sua crítica a Marx, atestava a fragilidade teórica do socialismo italiano sob a direção de Filippo Turati[14]. Segundo Labriola, os limites teóricos do socialismo italiano eram a premissa lógica de todas as degenerações políticas do Partido Socialista Italiano (PSI) – cujo horizonte estava delimitado pelo binômio positivismo-evolucionismo parlamentar –, assim como de sua incapacidade de interpretar a realidade e, portanto, de transformá-la.

Outro ponto de força de Labriola para os jovens de *L'Ordine Nuovo* foi sua constante polêmica contra a afirmação turatiana acerca da absoluta superioridade

---

[12] Marcella Ferrara e Maurizio Ferrara (orgs.), *Conversando con Togliatti. Note biografiche* (Roma, Editori di Cultura Sociale, 1953), p. 29.

[13] "Na juventude, testemunhei o renascimento napolitano do hegelianismo. Por muito tempo, fiquei indeciso entre a glossologia e a filosofia. Quando vim para Roma como professor, era um socialista não consciente e um adversário declarado do individualismo unicamente por motivos abstratos. Então estudei direito público e, entre 1879 e 1880, já estava praticamente convertido a uma concepção socialista, mas muito mais pela concepção geral da história do que pelo impulso interno de uma verdadeira convicção pessoal. Uma aproximação lenta e contínua dos reais problemas da vida, o desgosto pela corrupção política e o contato com os operários pouco a pouco transformaram o socialista científico *in abstracto* num verdadeiro socialista" (Antonio Labriola, "Lettera a F. Engels", 3 de abril de 1890, em *Scritti filosofici e politici*, Turim, Einaudi, 1973, v. I, p. 256).

[14] "Nas três mil páginas que publicou até agora, [Loria] sempre combateu o socialismo e pelo menos umas trezentas vezes acusou Marx de sofista, mistificador etc. Loria não é um homem político, não tem nenhuma popularidade, não fala ao grande público, não tem qualquer influência; e, como professor, tem apenas uma qualidade notável, a falta de vontade de dar aulas. Seus escritos são pouco lidos porque são ilegíveis, e o homem não é nem um pouco estimado: ao contrário! Essa claque foi criada – e por má-fé – pelos sacerdotes ignorantes do socialismo, e ele se adaptou a ela porque, como ele mesmo me disse, 'os grandes homens (*sic*), por exemplo Bismarck, cuidam de suas ideias e não de seus seguidores'. Disse-me isto em resposta à pergunta que lhe fiz: 'Por que tolera que os socialistas o chamem de socialista, se não é socialista?" (idem, "Lettera a F. Engels", 11 de agosto de 1894, em *Scritti filosofici e politici*, cit., p. 401).

do sistema representativo parlamentar, da qual derivaria a impossibilidade de superação das instituições liberal-democráticas pela via revolucionária. O gradualismo de Turati não contemplava nem um pouco a natureza estrutural do conflito capital-trabalho, razão pela qual, segundo Labriola, suas reivindicações por justiça social acabavam assumindo um significado não apenas abstrato, mas também inibidor. Exatamente em razão dessa contradição, Labriola invocou constantemente a completa autonomia do marxismo diante de qualquer influência liberal e burguesa. Essa exigência de autossuficiência deveria expressar-se tanto no plano das categorias quanto no próprio vocabulário empregado. Nesse sentido, por exemplo, numa carta a Engels de 1894, sobre a nova edição do *Anti-Dühring*, Labriola referiu-se à utilização retórica e inferior do termo "dialética" no movimento social-democrata, aconselhando sua substituição pelo termo "método genético". Para além de sua maior ou menor exatidão, essa sugestão servia para ressaltar a distância entre o materialismo histórico e sua interpretação mecânica elaborada pelos discípulos de Darwin e Spencer. Se o método dialético exprimia o processo de pensamento como ato em movimento, a concepção genética poderia abarcar de maneira mais completa o conteúdo real e material das coisas: o primeiro indicaria apenas o aspecto formal, enquanto o segundo não prejudicaria a natureza empírica de cada formação, evidenciando ainda mais a miséria do positivismo e a vulgarização determinista do materialismo histórico[15].

Retomando essa questão em outra carta de 1894, Labriola destacou em *O capital* um caso exemplar daquilo tudo: "De fato não há nada de perfeito no método de pensamento. Não numa forma específica, mas em todas as formas. A gênese concreta (acumulação inglesa); a gênese abstrata (análise da mercadoria etc.); a contradição, que o leva a sair do âmbito de um conceito ou de um fato (dinheiro-mercadoria-dinheiro)"[16]. O problema residia na necessidade de aperfeiçoar as definições e as categorias utilizadas para explicar esse processo e assim desmascarar os desvios metafísicos presentes nas adaptações populares realizadas por intelectuais como Kautsky. Para Labriola, "a lógica comparativa da linguagem não é somente uma disciplina indispensável, mas também a chave para encontrar as causas, ou seja, as razões de cada desvio metafísico do pensamento"[17].

A partir desse rico debate, Gramsci admitiu, nos *Cadernos,* a dificuldade de compreender as razões pelas quais o marxismo, por alguns de seus aspectos não negligenciáveis, foi assimilado tanto pelo idealismo como pelo materialismo vulgar, porque esse tipo de investigação deveria não apenas esclarecer quais elementos tinham sido "explicitamente" absorvidos pelo idealismo e por outras

---

[15] Idem, "Lettera a F. Engels", 13 de junho de 1894, em *Scritti filosofici e politici*, cit., p. 393.
[16] Ibidem, p. 402.
[17] Idem.

correntes de pensamento, mas deveria também revelar as absorções "implícitas" e não confessadas. De fato, o marxismo significou um momento da cultura, uma atmosfera difusa que, enquanto tal, modificou as antigas formas de pensar, de uma maneira antes inconcebível. Construir uma história da cultura moderna depois de Marx e Engels requeria um estudo rigoroso dos ensinamentos práticos deixados como herança pelo marxismo aos partidos e às correntes de pensamento contrários a ele.

As razões pelas quais os "ortodoxos" da Segunda Internacional combinaram a *filosofia da práxis* com outras filosofias e concepções podiam ser encontradas na necessidade de combater, entre as massas populares, os resíduos do mundo pré-capitalista, derivados particularmente das concepções religiosas. Ao mesmo tempo, o marxismo tinha a tarefa de combater as "ideologias mais elevadas das classes cultas" e de retirar as massas de uma cultura ainda medieval, dando-lhes condições de produzir seu próprio grupo de intelectuais orgânicos, independentes das classes dominantes. Foi justamente esse segundo objetivo de caráter pedagógico que acabou absorvendo grande parte das energias "quantitativas" e "qualitativas" do movimento:

> Por "razões didáticas", a nova filosofia combinou-se com uma forma de cultura um pouco superior à da média popular (que era muito baixa), mas totalmente inadequada para combater a ideologia das classes cultas, embora a nova filosofia tivesse nascido para superar as mais elevadas manifestações culturais da época, a filosofia clássica alemã, e para criar um grupo de intelectuais próprio do grupo social da qual emanavam as concepções de mundo.[18]

Para Gramsci, Antonio Labriola era o único filósofo italiano a ter plena consciência dessas contradições. De fato, ele chegou ao socialismo por um longo e planejado percurso de aproximação filosófica e política, o que o diferenciava muito dos teóricos de *Neue Zeit*, com os quais travou inúmeras polêmicas, aprofundando a exigência de uma abordagem do marxismo que ele definiu como "comunismo crítico". Recorremos ao notável trabalho de Marcello Mustè para evidenciar a originalidade de tal abordagem:

> A crítica do darwinismo levou Labriola a identificar o ponto verdadeiramente essencial da historicidade humana, que significava, nas categorias por ele utilizadas, as relações entre progresso e devir ou, ainda (nos termos característicos da reflexão de Spaventa), entre pensamento e ser. A diferenciação em relação à natureza animal ocorreu quando o ser humano, reagindo às próprias necessidades,

---

[18] Antonio Gramsci, *Quaderni del carcere*, cit., p. 1.858.

transformou a matéria por meio do *trabalho*, não repetindo a forma da natureza, mas substituindo-a e confundindo sua própria forma: o devir natural era transcendido aqui pelo progresso, como aspecto essencial da história humana.[19]

Em sua luta contra o "diletantismo de certos neófitos da causa socialista", Labriola contrapunha-se às combinações espúrias entre o marxismo e as construções forçosamente unitárias e sistêmicas, próprias do positivismo e do evolucionismo aplicados à teoria social. A seu ver, um dos produtos históricos mais nefastos da cultura daquele tempo era o *verbalismo*, ou seja, o culto exagerado das palavras, que leva à corrosão do sentido real e vivo das "coisas reais", a ocultá-las, a transformá-las em termos, palavras e modos de dizer abstratos e convencionais:

> O *verbalismo* tende sempre a se fechar em definições puramente formais; leva a mente ao erro de pensar ser fácil reduzir em termos e expressões simples e palpáveis o complexo intrincado e imenso da natureza e da história; e induz à crença de que seja compreensível, à primeira vista, o multiforme e complicado, complicadíssimo, entrelaçamento das causas e dos efeitos, como se fosse um espetáculo teatral; ou, de modo mais direto, isso oculta o sentido dos problemas porque não se vê nada além de denominações.[20]

Quando o verbalismo se une às suposições teóricas de uma falsa contraposição entre matéria e espírito, ele imediatamente afirma explicar tudo sobre o homem, baseando-se apenas no cálculo dos interesses materiais, a ponto de contrastá-los com os interesses ideais e reduzir mecanicamente o segundo ao primeiro. Essa maneira de entender o materialismo histórico devia-se ao despreparo e ao improviso de muitos intelectuais que difundiram o marxismo, os quais tentavam explicar aos outros o que ainda não compreendiam plenamente, estendendo à história as leis e modelos conceituais que tiveram profícua aplicação no estudo e na explicação do mundo natural e animal. Mas a história humana é fruto do processo por intermédio do qual um sujeito pode criar e aperfeiçoar seus instrumentos de trabalho e modificar, com esses mesmos instrumentos, o ambiente em que está inserido, de modo a criar outro, novo e artificial. Este, por sua vez, reage e produz múltiplos efeitos sobre o indivíduo. Contada pela perspectiva do uso da palavra, isto é, a parte do processo humano que se expressa nas tradições e na memória, a história começa quando a criação desse terreno já ocorreu, quando a economia já está em andamento. A ciência histórica tem como objeto fundamental justamente o conhecimento desse terreno artificial,

---

[19] Marcello Mustè, *Marxismo e filosofia della praxis*, cit., p. 47.
[20] Antonio Labriola, *La concezione materialistica della storia* (Bari, Laterza, 1965), p. 62.

suas formas originárias, suas transformações, e apenas o abuso das analogias e a pressa de chegar a conclusões poderiam levar a inferir que tudo isso não passa de parte e prolongamento da natureza. Assim, conforme Labriola, faltavam todas as razões para converter esse processo evolutivo concernente ao ser humano e ao seu ambiente, precisamente a história, em mera luta pela existência. Não havia motivo para confundir o darwinismo com o materialismo histórico, nem mesmo para evocar e se servir de qualquer forma "mítica, mística ou metafórica" de fatalismo. Portanto, negar qualquer papel à vontade ou pretender substituí-la pelo automatismo era profundamente conflitante com o pensamento de Marx. A tendência a transformar toda conclusão do pensamento em pedantismo e "romance escolástico" possibilitava qualquer propósito, levando "a imaginação dos inexperientes em todas as pesquisas artísticas e históricas e o zelo dos fanáticos a encontrar estímulos e oportunidades, mesmo no materialismo histórico, para moldar uma nova ideologia e extrair dela uma nova filosofia da história sistemática, isto é, esquemática, ou seja, tendências e seu respectivo traçado". Para Labriola, ao contrário, o materialismo histórico não é, nem pretende ser, a visão intelectual de um grande plano ou desenho, mas um método de investigação e concepção. Ainda que contraditórias e pouco eficazes no plano teórico, as diversas críticas dos vários detratores de Marx tiveram repercussões devastadoras nas fileiras do movimento socialista, exercendo abertamente sua própria hegemonia, sobretudo entre os jovens intelectuais que depois serviriam à classe trabalhadora nos últimos trinta anos do século XIX:

> Muitos dos mais ardentes renovadores do mundo da época passaram a se proclamar seguidores da teoria marxista, tomando como moeda corrente o marxismo mais ou menos inventado pelos adversários, e foi assim que estes, misturando coisas velhas com coisas novas, passaram a acreditar que a teoria do *mais-valor*, como geralmente se apresenta, simplificada em exposições simples, continha *hic et nunc* o cânone prático, a força propulsora, até mesmo a legitimidade moral e jurídica de todas as reivindicações proletárias.[21]

Entre os anos 1870 e 1880, formou-se um *neoutopismo* – impulsionado por uma mal ajambrada "filosofia universal", na qual o socialismo deveria inserir-se como parte do todo –, literalmente o caldo de cultura em que todos os adeptos do determinismo socialista encontraram o microclima ideal. Numa carta a Turati[22], Labriola descreve seu percurso filosófico, recusando-se a ser rebatizado por

---

[21] Ibidem, p. 200.

[22] Nessa carta, Labriola responde polemicamente a um artigo de Antonio De Bella, publicado em *Critica Sociale* em 1º de junho de 1897, que o mencionava.

Darwin e Spencer, uma vez que, se podia se declarar socialista havia apenas pouco mais de uma década, desde a graduação acertara suas contas com o positivismo e o neokantismo. Ele não pretendia receber do marxismo o abecê do conhecimento e não buscava mais do que continha, isto é, sua crítica à economia política, as características do materialismo histórico, a política do proletariado enunciada. Como escreveu Luigi Dal Pane, um de seus principais estudiosos, Labriola viu no materialismo histórico "o ponto de partida para desenvolvimentos inesperados", porque na obra de Marx e Engels o materialismo era um fio condutor, uma linha mestra, não a articulação pragmática de princípios expressos de forma precisa e, sobretudo, definitiva:

> De fato, Marx e Engels não pensaram em fazer um trabalho sistemático de orga-
> nização da nova doutrina e, nos diversos momentos de suas vidas, dependendo
> das circunstâncias, dirigiram seu olhar ora para um, ora para outro aspecto da
> vida humana histórica, sem uma ordem lógica preestabelecida e rigorosa. Desse
> modo, chegaram a um grande esquema, a algumas linhas mestras verdadeiramente
> úteis e importantes para os que são capazes de revivê-las, porém de pouco relevo
> para quem as anuncia de forma abstrata.[23]

O marxismo, portanto, não poderia ser reduzido a uma fórmula doutrinária, dada pela clara distinção e pela sucessão matemática entre categorias econômicas e ideológicas. Ao contrário, constituía-se como uma "concepção orgânica da história", como unidade e totalidade da vida social, na qual mesmo a economia, em vez de se estender abstratamente a todo o resto, é concebida historicamente[24]. Labriola, discípulo do grande filósofo Bertrando Spaventa, formou-se na Nápoles protagonista do segundo florescimento do hegelianismo[25], aproximou-se de Marx tendo já em sua bagagem filosófica um profundo conhecimento da dialética[26]. Para Labriola, nisso residia a diferença entre sua concepção da filosofia da práxis e a de tantos intelectuais marxistas-positivistas da nova geração, responsáveis, em suas palavras, por confundir "a linha de desenvolvimento, que é própria do mate-rialismo histórico [...] com aquela patologia cerebral que, há alguns anos, invadiu os cérebros de muitos italianos, os quais agora falam de uma mãe-evolução e a

---

[23] Luigi Dal Pane, *Antonio Labriola nella politica e nella cultura italiana* (Turim, Einaudi, 1975), p. 340.

[24] Antonio Labriola, *In memoria del Manifesto dei comunisti* (Roma, Newton Compton, 1973).

[25] A propósito disso, recomenda-se o livro de Domenico Losurdo, *Dai Fratelli Spaventa a Gramsci. Per una storia politica della fortuna di Hegel in Italia* (Nápoles, La Città del Sole, 2006).

[26] Antonio Labriola, *Opere*, v. I, v. II e v. III (org. L. Dal Pane, Milão, Feltrinelli, 1959-1962).

cultuam"[27]. Eis um ponto essencial destacado por Labriola a que Gramsci retorna algumas vezes: o encontro entre o positivismo e o marxismo, de onde decorre que a vulgarização determinista tem, entre suas várias motivações, a ignorância da dialética hegeliana de muitos dos que se propuseram a divulgar o marxismo.

Essa leitura tem sua confirmação autorizada pelo posfácio à segunda edição de *O capital* de 1873, em que Karl Marx – referindo-se às críticas dirigidas, trinta anos antes, à face mistificadora da dialética hegeliana – sentiu a necessidade de tratar Hegel como um "cão morto". Nesse posfácio, além de admitir que coincidia "aqui e ali" com a maneira de expressar-se típica de Hegel, na parte relativa à teoria do valor, Marx considerava-se abertamente um discípulo do "grande pensador":

> A mistificação que a dialética sofre nas mãos de Hegel não impede em absoluto que ele tenha sido o primeiro a expor, de modo amplo e consciente, suas formas gerais de movimento. Nela, ela se encontra de cabeça para baixo. É preciso desvirá-la, a fim de descobrir o cerne racional dentro do invólucro místico. Em sua forma mistificada, a dialética esteve em moda na Alemanha porque parecia glorificar o existente. Em sua configuração racional, ela constitui um escândalo e um horror para a burguesia e seus porta-vozes doutrinários, uma vez que, na intelecção positiva do existente, inclui, ao mesmo tempo, a intelecção de sua negação, de seu necessário perecimento.[28]

Mas o texto seguramente mais significativo desse ponto de vista é "Ludwig Feuerbach e o fim da filosofia clássica alemã" de 1886, no qual Engels julgou necessário tomar os elementos essenciais da dialética hegeliana para reafirmar seu primado diante das concepções do materialismo mais bruto e mecânico. Engels teve o cuidado de retomar o projeto que ele e Marx se propuseram realizar: acertar as contas com sua própria formação filosófica, enfrentar a concepção ideológica da filosofia alemã.

De modo significativo, Engels começou a publicar seu ensaio sobre Feuerbach na revista *Neue Zeit* exatamente quando estavam sendo publicadas as últimas partes do ensaio de Kautsky sobre *Miséria da filosofia*, no qual essa concepção estava ampla e sistematicamente exposta. Em "Ludwig Feuerbach e o fim da filosofia clássica alemã", Engels referiu-se a Hegel e ao caráter revolucionário de sua dialética, reconhecendo no movimento operário da Alemanha a herança da filosofia clássica alemã. De acordo com vários estudiosos, em especial Ernesto

---

[27] Idem, *La concezione materialistica della storia*, cit., p. 240.

[28] Karl Marx, *Il capitale* (Roma, Editori Riuniti, 1994) [ed. bras.: "Posfácio da segunda edição", em *O capital: crítica da economia política*, Livro I: *O processo de produção do capital*, trad. Rubens Enderle, São Paulo, Boitempo, 2011, p. 91].

Ragioneri, a referência à formação filosófica do socialismo científico constituiu uma resposta de Engels às concepções das novas gerações que se aproximavam do marxismo[29].

Assim, se em "Ludwig Feuerbach" o tributo e a constante referência à filosofia de Hegel assumiam um significado polêmico perante a nova vulgata socialista, a crítica às imperdoáveis simplificações desta foi ainda mais explícita numa carta de Engels de 27 de outubro de 1890:

> O que falta a todos esses senhores é a dialética. Eles se limitam a ver aqui a causa e lá o efeito. Não conseguem perceber que isso é uma abstração vazia, que no mundo real tais contraposições metafísicas polarizadas só existem em momentos de crise, porém o grande curso dos acontecimentos se desenvolve na ação e reação recíprocas, mesmo de forças muito díspares, dentre as quais o movimento econômico é de longe o mais forte, o mais originário, o mais decisivo; eles não conseguem compreender que nada é absoluto e tudo é relativo. Para eles, Hegel nunca existiu.[30]

Todavia, a explicação mais interessante a esse propósito está numa troca de pontos de vista entre Engels e Marx em duas cartas escritas entre 8 e 9 de maio de 1870. Na primeira carta, Engels queixou-se com Marx que Wilhelm Liebknecht, na qualidade de editor, decidira adicionar à publicação *A guerra dos camponeses* uma nota de rodapé com uma explicação (não solicitada e, sobretudo, não compartilhada) sobre Hegel. Esse comentário despertou a fúria de Engels, que, depois de definir Liebknecht como "um animal", e a nota como uma autêntica "estupidez", assim se expressa:

> Ele comenta *ad vocem* Hegel: publicamente conhecido como descobridor (!) e elogiador (!) do Estado (!!!) régio-prussiano [...] este asno que por anos andou atormentado com sua ridícula antítese entre direito e poder sem ser capaz de a

---

[29] Eis o que Ernesto Ragioneri afirmou a esse respeito: "Por outro lado, não é estranho que, ao terminar esse texto sobre Feuerbach, Engels reivindicasse, na famosa frase *o movimento operário alemão é herdeiro da filosofia clássica alemã*, essa relação de hereditariedade ideal que a ciência oficial rejeitava ou deixava de lado. A ligação entre proletariado e filosofia alemã, que atravessa toda a atividade de Marx e Engels, e que frequentemente reaparece em seus textos, adquire aqui uma formulação que se constitui num ponto de chegada significativo na medida em que esclarece e atualiza um dos termos do movimento operário alemão, isto é, da classe operária alemã sindical e politicamente organizada, conclamando, com esse anúncio, o Partido Social--Democrata a se colocar teoricamente à altura dessa herança histórica" (Ernesto Ragionieri, *Il marxismo e l'Internazionale*, cit., p. 147).

[30] Friedrich Engels, *Sul materialismo storico* (Roma, Editori Riuniti, 1949), p. 84.

compreender, como um soldado de infantaria montado sobre um cavalo bizarro e disparado a galope, este ignorante teve a petulância de resolver liquidar um sujeito como Hegel com o adjetivo *prussiano* e dar a entender ao público que eu é que tinha dito isso. Estou farto e se W[ilhem] não publicar a minha declaração, me reportarei a seus superiores, ao comitê e, se tentarem manobrar, proibirei a publicação. Melhor não ser publicado do que ser considerado burro como W[ilhem].[31]

Não menos dura, na mesma correspondência, é a resposta de Marx de 10 de maio:

Ontem recebi a folha anexa de Wilhelm. Incorrigível bufão artesão do sul da Alemanha. [...] Eu disse a ele que, se Hegel não podia fazer outra coisa senão repetir as velhas bobagens de Rotteck e Welcker, que tivesse ficado em silêncio. Ele chama isso de tratar Hegel *um pouco menos cerimoniosamente* etc. e, uma vez que ele escreve essas bobagens sob os ensaios de Engels, *Engels pode muito bem (!) dizer coisas mais detalhadas (!!)*. Ele é realmente muito estúpido.[32]

Marx, por sua vez, respondendo à carta de Engels, liquida todo o caso definindo Liebknecht como "incorrigível bufão artesão do sul da Alemanha". Para além do caso específico, essa maneira de entender o materialismo histórico era, tanto para Engels como para Marx, fruto de um grave mal-entendido. É o que confirma ainda mais claramente a carta de Engels destinada a Bloch em 20 de setembro de 1890:

Segundo a concepção materialista da história, o fator que em última instância é determinante na história é a produção e a reprodução da vida real. Mais do que isso nunca foi afirmado nem por Marx nem por mim. Se agora alguém deturpa as coisas, afirmando que o fator econômico é o único determinante, transforma aquela proposição numa frase vazia, abstrata, absurda. A situação econômica é a base, mas os diversos momentos da superestrutura [...] exercem sua própria influência no curso da luta histórica e, em muitos casos, determinam sua forma predominante. Há uma ação recíproca de todos esses fatores, e é através deles que o movimento econômico termina por se afirmar como elemento central em meio à infinidade de acontecimentos acidentais [...]; se assim não fosse, a aplicação da teoria em determinado período da história seria mais simples que a mais elementar equação de primeiro grau.[33]

---

[31] *Carteggio Marx-Engels* (Roma, Editori Riuniti, 1972), v. 6, p. 77.

[32] Ibidem, p. 78.

[33] Friedrich Engels, *Sul materialismo storico,* cit., p. 75.

Essa dialética intensa, na qual se insere, com efeitos perturbadores, uma figura como Lênin[34], seria o pano de fundo das futuras polêmicas de Gramsci, uma vez que todas as tendências deterministas do materialismo histórico tiveram lugar na parte geral do programa de Erfurt de 1891 – escrito pelo próprio Kautsky –, não apenas aprovado pela social-democracia alemã, mas logo transformado em ponto de referência para todos os outros partidos socialistas, incluindo o italiano. Antonio Labriola foi um caso à parte no panorama do socialismo italiano, tanto por sua formação filosófica quanto por ter alcançado uma posição de destaque em meio ao debate mais avançado no interior da Segunda Internacional. Por todas essas razões, Gramsci considerou Labriola uma referência, quase um antídoto aos principais limites filosóficos do socialismo entre os séculos XIX e XX.

---

[34] Gianni Fresu, *Lênin leitor de Marx: dialética e determinismo na história do movimento operário* (trad. Rita Matos Coitinho, São Paulo, Anita Garibaldi, 2016).

3
AUTOEDUCAÇÃO E AUTONOMIA DOS PRODUTORES

O jovem Gramsci, ávido leitor de revistas filosóficas e políticas desde seus anos em Cagliari, encontrou no materialismo histórico, entendido como visão unitária do mundo, e na concepção dialética da história o terreno concreto de seu amadurecimento intelectual. Além do já citado "Il Sillabo e Hegel", é também exemplo disso o artigo "Socialismo e cultura"[1], publicado em *Il Grido del Popolo*, no qual o distanciamento das matrizes culturais predominantes no socialismo italiano está estreitamente ligado à denúncia da relação dualista entre dirigentes e dirigidos que o caracterizava. O socialismo reformista considerava a cultura algo complicado demais para os "simples", o envolvimento das massas populares não tinha nada a ver com empatia, precisava ser gradual e ocorrer por uma popularização (banalização) de conceitos e princípios reduzidos a uma dimensão escolástica e mecânica, na crença de que era necessário oferecer-lhes conhecimento em pequenas doses. O maximalista, por sua vez, limitava-se a rejeitá-la, por considerá-la irremediavelmente burguesa e contrária ao interesse dos revolucionários do proletariado. Nesse contexto, o jovem Gramsci polemizou duramente, denunciando uma ideia externa e enciclopédica de cultura, funcional para a criação de intelectuais pedantes e presunçosos que usam seu conhecimento para se diferenciar do povo, não para se colocar a serviço dele.

A crítica à cultura enciclopédica, à erudição edificada sobre castelos de citações e conceitos menores, certamente não era uma novidade. Encontrava-se até na filosofia da educação de um liberal como John Locke e na de um democrata radical como Rousseau. Todavia, em Gramsci, essa postura adiante da cultura era criticada por ser paradigmática da falta de ligações orgânicas entre os intelectuais e a massa.

---

[1] Antonio Gramsci, "Socialismo e cultura", *Il Grido del Popolo*, 29 jan. 1916, em *Scritti giovanili 1914-1918* (Turim, Einaudi, 1958), p. 23.

Precisamos perder o hábito de pensar a cultura como saber enciclopédico, no qual o homem é visto apenas como um recipiente onde se depositam e se acumulam dados empíricos e fatos brutos e desconexos que ele deverá amontoar em seu cérebro como nas colunas de um dicionário para poder responder aos vários estímulos do mundo externo. Essa forma de cultura é realmente danosa, sobretudo para o proletariado. Serve apenas para criar gente deslocada, pessoas que se julgam superiores ao restante da humanidade por terem acumulado na memória certa quantidade de dados e datas e aproveitam todas as oportunidades para erguer uma barreira entre elas e os demais. Serve para criar aquele tipo de intelectualismo grosseiro e incolor, tão fustigado por Romain Rolland, que deu à luz toda uma série de pessoas presunçosas e vaidosas, mais deletérias para a vida social do que os micróbios da tuberculose ou da sífilis para a beleza e a saúde física dos corpos. O estudante que conhece um pouco de latim e de história, o advogado que só conseguiu se formar pela negligência de seus professores, acreditarão que são diferentes e superiores até mesmo ao melhor trabalhador qualificado que cumpre na vida uma tarefa muito precisa e indispensável, cuja atividade vale cem vezes mais do que a deles. Mas isso não é cultura, é pedantismo, não é inteligência, e sim intelecto, e isso exige uma reação à altura.[2]

A crítica a uma ideia de cultura entendida como reserva e monopólio das castas sacerdotais dos intelectuais unia-se, assim, à polêmica contra o positivismo socialista, que aplicava as categorias das ciências naturais à história da humanidade. A despeito da forte influência idealista, ainda muito presente, já encontramos nesse artigo alguns conceitos e temas característicos que Gramsci desenvolveria em seguida.

A cultura é algo bem distinto. É organização, disciplina do próprio eu interior, é tomar posse da própria personalidade, é conquista de consciência superior, por meio da qual se chega à compreensão do próprio valor histórico, da própria função na vida, dos próprios direitos e deveres. Mas tudo isso não é fruto da evolução espontânea, de ações e reações independentes da própria vontade, como ocorre na natureza vegetal e animal, em que cada indivíduo seleciona e especifica seus órgãos inconscientemente, pelo fatalismo das coisas. O homem é sobretudo espírito, isto é, criação histórica e não natural. Não há outra maneira de se explicar por que, tendo sempre existido explorados e exploradores, criadores de riqueza e consumidores egoístas desta, até agora não se realizou o socialismo. Apenas passo a passo a humanidade adquiriu consciência de seu próprio valor e conquistou o direito de viver independentemente das regras e dos direitos da minoria que se

---

[2] Idem.

coloca em primeiro plano. E essa consciência se forma não apenas sob o estímulo brutal das necessidades fisiológicas, mas pela reflexão inteligente, primeiramente de alguns, depois de toda a classe, acerca das razões de certos fatos e dos meios de converter uma situação de vassalagem em sinal de rebelião e reconstrução social. Isso equivale a dizer que cada revolução foi precedida de um intenso trabalho de crítica, de penetração cultural, de espraiamento de ideias por meio de agrupamentos de homens outrora refratários e empenhados apenas em resolver seu dia a dia, seus próprios problemas econômicos e políticos por si mesmos, sem laços de solidariedade com os outros que se encontravam nas mesmas condições.[3]

Para o jovem Gramsci, não era possível interpretar a Revolução Francesa em sentido natural, como produto do desenvolvimento fatalista das coisas. Ele resultou de um paciente trabalho de penetração cultural e de construção da consciência coletiva.

Em dezembro de 1916, na edição piemontesa de *l'Avanti*, Gramsci publicou o artigo "Uomini o macchine" [Homens ou máquinas], muito interessante ao menos por três razões: 1) destacava a ausência de uma ideia de reforma escolar no programa do partido do proletariado italiano; 2) descrevia a natureza de classe da estrutura escolar italiana e a seleção social gerada por ela; 3) localizava na divisão entre escola das classes dominantes e escolas profissionalizantes para as massas populares um instrumento a serviço daquela divisão e especialização do trabalho que tornava intransponível a barreira entre trabalho intelectual e trabalho manual.

Para Gramsci, o horizonte dos socialistas limitava-se a uma vaga propaganda em favor de uma fantasmagórica cultura popular, repleta de paternalismo e afirmações de princípios, mas vazia de substância. De fato, a escola continuava a ser uma instituição burguesa, mas o PSI se mostrava incapaz de propor o novo em lugar do velho, assim como geralmente carecia de uma perspectiva estratégica orgânica e coerente.

> O ensino médio e superior, que é estatal e, portanto, pago com a arrecadação geral, o que inclui as taxas pagas pelo proletariado, só é frequentado pelos jovens filhos da burguesia, que gozam da independência econômica necessária à tranquilidade dos estudos. Um proletário, mesmo que inteligente, dotado de todos os requisitos necessários para se tornar um homem culto, é forçado a aplicar suas qualidades em atividades diversas ou a se tornar um aluno refratário, um autodidata, isto é (salvo exceções), um meio homem, um homem que não pode ser tudo o que poderia ter sido se tivesse condições de se completar e se fortalecer na disciplina

---

[3] Ibidem, p. 24.

da escola. A cultura é um privilégio. E não queremos que o seja. Todos os jovens deveriam ter igual acesso à cultura.[4]

O tema dirigentes-dirigidos, como consequência da divisão artificial (não natural) entre trabalho intelectual e manual, encontra nessas linhas um aprofundamento antecipado da futura elaboração gramsciana dos *Cadernos*.

O proletariado, que é excluído das escolas de nível médio e superior pelas atuais condições da sociedade que determinam certa especialização dos homens – não natural, porque não baseada nas diversas capacidades e, portanto, destrutiva e contaminante da produção –, deve educar-se nas escolas marginais: técnicas e profissionais. As técnicas, instituídas com critérios democráticos pelo ministro Casati [Lei Casati de 1859 – Gabrio Casati (1798-1873), ministro da instrução pública no período 1867-1888], sofreram, pelas necessidades antidemocráticas do orçamento estatal, uma transformação que as distorceu quase que completamente. Tornaram-se, em sua maioria, caricaturas da escola clássica e um desaguadouro inocente da empregomania pequeno-burguesa.[5]

A bifurcação, imposta desde a infância, entre uma escola de cultura clássica e uma de formação profissional foi o selo estabelecido historicamente nas relações produtivas a cujo serviço foi posta a própria instituição que, por sua natureza, deveria favorecer a emancipação humana por meio dos condicionamentos de uma dimensão completa. Na visão de Gramsci, como na de Marx, o desenvolvimento integral e unilateral do homem só poderia advir da superação dessa fratura historicamente determinada. Nesse sentido, a escola deveria unir o saber teórico com o conhecimento técnico, possibilitando a libertação dos condicionamentos sociais e do estado de necessidade. Sem esse trabalho de transformação molecular da humanidade, não seria possível eliminar o domínio do homem sobre o homem e a divisão entre governantes e governados.

O proletariado precisa de uma escola desinteressada. Uma escola onde seja dada à criança a possibilidade de formar-se, de tornar-se homem, de adquirir os critérios gerais que servem ao desenvolvimento do caráter. Uma escola humanista, em síntese, como a compreendiam os antigos e os mais recentes homens do Renascimento. Uma escola que não hipoteque o futuro da criança ou obrigue sua vontade, sua inteligência e sua consciência em formação a se moverem no interior de parâmetros prefixados. Uma escola de liberdade e de livre iniciativa,

---

[4] Ibidem, p. 58.

[5] Idem.

e não uma escola de escravidão e mecanização. Os filhos do proletariado também devem ter diante de si todas as possibilidades, todos os campos livres, para poder realizar sua individualidade da melhor maneira, e, portanto, do modo mais produtivo para si mesmos e para a coletividade. A escola profissionalizante não deve se tornar uma incubadora de pequenos monstros aridamente instruídos para uma profissão, sem ideias gerais, sem cultura geral, sem alma, apenas com olhos infalíveis e mãos precisas. Também por meio da cultura profissional pode-se fazer da criança um homem, desde que seja uma cultura educativa e não somente informativa, apenas prática e manual. O vereador Sincero*, que é um industrial, age como um pequeno-burguês quando protesta contra a filosofia. Certamente, para os industriais estritamente burgueses, poderia ser mais útil ter operários-máquinas em vez de operários-homens. Mas os sacrifícios a que toda a coletividade se sujeita voluntariamente para aperfeiçoar-se e para gerar em seu interior os melhores e mais perfeitos homens que a tornarão ainda melhor, devem recair beneficamente sobre toda a coletividade e não apenas sobre uma categoria ou uma classe. É um problema de direito e de força. E o proletariado deve estar alerta para não sofrer mais opressões do que já sofre.[6]

Como demonstramos, o destaque à dialética (em perspectiva antipositivista) do marxismo constituiu um dado constante dos diversos momentos da elaboração gramsciana. No número único de *La Città Futura*, inteiramente escrito por Gramsci em fevereiro de 1917 – tido por grande parte dos estudiosos como o ponto de chegada de sua formação juvenil –, ele comemorou a dissolução do mito socialista da fé cega em tudo o que vem acompanhado do atributo "científico". Uma visão antidialética e supersticiosa, na qual o papel ativo e consciente não era minimamente contemplado, a ponto de fazer parecer que a função do homem seria passiva e subalterna diante das leis econômicas. Assim, a sociedade ideal, o socialismo, era imaginada com base num positivismo filosófico místico, "aridamente mecânico", e bem pouco científico.

Essa *débâcle* da ciência no socialismo, ou melhor, de seu mito, tinha para Gramsci o significado de uma profunda renovação graças à qual os sujeitos sociais protagonistas das revoluções reassumiam a consciência de seu próprio papel, até então esmagado pelo peso das *leis naturais intransponíveis*. "As leis naturais,

---

* Referência ao vereador Francesco Sincero, da Câmara Municipal de Turim. No fim de 1916, os programas para o ensino profissional foram objeto de debate entre os que desejavam um ensino humanista aliado ao profissional, sem sujeitar o homem imediatamente à máquina, e os que queriam relegar os operários a um ensino estritamente profissionalizante, como é o caso de Sincero. (N. E.)

[6] Antonio Gramsci, "Socialismo e cultura", cit., p. 59.

o fatalismo das coisas dos pseudocientistas, encontraram substituto: a vontade tenaz do homem."[7]

Em polêmica com essas posições, Claudio Treves acusou Gramsci e os jovens de *L'Ordine Nuovo* de voluntarismo e incultura. No artigo "La critica critica", de 1918, Gramsci respondeu que a nova geração, lendo e estudando as obras publicadas em toda a Europa após a época áurea do positivismo, tinha se conscientizado definitivamente da esterilização a que os socialistas deterministas submeteram a obra de Marx, sem com isso obter quaisquer conquistas culturais ou avanços político-sociais. No lugar do homem individual realmente existente, Treves colocava o determinismo, reduzindo o pensamento de Marx a um esquema exterior, a uma lei natural que se desenvolve de fora e à revelia da vontade humana, uma postura que brindava ao marxismo a doutrina da inércia do proletariado.

Treves não eliminou de todo o *voluntarismo*, limitou-se a transformá-lo em vontade das pequenas concessões ministeriais, das pequenas conquistas, "do ovo de hoje é melhor que a galinha de amanhã, mesmo que seja um ovo de piolho"[8]. Dessa maneira, os socialistas positivistas abandonaram o partido à obra de proselitismo para as massas, incutindo-lhes o sentido de impotência diante das grandes *leis históricas e naturais* da evolução econômica. Contra essa visão, Gramsci reafirmou a centralidade criadora do homem no processo histórico, central nas reflexões de *A ideologia alemã*, obra desconhecida na época[9]. Nela Marx e Engels falavam do desenvolvimento da sociedade e do devir histórico como resultado de uma interação permanente entre o homem e a realidade circundante, em razão da qual o primeiro ato histórico dos indivíduos, que os distinguiu dos animais, não foi o pensamento, mas a produção dos próprios meios de subsistência. A produção é a dinâmica e a origem criadora de novas necessidades e capacidades das quais emerge a sociedade, sendo a primeira ação histórica a premissa de todas as outras atividades. O homem não produz apenas bens, mas ideias e representações da realidade.

Contra todo reducionismo determinista do devir, Gramsci reivindicou à "nova geração" a vontade de retornar à genuína doutrina de Marx, "segundo a qual o homem e a realidade, o instrumento de trabalho e a vontade, não são liquidados,

---

[7] Antonio Gramsci, "La Città futura", 11 fev. 1917, em *Scritti giovanili*, cit., p. 85.

[8] Idem, "La critica critica", *Il Grido del Popolo*, 12 jan. 1918, em *Scritti giovanili*, cit., p. 155.

[9] *A ideologia alemã* foi originalmente publicada em 1932, em alemão, por iniciativa do Instituto Marx-Engels-Lênin de Moscou (enquanto a primeira tradução russa é de 1933). Estudos recentes demonstraram que Gramsci conhecia partes significativas dessa obra (antes que tivesse sido integralmente publicada) por uma antologia russa de 1924 de textos de Marx e Engels. Ver Francesca Antonini, "Gramsci, il materialismo storico e l'antologia russa del 1924", *Studi Storici: Rivista Trimestrale dell'Istituto Gramsci*, v. 59, n. 2, 2018, p. 403-36.

mas identificados no ato histórico" e pela qual "os cânones do materialismo histórico valem apenas *post factum*, para estudar e compreender os acontecimentos do passado e não devem significar hipotecas acerca do presente e do futuro"[10].

A deformação da obra de Marx por parte do *marxismo oficial* foi responsável pela grave mortificação de sua vitalidade, transformando o sentido mais profundo do materialismo histórico em "parábolas" marcadas por imperativos categóricos e indiscutíveis, externas a toda categoria de espaço e tempo. Para Gramsci, Marx não era nem messias nem profeta, mas um historiador; portanto, o marxismo precisava ser depurado de todas as sucessivas incrustações metafísicas e recolocado em sua justa dimensão, de modo a compreender consistentemente os valores gerais e servir como método científico de avaliação histórica:

> Antes de Marx, a história era apenas domínio das ideias. O homem era visto como espírito, consciência pura. Duas consequências errôneas derivavam dessa concepção: muitas vezes, as ideias em avaliação eram arbitrárias, fictícias. Os fatos a que se prestava atenção eram anedóticos, não históricos. Com Marx, a história continua a ser domínio das ideias, do espírito, da atividade consciente dos indivíduos singulares ou associados. Mas as ideias, o espírito, ganham substância, perdem sua arbitrariedade, não são pura ficção abstrata religiosa ou sociológica. Sustentam-nas a economia, a atividade prática, os sistemas e as relações de produção e de trocas. [...] É inútil o advérbio *marxistamente* e este pode dar lugar aos equívocos e às inundações factuais e de parábolas. Marxista, marxistamente... adjetivo e advérbio desgastados como moedas que passam de mão em mão.[11]

Com essa premissa, a Revolução de Outubro de 1917 e o papel de seu principal protagonista impuseram-se ao jovem Gramsci, eliminando os enrijecimentos dogmáticos do determinismo e sua pretensa linearidade histórica, inspirada nas ciências naturais. Em razão dessa linearidade, a passagem do feudalismo ao capitalismo, e deste ao socialismo, dar-se-ia tal como na evolução das espécies, como na passagem do macaco para o homem. Essa evolução decorreria das contradições internas à economia e não da intervenção ativa e consciente das massas populares. Diante disso, o célebre artigo "La rivoluzione contro il capitale" [A revolução contra o capital], de dezembro de 1917, apreende com surpreendente lucidez os dados mais aparentes do primeiro "assalto aos céus" do século XX. Esse artigo, frequentemente classificado como ingênuo, idealista, representativo de um Gramsci ainda "muito imaturo", constitui, em muitos sentidos, um manifesto da concepção gramsciana de revolução:

---

[10] Antonio Gramsci, "La critica critica", cit., p. 155.
[11] Idem, "Il nostro Marx", *Il Grido del Popolo*, 4 maio 1918, em *Scritti giovanili*, cit., p. 220.

[Os bolcheviques] não compilaram da obra do Mestre uma doutrina exterior de afirmações dogmáticas e indiscutíveis. Vivem o pensamento marxista, aquele que já não morre, que é a continuação do pensamento italiano e alemão e que em Marx estava contaminado de incrustações positivistas e naturalistas. E esse pensamento sempre coloca como fator máximo da história não os fatos econômicos brutos, mas o homem, a sociedade humana, dos homens que se aproximam uns dos outros, que desenvolvem por meio desse contato (civilização) uma vontade coletiva e que compreendem os fatos econômicos e os julgam, e os adequam à sua vontade, até que isso se torne a matriz econômica, modeladora da realidade objetiva [...].[12]

O percurso intelectual do jovem Antonio Gramsci, movido por um marxismo notadamente antipositivista, foi simultaneamente nutrido pelas contribuições da filosofia idealista e pelas concepções leninistas da intervenção revolucionária. A essas duas matrizes é preciso somar a crítica soreliana à decadência e à corrupção do marxismo, reduzido pela social-democracia a mera fórmula ritual com a qual, segundo o filósofo francês, se encobria com uma terminologia revolucionária uma prática política distante das massas e a serviço exclusivo de um grupo de dirigentes e intelectuais burgueses.

Em Gramsci, o problema da relação entre intelectuais e massa internamente ao movimento operário é enfrentado à luz de uma crítica clara e sem rodeios às modalidades decadentes de direção política no socialismo. Ele identifica na natureza instrumental dessa relação as razões de uma radical reorganização político-social, para a qual a autossuficiência da classe operária era uma exigência que já não podia mais ser adiada diante das perspectivas da revolução socialista.

O Partido Socialista Italiano construiu-se no início pela confluência caótica de indivíduos oriundos das mais diversas origens sociais: demorou a se tornar intérprete da vontade classista do proletariado. Tornou-se palco de individualidades bizarras, de espíritos inquietos; na ausência de liberdades políticas e econômicas que estimulem a ação e renovem continuamente as classes dominantes, o Partido Socialista tem sido o fornecedor de novos indivíduos à burguesia preguiçosa e sonolenta. Os jornalistas mais citados, os políticos mais capazes e ativos da classe burguesa, são todos desertores do movimento socialista; o Partido Socialista tem sido a passarela da fortuna da política italiana, tornou-se a peneira mais eficaz do individualismo jacobino.[13]

---

[12] Ibidem, p. 150.
[13] Antonio Gramsci, "Dopo il Congresso", *Il Grido del Popolo*, 14 set. 1918, em *Scritti giovanili 1914-1918*, cit., p. 313.

Em reflexões como essa é evidente a influência que Georges Sorel, protagonista de críticas implacáveis às tendências de decomposição das organizações marxistas, teve sobre Gramsci. Segundo o filósofo francês, o surgimento dos partidos políticos revolucionários determina um cenário completamente novo e imprevisto para o movimento histórico da luta social, no qual já não nos encontramos diante de classes subalternas mobilizadas pelo instinto e pela necessidade, mas de dirigentes instruídos que raciocinam sobre os interesses do partido nos mesmos termos com que os empresários se relacionam com seus lucros. Antes de tudo, esses partidos movem-se oportunisticamente por vantagens oferecidas pelo exercício do poder estatal; além disso, na grande maioria dos casos, seus dirigentes provêm justamente da própria classe dominante que a revolução pretenderia derrubar:

> O fato é [escreve Sorel] que esses homens, não tendo encontrado em sua própria classe os meios para chegar ao poder, tiveram de recrutar um exército fiel em meio àquelas classes cujos interesses são opostos aos de suas próprias famílias.[14]

O surgimento dos partidos internamente ao movimento revolucionário teve o efeito de afastá-lo da "simplicidade primitiva". No início, a vontade fundamentava-se na força numérica, portanto, na convicção de ser possível instaurar majoritariamente uma nova ordem coerente com suas exigências. Contudo, quando as massas aceitaram a direção de homens portadores de interesses diferentes dos seus, o instinto de revolta tornou-se a base do "Estado popular" (a organização política do movimento operário) formado por burgueses ansiosos por continuar com sua vida burguesa, mas agora na condição de líderes do proletariado. Para Sorel, a posse do Estado é o verdadeiro objeto dos desejos dos intelectuais burgueses transformados em dirigentes do movimento revolucionário. É em razão desse desejo que os partidos socialistas logo se tornaram complicadas "máquinas eleitorais", incapazes de resistir à força de atração do poder, terminando completamente absorvidos por ele.

Em Sorel estão presentes dois temas centrais para Gramsci: 1) a utilização instrumental das massas populares por parte dos intelectuais burgueses como trampolim para a realização de suas aspirações pessoais; 2) a progressiva cooptação dos dirigentes do movimento operário pelo Estado burguês:

> Aumentando constantemente o número de seus empregados, esse Estado trabalha para constituir um grupo de intelectuais distinto do proletariado produtor; desse modo, reforça-se a defesa da estrutura burguesa contra a revolução proletária.

---

[14] Georges Sorel, "La decomposizione del marxismo", em *Scritti politici* (Turim, Unione Tipografico-Editrice Torinese, 1968), p. 747.

A experiência mostra que tal burguesia de funcionários, por mais frágil que seja sua cultura, não é menos afeita às ideias burguesas; grande número de exemplos demonstra que, se algum propagandista da revolução consegue penetrar em ambientes governamentais, torna-se facilmente um excelente burguês.[15]

Referindo-se a outro teórico do sindicalismo revolucionário, Fernand Pelloutier, Sorel identificou a solução para esse problema no autogoverno completo dos produtores, essencialmente no exercício de instituições próprias, como as *Bourses du travail**, no interior das quais a classe operária deveria instruir-se e organizar-se para a revolução, superando definitivamente toda e qualquer sugestão de reforma do capitalismo. Os partidos políticos, ao contrário, dirigidos pelos intelectuais da burguesia, movidos pelas exigências eleitorais e pela política da concessão, acabam corrompendo os instintos do proletariado, fazendo refluir o vigor revolucionário. Sorel dirigiu-se a Pelloutier para afirmar a necessidade de as organizações de produtores lidarem com seus próprios negócios, sem "recorrer aos conselhos dos representantes burgueses", encontrando na greve geral a medida da própria autossuficiência e independência em relação às classes cultas e, com isso, o advento do mundo futuro.

Em seu *Le strategie del potere in Gramsci*, Leonardo Paggi analisou de perto o peso da influência *soreliana*. Ao mesmo tempo, porém, ressaltou que a resposta de Gramsci a esse problema não se expressou na negação do partido político revolucionário enquanto tal, mas dirigiu-se a "uma estreita correlação entre socialismo e cultura, numa tentativa de destacar o papel que a autoeducação da classe operária poderia desempenhar na escolha de um grupo dirigente capaz de impor barreiras à *ditadura dos intelectuais*"[16].

Ao contrário do que defendia Sorel, para o jovem Gramsci o marxismo poderia e deveria constituir-se numa nova modalidade de participação das classes subalternas na vida política, como instrumento de liberação de novas energias humanas, individuais e coletivas, por meio do qual seria substancialmente possível resolver a divisão historicamente determinada entre dirigentes e dirigidos, entre trabalho intelectual e trabalho manual.

A contraposição à "ditadura dos intelectuais", entendidos estes como personagens políticos dirigentes de um partido, encontra na autoeducação da classe operária sua resposta mais consequente, e isso deveria ocorrer primeiramente nos organismos associativos da classe operária, como os conselhos de fábrica, e na sua ascensão, sem mediações, à direção produtiva e política. "Autoeducação"

---

[15] Ibidem, p. 749.

* Correspondente às nossas antigas Sociedades de Ajuda Mútua. (N. T.)

[16] Leonardo Paggi, *Le strategie del potere in Gramsci* (Roma, Editori Riuniti, 1984), p. 308.

e promoção a um papel dirigente, em primeiro lugar, como meio de tornar as massas autossuficientes diante dos grupos dirigentes e dos aparelhos burocráticos que se sobrepunham de maneira não orgânica.

Gramsci enfatizou a necessidade de se "lançar as bases do processo revolucionário na intimidade da vida produtiva", de modo a evitar que tudo se resumisse a um "apelo estéril à vontade, um mito nebuloso, uma Morgana falaciosa"[17]. Se parte do marxismo da época tivesse concebido a revolução como um ato teatral, ela teria sido entendida como um processo dialético de desenvolvimento histórico, cujo ponto de partida teria sido a criação dos conselhos.

> Promover o surgimento e a multiplicação dos conselhos operários e camponeses, determinar sua articulação e sistematização orgânica até a unidade nacional a ser alcançada num congresso geral, desenvolver uma intensa propaganda para conquistar a maioria, é a tarefa atual dos comunistas. A urgência desse novo florescimento dos poderes que nasce irresistivelmente das grandes massas trabalhadoras determinará a colisão violenta das duas classes e a afirmação da ditadura proletária.[18]

Segundo Carlos Nelson Coutinho, já na elaboração juvenil de Gramsci podemos encontrar um modo distinto de conceber não apenas a democracia representativa como também o socialismo, os quais seriam distintos tanto do "comunismo histórico" quanto do significado meramente formal de democracia próprio do liberalismo clássico:

> A ressignificação gramsciana da democracia não se reduz apenas ao pensamento liberal nem às formulações muito datadas do "comunismo histórico", mas se refere aos clássicos da filosofia política, em particular Rousseau e Hegel. Não creio me equivocar se afirmo que Gramsci – insistindo na função do consenso no Estado ampliado – reintroduziu no âmbito do pensamento marxista elementos da problemática do contratualismo, não em sua versão liberal (ou lockiana), mas em sua versão democrático-radical proposta por Rousseau.[19]

---

[17] Antonio Gramsci, *L'Ordine Nuovo 1919-1920* (Turim, Einaudi, 1954), p. 207.

[18] Carlos Nelson Coutinho, *Il pensiero politico di Gramsci* (Milão, Unicopli, 2006), p. 146 [ed. bras.: *Gramsci: um estudo sobre seu pensamento político*, 3. ed., Rio de Janeiro, Civilização Brasileira, 2007].

[19] Ibidem, p. 152.

4
Lênin e a atualidade da revolução

Como vimos, o encontro com Turim teve importância capital na biografia humana e intelectual de Gramsci, porque essa cidade representava para ele a vanguarda material e espiritual das forças sociais progressivas em âmbito nacional, graças a sua classe operária.

Fascinado pela nova realidade, ele mesmo sublinhou o formidável dinamismo da "Petrogrado Italiana". Quando a capital foi retirada de Turim, primeiro levada para Florença e depois para Roma, a cidade piemontesa forneceu ao novo Estado unificado todo seu pessoal técnico e administrativo, perdendo grande parte de sua pequena e média burguesia intelectual. Essa mudança de papel, contudo, em vez de levar ao redimensionamento da cidade, produziu uma transformação radical e um novo desenvolvimento. Isso porque, daquela cidade, onde antes predominava a pequena indústria e o comércio, despontaria a capital da grande indústria, atraindo para si a nata da classe operária italiana.

Nela predominava a produção metalúrgica e, em particular, automobilística; somente no setor siderúrgico trabalhavam 50 mil operários e 10 mil técnicos e empregados. De acordo com Gramsci, seus gerentes, a maioria operários qualificados, não tinham a mentalidade pequeno-burguesa dos operários qualificados de outros países, como a Inglaterra. O componente mais presente era o dos trabalhadores metalúrgicos, cujas disputas frequentemente ganhavam alcance geral, estendendo-se às demais categorias e assumindo caráter político, mesmo quando partiam de demandas puramente sindicais.

Aqui, após a breve experiência juvenil com *L'Unione Sarda*, Gramsci comprometeu-se em nível profissional em sua atividade de publicista, colaborando, a partir de 1915, na redação turinense de *L'Avanti!* e logo em *Il Grido del Popolo*, no qual se tornou um dos mais importantes e prestigiados redatores, distinguindo-se em particular na coluna *Sotto la Mole*:

É um tipo novo de jornalismo, no qual a temática cultural e o aprofundamento ideológico articulam-se, harmonizam-se, com a propaganda e a educação popular. A sátira polêmica aguda e apropriada converge com o amadurecimento teórico.[1]

Não foi apenas uma tentativa profissional ou um instrumento de ação militante. Já nos anos da juventude na Sardenha, o jornalismo foi para Gramsci uma grande paixão abrangente. Agora, numa realidade tão diferente da de sua terra, o exercício do jornalismo passou a ser um meio de afirmação existencial, graças ao qual sua personalidade e sua capacidade intelectual encontraram uma forma de se expressar e de se impor no panorama do socialismo turinense.

Em seu prefácio a uma recente antologia sobre o jornalismo, Luciano Canfora destacou o valor da declaração de Gramsci durante o interrogatório de 9 de fevereiro de 1927, logo após sua prisão. Como se sabe, perante o juiz investigador Enrico Macis, Gramsci rejeitou as acusações de conspiração, afirmando a total publicidade de sua atividade como deputado e sobretudo como jornalista. Mas, segundo Canfora, não se tratava apenas de uma declaração defensiva, era a reivindicação de uma profissão: "A de jornalista, que Gramsci assumiu como seu trabalho, tendo deixado para trás o mundo universitário, onde a amizade do linguista Matteo Bartoli também lhe abriu uma significativa alternativa de vida"[2].

Uma vez mais, isso é decorrente de sua concepção unitária da filosofia da práxis, na qual a análise ontológica ("ser") e a ambição deontológica ("dever ser") se unificam organicamente em coerência com uma singular (nova) visão integral do mundo. Por esse motivo, para Gramsci, o jornalismo era uma trincheira fundamental no terreno da luta hegemônica, na disputa entre o marxismo e as outras filosofias. Diferentemente do materialismo histórico, a ideologia liberal, em todas as suas diversas articulações (filosofia, direito, história, economia), podia dispor de uma tradição consolidada, refinada ao longo dos séculos, com meios (universidades, escolas, jornais, editoras, organizações culturais) incomparavelmente maiores, além de um contingente intelectual preparado, expressão orgânica e não episódica de interesses concretos.

Gramsci atribuía não apenas à ciência histórica, mas também ao jornalismo, uma função essencial na construção de uma consciência crítica dos grupos subalternos, seja por mascarar as formas latentes, embrionárias e abertas de direção por parte da outra classe, seja por construir uma visão própria, orgânica e coerente do mundo. Nesse sentido, no *Caderno 6*, tratou da necessidade de

---

[1]   Eugenio Garin, *Con Gramsci* (Roma, Editori Riuniti, 1997), p. 7.

[2]   Antonio Gramsci, *Il giornalismo, il giornalista. Scritti, articoli, lettere del fondatore de "l'Unità"* (org. Gianluca Corradi, Florença, Tessere, 2017), p. XIII.

formar jornalistas "tecnicamente preparados para compreender a vida orgânica de uma grande cidade, definindo nesse quadro (sem pedantismo, porém sem superficialidades e sem 'improvisações brilhantes') cada problema singular à medida que se torna atual"[3]. Para o intelectual sardo, o jornalista, não somente o redator-chefe, mas também o redator de notícias, deveria ter o preparo técnico necessário para exercer também outras funções de direção política (administrador, prefeito, membro de um conselho provincial); assim, "as funções de um jornal devem equiparar-se às correspondentes funções administrativas"[4].

Gramsci fala do "chefe orgânico" como uma figura de grande profundidade intelectual, capaz de resumir os aspectos mais gerais e constantes da vida de uma cidade, colocando-os no centro da atividade jornalística e afastando-os dos elementos episódicos da atualidade. O tema da organicidade na profissão de jornalista foi retomado no *Caderno 14*, no qual essa atividade é apresentada como "exposição de um grupo que deseja, por meio de diversas atividades de publicização, difundir uma concepção integral do mundo"[5]. De modo sistemático, tudo isso se evidenciava nas publicações anuais, os Almanaques, em que o grupo divulgava sua própria visão de mundo, conferindo-lhe forma homogênea e coerente com o nível de organicidade assumido pelas concepções gerais das coisas[6]. O "jornalismo integral" deveria ser capaz não apenas de "satisfazer as aspirações de seu público, mas também de criar essas aspirações e até mesmo de criar o próprio público"[7].

Apesar de Gramsci não assinar grande parte de seus artigos e de recorrer a pseudônimos ou no máximo usar as próprias iniciais, sua fama nos ambientes socialistas e intelectuais não demorou a se difundir. Em algumas de suas memórias, Alfonso Leonetti, que se tornaria uma figura de destaque do grupo ordinovistas, descreveu o encontro com Gramsci como um momento de guinada que o induziu a rever toda sua formação política e teórica, recordando as intermináveis discussões editoriais ocorridas sob as marquises ou durante as caminhadas nas

---

[3] Idem, *Quaderni del carcere* (Turim, Einaudi, 1977), p. 778.

[4] Idem.

[5] Ibidem, p. 1.719.

[6] Nessa perspectiva, o problema fundamental dizia respeito, antes de tudo, à dimensão ideológica, isto é, se o jornal ou periódico atendia às necessidades político-intelectuais de seu público. No entanto, também na forma de apresentação da publicação, sua linha editorial exigia o mesmo cuidado com o conteúdo ideológico e intelectual, pois há uma relação inseparável entre esses dois elementos. "Um bom princípio (mas nem sempre) é de dar um aspecto externo à publicação que por si só seja notado e lembrado: é um anúncio gratuito, por assim dizer. Mas nem sempre, porque depende da psicologia do público em particular que você deseja conquistar" (ibidem, p. 1.742).

[7] Ibidem, p. 1.725.

colinas, a abordagem característica de Gramsci[8], seu rigor intelectual, o respeito com que se apresentou no primeiro encontro, na redação no *corso* Siccardi, n. 12 (endereço da Casa del Popolo, sede do Partido Socialista Italiano (PSI), da Camara del Lavoro [Câmara do Trabalho] e da redação piemontesa de *l'Avanti!*), em Turim, numa quente manhã do verão de 1918.

> Sobre ele, eu só sabia o que Giuseppe Scalarini – o conhecido caricaturista de *l'Avanti!* – e Alessandro Schiavi me disseram durante minha passagem por Milão: que em Turim eu encontraria um poderoso jovem escritor socialista chamado Gramsci, a quem eles recomendaram que me dirigisse, confiando-lhe minha iniciação no movimento operário turinense.[9]

Em sua famosa biografia, Giuseppe Fiori assim descreve a estreia de Gramsci no campo do jornalismo: "Nascia um novo escritor, totalmente diferente daqueles com os quais os leitores dos jornalistas socialistas estavam acostumados"[10]. Em sua coluna, Gramsci escrevia artigos com um tom decididamente mais culto do que a média dos publicistas socialistas:

> Eram peças satíricas, pequenas joias que faziam do jovem escritor da Sardenha um panfletário exemplar, único num país onde o panfleto é um gênero quase desconhecido [...]. Em todos os escritos de Gramsci, desde pequenos ensaios teóricos até crônicas teatrais, destacava-se um novo estilo: a transição da ênfase proclamatória dos Rabezzana e Barberis para o gosto pelo raciocínio; a linguagem acurada, em tempos de pureza clássica, tão distante da dos velhos.[11]

Il Grido del Popolo [O grito do povo] constituiu uma primeira resposta importante às exigências de aprofundamento teórico e de ação revolucionária que os acontecimentos de 1917 suscitaram na nova geração socialista. No penúltimo número, de 19 de outubro de 1918[12], Gramsci pôde despedir-se de seus leitores

---

[8] "Gramsci não manifestava reações aparentes, o que não o impedia de sentir profunda amizade ou de simpatizar com as pessoas. Gramsci era tão indulgente e paciente com um operário quanto severo, violento e sem qualquer paciência com um intelectual" (Alfonso Leonetti, "Gramsci, i Consigli di fabbrica e il Congresso di Livorno", em Carlo Salinari, *I comunisti raccontano*, v. 1: *1919-1945*, Milão, Teti, 1975, p. 14).

[9] Idem.

[10] Giuseppe Fiori, *Vita di Antonio Gramsci* (Roma/Bari, Laterza, 1989), p. 118-9.

[11] Idem.

[12] Quando a seção socialista turinense, proprietária do semanário, decidiu-se pelo fechamento para dedicar todos os seus esforços financeiros, organizativos e intelectuais às edições turinenses de *L'Avanti!*, *Il Grido del Popolo* encerrou suas publicações.

com um balanço respeitável e com a satisfação de ter deixado um trabalho denso, contribuindo com a elevação política e cultural dos socialistas de Turim:

> *Il Grido* buscou tornar-se, tal como os semanários de crônicas e de propaganda evangélica, uma pequena resenha de cultura socialista, desenvolvida de acordo com a doutrina e a tática do socialismo revolucionário [...]. *Il Grido* tratou de definir uma direção precisa, ideal, e certamente o conseguiu, já que os jornais adversários o veem como um exemplo de frenético (!) bolchevismo.[13]

Com a efervescência decorrente da Revolução de 1917, os conflitos tornaram-se acirrados e tumultuados. As forças populares retomaram a dianteira, agora conscientes de que podiam desempenhar um papel decisivo nos destinos da nação. Manifestavam as expectativas e esperanças num futuro agora muito próximo, no qual tudo tinha de mudar. Nesse contexto, em 1º de maio de 1919, passou-se a publicar *L'Ordine Nuovo: Rassegna settimanale di cultura socialista* [A Nova Ordem: Revista semanal de cultura socialista]. Seu nascimento certamente estava ligado à força disruptiva dos eventos, à urgência do momento, à necessidade de passar à ação no período mais agudo da expansão revolucionária do século XX. Mas se a situação de urgência foi decisiva para impulsionar a ação do conselho editorial (composto por Ottavio Pastore, Palmiro Togliatti, Alfonso Leonetti, Leo Galetto e, precisamente, Antonio Gramsci), o entusiasmo militante da época também contribuiu para a aceleração ocorrida mesmo na ausência de uma efetiva homogeneidade político-cultural no interior daquele conselho.

Como lembrou o próprio Gramsci, num editorial ao qual voltaremos mais adiante, o único sentimento que unia o conselho editorial em sua primeira fase "era o suscitado por uma vaga paixão de uma vaga cultura proletária; queríamos fazer, fazer, fazer, estávamos angustiados, sem orientação, mergulhados na vida ardente daqueles meses pós-armistício, quando parecia iminente o cataclismo da sociedade italiana"[14].

Nos anos de *L'Ordine Nuovo*, Turim era a ponta mais avançada da expansão industrial italiana e vivia de maneira traumática o aumento exponencial da população operária. Era a primeira cidade da Itália a experimentar o processo produtivo taylorista, com tudo o que isso implicava no plano da organização do trabalho, do ritmo produtivo, das próprias relações sociais.

---

[13] Antonio Gramsci, "*Il Grido del Popolo* (19 ottobre 1918)", em *Scritti giovanili 1914-1918* (Turim, Einaudi, 1958), p. 325.

[14] Idem, "Il programma del *L'Ordine Nuovo* 1920", em *L'Ordine Nuovo 1919-1920* (Turim, Einaudi, 1954), p. 619.

64 ANTONIO GRAMSCI, O HOMEM FILÓSOFO

Em Turim, mais do que em outras cidades italianas, a classe operária, com sua luta, conseguira uma forte subjetividade política, de modo que, já em 1913, pôde impor o contrato coletivo de trabalho. Tudo isso, além de fazer da classe operária turinense – sobretudo a ligada à Fiat – algo inédito no panorama nacional, permitiu, como escreveu Franco De Felice, "uma verificação em massa das antigas verdades marxistas sobre a socialização da produção e a massificação como outra face do desenvolvimento do capital e da classe trabalhadora como sujeito social definido, capaz de reorganizar a produção e a sociedade com base no trabalho"[15]. Foi nessa realidade que Gramsci desenvolveu a ideia da estreita relação entre produção e revolução como antítese da delegação passiva aos organismos burocráticos, correlacionando a experiência dos conselhos com o desenvolvimento da luta de classes na Europa[16].

Essa necessidade expressou-se na vontade de fazer dos conselhos de fábrica uma primeira forma de autogoverno da classe operária, prelúdio da futura sociedade socialista, a fim de afirmar, ainda antes da ruptura revolucionária, sua unidade e autonomia. Assim, a autogestão produtiva passou a servir a um objetivo estratégico: levar o proletariado a adquirir uma psicologia de classe dominante. Na visão do Gramsci *ordinovista* e também do Gramsci dos *Cadernos*, operários e massas populares só poderiam libertar-se de sua própria subalternidade tomando plena consciência da legitimidade, mais do que da necessidade histórica, do próprio Estado. Como veremos, Gramsci pensava o sujeito revolucionário como bloco social, no interior do qual, a partir de seu papel na produção, a classe operária deveria assumir a tarefa de dirigir os "estratos subalternos" e os grupos sociais intermediários hesitantes, de modo que, nas fases mais críticas da radicalização revolucionária, pudessem desorganizar toda a estrutura estatal burguesa.

Naqueles anos, o movimento operário carecia de uma direção política e de uma estratégia capaz de superar a *psicologia parasitária* da "inevitabilidade da revolução". Para Gramsci, o PSI não se distinguia dos outros partidos e, para além de suas incendiárias proclamações revolucionárias, restringia sua atividade política ao direito de tribuna institucional, sem viabilizar um trabalho destinado à conquista da maioria dos explorados. Incapaz de desenvolver uma política voltada para os estratos intermediários da cidade e do campo, o PSI limitou-se a absorver em seu programa as questões dos camponeses. Tudo isso explicava o isolamento da classe operária durante o "biênio vermelho", apesar do estado de perene mobilização pré-insurrecional dos trabalhadores agrícolas. As batalhas e

---

[15] Franco De Felice, "Introduzione al Quaderno 22", em *Americanismo e fordismo* (Turim, Einaudi, 1978), p. VIII.

[16] Gianni Fresu, *Il diavolo nell'ampolla. Antonio Gramsci, gli intellettuali e il partito* (Nápoles, Istituto Italiano per gli Studi Filosofici/La Città del Sole, 2005), p. 43-54.

as primeiras reflexões de Gramsci sobre a relação entre grupos dirigentes e massas nasceram precisamente dessa dramática contradição entre a forte consciência de viver um período histórico revolucionário e a concomitante percepção da inadequação estrutural do partido político da classe operária italiana.

Franco De Felice chamou a atenção para a maneira como Gramsci evidenciou uma das coordenadas essenciais da ordem capitalista, alicerçada na distinção entre sociedade civil e sociedade política: a diferenciação entre burguesia e cidadão. Para subverter aquela ordem – arraigada na proeminência do momento político –, era necessário "recuperar, como ponto de partida, as relações de produção, as quais, numa sociedade capitalista, evidenciam a divisão em classes e a contradição fundamental da sociedade burguesa"[17], fazendo da produção a fonte do poder e da soberania, porque a economia não se limita à produção de bens, mas envolve também a produção de relações sociais.

Em outras palavras, segundo Gramsci, para se tornar classe dominante, o proletariado deveria fazer coincidir função econômica e função política, ou seja, a ação econômica deveria garantir, ao menos na mesma proporção que a ação política, a efetiva autonomia dos trabalhadores. A autodeterminação econômico--social representava a precondição para que sua ação política assumisse "valor histórico real". O conselho de fábrica era, portanto, a base em que a classe operária deveria exercer sua direção econômica em função de uma completa direção política. Nesse sentido, a perspectiva do soviete político deveria surgir da construção orgânica dos conselhos de fábrica:

> O conselho de fábrica e o sistema de conselhos de fábrica testam e revelam em primeira instância as novas posições que a classe operária ocupa no campo da produção; conferem à classe operária consciência de seu valor atual, de sua real função, de sua responsabilidade, de seu devir. A classe operária aprende com a soma de experiências positivas que cada indivíduo obtém pessoalmente, adquire a psicologia e as características de classe dominante, e como tal se organiza, isto é, cria o soviete político, instaura sua ditadura.[18]

As elaborações de Gramsci naqueles anos refletiam as diversas experiências e teorias sobre a democracia dos conselhos, mas encontravam em Lênin e na revolução soviética seu principal motivo de inspiração. A transformação dos conselhos de fábrica no primeiro núcleo da futura sociedade soviética retirou o movimento operário do abstracionismo ideológico, da fraseologia radical e vazia

---

[17] Ibidem, p. XIII.

[18] Antonio Gramsci, "Lo strumento di lavoro (*L'Ordine Nuovo*, anno I, n. 37, 14 febbraio 1920)", em *L'Ordine Nuovo 1919-1920*, cit., p. 413.

e da inércia típica da psicologia passiva centrada na inevitabilidade da revolução, transformada em ato de fé.

Gramsci dirigiu duras críticas à absoluta indeterminação dos discursos dos intelectuais e dirigentes socialistas sobre a estrutura econômica italiana e sobre o conceito de revolução em geral, nos quais a exigência retórica da persuasão prevalecia sobre as reais intenções de compreensão da realidade. Em suas acusações dirigidas ao *verbalismo maximalista* estavam contidas condenações a todo um grupo de dirigentes que, uma vez constituídos enquanto tais, já não se preocupavam em estudar com profundidade a formação econômico-social italiana:

> Os reformistas e os oportunistas evitam as determinações concretas. Estes, que se pretendem depositários da sabedoria política e da ampola com o diabo dentro, nunca mais estudaram os problemas reais da classe operária italiana e do devir socialista, perderam qualquer contato físico e espiritual com as massas proletárias e com a realidade histórica [...], preferem o jogo de apostas e a intriga parlamentar ao estudo sistemático e profundo da realidade italiana.[19]

Segundo Gramsci, em quase quarenta anos de existência, o PSI não foi capaz de produzir sequer um livro sério sobre o desenvolvimento das relações de produção na Itália. Isso desarmou a classe operária, tornando-a presa fácil de uma fraseologia revolucionária inútil e sem bases analíticas, projeto ou perspectiva.

Não obstante os limites da direção política e sindical, para Gramsci a classe operária conseguiu alcançar um alto grau de autonomia, criou seus institutos representativos, tomou consciência de si e de suas possibilidades de autogoverno. Graças aos conselhos, "e sem a ajuda dos intelectuais burgueses"[20], a classe operária pôde compreender profundamente o funcionamento de todo o aparelho de produção e de troca, transformando em patrimônio coletivo a experiência real de cada um de seus integrantes". A partir da unidade elementar de seu grupo de trabalho, tinha tomado consciência de sua posição no campo econômico, autoeducando-se em sentido socialista. Esse florescimento vital da subjetividade conseguiu se sobrepor ao pesado legado da guerra, que deixara o país dilacerado, empobrecido e dominado pelas contradições sociais. Um efeito colateral da maior guerra da história foi o desencadeamento da participação de grupos sociais até então passivos, a ponto de criar um quadro totalmente novo para a "política de massas".

A Primeira Guerra Mundial despertou imensas forças sociais ao lançar no cenário internacional grandes massas, enviadas para o extermínio como "carne para canhão", na maior guerra imperialista jamais vista.

---

[19] Ibidem, p. 414.
[20] Idem.

A guerra representou um terrível choque para a Itália, unificada há menos de meio século. Custou-lhe 680 mil mortos, meio milhão de mutilados e inválidos, mais de 1 milhão de feridos [...]. Em nenhum país a desmobilização suscitou problemas tão graves. Os meios tradicionais de emigração, por meio dos quais foram canalizados, em 1913, cerca de 900 mil trabalhadores, sobretudo camponeses sem terra, fecharam-se cada vez mais. Onde posicionar os que retornavam do *front* e por quanto tempo a indústria de guerra poderia manter 1 milhão de pessoas que nela trabalhavam? Como transformar a indústria de guerra numa indústria de paz? Em meio à desordem geral, aos conflitos persistentes e às renascidas ambições, como abrir caminho para o mercado mundial, golpeado, empobrecido e povoado de concorrentes implacáveis, mais bem preparados e mais bem organizados?[21]

A crise econômica e moral do pós-guerra foi particularmente grave na Itália, marcada por uma estagnação que coincidiu com o retorno dos soldados do *front* e com a dificuldade de reconverter a economia de guerra em produção civil. Algumas poucas categorias se beneficiaram e lucraram com a guerra, mas a imensa maioria da população assistiu a uma grande deterioração de suas condições de vida. A inflação, o desemprego em massa, o aumento da exploração e a contração do poder aquisitivo dos salários atingiram níveis muito altos. A guerra custou ao país um preço enorme em termos de vidas e custos sociais, sem alcançar nenhum dos objetivos estratégicos pactuados no Tratado de Londres ou dos propagandeados pelo governo para favorecer a mobilização geral do povo.

A Primeira Guerra Mundial provocou uma profunda crise econômica, política e cultural na sociedade europeia. A guerra foi invocada como progresso e purificação da humanidade, mas, sob a embriaguez da retórica patriótica e militar, restava um quadro social profundamente desagregado e marcado por fatores explosivos, dentre os quais: a ineficácia e a instabilidade do sistema liberal; o empobrecimento e a redução da classe média; a irrupção na cena política das grandes massas populares mobilizadas durante o conflito. Os historiadores já falaram da crise moral e de identidade de uma burguesia inquieta pelo crescimento do movimento operário e camponês e temerosa do exemplo da Revolução de Outubro de 1917. Esse contexto dramático e ao mesmo tempo emocionante, no qual o "velho mundo" parecia destinado a morrer de uma hora para outra, marcou profundamente as escolhas de vida de Gramsci, consagradas à militância política, e seu percurso teórico, sempre problematicamente voltado para essas contradições em curso. A Itália era um ponto nevrálgico na crise civilizatória europeia, e não por acaso ali surgiram as condições para o advento do fascismo.

---

[21] Angelo Tasca, *Nascita e avvento del fascismo* (Bari, Laterza, 1972), p. 17.

Para Gramsci, a guerra representou uma cisão profunda nas relações sociais da Europa. Arrancados de suas realidades particulares, camponeses, operários e trabalhadores viram-se lançados no palco do conflito, numa dimensão geral em que suas condições de exploração e opressão civil foram reconectadas de uma maneira que já não disfarçava a ordem política e econômica da qual se sentiam irremediavelmente excluídos. Eles foram convocados para combater e morrer em defesa daquela ordem, mas agora, terminado o conflito, aquelas mesmas massas irrompiam, como o magma, na vida social e política, não mais dispostas a retornar à passividade do passado. O exemplo da Revolução de Outubro desempenhou um papel determinante nessa mudança de consciência, representando, no imaginário coletivo de milhões de pessoas, uma prova da possibilidade concreta de subverter o estado de coisas, de modo a levar o socialismo a deixar de ser uma mera utopia. Como articular aquela imensa força social numa forma de integração política forte o suficiente e à altura de construir os alicerces do futuro Estado socialista? "Como amalgamar o presente e o futuro, satisfazendo as urgentes necessidades do presente e efetivamente trabalhando para criar e antecipar o porvir?"[22] Entre 1918 e 1922, as reflexões e o empenho político de Gramsci giraram em torno dessas questões teóricas e práticas.

A seu ver, essa conexão já estava presente e residia nas instituições da vida social dos trabalhadores. Só faltava dar-lhe forma orgânica e articulada para criar de fato uma democracia operária contraposta ao Estado burguês, de modo a substituí-lo em todas as suas funções. Tais institutos representavam, pois, o instrumento por meio do qual as massas adquiririam a titularidade e a direção efetiva do processo revolucionário, fortalecendo-se e autoeducando-se para esse papel.

O proletariado não poderia simplesmente se apossar da máquina estatal burguesa e, como se nada fosse, mudar sua direção. O trabalho de assumir as funções da direção administrativa, econômica e política do Estado requeria um preparo e uma autodisciplina que exigiram séculos de refinamento por parte da burguesia. Como o proletariado não dispunha de todo esse tempo, precisava aproveitar a oportunidade oferecida pela crise das velhas classes dirigentes para não desperdiçar a radicalização das massas populares contra a velha ordem. Era o mesmo problema com o qual se deparava Lênin em relação à estratégia revolucionária, entendida com grande força e profundidade por Gramsci – a ideia de antecipar a construção do Estado socialista valorizando a articulação dos conselhos e das associações das classes subalternas.

Em *O Estado e a revolução*, Lênin destacou a ambivalência dos sistemas democráticos e sua tendência a gerar não apenas o conflito entre capital e trabalho, mas contradições entre a dimensão formal da igualdade, encerrada na

---

[22] Antonio Gramsci, *L'Ordine Nuovo 1919-1920*, cit., p. 87.

dimensão negativa da liberdade (inviolabilidade da esfera individual por parte do Estado), e o esvaziamento da soberania popular em benefício do "garantismo individualístico-proprietário" por meio do instituto da representação. Isso induz a uma involução, e não ao desenvolvimento da esfera democrática e à deterioração burocrática do Estado político. Segundo Lênin, a transformação do homem em coisa e dos fins em meio não se realiza somente nas relações de produção da riqueza, mas também nas relações políticas delas decorrentes. A construção de relações sociais distintas das burguesas deve partir da inversão da relação entre o homem e o objeto por ele produzido, seja nas relações sociais e econômicas, seja nas relações políticas. Segundo Cerroni, a luta, para Lênin, deve desenvolver-se em ambas as vertentes, sem dogmatismo nem atalhos.

> Em todo o caso, é proibido começar pelos dois lados ao mesmo tempo: enaltecer o dogma da iniciativa violenta e da ditadura do proletariado como uma forma de Estado (monopartidarismo) e não como um tipo de sociedade (eliminação do capitalismo e da burguesia como classe) pode significar (significou historicamente) que não se começa nem de um jeito nem do outro. Assim tem sido no Ocidente, onde o reformismo e o extremismo continuam a lutar pela verdade.[23]

O problema do Estado, escreveu Lênin no prefácio a *O Estado e a revolução*, assume, especialmente na fase de exacerbação dos conflitos imperialistas, uma centralidade não apenas teórica, mas política. Sobretudo para superar os esquemas evolutivos da social-democracia internacional, a qual, numa fase de desenvolvimento relativamente pacífico, se submeteu aos interesses burgueses até mesmo no plano político-institucional, a ponto de afirmar a impossibilidade de se superar as formas representativas das instituições parlamentares burguesas. Citando *A origem da família, da propriedade privada e do Estado*, Lênin retomou a ideia do Estado como produto das relações sociais fundadas na propriedade privada, gerado pela necessidade de defendê-la diante do conflito de classe. Para além das representações idealistas, as quais descrevem o Estado como expressão das ideias morais, os ideólogos da burguesia definiram o Estado como uma entidade acima das partes, com função conciliatória entre os interesses contrapostos e em luta (o particular com o universal). Mas o Estado não é um terceiro corpo, é um lado da barricada do conflito, um órgão do domínio de classe, "o comitê dos interesses da burguesia". A república democrática, escreveu Lênin, é o melhor invólucro

---

[23] Umberto Cerroni, "Introduzione", em Vladímir Ilitch Lênin, *Stato e rivoluzione* (Roma, Newton Compton, 1975), p. 35 [ed. bras.: *O Estado e a revolução: a doutrina do marxismo sobre o Estado e as tarefas do proletariado na revolução*, trad. Edições Avante! e Paula Almeida, São Paulo, Boitempo, 2017].

possível para o capitalismo porque garante estabilidade, firmeza e continuidade para o seu domínio, não sendo abalado pelas mudanças de pessoas e partidos à frente dos governos, mesmo que eleitos por sufrágio universal. Um dos temas centrais dessa obra é a polêmica com os sociais-democratas acerca da superação do Estado burguês, por eles apresentada como um processo gradual de extinção que se dá pelos efeitos das reformas sociais que põem fim à sua necessidade histórica. Desse modo, de acordo com Lênin, omite-se e abandona-se o momento da ruptura revolucionária, a supressão radical e imediata por meio da socialização dos meios de produção e a distribuição das velhas bases sociais. Mas isso não significa que, no regime capitalista, é preciso se contrapor ou ser indiferente às formas da república democrática; simplesmente não se deve ter ilusões sobre as limitações às mudanças sociais internamente a essa forma institucional:

> Somos pela república democrática como melhor forma do Estado para o proletariado sob o capitalismo, mas não temos o direito de esquecer que a escravatura assalariada é o destino do povo mesmo na república burguesa mais democrática.[24]

Assim, para Lênin, a transição para o socialismo só pode ocorrer quando o proletariado se organiza como classe dominante, concentrando no Estado, sob sua direção, todos os elementos da produção, porém esse processo precisa ser iniciado muito antes. Ele considerava uma ilusão pequeno-burguesa a pacífica submissão da minoria (a classe dominante) à maioria do povo. Recordando *O 18 de brumário de Luís Bonaparte*, Lênin analisou o processo de aperfeiçoamento dos poderes (legislativo, executivo e jurídico-repressivo) do Estado burguês por meio das diversas revoluções por que passou. Na base do poder estatal centralizado encontramos instituições que Lênin definiu como parasitárias: a burocracia e o exército. Por meio dessas duas articulações, a grande burguesia consegue dirigir a pequena e a média burguesia (urbana e rural), garantindo seu emprego no aparelho estatal e um status social que a diferencia do resto do povo, levando-as a aderir ao próprio bloco social, questão a que Gramsci retornou diversas vezes. Falando dos "países mais desenvolvidos" e da consolidação da máquina estatal na época do imperialismo, Lênin destacou o reforço dos instrumentos repressivos contra a luta de classes, mas, ao mesmo tempo, já observava a existência de outras formas mais complexas de direção, que iam além do mero domínio, o que depois seria objeto de estudo das notas que Gramsci escreveu na prisão:

> Por um lado, a elaboração de um "poder parlamentar" tanto nos países republicanos (França, Estados Unidos da América, Suíça) quanto nos monárquicos

---

[24] Ibidem, p. 56 [ed. bras.: p. 41-2].

(Inglaterra, Alemanha até certo ponto, Itália, países escandinavos etc.); por outro lado, a luta pelo poder entre os diversos partidos burgueses e pequeno-burgueses que distribuíam e redistribuíam a "presa" dos lugarzinhos burocráticos, deixando imutáveis os fundamentos da ordem burguesa; e, finalmente, o aperfeiçoamento e a consolidação do "Poder Executivo", de seu aparelho burocrático e militar.[25]

A questão do Estado e a forma da transição para o socialismo, problema central nos anos ordinovistas de Gramsci, são o centro das concepções de Lênin sobre revolução aqui expostas. O evento histórico da Comuna de Paris obrigou Marx e Engels a escrever um adendo ao *Manifesto do Partido Comunista*, com uma frase que emblematicamente foi incluída no prefácio à edição alemã de 1872: "A Comuna demonstrou, especialmente, que não basta que a classe trabalhadora se apodere da máquina estatal para fazê-la servir a seus próprios fins"[26]. Lênin interpretou essa frase como necessidade de se superar o Estado burguês e não simplesmente de se apossar dele pela via gradual e pacífica; em outras palavras, para Marx, era necessário destruir a máquina burocrática e militar do Estado como "condição prévia de qualquer revolução popular". Já a ideia de uma revolução ampla e inclusiva, capaz de estender-se para além da classe operária até as outras classes populares num bloco social mais amplo, seria a negação do rígido e escolástico mecanismo teórico da Segunda Internacional e dos partidos social-democratas que se restringiam a ver a limitada alternativa entre a revolução burguesa e a revolução proletária. Nesse sentido, a Revolução Russa de 1905, além de seus resultados decepcionantes, não foi nem uma revolução burguesa, nem uma revolução proletária, e sim uma "revolução popular", porque intimamente marcada pelo levante insurrecional das camadas sociais inferiores. Assim, com base na afirmação de Marx, Lênin explicitou seu pensamento sobre o conceito de revolução popular, indicando uma perspectiva de aliança de classe, que depois seria fundamental para a definição do conceito de "bloco social" em Gramsci:

Na Europa de 1871, o proletariado não constituía a maioria do povo em nenhum país do continente. A revolução "popular" que arrasta verdadeiramente a maioria para o movimento só podia ser popular englobando tanto o proletariado quanto o campesinato. Ambas as classes constituíam, então, o "povo". Ambas as classes estão unidas porque a "máquina de Estado burocrático-militar" as oprime, as esmaga, as explora. *Quebrar* essa máquina, *demoli-la* – esse é, verdadeiramente, o interesse do "povo", de sua maioria, dos operários e da maioria dos camponeses,

---

[25] Ibidem, p. 68 [ed. bras.: p. 55].
[26] Ibidem, p. 73 [ed. bras.: p. 60].

essa é a "precondição" da livre aliança dos camponeses pobres e dos proletários; sem tal aliança, a democracia é instável, e a transformação socialista, impossível.[27]

Marx, portanto, não falou de "revolução popular" por um lapso, mas, muito realisticamente, o fez porque percebeu as relações de poder no continente em 1871, constatando o interesse comum dos operários e dos camponeses de derrotar a máquina estatal burguesa. A adaptação dos sociais-democratas às instituições tradicionais da sociedade burguesa, levando-os a afirmar sua indissolubilidade, deixara aos anarquistas o monopólio da crítica às relações de representação próprias do parlamentarismo clássico. Ao contrário, escreve Lênin, Marx evitou tanto a vaga fraseologia revolucionária quanto os desvios parlamentaristas. Ele rompeu com os anarquistas, "em razão de sua incapacidade para utilizar mesmo o 'curral' do parlamentarismo burguês, sobretudo quando manifestamente não há situação revolucionária – ao mesmo tempo, soube fazer uma crítica de fato proletário-revolucionária do parlamentarismo"[28].

Inevitavelmente vinculada aos problemas da transição socialista, a questão da direção técnico-administrativa, outro ponto de particular interesse de Gramsci, tornou-se essencial. Para Lênin, se não era possível eliminar repentina e completamente a burocracia, era necessário substituir a velha máquina administrativa por uma nova como ponto de partida para uma renovada organização do Estado, edificada sobre a centralidade das massas trabalhadoras. A substituição, tanto na administração estatal como nas empresas, dos velhos funcionários pelo "controle operário" era o caminho indicado por Lênin para levar a uma reorganização radical da sociedade, em sentido socialista. Ele estava convencido de que, uma vez derrubado o capitalismo, os trabalhadores poderiam assumir todas as funções técnicas até então gerenciadas por funcionários e por quadros da burguesia. Provavelmente esse é o aspecto mais utópico do pensamento de Lênin, que, depois de 1917, se depararia com uma realidade bem mais complexa, na qual teria de lidar com o despreparo do proletariado russo para assumir as funções burocráticas e com o problema da desorganização e da paralisia técnico-produtiva da Rússia na delicadíssima fase pós-revolução. Esse acabou sendo um dos objetivos mais difíceis de enfrentar. Lênin se viu forçado a abandonar a fórmula do "controle operário", trazendo de volta os velhos técnicos para o controle da máquina administrativa e produtiva. Esse foi um dos elementos de maior desilusão e arrependimento dos últimos anos de vida de Lênin, sempre muito atento aos riscos de burocratização do jovem Estado soviético. Desse modo,

---

[27] Ibidem, p. 74 [ed. bras.: p. 63].
[28] Ibidem, p. 81 [ed. bras.: p. 69].

nem mesmo em *O Estado e a revolução* Lênin imaginava uma condição ideal de imediata palingênese revolucionária da máquina administrativa:

> Não somos utopistas. Não "sonhamos" com dispensar *de uma só vez* toda administração, toda subordinação; esses sonhos anarquistas, baseados na incompreensão das tarefas da ditadura do proletariado, são fundamentalmente estranhos ao marxismo e só servem na realidade para protelar a revolução socialista até o momento em que as pessoas forem diferentes. Não, nós queremos a revolução socialista, com as pessoas como as de agora, que não poderão passar sem subordinação, sem controle, sem "administradores".[29]

A perspectiva da autoeducação dos produtores, que já no regime capitalista se preparam para tornar-se classe dirigente em seus institutos e associações da classe operária, assim como nas outras articulações do trabalho independente, representa, portanto, um resposta para o problema histórico vislumbrado pelo jovem Estado socialista em seus primeiros anos de vida e que significou o risco de levá-lo à morte antes de poder realizar um princípio de transição do velho para o novo.

---

[29] Ibidem, p. 84 [ed. bras.: p. 72].

5
L'ORDINE NUOVO

Com essa inspiração, em maio de 1919 começou a ser publicado *L'Ordine Nuovo*, cujo subtítulo era "Revista de Cultura Socialista", para "indicar que o veículo se destinava aos proletários, aos operários, aos intelectuais, com um objetivo bem definido: armar a classe operária de consciência e de vontade para a criação da sociedade socialista"[1]. O semanário surgia justamente às vésperas do biênio vermelho, "os belos anos", como Gramsci os definiu. Todavia, ao nascer, *L'Ordine Nuovo* estava fadado a ter uma vida muito breve, por se ver paralisado pelo embate de duas linhas políticas e editoriais opostas, a de Gramsci e a de Angelo Tasca. O conflito entre as duas abordagens explodiu sem possibilidade de ser sanado depois do Congresso da Câmara do Trabalho de Turim, no qual Tasca interveio defendendo que os conselhos deveriam ficar sob o controle dos sindicatos, uma posição classificada por Gramsci como "reacionária", o que suscitou uma dura divergência destinada a atravessar todo aquele ano.

O editorial de 27 de junho de 1919, "Democracia operária", escrito por Gramsci com a colaboração de Palmiro Togliatti, assinalou a primeira ruptura manifesta com Angelo Tasca e representou uma guinada na vida do periódico. Gramsci se referiu a isso numa carta, definindo o acontecimento como um verdadeiro golpe de Estado redacional:

> Togliatti e eu pedimos um golpe de Estado editorial; o problema das comissões internas foi explicitamente definido no número 7 da revista; algumas noites antes de escrever o artigo, desenvolvi para o companheiro Terracini a linha do artigo e Terracini expressou seu total consentimento como teoria e como prática [...];

---

[1] Alfonso Leonetti, "Gramsci, i Consigli di fabbrica e il congresso di Livorno", em Carlo Salinari, *I comunisti raccontano*, v. 1: *1919-1945* (Milão, Teti, 1975), p. 15.

o problema do desenvolvimento da comissão interna tornou-se um problema central, tornou-se a ideia de *L'Ordine Nuovo*; isso era apresentado como o problema fundamental da revolução proletária.[2]

Angelo Tasca – cultural e politicamente formado no sindicalismo – não aceitou a reviravolta do conselho editorial. Ao contrário de Gramsci, não partilhava da ideia de democracia operária baseada no autogoverno das comissões internas, propugnando, em vez disso, uma solução que reconduzisse o desenvolvimento da luta do movimento operário para a direção da Câmara do Trabalho do Partido Socialista.

A reviravolta no interior do conselho editorial deveu-se ao amadurecimento político fortemente influenciado pelos processos revolucionários russo e alemão. O tema da democracia de conselhos estava estreitamente ligado à exigência de obter-se, concretamente, uma instituição operária equivalente ao soviete, sobre o qual deveria recair toda a energia do grupo *ordinovista*. De acordo com Leonetti, com aquela reviravolta nascia uma nova revista, cuja atividade, ainda que fruto de uma elaboração coletiva e de um diálogo permanente entre a redação e os operários mobilizados, era fortemente marcada pela direção de Gramsci. A evolução do semanário turinense e a ascensão do movimento de conselhos ocorreram simultaneamente e não foi por acaso:

> E assim nasce e ganha corpo o movimento dos conselhos de fábrica; assim Turim, a cidade dos automóveis, torna-se a cidade dos comissários de fábrica, a cidade à qual acorrem jornalistas de todo o mundo, e que todos chamam a "Meca do comunismo italiano", a "Petrogrado da Itália". Não faltou também quem a tivesse denominado "a cidade de Gramsci".[3]

Para Gramsci, o soviete não era uma instituição russa, mas uma nova forma institucional com caráter universal na qual se realizava o autogoverno das massas, e a comissão interna das fábricas turinenses era sua tradução italiana. Dessa conclusão nascia um imperativo para *L'Ordine Nuovo*: estudar as comissões internas e as fábricas, não apenas como espaço de produção material, mas como "organismo político, como território nacional do autogoverno operário". A indeterminação inicial adiante da linha editorial do periódico, e sobretudo no tocante à definição dos fins a que se destinava, o fez ser, durante certo período, um órgão de pregação socialista, empenhado em ruminar os clássicos do marxismo, sem a medida da situação histórica concreta. A limitação à pregação do "abecê do pensamento

---

[2] Antonio Gramsci, *L'Ordine Nuovo 1919-1920* (Turim, Einaudi, 1954), p. 622.

[3] Alfonso Leonetti, "Gramsci, i Consigli di fabbrica e il congreso di Livorno", cit., p. 16.

operário", dedicando-se à exegese das parábolas deixadas como herança pelos pais do pensamento socialista, respondia a uma ideia desgastada e frustrante de cultura operária. Antes de limitar-se a recordar a Comuna de Paris, *L'Ordine Nuovo* deveria colocar-se em condições de "fazer como os bolcheviques", que utilizaram a reflexão de Marx sobre a Comuna não para "recordar", mas para compreender a realidade imediata de modo a encontrar no soviete a moderna tradução da experiência histórica da Comuna.

> O que foi *L'Ordine Nuovo* em seus primeiros números? Foi uma antologia, nada além de uma antologia; foi uma resenha, tal como poderia ter surgido em Nápoles, em Caltanissetta, em Brindisi; foi uma resenha de cultura abstrata, de informações abstratas, com a tendência a publicar contos horripilantes e xilogravuras bem-intencionadas; isso foi *L'Ordine Nuovo* em seus primeiros números, um desorganismo, o produto de um intelectualismo medíocre, que por saltos buscava uma abordagem ideal e uma via de ação.[4]

Para Antonio Gramsci, o conselho de fábrica era uma instituição de caráter público, uma forma de associação histórica comparável ao Estado burguês, do qual o operário começa a fazer parte como produtor – em consequência de sua função na sociedade e na divisão do trabalho –, assim como o cidadão começa a fazer parte do Estado. Ao contrário, o partido e o sindicato são instituições "privatistas", nas quais os trabalhadores entram voluntariamente, assinando um contrato que pode ser rescindido a qualquer momento. De acordo com Gramsci, Tasca não compreendera a distinção entre o partido ou o sindicato, que se desenvolvem "aritmeticamente" e o conselho de fábrica que, ao contrário, se desenvolve "morfologicamente". O sistema dos conselhos intervém sobre o processo de produção e troca capitalista, testando no terreno concreto da direção operária da produção a possibilidade de realizar relações sociais de novo tipo. Para Gramsci, o partido e o sindicato não poderiam absorver toda a variedade de existência da classe trabalhadora nem poderiam se identificar com o Estado, mesmo na sociedade soviética, onde eles continuariam a existir independentemente do Estado como órgãos de propulsão, estímulo e harmonização. A vida social da classe operária deveria ir além das formas associativas do partido e do sindicato, articulando-se em instituições e atividades que fossem expressões de uma organização institucional autônoma. Com a nova linha, *L'Ordine Nuovo* focou-se na organização da democracia operária, por meio do desenvolvimento do sistema de conselhos, apontando o erro da pretensão de se conduzir todo

---

4 Antonio Gramsci, *L'Ordine Nuovo 1919-1920*, cit., p. 621.

esse sistema de articulação social da classe operária por dentro de organismos que tinham outros papéis e funções, como a Câmara do Trabalho ou o partido.

> Concebemos o conselho de fábrica como um instituto absolutamente original, que nasce da situação criada na classe operária no atual período histórico da estrutura capitalista, como um instituto que não pode ser confundido com o sindicato, que não pode ser coordenado e subordinado ao sindicato, mas que, ao contrário, com seu nascimento e seu desenvolvimento, determina modificações radicais na estrutura e na forma do sindicato.[5]

Nessas reflexões, Gramsci encontrou um complicador que depois se revelou central, historicamente, em relação aos limites na edificação da nova sociedade socialista. Em sua primeira fase de vida, a ideia de democracia soviética se articulava em muitos níveis – organismos como soviete, partido, sindicato e Estado exerciam papéis e funções distintos. Todavia, em seu desenvolvimento, esse sistema deveria ter se tornado mais articulado, e não mais simples, pois à medida que a sociedade se desenvolve e com isso os sistemas das necessidades individuais e coletivas se tornam mais complexos, as formas de expressão e de participação popular também devem necessariamente se tornar mais ricas e articuladas. Como sabemos, uma das razões da decadência da sociedade soviética está justamente no fato de que, em dado momento, ela passou por um processo de cristalização e simplificação – uma involução política objetiva – ao mesmo tempo que sua sociedade tendia a tornar-se mais complexa e exigente. Em outras palavras, a identificação do partido com o Estado, o empobrecimento do sistema dos sovietes e a concomitante redução do papel das organizações sindicais iam em direção contrária ao crescimento econômico, social e cultural da União Soviética, tornando-se, em última análise, uma camisa de força, não um sistema de participação capaz de desenvolver-se "morfologicamente". O problema da burocratização e da formação de uma nova nomenclatura tecnocrática na sociedade soviética, dramaticamente no centro das preocupações na última fase da vida de Lênin, está inserido nessa dinâmica involutiva. A distinção de papéis entre conselho, partido, sindicato, era, portanto, o nó central não apenas para o desenvolvimento da luta de classes na sociedade capitalista, mas também no que diz respeito às questões da transição:

> As comissões internas são órgãos de democracia operária que devem ser liberados das limitações impostas pelos empresários, aos quais se deve infundir vida nova e energia. Hoje as comissões internas limitam o poder do capitalista na fábrica e

---

[5] Ibidem, p. 540.

assumem funções de arbitramento e disciplina. No futuro, é preciso desenvolver e valorizar os órgãos do poder proletário que substituem o capitalista em todas as suas funções úteis de administração e direção.[6]

Para Gramsci, a revolução proletária deveria ser um processo histórico, não o ato arbitrário de uma organização ou de um sistema de organização revolucionária; justamente por essa sua natureza processual, não poderia simplesmente se identificar com o desenvolvimento de organizações revolucionárias de tipo voluntário como o partido político ou o sindicato. Na distinção entre momento produtivo e político, e, sobretudo, na atribuição de um papel central ao primeiro, uma função predominante no processo revolucionário, é evidente a influência soreliana:

> As organizações revolucionárias nascem no campo da democracia burguesa, como afirmação e desenvolvimento da liberdade e da democracia em geral, num campo em que subsistem as relações entre cidadãos: o processo revolucionário se dá no campo da produção, da fábrica, onde o relacionamento é entre oprimidos e opressores, explorados e exploradores, onde não há liberdade para o operário, onde não existe democracia; o processo revolucionário se dá onde o operário não é nada e onde deve se tornar tudo, onde o poder do proprietário é ilimitado, é poder de vida e morte sobre o operário, sobre a esposa do operário, sobre os filhos do operário.[7]

Na fábrica, o operário torna-se um "determinado instrumento da produção", essencial no processo produtivo e de trabalho, é uma engrenagem na máquina/ divisão do trabalho, sem a qual a produção e a própria acumulação capitalista não podem existir. Se o operário adquire consciência desse seu papel determinado e o coloca na base de uma instituição representativa de tipo estatal, lança as bases de uma estrutura de Estado radicalmente nova que surge e reside permanentemente na produção. Adquirindo consciência de sua unidade orgânica e construindo suas instituições representativas de tipo estatal, a classe operária realiza a expropriação do primeiro e mais importante fator da produção capitalista: a própria classe operária. Em suas relações com o conselho de fábrica, o partido político e o sindicato deveriam ter consciência de que:

> Não devem apresentar-se como tutores ou superestruturas já prontas desta nova instituição, na qual o processo histórico da revolução ganha forma verificável,

---

[6] Ibidem, p. 88.

[7] Ibidem, p. 532.

eles devem colocar-se como agentes conscientes da sua libertação em relação às forças de compressão que se concentram no Estado burguês, devem propor-se a organizar as condições externas gerais (políticas) nas quais o processo da revolução encontre sua máxima velocidade, no qual as forças produtivas liberadas encontrem a máxima expansão.[8]

Para Antonio Gramsci, historicamente, o princípio associativo e solidário retira o trabalhador de sua condição individualista de sujeito exposto aos riscos da livre concorrência, na qual as condições de largada da luta não são iguais, mas determinadas pela propriedade privada dos meios de produção por parte de uma minoria social que, de tempos em tempos, impõe suas regras ao jogo. Por meio dos princípios associativos e solidários, a psicologia e os costumes dos trabalhadores mudam radicalmente; em conformidade com esses princípios surgem as instituições e as organizações proletárias. Todavia, o nascimento e o desenvolvimento destas não respondem às leis próprias das classes subalternas. Estas assumem determinada forma não por leis internas à classe, mas sob a pressão da concorrência capitalista, em um quadro em que as leis da história são ditadas pela classe que detém a propriedade dos meios de produção e a organização do Estado.

As associações operárias, partidos e sindicatos são os frutos da concentração capitalista e da consequente concentração das massas trabalhadoras, são a resposta que os trabalhadores dão a uma posição de partida desigual na relação capital e trabalho, na qual o próprio trabalhador opera no plano da livre concorrência como indivíduo-cidadão. Nesse sentido, quando surgem as instituições, o movimento operário é unicamente uma função da livre concorrência capitalista. Para Gramsci, o erro do *pansindicalismo* consiste precisamente em considerar fato permanente e exclusivo do associativismo proletário o sindicato de categoria, isto é, uma ideia associativa determinada pelas "leis externas à classe operária".

Por sua vez, quando surgiu, o Partido Socialista Italiano (PSI) conseguiu dar consciência e forma organizada ao movimento de reivindicação dos direitos dos trabalhadores, dando-lhe uma perspectiva coerente com o desenvolvimento histórico da sociedade humana; contudo, cometeu também um erro grave. Assumindo as funções de representação internamente às instituições parlamentares burguesas, e dando a essas funções uma prioridade quase exclusiva, perdeu o próprio papel de antítese e de crítica, deixando-se absorver por uma realidade que deveria ter dominado. Segundo Gramsci, os socialistas acabaram aceitando passivamente a realidade histórica imposta pela classe capitalista, de modo a mantê-la perpétua e fundamentalmente perfeita, fruto de "leis naturais". Para eles, o Estado democrático parlamentar poderia ser retocado aqui e ali, mas deveria ser mantido em

---

[8] Ibidem, p. 537.

sua forma essencial. "Um exemplo dessa psicologia tacanhamente vaidosa é a opinião inflexível de Filippo Turati, para quem o parlamento está para o soviete como a cidade está para a horda de bárbaros."[9]

Dessa concepção equivocada do devir histórico, dominada pela tendência incessante à concessão e pela "tática obtusamente parlamentarista", surgiu a pretensão de chegar ao socialismo simplesmente apossando-se das instituições do Estado e modificando a essência de sua atividade. Mas, como já esclarecemos, servindo-se do texto de Lênin, *O Estado e a revolução*, Gramsci postulou que a fórmula da "conquista do Estado" poderia ser entendida como criação de um novo aparelho institucional, gerado não pelas leis da livre concorrência, como é o caso do Estado democrático parlamentar, mas pela experiência associativa da classe operária. A revolução proletária deveria assumir forma processual, molecular e orgânica, constituindo-se na própria experiência associativa da classe operária no local de produção, e não poderia ser entendida como um ato taumatúrgico cuja instauração coincidia com a ditadura das seções do PSI.

Portanto, nas elaborações desse período, encontramos também as primeiras reflexões sobre o partido como instrumento pedagógico no qual a fratura entre dirigentes e dirigidos seria sanada por intermédio da adoção de relações diferentes entre suas partes constitutivas. Nesse sentido, era necessário superar a forma piramidal clássica das organizações políticas, na qual a linha é elaborada por intuição intelectual dos dirigentes, traduzida, em seguida, em imperativos categóricos que a base deve assumir com confiança e articular de forma militante. Um exemplo dessa abordagem é o artigo "Il Partito e la rivoluzione" [O Partido e a revolução], de 27 de dezembro de 1919, no qual Gramsci passou a falar da exigência de uma organização que não apenas representasse os trabalhadores, mas que fosse dirigida por eles. Uma ideia de organização horizontal caracterizada pela distribuição de suas funções de elaboração e de direção, na qual a atividade fosse fruto da ação simultânea de todos os seus elementos, não o resultado de uma cadeia de comando similar ao exército. Aqui ele utilizou a metáfora, bastante eficaz, da barreira de corais:

> O Partido, como formação coesa e militante de uma ideia, influencia esta íntima construção de novas estruturas, esta operacionalidade de milhões e milhões de microrganismos sociais que preparam o rubro banco de corais que num dia não tão distante aflora, despedaça os ímpetos da borrasca oceânica, impõe a paz nas ondas, interpõe um novo equilíbrio nas correntes e no clima; mas este influxo é orgânico, dá-se no circular das ideias, no manter-se intacto o aparelho de governo

---

[9] Ibidem, p. 368.

espiritual, dá-se no fato de que milhões e milhões de trabalhadores fundam uma nova hierarquia, instituindo a nova ordem [...].[10]

O partido deveria ter aderido plástica e organicamente ao instrumento produtivo, era preciso conceber a revolução como o reconhecimento histórico da naturalidade dessa formação. Isso significa que o partido não pode plasmar o processo revolucionário em termos burocráticos como resultado das decisões de seus dirigentes:

> Ai do Partido, se com uma concepção sectária de seu papel na revolução pretender materializar essa hierarquia, pretender fixar em formas mecânicas de poder imediato o aparelho de governo das massas em movimento, tentar restringir o processo revolucionário às formas do Partido; conseguirá afastar uma parte dos homens, conseguirá "dominar" a história; mas o processo revolucionário real fugirá ao controle do Partido, inconscientemente transformado em instrumento de conservação.[11]

Influenciar, forjar, reforçar a consciência dos trabalhadores, estimular sua atividade, com o objetivo de subtrair à burguesia sua histórica capacidade de direção, com a qual consegue acorrentar os explorados, fazendo-os aceitar sua relação de domínio. Um trabalho intenso e capilar desenvolvido não só pelo partido, mas por todas as organizações do proletariado (conselhos, comissões, sindicatos), transformando as fábricas na sede do autogoverno dos trabalhadores, sem mais recorrer às funções delegadas de representação exercidas pelos intelectuais.

Uma nova ordem, para assim sê-lo, deveria aderir organicamente aos "instrumentos produtivos", e a revolução era entendida como o reconhecimento histórico da "natureza" dessa formação. O Partido socialista "não é nem pode ser concebido como a forma desse processo, forma maleável e plasmável ao arbítrio dos dirigentes"[12].

No artigo "O Partido Comunista", Gramsci desenvolveu algumas reflexões sobre a relação entre a atividade manual e a autonomia intelectual dos operários na fábrica, uma antecipação de um tema que depois se tornaria central nas notas sobre *Americanismo e fordismo*. Nesse trecho de 1920, Gramsci destacou como a atividade de luta e organização dos operários era resultado de um processo de resistência às funções puramente instrumentais de sua atividade e de

---

[10] Antonio Gramsci, "Il Partito e la rivoluzione", *L'Ordine Nuovo*, 27 dez. 1919, em Antonio Gramsci, *Scritti politici* (Roma, Editori Riuniti, 1969), p. 293.

[11] Idem.

[12] Antonio Gramsci, *L'Ordine Nuovo 1919-1920*, cit., p. 369.

autonomização intelectual. O resultado do processo de divisão/especialização do trabalho representa a negação da humanidade, porque transforma o trabalhador num robô, condenado a repetir, com uma monotonia capaz de destruir a vida interior e a vida humana, os mesmos gestos profissionais sem saber o como e o porquê de sua atividade prática.

A autodeterminação social e política do movimento operário é um autêntico milagre, uma reafirmação da subjetividade contra toda redução brutal da complexidade humana a uma prótese da máquina. É a vitória do trabalhador em sua luta por autonomia espiritual que o incentiva a estudar, aprender e melhorar intelectualmente para emancipar-se materialmente, uma luta que a cada dia deve prevalecer sobre o cansaço, a alienação e a repetição das funções produtivas. O partido político revolucionário, por meio do qual o operário torna-se dirigente e sujeito criador de uma nova visão de mundo, é a síntese desse processo dialético de emancipação humana.

> O operário na fábrica tem tarefas meramente executivas. Ele não acompanha o processo geral do trabalho e da produção; não é um ponto que se move para criar uma linha; é um pino confinado a um lugar determinado, e a linha resulta da sucessão de pinos que uma vontade estranha dispôs para os seus objetivos. O operário tende a levar esse seu modo de ser a todos os ambientes da vida; ajeita--se facilmente, em tudo, ao ofício de operador manual, de "massa" guiada por uma vontade estranha à sua; é preguiçoso intelectualmente, não sabe e não quer prever nada além do imediato, por isso não discute as escolhas de seus chefes e deixa-se iludir facilmente pelas promessas; quer acreditar que pode obter sem grande esforço de sua parte e sem precisar pensar muito. O Partido Comunista é o instrumento e a forma histórica do processo de íntima libertação por meio do qual o operário passa de executor a iniciador; de massa, torna-se chefe e guia; de braço, passa a ser cérebro e vontade; na formação do Partido Comunista, é dado colher a semente da liberdade que terá seu desenvolvimento e sua plena expansão depois que o Estado operário tiver organizado as condições materiais necessárias. [...] começando a fazer parte do Partido Comunista, onde é mais um organizador do que um organizado, onde sente que constitui uma vanguarda que vai além, carregando consigo toda a massa popular.[13]

Para Gramsci, o partido tem uma função histórica fundamental: retirar o terreno do domínio político e social da burguesia de sob os pés de suas certezas democrático-parlamentares. Sua tarefa é favorecer o contínuo surgimento e desenvolvimento dessa energia vital. A revolução não pode identificar-se com o

---

[13] Idem, "Il Partito comunista", 4 set.-9 out. 1920, em *L'Ordine Nuovo 1919-1920*, cit., p. 362-3.

partido, não pode resumir-se na constrição mecânica e hierárquica desse processo na forma do partido. Se, ao mesmo tempo, conseguisse dirigir grande parte das massas e "dominar a história", o processo real da revolução sairia do controle do partido, transformando a organização em instrumento de conservação.

6
ORIGEM E DERROTA DA REVOLUÇÃO ITALIANA

O movimento dos conselhos, não obstante seu enorme desenvolvimento, deparou-se com a dupla desconfiança do partido e do sindicato. Nesse contexto, *L'Ordine Nuovo* deveria favorecer a autonomia das comissões internas, transformá-las em órgãos efetivos de autogoverno operário, de modo a resgatá-las de uma prática burocrática em virtude da qual o sindicato nomeava os comissários e definia a linha política. A profunda reorganização dos conselhos deveria ter levado à eleição dos comissários por todos os operários, prescindindo da necessidade de serem todos sindicalizados, e à transformação das comissões em órgãos de representação operária por unidade produtiva, estruturada sobre a base das divisões de departamento ou oficina[1]. Era preciso que a comissão superasse a condição de órgão de representação genérica das chefias, preparando-se para um novo papel: assumir o controle da produção. Desse modo, o sistema de conselhos transformaria o conceito de representação, não mais estruturado em bases e princípios territoriais, valorizando a unidade produtiva.

No entanto, num contexto tumultuado como o do pós-guerra, essa necessidade vital de renovação dos institutos do movimento operário chocava-se com os costumes do partido, incapaz de conceber uma atividade que estivesse além das incumbências institucionais ordinárias, e do sindicato, acomodado à função histórica de intermediação econômica entre capital e trabalho e, portanto, não disposto a ceder esferas de soberania.

A representação mais clara desse contraste pôde se manifestar abertamente no XVI Congresso Nacional do Partido Socialista Italiano (PSI) em Bolonha,

---

[1] A proposta de reforma do sistema de conselhos previa a eleição democrática dos comissários, que comporiam o conselho de fábrica, o qual expressaria, por sua vez, a comissão interna.

a apoteose do "maximalismo"[2] italiano no período de sua maior expansão. Nos documentos, na discussão e na deliberação adotada, todo discurso assumia um enfoque radical e otimista, anunciava a proximidade cada vez maior do momento da tomada do poder, sem, no entanto, apresentar nenhum plano de ação ou predispor uma modalidade de intervenção capaz de ir além da retórica, puramente teórica, da preparação revolucionária e da tradicional prática parlamentar. Giuseppe Fiori deixou-nos um retrato exemplar do que se tornara o PSI maximalista, dividido por uma contradição sempre muito evidente entre o lirismo heroico das declarações de princípios revolucionários e a prosa de uma política desprovida de ousadia e potencialidade transformadora:

> Era um partido em crise, sem vitalidade, ainda que aguerrido, dado seu recente crescimento, bastante brusco: 300 mil inscritos contra os 50 mil de antes da guerra; dois milhões de adesões à CGL [Confederação Geral do Trabalho] contra o meio milhão de 1914; além disso, triplicara o grupo de parlamentares, de 50 para 150 deputados. Uma expansão que suscitava euforia e também novos problemas de enquadramento, o que trouxe duas consequências: uma difusa fé revolucionária baseada mais na presunção de que a marcha do proletariado continuaria até desembocar fatalmente na vitória final do que na consciência e na predisposição dos meios indispensáveis para essa vitória; a ascensão a *cargos diretivos absolutamente inadequados à sua capacidade* por parte de demagogos doutrinariamente despreparados e inexperientes.[3]

No Congresso de Bolonha, as posições de *L'Ordine Nuovo* não encontraram acolhida. Ao contrário, as diversas opiniões do PSI, divididas em relação a tudo, encontraram um ponto de acordo justamente na crítica radical à experiência dos conselhos. Passava-se da acusação de corporativismo economicista, feita por Bordiga, às de anarcossindicalismo espontaneísta, comuns à opinião dos maximalistas, dirigentes sindicais reformistas, todos resolutamente contrários ao voto atomista dos "desorganizados".

Contudo, Bordiga foi o primeiro que, já em maio de 1919, adiantou com força e explicitamente o tema da cisão dos comunistas do PSI. Em 13 de julho, apresentou ao Conselho Nacional do PSI o *Programa da fração comunista*, ao qual se seguiu, em

---

[2] A definição de "maximalismo" surgiu depois do famoso Congresso de Erfurt, em 1891, quando foi aprovado o programa social-democrata, articulado em dois pontos: o programa mínimo (as reformas na sociedade capitalista); o programa máximo (o socialismo). Assim, a vertente mais radical e revolucionária do movimento socialista internacional denominou-se "maximalista", em oposição aos que se definiam como "reformistas".

[3] Giuseppe Fiori, *Vita di Antonio Gramsci* (Roma/Bari, Laterza, 1989), p. 148.

10 de novembro, o envio de uma carta à Terceira Internacional, na qual apresentava concretamente a ideia de uma cisão comunista sob sua direção. De acordo com Bordiga, o êxito natural do movimento de conselhos era contrarrevolucionário, inscrito nas tradições do reformismo e do corporativismo dos sindicatos de categoria.

A seu ver, os comunistas tinham um único objetivo: constituir-se em partido político e preparar-se, no plano ideológico, para o momento da revolução. Nesse sentido, para os abstencionistas, os conselhos operários só deveriam surgir no momento de insurreição política ou no momento da máxima crise da burguesia; do contrário, eles se transformariam em organismos dominados pela tática das conquistas parciais e pela prática reformista, distraindo os comunistas de suas verdadeiras tarefas revolucionárias. Mesmo durante o biênio vermelho, Bordiga não deu nenhum crédito ao desenvolvimento do movimento dos conselhos, demonstrando uma constante e quase patológica desconfiança em relação ao autogoverno operário. Ao invés de uma fase de confronto e radicalização social, ele pretendia uma longa era de colaboração de classes, sem compreender que no horizonte se desenhava não o triunfo do reformismo social-democrata, mas a mais terrível reação. Um erro de avaliação cometido até mesmo por Gramsci em 1921, embora por pouco tempo.

Para Gramsci, o Estado socialista deveria objetivar-se por meio de uma rica articulação de instituições e formas participativas de massa. Para Bordiga, ao contrário, as formas associativas da classe operária eram entendidas como simples órgãos descentralizados do partido, correias de transmissão, submissas em tudo e para tudo ao controle e à direção do partido.

Internamente ao panorama socialista na Itália, o grupo de *L'Ordine Nuovo* era o único a ter recebido e "traduzido em língua italiana" o significado do movimento de conselhos alemão, da experiência dos sovietes na Rússia, do movimento dos representantes de oficinas na Inglaterra (os *Shop-Steward Commities*), isto é, foi o único a relacionar-se criativamente com as experiências novas e de vanguarda do movimento operário europeu. As frequentes referências a Lênin e a Rosa Luxemburgo daqueles anos não são casuais, expressando, antes, a vontade de colocar a experiência do movimento dos conselhos de Turim em linha de continuidade com as experiências dos sovietes e com a dos conselhos alemães.

Além disso, o interesse nos confrontos dos debates teóricos e das experiências concretas de luta que se desenvolviam no âmbito internacional era confirmado pelo espaço que *L'Ordine Nuovo* dedicava ao movimento internacional dos conselhos, publicando a mais rica resenha internacional de contribuições da época. Eram publicadas as contribuições mais significativas da Internacional Comunista, como as intervenções de Lukács, Daniel de Leon, Zinoviev, Béla Kún, Trótski, John Reed, apenas para citar alguns.

Talvez o verdadeiro limite nas proposições do grupo de *L'Ordine Nuovo*, como os próprios protagonistas confirmaram em diversas ocasiões, residia na pouca propensão a travar uma batalha, não apenas de ideias, no interior do partido; na convicção de que o trabalho entre as massas, por si só, poderia mudar a correlação de forças no movimento socialista italiano.

Com a reedição das publicações de *L'Ordine Nuovo* em maio de 1924, o próprio Gramsci lembrou que o problema de formar o partido independente da classe operária revolucionária era simultâneo à necessidade de trabalhar no movimento de massas que se desenvolvia:

> Nos anos 1919-1920, *L'Ordine Nuovo* via os dois problemas estreitamente ligados entre si: orientando as massas em direção à revolução, levando-as à ruptura com os reformistas e com os oportunistas nos conselhos de fábrica e nos sindicatos profissionais, estimulando a vida do Partido Socialista com as discussões dos problemas especificamente proletários, nos quais os simples operários tinham ascensão sobre os advogados e demagogos do reformismo, *L'Ordine Nuovo* tendia a suscitar até mesmo o novo partido da revolução como uma necessidade imperiosa da situação em curso. [...] É preciso também admitir que em alguns momentos faltou coragem e resolução. Atacados de todos os lados como arrivistas e carreiristas, não soubemos desprezar a mesquinhez das acusações: éramos muito jovens e conservávamos muita ingenuidade política e muito orgulho formal. Por isso, ao final de 1919, não ousamos criar uma fração que tivesse ramificações em todo o país; por isso, em 1920, não ousamos organizar um centro urbano e regional dos conselhos de fábrica que sacudisse, como organização da totalidade dos trabalhadores do Piemonte, sobretudo a classe operária e camponesa italiana e, portanto, contra as diretrizes da CGL e do Partido Socialista.[4]

Uma carta escrita a Alfonso Leonetti dois meses antes, na qual Gramsci anunciava a intenção de tornar pública uma retratação pelos erros cometidos, tinha o mesmo tom:

> Em 1919 e 1920, cometemos erros gravíssimos que até agora ocultamos. Por medo de sermos chamados de arrivistas e carreiristas, não construímos uma fração e não cuidamos de organizá-la em toda a Itália. Não quisemos dar aos conselhos de fábrica de Turim um centro diretivo autônomo, que poderia ter exercido enorme influência em todo o país, por medo das cisões nos sindicatos e de sermos expulsos muito prematuramente do Partido Socialista. Deveríamos, ou ao menos eu devo, publicamente, assumir esses erros que indubitavelmente tiveram graves repercussões. Na verdade, se depois da cisão de abril tivéssemos

---

[4] Antonio Gramsci, "Cronache de L'Ordine Nuovo", em *La costruzione del Partito Comunista 1923-1926* (Turim, Einaudi, 1971), p. 161.

Origem e derrota da revolução italiana   89

assumido a posição que eu considerava necessária, com certeza teríamos chegado a uma situação diferente da ocupação das fábricas e teríamos levado aqueles acontecimentos a uma situação mais propícia.[5]

Ainda durante todo o ano de 1919, o periódico focalizou a construção do movimento operário turinense e o trabalho entre as massas. As questões relativas ao partido ficaram em segundo plano. Naquele mesmo ano, o cenário político-social caracterizava-se por uma tensão crescente. O verão foi marcado pelas agitações contra a carestia, com manifestações e greves em todo o território nacional (316 em maio, 276 em junho), que desembocaram em saques aos estoques de gêneros alimentícios. Para esclarecer o caráter não meramente econômico das agitações, basta lembrar que o sindicato, nos dias 20 e 21 de junho, proclamou uma greve geral em solidariedade aos processos revolucionários na Rússia e na Hungria. Tumultos marcaram também todo o outono, gerando a reação dos ambientes mais conservadores, até a proclamação de uma nova greve geral em 2 e 3 de dezembro como resposta às agressões dos nacionalistas contra os deputados socialistas. Todavia, no que diz respeito a Turim, os choques ainda não atingiam uma intensidade particularmente aguda. A verdadeira mudança ocorreu no decorrer dos primeiros meses de 1920, quando o grupo turinense aproveitou o trabalho político destinado às eleições das comissões internas para difundir entre os operários as razões práticas e as ideias da batalha conciliar, mostrando-lhes tanto a função imediata, isto é, a possibilidade de levar a um confronto direto com o patronato, quanto as perspectivas, que fariam do sistema de conselhos a base de um sistema de governo mais amplo da classe operária. Já no mês de março todos os eleitos nas comissões internas em Turim estavam ligados à plataforma *ordinovista*.

E assim, num clima de mobilização geral da classe operária, nos cotonifícios Mazzonis de Sestri Ponente, ocorreram as primeiras ocupações dos estabelecimentos, que rapidamente se espalharam para as outras fábricas, misturando-se com a luta e as ocupações de terra dos trabalhadores agrícolas. Consciente da hostilidade da direção sindical do PSI, o grupo de *L'Ordine Nuovo* logo percebeu o risco de isolamento, com o movimento unificado da ofensiva restauradora conduzida pelo governo e pelos industriais. A única maneira de evitar uma situação similar seria conseguir abrir perspectivas políticas gerais para aquele movimento, unindo as reivindicações de todas as forças em luta num só plano político: por essa razão, o periódico apresentou a ideia de um congresso nacional dos conselhos.

---

[5]   Idem, "Lettera ad Alfonso Leonetti, 28 gennaio 1924", em Palmiro Togliatti, *La formazione del gruppo dirigente del Partito Comunista Italiano (1923-24)* (Roma, Editori Riuniti, 1984), p. 181.

A situação precipitou-se quando os representantes da Liga Industrial, Agnelli, Olivetti e De Benedetti, anunciaram ao prefeito a intenção de proceder ao fechamento geral dos estabelecimentos e fazer com que o exército presidisse as fábricas. Em razão disso, em 29 de março desencadeou-se um clima que rapidamente aumentou o nível de confronto entre trabalhadores e empresários. Já no Congresso constitutivo da Confindustria, em 20 de março, o secretário-geral das organizações patronais afirmou a necessidade de eliminar a coexistência de dois poderes nas fábricas. Como se sabe, o pretexto para o fechamento foi encontrado na greve contra a entrada em vigor do horário legal*.

Em Turim, a comissão interna da oficina Indústria Metalúrgica – de propriedade da Fiat – mostra os ponteiros do relógio no horário-padrão. Não se trata de um capricho. É uma afirmação do poder operário na fábrica e, ao mesmo tempo, um protesto contra tudo o que faz lembrar a guerra.[6]

O confronto rapidamente se espalhou das fábricas de Turim para o resto do país, levantando ferroviários, portuários, trabalhadores agrícolas. Uma mobilização que durou um mês inteiro: de um lado, a Confindustria, apoiada pelo governo e pelo exército; de outro, um movimento logo abandonado ao seu destino pelo partido e pelos sindicatos. Em 13 de abril, iniciou-se uma duríssima greve geral, destinada a durar até 24 de abril, e que terminou com a assinatura de um acordo que decretava o retrocesso do sistema dos comissários de repartição, uma redução dos poderes das comissões internas e, portanto, a derrota. Foi definida como "a derrota fragorosa".

Diante do isolamento geral do movimento, Gramsci percebeu o quanto fora ingênuo não organizar uma fração política sobre a plataforma do grupo de Turim, capaz de enfrentar a direção do PSI. Exatamente a partir desse momento deu-se uma mudança na ordem de prioridades de Gramsci, e a reflexão sobre o partido assumiu uma centralidade absoluta em sua elaboração e atividade política. Para Gramsci, aquele movimento representava um acontecimento grandioso na história da classe operária de todo o mundo, pois se desenvolvera desde uma posição de força, não sendo ocasionada pela fome ou pelo desemprego. Os trabalhadores tinham reivindicado a direção da produção, conduzindo uma batalha que logo se difundiu para os confins das fábricas interessadas, de modo a sublevar quatro milhões de pessoas, dentre trabalhadores industriais e agrícolas, técnicos e empregados. Essa luta afirmava-se, apesar de uma dupla pressão contrária: de um lado, os industriais e o Estado tinham adotado todos os meios coercitivos

---

*   O horário legal seria o correspondente italiano do horário de verão. (N. T.)

[6]   Cesare Pillon, *I comunisti nella storia d'Italia*, (Roma, Edizioni del Calendario, 1967), p. 89.

de que dispunham para encurralar e sufocar aquele movimento; de outro, a direção do Partido Socialista e do sindicato obstaculizaram de todos os modos o desenvolvimento e a possibilidade de radicalização em outras partes da Itália e no restante das classes subalternas.

De acordo com a linha expressa por *L'Ordine Nuovo*, a organização dos conselhos de fábrica deveria se dar sobre bases representativas de cada indústria; cada uma delas deveria subdividir-se em departamentos e estes em grupos por profissão, internamente aos quais os mandatos por operário eleito deveriam ser imperativos e condicionados. A assembleia desses representantes formava o conselho, no interior do qual era eleito um comitê executivo; os representantes dos diversos executivos formavam, por fim, o comitê urbano. Esse sistema de autogoverno, nas intenções de Gramsci, deveria articular-se horizontal e verticalmente de modo a comportar as massas camponesas e as demais classes exploradas, constituindo assim, de fato, a estrutura fundamental da revolução na Itália, assim como foram os sovietes na Revolução Russa.

O trabalho destinado à transformação das instituições de associação e representação operária, para retirá-lo da tutela dos aparelhos sindicais e conferir, de fato, expressão social e política da vida na fábrica aos candidatos das comissões internas, obteve a adesão dos metalúrgicos a ponto de, em pouco tempo, tirar a direção da Câmara do Trabalho de Turim das mãos da central sindical reformista.

Em setembro de 1919, na Fiat-Brevetti, constituiu-se o primeiro conselho de fábrica, seguido pela eleição do conselho da Fiat-Centro, até se chegar, em bem pouco tempo, a cerca de trinta estabelecimentos com 50 mil operários metalúrgicos representados. Contudo, como já vimos, não obstante o crescente interesse do movimento operário de Turim pelas posições expressas por *L'Ordine Nuovo*, e apesar do crescente peso do movimento de conselhos, os ordinovistas eram totalmente minoritários e isolados no Partido:

> O movimento encontrou a resistência obstinada dos funcionários sindicais, da direção do Partido Socialista e de *l'Avanti!*. A polêmica dessas pessoas baseava-se na diferença entre o conceito de conselho de fábrica e o de soviete. Suas conclusões tinham um caráter puramente teórico, abstrato, burocrático. Em suas frases dissonantes ocultava-se o desejo de evitar a participação direta das massas trabalhadoras na luta revolucionária, de conservar a tutela das organizações sindicais sobre as massas. Os componentes da direção do Partido sempre se recusaram a tomar a iniciativa de uma ação revolucionária sem a elaboração prévia de um plano de ação coordenado, mas não faziam nada para providenciar esse plano.[7]

---

[7] Antonio Gramsci, *L'Ordine Nuovo 1919-1920* (Turim, Einaudi, 1954), p. 609.

7
O PROBLEMA DO PARTIDO

O biênio 1919-1920 foi marcado pelo choque de enormes contradições internas e internacionais, pela crise econômica e pela desvalorização monetária. A inflação, o desemprego em massa, o aumento da exploração do trabalho e a contração do poder aquisitivo do salário atingiram níveis muito agudos. Diante do aumento cada vez mais evidente das tensões sociais que as antigas castas de notáveis liberais já não conseguiam governar com o esgotamento técnico do controle social giolittiano*, difundiu-se entre categorias cada vez mais amplas de trabalhadores a convicção de que se deparavam com um momento histórico crucial que fatalmente levaria à revolução socialista ou à reação mais conservadora e violenta. Gramsci teve plena consciência disso e já em 1920 escrevia que a contraofensiva das classes dominantes, além de eliminar as instituições de luta política dos trabalhadores, pretendia absorver no Estado burguês as instituições de associação econômica e social das classes exploradas:

> A fase atual da luta de classes na Itália é a fase que precede: ou a conquista do poder político por parte do proletariado revolucionário pela passagem ao novo modo de produção e de distribuição, que permita uma retomada da produtividade; ou uma tremenda reação por parte da classe proprietária e da casta governante. Nenhuma violência será negligenciada para submeter o proletariado industrial e agrícola a um trabalho servil: buscar-se-á destruir inexoravelmente os organismos de luta política da classe operária (Partido Socialista) e incorporar os organismos de resistência econômica (os sindicatos e as cooperativas) nas engrenagens do Estado burguês.[1]

---

* Referente à política reformista e clientelista de Giovanni Giolitti (1842-1928), presidente do Conselho de Ministros da Itália em cinco mandatos diferentes. (N. T.)

[1] Antonio Gramsci, *L'Ordine Nuovo 1919-1920* (Turim, Einaudi, 1954), p. 510.

O intelectual sardo foi o primeiro a identificar esse perigo e, quando a maioria via o fascismo apenas como um fenômeno folclórico de um punhado de retardatários, ele intuiu o perigo, não aderindo, nem sequer em seus escritos de juventude, à ideia de uma frente burguesa indiferenciada por trás do fascismo. Gramsci logo percebeu que, no desastre econômico, social e moral produzido pela guerra, os maiores riscos de subversão reacionária viriam antes de tudo das camadas médias, assim como da possível aliança entre os interesses destas com os interesses de um grande capital enriquecido, mas em profunda crise no plano político-social. O contexto de crise econômica e delírio ideológico nacionalista que antecedeu e se seguiu à Segunda Guerra Mundial constituiu o ambiente perfeito para a formação das condições sociais, políticas e culturais necessárias ao surgimento do fascismo[2].

Após as eleições de novembro de 1919, marcadas pelo grande sucesso do Partido Socialista (que conquistou 158 cadeiras), a radicalização do conflito levou as greves a transbordar por todo o país com um ritmo cada vez mais premente e avassalador, envolvendo as mais diversas categorias de trabalhadores: dos camponeses aos trabalhadores dos serviços postais e de telégrafos, dos ferroviários aos operários industriais. A luta se desenvolvia em grande parte quase espontaneamente, sem contar com uma plataforma unificadora ou formas de coordenação na base. Em alguns casos, as greves partiam de questões econômicas, como a adequação salarial ao custo de vida, em outros, deviam-se ao estado de exasperação pelas condições de exploração, por exemplo a já citada greve de abril de 1920 em Turim, decorrente da recusa dos operários a aceitar a introdução do horário legal.

Todavia, em seu desenvolvimento, o conflito tendia a assumir cada vez mais um significado político. Era o caso das greves dos ferroviários, que decidiram parar as ferrovias em que se transportavam armas e munições destinadas aos "exércitos brancos" na guerra contra a Rússia soviética, além de boicotar os trens que serviam ao transporte das tropas destinadas aos centros onde se desenvolviam os conflitos sociais[3]. Outro exemplo foi a revolta de Ancona, com a recusa dos soldados a embarcar para a Albânia e a insurgência de quarteirões inteiros

---

[2]   Gianni Fresu e Aldo Accardo, *Oltre la parentesi. Fascismo e storia d'Italia nell'interpretazione gramsciana* (Roma, Carocci, 2009), p. 75-86.

[3]   Em abril, os ferroviários bloquearam a circulação de trens na Emília-Romanha e na Toscana, recusando-se a transportar as tropas de soldados e carabineiros mobilizados para a repressão. Em maio, em Brescia, foi bloqueado um trem com canhões, metralhadoras e munições vindo diretamente da Polônia, que se destinava a abastecer a linha de frente antissoviética. O mesmo ocorreu com ferroviários em Trieste, enquanto em Gênova os portuários se recusaram a realizar suas atividades de suporte às operações de embarque de um navio de bandeira tsarista.

(particularmente as famílias dos operários dos canteiros navais) contra a repressão. A partir de 1º de fevereiro, greves, ocupações e manifestações agitaram o país inteiro, do setor têxtil do Norte à indústria extrativista do enxofre na Sicília, de toda a categoria dos metalúrgicos (Dalmine, Ansaldo, Ilva) à dos madeireiros. A agitação do mundo industrial foi acompanhada pela do setor agrícola na Lombardia, na Toscana, na Emília-Romanha, no Vêneto, no Piemonte, até a ocupação de latifúndios no *Mezzogiorno*.

Mas a batalha mais característica do "biênio vermelho" foi a luta pelo reconhecimento dos conselhos e das comissões internas, que, entre agosto e setembro de 1920, levou à ocupação armada das fábricas contra o instrumento repressivo do locaute. Como vimos, entre março e agosto de 1920, as forças patronais se organizaram, criando a Confederação Geral da Indústria e a Confederação Geral da Agricultura. Após uma dispersão inicial, os industriais direcionaram a linha da contraposição frontal para as reivindicações do mundo do trabalho, organizando uma estratégia ofensiva destinada a restabelecer o primado da ordem empresarial nos locais de produção. A vitória obtida no mês de abril sobre os grevistas foi o primeiro resultado concreto dessa ação. A nova determinação dos empresários e a combatividade crescente dos produtores fizeram de 1920 uma incubadora, como um barril no qual se acumulava pólvora prestes a explodir. A detonação adveio em setembro, logo após a recusa do patronato às reivindicações salariais apresentadas pela Federação Italiana dos Operários Metalúrgicos (Fiom)[4]. Em setembro de 1920, o movimento dos conselhos se espalhou, passando a ser o modelo de gestão direta da fábrica nas diversas realidades do mundo operário:

> Para o operário-padrão das oficinas, o conselho de fábrica tornou-se uma experiência real e uma expressão natural de sua forma de gestão. Dia após dia, e não apenas entre os metalúrgicos, mas também entre muitos outros operários que os adotaram nessa onda revolucionária, os conselhos de fábrica surgem, estruturam--se, funcionam dirigindo a produção, a disciplina, a vigilância armada.[5]

O longo e paciente trabalho dos operários de Turim pelo reconhecimento dos conselhos, se não mudou a correlação de forças no interior do Partido Socialista Italiano (PSI), ao menos fez do conselho uma realidade, um valor determinante nas lutas da classe operária. Um ano mais tarde, até mesmo *l'Avanti!*, depois de considerar a plataforma *ordinovista* utópica e literária, se viu obrigado a rever suas afirmações e a reconhecer o poder explosivo e o potencial revolucionário de

---

[4] A Fiom é a organização da categoria dos trabalhadores da siderurgia no interior da central sindical italiana (Confederação Geral Italiana do Trabalho; CGIL, sigla em italiano).

[5] Paolo Spriano, *L'Ordine Nuovo e i Consigli di fabbrica* (Turim, Einaudi, 1971), p. 120.

um movimento capaz de levar adiante a produção sob total direção dos técnicos e empregados, e com limitada disponibilidade de estoques de matérias-primas.

Todavia, o isolamento do movimento não impediu as articulações para fazê--lo retornar ao leito contratualista comum do qual nascera e, assim, chegou-se ao acordo assinado em 27 e 28 de setembro entre sindicatos e industriais. Se o acordo trouxe notáveis ganhos salariais e normativos, nem por isso deixou de representar uma gravíssima derrota para o movimento operário, determinando uma profunda divisão que demoliu não apenas a credibilidade do PSI, mas também as esperanças trazidas por aquela época revolucionária. A derrota abriu definitivamente o caminho para o surgimento de um novo partido:

> A ocupação das fábricas metalúrgicas é a origem da cisão de Livorno com não menos que 21 pontos da Internacional Comunista: acelera e radicaliza o processo já aberto em Moscou, numa situação que demonstra o refluxo da onda vermelha e marca o início de uma longa fase de retração e de retirada do movimento operário italiano, até mesmo de derrota.[6]

A assinatura do acordo abriu caminho para a reação mais cega de uma burguesia empobrecida e ao mesmo tempo atormentada pelo perigo ainda vivo. O advento do regime fascista teve como pressuposto fundamental o fracasso do biênio vermelho, a desilusão que se difundiu entre as massas operárias e camponesas. Esse final trágico certamente foi facilitado pelo comportamento irresponsável dos dirigentes maximalistas, capazes apenas de aliciar as massas com palavras de ordem de insurreição e de revolução proletária sem atuar de modo algum para concretizar aquela perspectiva. Como escreveu o próprio Angelo Tasca:

> A direção do Partido perdeu meses inteiros pregando a revolução; não previu nada nem preparou coisa alguma [...]; a classe operária italiana, por sua vez, acreditou estar no limiar do poder, saiu dos velhos esconderijos e, em vez disso, viu o horizonte habitual, aberto por um instante, fechando-se novamente a sua frente.[7]

Depois do torpor retórico revolucionário do Congresso de Bolonha, o PSI viu-se efetivamente reduzido a um partido parlamentar, incapaz de qualquer atividade exceto o direito à tribuna garantido pela democracia parlamentar.

Foi com base nessa confluência de fatores que Gramsci, com o artigo "Primo: rinnovare il Partito" [Primeiro: renovar o partido], escrito em janeiro de 1920,

---

[6] Idem, *Storia del Partito Comunista Italiano*, v. 1: *Da Bordiga a Gramsci* (Turim, Einaudi, 1967), p. 78.

[7] Angelo Tasca, *Nascita e avvento del fascismo* (Bari, Laterza, 1972), p. 172.

começou a enfrentar, com prioridade absoluta, as questões relativas ao Partido Socialista. No cômputo histórico, a organização, em seu desenvolvimento, conseguira trazer para si e para seu programa a atenção dos trabalhadores italianos, suscitando a tomada de consciência e a mobilização. Com o tempo, porém, demonstrou-se incapaz de levar a termo a parte essencial de sua tarefa histórica. O esperado progresso determinou, em última análise, sua letargia e inércia política, levando-o a se distanciar das grandes massas em movimento, dissolvendo-se, de um lado, na fraseologia revolucionária e, de outro, na nulidade do oportunismo. "O partido que se tornara a maior energia histórica na nação italiana caiu numa crise de infantilismo político e hoje é a maior fraqueza da nação italiana."[8]

O PSI precisava renovar-se para não ser aniquilado pelos acontecimentos e para não frustrar a possibilidade revolucionária, mas essa renovação deveria ocorrer pela direção da organização, sem mediações, por parte dos trabalhadores. Uma vez mais, a relação dual entre dirigentes e dirigidos era apontada como a principal causa da degeneração do partido; era necessário, portanto, fazer coincidir a renovação do PSI com a organização das massas para serem classe dirigente:

> As massas organizadas devem tornar-se senhoras de suas organizações de luta, devem organizar-se em classe dirigente, antes de tudo, em seus próprios institutos, devem ligar-se ao Partido Socialista. Os operários comunistas, os revolucionários conscientes da enorme responsabilidade do período atual, devem renovar o partido, dar-lhe um contorno preciso e uma direção precisa; devem impedir que os oportunistas pequeno-burgueses o reduzam ao nível de tantos outros partidos do País de Pulcinella*.[9]

No quadro desse debate, Gramsci escreveu, em maio de 1920, a moção "Per un rinnovamento del Partito Socialista" [Por uma renovação do Partido Socialista], aprovada na seção turinense do PSI. Essa moção, levada à análise do Segundo Congresso da Internacional Comunista, ocorrido em Petrogrado no mês de julho, foi aprovada como plenamente correspondente aos princípios da Internacional, tanto pela crítica à direção do PSI, quanto pela proposta política apresentada, a ponto de ser retomada explicitamente nas teses congressuais de Lênin no 17º ponto:

---

[8] Antonio Gramsci, *L'Ordine Nuovo 1919-1920*, cit., p. 394.

* Pulcinella é um personagem burlesco de origem napolitana, caracterizado por uma máscara geralmente preta, de nariz proeminente. Sua origem se perde no tempo. A designação da Itália como o "País de Pulcinella" ressalta sobretudo o fato de ser um país que não se leva e não é levado a sério. (N. E.)

[9] Antonio Gramsci, *L'Ordine Nuovo 1919-1920*, cit., p. 398.

No que concerne ao PSI, o Congresso da Terceira Internacional considera substancialmente justa a crítica do Partido e as propostas práticas, publicadas como propostas ao Conselho Nacional do PSI, em nome da seção turinense do próprio Partido, na revista *L'Ordine Nuovo* de 8 de maio de 1920, as quais correspondem plenamente a todos os princípios fundamentais da Terceira Internacional.[10]

Já nessa fase, as reflexões de Gramsci sobre o partido se uniram às elaborações sobre os institutos associativos do movimento operário, com a intenção de favorecer a articulação e um relacionamento orgânico entre as duas realidades; o desenvolvimento do movimento de conselhos se debatia não apenas com os limites da direção política do Partido Socialista, mas também, e sobretudo, com a pretensão dos sindicatos (cuja central estava nas mãos dos reformistas) de fazer uma gestão burocrática e militarista do movimento. O sindicato empenhava-se em impedir o crescimento das novas formas associativas dos trabalhadores independentes de seu controle e direção. Assim, além da questão do partido, outro nó a ser desatado era a questão dos sindicatos.

Para Gramsci, historicamente o sindicato é a forma assumida pela mercadoria trabalho no regime capitalista, como forma de reequilibrar a relação entre capital e trabalho em favor da parte mais frágil. Ele surge graças à concentração e à organização da força de trabalho. A tendência ao desenvolvimento de sindicatos tende a arregimentar massas crescentes de trabalhadores para a organização e a concentrar o poder, a força e a disciplina do movimento dos trabalhadores na direção central do sindicato. Justamente graças à concentração da força de trabalho num escritório central, que assume na direção uma estabilidade e uma disciplina subtraídos dos caprichos e da volubilidade da espontaneidade das massas desorganizadas, o sindicato está em condições de assumir compromissos e de negociar legalmente com o patrão para obter resultados capazes de melhorar as condições de vida e de trabalho das massas que representa. A afirmação dessa "legalidade industrial" e da força contratual do mundo do trabalho foi uma grande conquista histórica, tendo acabado com a condição atomista e desagregada de isolamento em que antes se encontravam os trabalhadores, dando início a uma época extraordinária para seu crescimento e emancipação. No entanto, a "legalidade industrial" não era para Gramsci a última e definitiva conquista da classe operária, mas apenas uma forma de concessão necessária quando as relações de força não lhe eram favoráveis.

Se o sindicato tende a reforçar, universalizar e perpetuar a "realidade industrial", o conselho de fábrica, surgido da condição servil e tirana do trabalho,

---

[10] Vladímir Ilitch Lênin, "Tesi sui compiti fondamentali del II Congresso dell'IC", em *Opere complete* (Roma, Editori Riuniti, 1955-1970), v. 25, p. 324.

universaliza as formas de rebelião contra a exploração, fazendo da classe operária fonte do poder industrial. Ele tende, portanto, a aniquilar a condição de "legalidade industrial". Assim, se o sindicato trata de dirigir o conflito de classe para extrair dele resultados favoráveis, o conselho, por meio de sua espontaneidade revolucionária, tende a incentivar e desenvolver o conflito. A relação entre essas duas instituições do movimento operário deve se dar de modo a conciliar o choque de duas tendências opostas: o sindicato deve evitar que qualquer capricho ou veleidade do conselho possa resultar num retrocesso das condições dos trabalhadores; o conselho, por sua vez, deve aceitar e tomar para si a disciplina do sindicato, mas ao mesmo tempo, com seu caráter revolucionário, deve estimulá-lo e empurrá-lo constantemente para fazê-lo sair de sua tendência natural a burocratizar-se no tecnicismo do funcionalismo sindical.

Foi precisamente a necessidade dessa relação equilibrada que levou Gramsci, em contraste com Angelo Tasca, a rejeitar uma relação de mera "dependência hierárquica" entre as duas instituições:

> Se a concepção que faz do conselho um mero instrumento de luta sindical se materializa numa disciplina burocrática e numa capacidade de controle direto do sindicato sobre o conselho, o conselho se esgota como expansão revolucionária [...]. Como o conselho nasce da posição que a classe operária vem conquistando no campo da produção industrial, a tentativa de subordiná-lo hierarquicamente ao sindicato levaria, cedo ou tarde, à colisão entre as duas instituições. A força do conselho consiste no fato de que ele adere à consciência da massa operária, a mesma consciência da massa operária que deseja se emancipar autonomamente, que deseja afirmar sua liberdade de iniciativa na criação da história.[11]

No decorrer de 1920, os eventos impulsionaram o debate teórico, acelerando e pulverizando o tempo normal da elaboração e da discussão política, provocando convergências improvisadas e acirradas polêmicas. A crise do movimento socialista em todos os seus componentes – partido, sindicato e frações diversas – expressou-se na atomização cada vez maior, na incomunicabilidade que levava cada um a seguir autonomamente seu próprio caminho.

Dia após dia, a relação problemática entre a Terceira Internacional e o PSI passou a ser uma questão cada vez mais explosiva[12], ao passo que o tema da renovação tendia a se transformar cada vez mais numa discussão sobre a oportunidade ou não de fundar um partido comunista autônomo na Itália. Embora naquele

---

[11] Antonio Gramsci, *L'Ordine Nuovo 1919-1920*, cit., p. 549.
[12] Para aprofundar o tema, remeto a Vladímir Ilitch Lênin, *Sul movimento operaio italiano* (org. Felice Platone e Paolo Spriano, Roma, Editori Riuniti, 1970).

momento ainda não tivesse em mente a cisão, Gramsci desenvolvia reflexões sobre os elementos constitutivos da ação comunista e do que se devia entender por partido comunista, nas quais estavam presentes fortes elementos de distinção do componente abstencionista de Bordiga, que já pretendia trabalhar pela cisão comunista no seio do PSI.

Intervindo nesse debate, Gramsci afastou-se das "discussões doutrinárias e acadêmicas" sobre a construção de um partido "verdadeiramente comunista" e, com mais veemência, afastou-se das "aberrantes" simplificações do abstencionismo eleitoral, definidas como "alucinações particularistas"[13]. A seu ver, a tarefa dos comunistas não era perder-se em discussões ociosas, mas trabalhar as condições das massas para o desenvolvimento orgânico da revolução. Um partido comunista devia ser um partido de ação, trabalhar em meio às massas, erguer-se dialeticamente da "iniciativa histórica" de "autonomia industrial" das massas, e não das intuições intelectuais de doutrinadores e políticos que pensam *bem* e se expressam *bem* acerca do comunismo. Essas reflexões configuravam um claro distanciamento da concepção do partido comunista como um organismo separado das massas – que fazia de seus dirigentes e intelectuais os depositários sacerdotais da pureza revolucionária comunista – e constituíam uma importante antecipação dos temas mais candentes relacionados ao partido, que caracterizaram a elaboração de Gramsci nas *Teses de Lyon*.

O partido deveria nascer das classes oprimidas e ficar em permanente contato com elas, estruturar-se por meio de uma relação orgânica com a autonomia dos produtores no campo industrial, a qual assumia uma forma peculiar nos conselhos de fábrica. Para os comunistas, a revolução não era apenas esquema abstrato dado pela repetição monótona das certezas do materialismo histórico, mas um processo dialético no qual o poder político possibilitava o poder industrial e o poder industrial possibilitava o poder político. Por essa razão, os comunistas não deveriam se prender às discussões de um pensamento abstrato, mas viver a realidade e compreendê-la tal como é, viver a luta para fazer dela um estímulo, para dar organização e forma positiva ao grau de autonomia espiritual e ao espírito de iniciativa que o próprio desenvolvimento industrial determinou nas massas:

> É necessário promover a constituição orgânica de um partido comunista, que não seja uma aglomeração de doutrinários ou pequenos Maquiavéis, mas um partido de ação comunista revolucionária [...] que talvez seja o partido das

---

[13] Segundo Gramsci, o Partido Comunista não pode se abster de participar das eleições para as instituições representativas burguesas, porque deve organizar todas as classes oprimidas em torno da classe operária e tornar-se o partido de governo, "em sentido democrático", dessas classes.

massas que se libertarão por seus próprios meios, autonomamente, da escravidão política e industrial por intermédio da organização da economia social e não por intermédio de um partido que se sirva das massas para tentar imitações heroicas dos jacobinos franceses.[14]

Nessas reflexões, já se destacam três aspectos fundamentais da elaboração política de Antonio Gramsci: 1) a questão da relação dual entre dirigentes e dirigidos no movimento operário; 2) a centralidade e a autonomia dos produtores, ou seja, a ideia de um partido que surja de sua concreta experiência associativa e de luta na produção; 3) a negação de uma concepção mecânica e determinista do materialismo histórico e da revolução.

Para Gramsci, o PSI não conseguia estar na direção da história, governando e coordenando a iniciativa de massas de seus próprios filiados. Seu malogrado pronunciamento sobre as agitações para a revisão do contrato coletivo dos metalúrgicos no verão de 1920 o confirmava. De fato, a experiência dos conselhos e das ocupações das fábricas representara uma mudança profunda no método de luta do movimento operário, pois até então, ao fazer algum movimento para melhorar sua situação econômica ou suas condições de trabalho, os operários se limitavam a adotar o instrumento da greve em virtude de uma confiança expressa nos dirigentes. Ao ocupar a fábrica e dirigir a produção por conta própria, os trabalhadores assumiram um contorno e um valor diferente: "Os líderes sindicais já não podem dirigir, os líderes sindicais desapareceram na imensidão do quadro, a massa deve resolver os problemas da fábrica por si própria, com seus próprios meios, com seus próprios homens"[15].

Foi essa mudança profunda no método de luta e na própria psicologia das massas que levou Gramsci a considerar ultrapassados e inadequados os velhos entendimentos sobre partido e sindicato adiante da nova consciência das massas. Os sindicatos e os partidos socialistas, nascidos no quadro da Segunda Internacional, desempenharam uma função fundamental nos primórdios da história do movimento operário, quando as massas ainda não tinham voz. A Primeira Guerra Mundial, a Revolução de Outubro e a experiência concreta de luta do proletariado ocidental suscitaram nas massas um espírito de iniciativa inédito e uma aspiração sem volta a serem protagonistas de sua própria emancipação. Aqueles eventos impingiram uma vitalidade e uma riqueza nas formas de vida e participação das classes subalternas que já não podiam se encaixar nos esquemas clássicos do sindicalismo tradicional e naquela ideia de partido socialista. As massas já não queriam ser "carne para canhão", matéria inerte nas mãos de

---

[14] Antonio Gramsci, *L'Ordine Nuovo 1919-1920*, cit., p. 573.
[15] Ibidem, p. 669.

grupos sociais que conduziam seu destino ao bel-prazer. Essa era, para Antonio Gramsci, a maior de todas as lições que se podia tirar da experiência dos conselhos de fábrica, e dessa lição deveriam partir quaisquer propostas de renovação das organizações dos trabalhadores.

Num regime capitalista, a fábrica era um pequeno Estado, dominado por um senhor despótico, dentro do qual se reservava ao operário uma função meramente instrumental sem nenhuma possibilidade de arbítrio. A ocupação das fábricas expulsara esse poder despótico, fazendo da unidade produtiva um Estado ilegal, uma república proletária. O primeiro problema com o qual esse Estado se deparava era a defesa militar, e isso já ocorria em termos totalmente originais, uma vez que no Estado burguês o Exército se estrutura sobre três ordens sociais: as massas populares, que constituem a massa militar; a grande burguesia e a aristocracia, que representam a oficialidade superior; e a pequena burguesia, que é o comando subalterno. Nesse exército, encontra-se a mesma forma de hierarquia que, tanto num caso como no outro, relega as classes subalternas a uma condição passiva de massa de manobra. Na república-fábrica, o Exército é constituído por uma única classe, ao mesmo tempo massa e direção, e dentro dele as formas de hierarquização da fábrica e do Estado burguês não têm o mesmo valor. A mesma modalidade hierárquica da fábrica e do Exército burguês preside a organização política e institucional da sociedade burguesa: tanto num caso como no outro, o surgimento de um novo poder de base industrial e administrativa destrói a modalidade de hierarquização social entre dirigentes e dirigidos em todas as suas formas.

Os partidos políticos nascidos da revolução burguesa decompõem-se até se tornarem meros conluios pessoais, e o partido socialista, atendo-se ao terreno da atividade parlamentar e reproduzindo no seu interior as mesmas modalidades de diferenciação entre dirigentes e dirigidos, também participa desse processo de decomposição[16]. Para Gramsci, o partido comunista deveria surgir do núcleo do partido socialista, do repúdio a essa decomposição em todas as suas formas e expressões.

---

[16] "Na verdade, o Partido Socialista Italiano, pela origem histórica das várias correntes que o constituíram, [...] pela autonomia ilimitada concedida ao grupo parlamentar, é revolucionário somente nas afirmações gerais de seu programa. Ele é um conglomerado de partidos políticos; move-se e não pode mover-se de outra maneira que não preguiçosa e demoradamente; expõe-se continuamente a tornar-se o terreno de conquista dos aventureiros, dos carreiristas, dos ambiciosos sem seriedade e capacidade política; por sua heterogeneidade, pelos inumeráveis atritos de suas engrenagens, desgastado ou sabotado pelos puxa-sacos do patrão, já não está em condições de assumir para si o peso e a responsabilidade das iniciativas e das ações revolucionárias que os acontecimentos impõem. Isso explica o paradoxo histórico segundo o qual na Itália são as massas que empurram e educam o Partido da classe operária e não é o Partido que guia e educa as massas" (ibidem, p. 659).

O PROBLEMA DO PARTIDO 103

A seu ver, no interior do PSI já existia um partido comunista, faltava apenas a organização explícita. Dele faziam parte todos aqueles grupos de "comunistas conscientes" que nas seções, nas fábricas, nas vilas, trabalhavam contra a decomposição socialista e a completa derrota das classes subalternas. Agora Gramsci entendia que a tarefa de todos os comunistas, tendo em vista o Congresso Nacional, previsto inicialmente para acontecer em Florença, era constituir-se em fração organizada e centralizada. Todavia, ainda em setembro de 1920, isto é, quatro meses antes do Congresso de Livorno, Gramsci, diferentemente de Bordiga, ainda não falava explicitamente de uma cisão. Seu objetivo continuava a ser a transformação do PSI em partido comunista e a dissolução de todas as ambiguidades quanto à plataforma de adesão à Terceira Internacional.

No entanto, apenas um mês depois, a fração comunista constituiu-se em Milão e em novembro ocorreu a unificação dos diversos componentes comunistas do Partido Socialista, inclusive a fração bordiguista, que na reunião de Milão, em 1º de outubro de 1920, renunciou às teses abstencionistas, adequando-se às diretivas da Terceira Internacional. O acordo entre os três componentes fundadores do Partido Comunista da Itália (PCd'I) – bordiguistas, ordinovistas e maximalistas de esquerda –, baseado na mudança do nome do Partido, na expulsão dos reformistas e na total aceitação da plataforma de adesão à Terceira Internacional Comunista, levou à constituição do comitê provisório da fração comunista do PSI, composta por Bordiga, Repossi, Fortichiari, Gramsci, Terracini, Bombacci e Misiano, e na eleição do comitê executivo ficaram Bordiga, Fortichiari e o maximalista de esquerda Bobacci.

Na verdade, o ponto de partida da progressiva unificação da esquerda do PSI, que levou ao nascimento do PCd'I, foi a reunião ocorrida três anos antes, exatamente no dia 18 de novembro de 1917, poucos dias após a tomada do Palácio de Inverno. Uma reunião clandestina ocorrida em Florença entre vinte delegados socialistas da ala maximalista, organizada para discutir os acontecimentos da Rússia e as perspectivas revolucionárias na Itália. Dessa reunião não participaram apenas dirigentes maximalistas, como Serrati e Lazzari, mas também dois jovens revolucionários: um proveniente de Turim, com apenas 26 anos de idade, e outro de Nápoles, com 28. Eram Antonio Gramsci e Amadeo Bordiga. De acordo com a reconstituição deste último, a diferenciação dos maximalistas de tendência comunista e sua progressiva organização sobre uma base estratégica diferente nasceram nessa reunião, onde tanto Gramsci como Bordiga mostraram a premente necessidade de aprender com a experiência revolucionária russa, enquanto a maioria dos maximalistas insistia na tradicional abordagem da espera revolucionária, reafirmando a tática de não aderir nem sabotar a guerra.

Nessa fração, seja na Conferência de Milão, seja na de Imola de 30 de novembro e 1º de dezembro de 1920, assim como na primeira fase da vida do

PCd'I, o grupo de Gramsci ainda tinha um papel subalterno e não organizado, até mesmo dominado por certa confusão interna (sobretudo no tocante à relação com Angelo Tasca), enquanto os componentes do soviete de Nápoles, graças sobretudo aos talentos organizativos de Amadeo Bordiga, constituíam o grupo preponderante. O próprio Gramsci mencionou esse fato numa carta que escreveu a Palmiro Togliatti em 18 de maio de 1923.

> Nós, velho grupo turinense, tínhamos cometido muitos erros nesse campo. Evitamos levar às últimas consequências as divergências ideais e práticas que tínhamos com Angelo [Tasca], não esclarecemos a situação e hoje chegamos a este ponto: que uma pequena fração de companheiros explora por conta própria a tradição e a força que construímos em Turim, o que é uma prova contra nós mesmos. No campo geral, por termos rejeitado a ideia de criar uma fração em 1919-1920, acabamos isolados, simples indivíduos ou quase, enquanto no outro grupo, que era abstencionista, a tradição de fração e de trabalho coletivo deixou traços profundos que até agora têm reflexos ideais e práticos muito consideráveis para a vida do Partido.[17]

---

[17] Antonio Gramsci, "Lettera a Palmiro Togliatti del 18 maggio 1923", em Palmiro Togliatti, *La formazione del gruppo dirigente del Partito Comunista Italiano (1923-24)* (Roma, Editori Riuniti, 1984), p. 63.

8
REFLUXO REVOLUCIONÁRIO E OFENSIVA REACIONÁRIA

A biografia política de Gramsci entre 1917 e 1926 foi marcada pelo dramático fracasso das tentativas revolucionárias no Ocidente e pelo início de uma fase de refluxo que facilitou a radical ascensão reacionária. A principal pergunta que Gramsci se coloca nos *Cadernos* é: por que, apesar da profunda crise econômica e de hegemonia da classe dirigente, num contexto objetivamente revolucionário, na Itália e na Europa não foi possível repetir a vitoriosa experiência dos bolcheviques russos?

Conforme já apontado, entre as diversas releituras da obra e da biografia política de Antonio Gramsci, ao longo do tempo, afirmou-se uma tendência centrada na presunção de uma descontinuidade entre as reflexões precedentes e sucessivas a 1926. O próprio fascismo é um dos âmbitos conceituais no qual a tese da ruptura pré e pós-carcerária demonstra sua fraqueza, evidenciando, ao contrário, uma profunda continuidade e organicidade analítica, desfraldada no imediato pós-guerra, acerca da relação entre "crise orgânica" e "subversivismo das classes dirigentes". A própria categoria de "subversivismo reacionário", empregada continuamente por Gramsci, constitui um dos exemplos que explicam as razões do sucesso internacional de Gramsci, sendo utilizada, por exemplo, na América Latina para explicar a tendência cíclica aos golpes de Estado e a origem histórica de uma série infinita de ditaduras sanguinárias nesse continente.

Segundo Gramsci, as classes dirigentes, em razão de seus limites inatos, e devido à forma assumida pelo processo de unificação nacional e de construção do novo Estado, confrontadas com fases de crise de hegemonia, tendem a buscar atalhos subversivos e autoritários. Mais precisamente, nas fases de crise histórica, essas classes dirigentes se dispõem a subverter as próprias instituições liberais por elas criadas para garantir os antigos equilíbrios. Em pouco mais de sessenta anos de vida, o jovem Estado italiano passou por pelo menos cinco reviravoltas:

com Crispi; durante a "crise do fim do século"; na solução extraparlamentar que levou à entrada na Primeira Guerra Mundial contra a posição da câmara dos deputados; com a ascensão de Mussolini ao poder após a "Marcha sobre Roma"; e, finalmente, com a instauração das "leis fascistíssimas" após a "crise Matteotti".

As reflexões de Antonio Gramsci sobre o fascismo fogem às rígidas classificações historiográficas[1]. Na interpretação gramsciana, o ponto de partida é, seguramente, o materialismo histórico, e a partir dele a caracterização de uma trama geral que tem como fator inicial os elementos econômico-sociais; todavia, mesmo os fatores considerados subjetivos, como a crise moral da burguesia, têm um papel determinante e central. Gramsci também interpretou o fascismo como reação a uma fase de profunda convulsão social ligada à Primeira Guerra Mundial e, sobretudo, à Revolução de Outubro, mas não chegou a considerar a burguesia e seu modo de produção como um bloco único e homogêneo.

Ele identificou no interior do bloco social dominante diferenciações e contradições que se mostraram relacionadas propriamente com o nascimento e o advento do fascismo. Analisou a tentativa de centralização dos interesses burgueses no fascismo, mas o considerou um fenômeno nascido socialmente entre a pequena e a média burguesia urbana, precisamente por razões históricas, e desenvolvido graças ao apoio dos ruralistas e também, embora nem sempre de forma linear e harmônica, do grande capital industrial. Em síntese, Gramsci não se contentou com a leitura do fascismo como simples reação antiproletária, tendo sempre rebatido inclusive a essencialidade desse fator.

Enfim, o intelectual sardo interpretou historicamente o fascismo em relação à debilidade das classes dirigentes italianas e aos limites do processo de unificação política e modernização econômica na história da Itália, mas não o via como um resultado inevitável daquele processo. Ele apenas o entendeu como historicamente determinado, *hegelianamente*, pode-se dizer, como fenômeno racional enquanto real e vice-versa, ao contrário de Croce que, paradoxalmente, sendo filósofo idealista, contentou-se com a ideia irracional, e portanto irreal, do fascismo como patologia inesperada num corpo saudável.

No plano político, escreveu Gramsci, o fascismo mostrou-se devedor do nacionalismo de Corradini[2], principalmente no que dizia respeito ao conceito de luta entre "nação proletária" e "nação capitalista", que levaria a "nação jovem" a substituir a "nação decrépita" no caminho percorrido pela humanidade. Um conceito adaptado, de maneira desfigurada, da teoria do conflito de classes de Marx,

---

[1] Gianni Fresu, "Antonio Gramsci, fascismo e classi dirigenti nella Storia d'Italia", *NAE: Trimestrale di Cultura*, Cagliari, Cuec, n. 21, ano 6, 2008, p. 29-35.

[2] Enrico Corradini (1865-1931) foi o fundador da Associação Nacionalista Italiana, em 1910, que confluiu para o Partido Nacional Fascista (PNF) de Mussolini em 1923.

e transposto para a arena da política internacional em perspectiva nacionalista. No decorrer da Primeira Guerra Mundial, o ainda jovem Gramsci (que contava então 25 anos) não ignorou o perigo dessa operação teórica (no artigo "Lotta di classe e guerra", publicado em *Avanti!*, edição piemontesa, de 19 de agosto de 1916), que seria a premissa central da categoria de "espaço vital", que expressa a luta política por meio da guerra, da conquista dos mercados, da "subordinação econômica e militar de todas as nações a uma única, aquela que, por meio do sacrifício do sangue e do bem-estar imediato, demonstrou ser a eleita, a digna"[3].

No plano cultural, o fascismo era devedor do irracionalismo e do futurismo de Marinetti, com o qual compartilhava o mesmo niilismo "autodenominado inovador" que comportava, na realidade, uma ideia confusamente reacionária da sociedade. Para Gramsci, o manifesto político de Filippo Tommaso Marinetti não passava de um insípido programa liberal. Ele via no futurismo a convulsão de uma burguesia disfarçada e desorientada, mas a distância entre essa forma dissimulada de liberalismo e a estatura política de uma figura como Cavour se tornava abissal:

> Os descendentes de Cavour esqueceram-se dos ensinamentos e das doutrinas de seu antepassado. O programa liberal parece tão extraordinariamente insensato que os futuristas o pegaram para si, convictos de ser muito originais e superavançados. É o escárnio mais atroz das classes dirigentes. Cavour não conseguiu ter na Itália outros discípulos e seguidores além de F. T. Marinetti e sua barulhenta banda de símios[4].

Do ponto de vista da doutrina econômica, o corporativismo fascista encontrara seus precursores entre economistas nacionalistas como Filippo Carli[5], para os quais, por meio do planejamento das empresas, seria possível superar conflitos sociais e preconceitos políticos em nome de interesses nacionais superiores. Mas o abandono do conflito exigiria inevitavelmente a arregimentação forçada da classe trabalhadora, sua renúncia definitiva à luta econômica e, acima de tudo, política. Carli falou da necessidade de conseguir a colaboração do proletariado com a burguesia, de educá-lo numa cultura intensiva para levá-lo a conhecer os objetivos sociais da produção e da "vida nacional". Disfarçado sob expressões como "colaboração social" e "educação nacional", o verdadeiro objetivo do revolucionismo nacionalista tomou forma: "A consolidação e a perpetuação dos

---

[3] Antonio Gramsci, *Scritti giovanili 1914-1918* (Turim, Einaudi, 1958), p. 41.

[4] Ibidem, p. 49.

[5] Filippo Carli (1876-1939), estudioso de sociologia e história econômica, foi um dos principais teóricos do corporativismo e do nacionalismo antes e depois do fascismo.

privilégios de uma categoria econômica, os industriais de hoje, e de uma categoria política, aquela constituída por seu próprio pessoal autoproclamado inovador"[6].

A paixão de Carli, assim como a de muitos expoentes do mundo liberal italiano, pelo sistema econômico alemão e a exaltação do capitalismo de Estado combinada com uma política agressiva de conquista eram a prova do atraso da burguesia italiana.

> Mesmo na Alemanha, a burguesia estava passando fatalmente por sua evolução liberal, estava destruindo suas corporações: a guerra era a tentativa máxima de preservar um sistema antieconômico de produção, a tentativa de integrar o déficit social aos despojos da guerra.[7]

Em Gramsci, as "convulsões nacionais" da burguesia italiana pareciam ser o resultado de uma fraqueza econômica e das formas particulares de unificação nacional. Um tema, então desenvolvido sistematicamente nos *Cadernos*, que já era por ele abordado em janeiro de 1918 no artigo "Funzione sociale del Partito nazionalista" [Função social do Partido Nacionalista].

À debilidade econômica e social correspondia o atraso político-institucional, que o intelectual sardo não hesitou em chamar de "regime dos paxás". Na Itália, não havia uma articulação política liberal uniformemente organizada no território nacional, correspondente às classes dominantes, não havia burguesia nacional com interesses comuns generalizados. Em vez disso, existiam "facções, patotas, clientela local que exercem atividades conservadoras não em nome do interesse burguês geral, mas em nome de interesses particulares dos clientes empresariais locais"[8].

Apesar das limitações, o regime burguês italiano representara a conquista de uma forma tecnicamente mais avançada nos sistemas de produção e troca, um avanço de toda a sociedade. Mas agora, devido às contradições que explodiram com a guerra, essa mesma burguesia permaneceu como um elemento perturbador da vida nacional, capaz de sabotar e destruir o próprio aparelho econômico que construiu. O fascínio de uma parte da burguesia italiana pelo nacionalismo retórico e extremista de D'Annunzio procurou de fato contrapor a disciplina legal do governo central à organização armada irregular do governo de Fiume. Eram os primeiros sinais dessa subversão reacionária por trás da qual Gramsci já antevia a guerra civil.

---

[6] Antonio Gramsci, *Scritti giovanili 1914-1918*, cit., p. 51.

[7] Ibidem, p. 147.

[8] Antonio Gramsci, "L'unità nazionale", *L'Ordine Nuovo*, 4 out. 1919, em *L'Ordine Nuovo 1919--1920* (Turim, Einaudi, 1954), p. 56.

A guerra civil foi desencadeada precisamente pela classe burguesa que tanto a condenou com palavras. Porque guerra civil significa precisamente o choque dos dois poderes que estão disputando o governo do Estado, uma colisão que ocorre, não em um campo aberto entre dois exércitos muito distintos, alinhados regularmente, mas dentro da própria sociedade, como um choque de grupos, como uma multiplicidade caótica de conflitos armados nos quais não é possível, para a grande massa de cidadãos, articular-se, nos quais a segurança individual e patrimonial desaparece e é sucedida pelo terror, pela desordem, pela "anarquia".[9]

Não se passaram muitos meses antes que os sinais de alerta dessa guerra civil se tornassem concretos. Nos dias 2 e 3 de dezembro de 1919, greves e motins de trabalhadores se espalharam espontaneamente para protestar contra a agressão sofrida por deputados socialistas por nacionalistas e monarquistas. Para Gramsci, tudo isso foi um importante episódio de luta entre as classes, mas não de luta entre capitalistas e proletariado, mas entre este e a pequena/média burguesia. Com a guerra, a pequena burguesia repentinamente se viu numa função de destaque na cadeia de comando, assumindo um papel central na reorganização bélica da vida civil, militar e econômica nacional.

Sem que tenha havido uma preparação cultural e espiritual, dezenas de milhares de indivíduos foram levados a afluir do fundo das aldeias e subúrbios do sul, dos quintais das lojas paternas, das mesas aquecidas inutilmente nas escolas de ensino médio e superior, dos escritórios editoriais dos jornais de chantagem, dos ferros-velhos dos subúrbios da cidade, de todos os guetos onde se decompõem a preguiça, a covardia, a arrogância dos fragmentos e dos detritos sociais depositados por séculos de servilismo e dominação de estrangeiros; e lhes foi concedido um salário indispensável e insubstituível, e lhes foi confiado o governo das massas de homens, nas fábricas, nas cidades, nos quartéis, nas trincheiras do *front*.[10]

A desmobilização, a retórica da "vitória mutilada", a crise econômica, a dupla pressão do capital e do trabalho, portanto o fenômeno da proletarização das classes médias, teriam sido a base das preocupações da pequena e média burguesia durante o período pós-guerra. Aqui reside a origem da "subversão reacionária" que encontrou no nacionalismo de Mussolini, em D'Annunzio e, finalmente, no fascismo a razão de sua própria revolução social. Salvatorelli esclareceu perfeitamente depois da "marcha sobre Roma": a pequena burguesia,

---

[9] Ibidem, p. 67.
[10] Antonio Gramsci, "Gli avvenimenti del 2-3 dicembre", *L'Ordine Nuovo*, 6-13 dez. 1919, em *L'Ordine Nuovo 1919-1920*, cit., p. 351.

historicamente, sempre aspirou à sua própria revolução autônoma e radical; no entanto, não sendo uma classe social real, mas uma aglomeração que vive nas margens do processo de produção fundamental para a civilização capitalista, seu horizonte nunca consegue ir além da revolta e da demagogia[11].

A razão para essa situação foi atribuída à dominação exercida pelo capital industrial na composição dos grupos dominantes no poder e na determinação das escolhas fundamentais da política econômica. A necessidade de proteger os interesses do industrialismo era prejudicial aos interesses mais gerais do país e aos da pequena burguesia em particular. A guerra não fez nada mais que exacerbar todas as características negativas do bloco histórico liberal, e Gramsci já delineava no horizonte uma mudança de pessoal administrativo que liderava o país, mesmo sem uma mudança nas relações sociais. Especificamente, ele viu no Partido Popular, ainda não no movimento fascista, o primeiro partido da pequena burguesia; no entanto, além desse grave erro de avaliação, é interessante observar como já fora delineado o processo de "decomposição" do sistema liberal a partir da ascensão dessa classe.

> Os partidos históricos da burguesia italiana foram destruídos por essa hegemonia sufocante e destrutiva que politicamente tomou o nome de Giovanni Giolitti e foi exercida com a violência mais descarada. A guerra e as consequências da guerra revelaram e desenvolveram novas forças que tendem a um novo arranjo das bases econômicas e políticas. Toda a estrutura interna do Estado italiano passou e continua a passar por um intenso processo de transformação orgânica, cujos resultados normais ainda não são previsíveis com exatidão, mudará o pessoal administrativo, o poder de Estado cairá todo em mãos diferentes daquelas tradicionais, daquelas… giolittianas.[12]

Em outros países capitalistas, como a Inglaterra, buscou-se um equilíbrio entre capital industrial e capital fundiário, por meio da organização do Estado democrático, alavancando, assim, os interesses das massas trabalhadoras, e chegou-se a introduzir o livre comércio e a abolir o protecionismo aduaneiro dos cereais. Na Itália, pelo contrário, o Estado como tal foi criado pelo capital industrial, protagonista e destinatário de todas as escolhas políticas e econômicas fundamentais, incluindo as aduaneiras. A política de incentivo industrial se desenvolvera em detrimento do resto da sociedade e contra os interesses da nação[13].

---

[11] Luigi Salvatorelli e Giovanni Mira, *Storia d'Italia nel periodo fascista* (Turim, Einaudi, 1964).

[12] Antonio Gramsci, *L'Ordine Nuovo 1919-1920*, cit., p. 410.

[13] Gianni Fresu, *Nas trincheiras do Ocidente: lições sobre fascismo e antifascismo* (Ponta Grossa, Editora UEPG, 2017), p. 115 e 136.

Nos *Cadernos*, esse tema foi retomado e ampliado difusamente. Gramsci, em particular, identificou Francesco Crispi como o principal autor da mudança industrial e protecionista:

> O governo dos moderados de 1861 a 1876 apenas tinha criado timidamente as condições externas de um desenvolvimento econômico – arranjos do aparelho estatal, estradas, ferrovias, telégrafos – e saneado as finanças oneradas pelas dívidas do *Risorgimento*; o governo da esquerda tentou remediar o ódio suscitado entre o povo pelo fiscalismo da direita, mas não conseguiu fazer nada além disto: ser uma válvula de segurança; era a política da direita com homens e sentenças de esquerda. Crispi, por sua vez, deu um verdadeiro golpe na sociedade italiana, foi o verdadeiro homem da nova burguesia.[14]

Crispi estava intimamente ligado aos grandes proprietários de terras do sul, como classe mais unitária, e ao mesmo tempo trabalhou para fortalecer o industrialismo no país. O selo desse compromisso foi a política de protecionismo aduaneiro e a denúncia dos tratados comerciais com a França. Quanto aos programas, Crispi era para Gramsci um "moderado puro" e ao mesmo tempo um apaixonado, obsessivamente condicionado pela questão da unidade política e territorial do país, à qual subordinara também as demandas da expansão colonial. Se as imensas massas dos camponeses sem terra do *Mezzogiorno* aspiravam à terra, Crispi conseguia atrair essas esperanças, desviando-as, no entanto, para a miragem das colônias. Nesse sentido, o imperialismo de Crispi também era "retórico-passional" e sem nenhuma base econômico-financeira. Se a característica do imperialismo era a exportação de capital e a busca de mão de obra barata para obter novas formas de remuneração deste, a Itália não tinha capital para exportar; de fato, precisava recorrer a estrangeiros para desenvolvimento em seu próprio território e, em vez de procurar mão de obra barata para explorar, pretendia exportar sua mão de obra para as colônias.

> Faltava uma base [real] ao imperialismo italiano, e esta foi substituída pelo sentimento passional: imperialismo-castelos-no-ar, obstaculizado pelos mesmos capitalistas que teriam voluntariamente desejado empregar na Itália as enormes somas gastas na África. Mas Crispi era popular no *Mezzogiorno* graças à miragem da terra.[15]

Entre 1920 e 1921, Gramsci interpretou o fascismo como um sintoma de uma crise internacional decorrente da incapacidade do capitalismo de dominar

---

[14] Antonio Gramsci, *Quaderni del carcere* (Turim, Einaudi, 1977), p. 45.
[15] Ibidem, p. 46.

as forças produtivas[16]. A pequena burguesia foi a principal intérprete desse novo roteiro, depois de ser a porta-voz da ideologia abstrata e bombástica da guerra. A guerra revelou-se apenas um aspecto de um processo muito maior de divisão do mundo por esferas hegemônicas que, apesar de tudo, acabaram esmagando aquela mesma classe social. O fascismo foi uma nova oportunidade de sair da encruzilhada por meio de seu armamento e da introdução de "métodos militares de assalto e surpresa" na luta de classes. Um exemplo significativo de análise da base social do fascismo está contido no artigo "Il popolo delle scimmie" [O povo dos macacos], publicado em *L'Ordine Nuovo*, em 2 de janeiro de 1921:

> O fascismo foi a última representação oferecida pela pequena burguesia urbana no teatro da vida política italiana. O final miserável da aventura de Fiume é a última cena da representação. Pode ser considerado o episódio mais importante no processo de íntima dissolução dessa classe da população.[17]

Nesse artigo, Gramsci descreveu a parábola da pequena burguesia italiana desde a ascensão da "esquerda" ao poder até o nascimento do movimento fascista. Com o desenvolvimento, a concentração e a centralização do capitalismo financeiro, a pequena burguesia tinha perdido sua função produtiva, tornando-se "pura classe política", especializada em "cretinismo parlamentar". Esse fenômeno assumiu diferentes fisionomias, encontrando expressão nos governos da "esquerda histórica", no jolicismo, no reformismo socialista. Essa degeneração da pequena burguesia correspondeu à degeneração do Parlamento, que se tornou "loja de rumores e escândalos, [...] um meio de parasitismo", um parlamento corrupto até a medula, que gradualmente perdeu prestígio entre as massas populares. A desconfiança da instituição parlamentar levou as massas populares a identificar o único instrumento de controle e pressão na ação direta da oposição social, a única maneira de afirmar sua soberania contra os árbitros do poder. Gramsci interpretou a semana vermelha de junho de 1914 nesse sentido. Por meio do

---

[16] No artigo "Itália e Espanha", de 11 de março de 1921, ele escreveu: "O que é o fascismo, observado em escala internacional? É a tentativa de resolver os problemas de produção e troca com metralhadoras e revólveres. As forças produtivas foram arruinadas pela guerra imperialista. [...] foi criada uma unidade e simultaneidade de crises nacionais que tornam a crise geral extremamente amarga e imóvel. Mas há um estrato da população em todos os países – a pequena e média burguesia – que acredita que pode resolver esses problemas com metralhadoras e fogo, e essa camada alimenta o fascismo, fornecendo efetivos ao fascismo" (Antonio Gramsci, *L'Ordine Nuovo 1919-1920*, cit., p. 105).

[17] Idem, *Socialismo e fascismo* (Turim, Einaudi, 1978), p. 9.

intervencionismo, do aventureirismo de D'Annunzio e do fascismo, a pequena burguesia "imita a classe trabalhadora e sai às ruas".

> Essa nova tática é implementada nos modos e formas permitidos a uma classe de tagarelas, céticos e corruptos: a realização dos eventos que levaram o nome de *radiantes dias de maio*, com todos os seus reflexos jornalísticos, retóricos, teatrais e demagógicos durante a guerra, parece a projeção na realidade de uma história da selva de Kipling: o romance do Bandar-Log, do povo dos macacos, que se considera superior a todos os outros povos da selva, possuidor de toda a inteligência, de toda a intuição histórica, de todo o espírito revolucionário, de toda a sabedoria do governo etc. etc. E aconteceu isto: a pequena burguesia, sujeita ao poder do governo por meio da corrupção parlamentar, mudou sua maneira de atuar, tornou-se antiparlamentar e tentou corromper as ruas.[18]

A decadência do Parlamento atingiu o ápice durante a guerra, quando a pequena burguesia tentou consolidar sua nova posição de construtora de barricadas por meio de uma mistura ideológica de imperialismo nacionalista e sindicalismo revolucionário. Em sua posição antiparlamentar, a pequena burguesia tentou se organizar em torno dos patrões mais ricos, encontrando um ponto de apoio entre os agrários e os industriais. Assim, mesmo que a aventura de Fiume permanecesse como o "motivo sentimental" dessa intensa iniciativa, o verdadeiro centro da organização residia na defesa da propriedade industrial e agrária, contra as reivindicações das classes mais baixas e sua crescente agitação. Por sua vez, a classe proprietária cometera o erro de acreditar que poderia se defender melhor dos ataques do movimento trabalhista e camponês abandonando as instituições de seu Estado e seguindo "os líderes histéricos da pequena burguesia".

A origem do movimento fascista estava nos vários grupos de ex-intervencionistas, ousados, simples retardatários e grupos antibolcheviques, em torno dos quais se reuniram as categorias sociais mais afetadas pela crise estrutural que atingiu o país. Entre eles, em 23 de março de 1919, foi fundado o primeiro *Fascio* de combate em Milão, que gradualmente se estruturou como movimento, até absorver as diversas formações da direita nacionalista surgidas naqueles anos.

Por trás dos esquadrões, Gramsci via uma direção muito precisa e, ao mesmo tempo, um recrudescimento atomizado, desprovido de disciplina, movido por uma violência cega e gratuita, resultado da decomposição e da ausência de coesão moral no Estado e na sociedade. O fascismo era o espelho emblemático de tudo isso. A acusação antipolítica do fascismo acabou desencadeando "forças elementares irrefreáveis no sistema burguês de governança econômica e política".

---

[18] Ibidem, p. 10.

O fascismo se apresentou como o antipartidário, abriu as portas para todos os candidatos, deu lugar, com sua promessa de impunidade, a uma multidão deslocada para cobrir com um verniz de idealismo político vago e nebuloso o dilúvio selvagem das paixões, dos ódios, dos desejos. Assim, o fascismo tornou-se um fato de costume, identificou-se com a psicologia bárbara e antissocial de alguns estratos do povo italiano, ainda não modificados por uma nova tradição, pela escola, pela coabitação num Estado bem ordenado e bem administrado.[19]

Gramsci identificou no fundo da sociedade italiana traços ferozes e bárbaros que esclareceram amplamente também a dureza de seu conflito de classe: este era o país onde predominavam os assassinatos e os extermínios, "onde as mães educam seus filhos com um capacete na cabeça"[20], onde há menos formas de respeito e proteção para as gerações mais jovens, um país onde, em algumas regiões, os viticultores foram amordaçados para que não comessem as uvas durante a colheita. Para Gramsci, a crueldade e a falta de empatia eram características peculiares do povo italiano, "que passa do sentimento juvenil à ferocidade mais brutal e sangrenta, da raiva passional à fria contemplação do mal alheio". Diante dessas condições, o nascimento do Estado italiano tinha sido defeituoso, mostrando-se fraco e incerto, também devido à debilidade e à delinquência de suas próprias classes dominantes.

A fraqueza íntima da burguesia italiana forçou suas classes dominantes a comprometer-se continuamente a permanecer no poder; na Itália não houve, como no resto da Europa, uma luta entre empresários industriais e latifundiários, mas, pelo contrário, existiu uma conciliação cujo custo foi pago por todo o país e, em particular, pelo *Mezzogiorno*, forçado ao subdesenvolvimento e a uma condição de regime colonial. Até a falta de definição de verdadeiros partidos políticos das classes dominantes, que realmente foram colocadas em alternativa de acordo com uma perspectiva liberal ou conservadora, foi uma consequência dessa dinâmica social. Daí a natureza indistinta e pantanosa das facções liberais e das práticas transformistas estabelecidas. A única argamassa do país era um aparelho burocrático guiado por grupos sem nenhuma base objetiva na sociedade. Como será esclarecido nos dois capítulos subsequentes, segundo Gramsci, a frágil unidade política e territorial do país também foi ameaçada por três questões prementes: a atitude subversiva assumida pelo Vaticano e pela Igreja; a questão meridional; o surgimento de um proletariado com conotações cada vez mais revolucionárias. A primeira questão levou à falta de comunicação entre os católicos e o novo Estado, pelo menos até a Igreja identificar um inimigo

---

[19] Ibidem, p. 150.
[20] Idem.

considerado mais perigoso, o socialismo; a segunda se originou da condição de miséria e exploração das massas do sul, sujeitas a um domínio social e político que mantinha sua natureza feudal inalterada, massas sujeitas a uma rebelião endêmica sem coordenação e perspectivas políticas; a terceira era a ameaça mais significativa ao estado de coisas existente, apesar da persistente ineficácia política e organizacional das perspectivas anarquista e socialista assumidas pelo movimento operário italiano na virada do século. O surgimento dessa nova realidade político-social foi enfrentado pelo novo Estado, pelo menos até 1900, de maneira completamente análoga às assumidas posteriormente pelo fascismo, ou seja, com estados de sítio, tribunais marciais, suspensão de liberdades individuais e coletivas próprias de um Estado liberal.

Mas a repressão sistemática e violenta da agitação popular acabou sendo completamente ineficaz para conter seu ímpeto, além de representar um risco para todo o sistema institucional, várias vezes à beira de uma terrível involução autoritária. Após o clímax do conflito – alcançado com o massacre de Milão (6-8 de maio de 1898) e o assassinato de Humberto I (29 de julho de 1900) –, o novo século começou com a criação de uma nova linha governamental representada por Giovanni Giolitti, que tentou inserir no novo equilíbrio os partidos populares, depurados de qualquer impulso subversivo. O período que se seguiu, a chamada era giolittiana, foi marcado por um notável desenvolvimento econômico e por uma forte modernização do país que, no entanto, deixou todo o *Mezzogiorno* de fora. Portanto, uma modernização incapaz de superar algumas das contradições fundamentais do país. Além disso, a nova linha de inclusão nas áreas de governo, que dizia respeito apenas a segmentos limitados do movimento socialista do Norte (o reformista) e depois do mundo católico, não ocorreu de maneira orgânica e politicamente clara, mas por meio de um sistema ramificado de corrupção política, uma prática consolidada de transformismo e de uso da violência no Sul. Mas nem mesmo esse sistema de governo conseguiu impedir o desenvolvimento do conflito social no país.

Segunda parte

O dirigente político

I
O PARTIDO NOVO

Na história do século XX, os acontecimentos relacionados ao Partido Comunista Italiano (PCI) foram abordados em pesquisas e monografias apenas como subsídio para estudos voltados ao entendimento do fascismo, seguramente o fenômeno histórico-político italiano mais estudado. E, no entanto, como já foi apontado por Franco Livorsi, em meio a essa colossal obra de reconstrução histórica existem algumas "áreas escuras", entre as quais, sem dúvida, se destaca a falta ou a insuficiente historicização da corrente de Amadeo Bordiga, o principal arquiteto e protagonista do nascimento do PCd'I. A tendência a se considerar Gramsci como o fundador do novo Partido resulta de uma representação instrumental dos fatos, funcional às exigências da luta política interna àquela organização na fase posterior à sua prisão. Todavia, mudado o quadro histórico e dissolvidas as necessidades dialéticas que determinaram tal afirmação, sobrevive ainda no PCI esta visão, difundida até os dias de hoje, de um "Gramsci pai fundador do Partido". Na realidade, sem uma avaliação realista do papel de Bordiga no momento do nascimento e nos primeiros anos de vida da nova organização, portanto, sem que se conheçam os aspectos essenciais de sua concepção política, torna-se difícil até mesmo compreender plenamente tanto o processo de formação intelectual, quanto as categorias analíticas elaboradas por Gramsci num dos períodos de maior riqueza de sua produção teórica: os anos em que foi dirigente político destacado no Comintern do PCd'I.

A fim de identificar dois pontos de referência essenciais à concepção ideológica de Amadeo Bordiga, podemos localizá-los na interação constante entre "determinismo econômico" e "fé revolucionária"[1]. Apesar de nada ter a ver com

---

[1] Gianni Fresu, *Il diavolo nell'ampolla. Antonio Gramsci, gli intellettuali e il Partito* (Nápoles, Istituto Italiano per gli Studi Filosofici/La Città del Sole, 2005), p. 93-120.

as matrizes culturais do antigo positivismo socialista, Bordiga compartilhou com eles uma concepção de intervenção subjetiva fortemente ligada às *leis férreas* dos processos de transformação econômica. A confirmação mais emblemática dessa abordagem que temos nas posições expressas por Bordiga desde os anos 1950 (a chamada fórmula do *attendismo*[2]) que levou as frações bordiguistas sobreviventes a se retirarem da política ativa em antecipação à grande crise final do capitalismo, a qual, nas previsões de Bordiga, deveria ter explodido em 1975. De acordo com Ernesto Ragioneri, sem dúvida um dos grandes estudiosos italianos acerca da história do movimento operário, "o destino do bordiguismo só pode ser reconstituído considerando-se o contexto da crise da sociedade italiana, da qual ele é uma das expressões. Sua incapacidade de oferecer uma explicação sobre o que se passava na Itália e, ao mesmo tempo, uma ótica que tendia a ver pelas lentes italianas os problemas da revolução mundial, a rigidez do seu pensamento e das suas formulações táticas constituíam a medida da condição de passividade que explica, ao mesmo tempo, seu sucesso e seu eclipse"[3].

No que diz respeito à centralidade que a "fé revolucionária" tem na concepção "purista" do partido de quadros – a qual seria temperada e incorruptível a contaminações reformistas –, esta é atribuída não apenas ao temperamento intransigente de Bordiga, mas também, e acima de tudo, ao contexto profundamente degenerado do socialismo napolitano em que ele foi formado[4].

O PSI de Nápoles, ao qual Bordiga aderiu aos 21 anos de idade, em 1910, era uma realidade muito particular, em que estavam presentes as posições mais heterogêneas: dos reformistas aos anarcossindicalistas, dos "intransigentes" aos maçons. Nessa confusão, marcada por confrontos furiosos e princípios divisionistas, Bordiga amadureceu sua rejeição à degeneração eleitoral e a quaisquer táticas focadas numa política positiva de alianças.

A aversão espontânea aos negócios clientelistas, nos quais se afundava a política cada vez mais transformista do Partido em Nápoles, encontrou seu desaguadouro natural na guinada para a esquerda, ocorrida no Congresso de Reggio Emilia

---

[2] Com a fórmula do *"attendismo"* se indica a espera das condições objetivas favoráveis à ação revolucionária.

[3] Ernesto Ragionieri, *Palmiro Togliatti* (Roma, Editori Riuniti, 1976), p. 69.

[4] Quanto a isso está de acordo a maioria dos estudiosos que lidaram com Amadeo Bordiga, incluindo Paolo Spriano: "Desde quando defendeu a necessidade de *criar um movimento de forte inspiração antiburguesa*, ele reconheceu essa obsessão pela pureza – tão bem definida como um sotaque jacobino-robespierriano –, o que não apenas respondia ao seu próprio temperamento, mas também era uma reação natural ao ambiente do socialismo napolitano, propenso a transformações obstinadas, à corrupção clientelista, contra o que colidia seu entusiasmo de neófito invicto" (Paolo Spriano, *Storia del Partito Comunista Italiano*, v. 1: *Da Bordiga a Gramsci*, Turim, Einaudi, 1967, p. 12).

de 1912, seguida pelo estabelecimento da "fração intransigente" em nível nacional. No Congresso de Reggio Emilia deu-se a expulsão do grupo ultrarreformista liderado por Bonomi e Bissolati – do qual faziam parte outros ilustres expoentes do socialismo, como Cabrini, Podrecca e Ferri –, que se declarava favorável a uma convergência com o "bloco giolittiano" na sustentação das razões para a agressão colonial à Líbia. A expulsão foi decretada sob manifestações de entusiasmo dos delegados "intransigentes" e acompanhada de uma inflamada e violenta manifestação antimilitarista de Benito Mussolini, que se tornou diretor de *l'Avanti!* naquele Congresso. Bordiga, delegado da Federação Socialista da Juventude, a partir de então passou a ser um colaborador próximo do jornal *PSI* e de seu diretor, em posições antiparlamentares e contra qualquer colaboração com os reformistas, tanto no plano político como no sindical[5].

Em seus estudos, Franco Livorsi chamou a atenção para o fato de que durante esse período, nas formulações teóricas de Bordiga – cujas concepções se baseavam na recusa a qualquer mistura entre materialismo marxista e idealismo filosófico –, o marxismo era apresentado simplesmente como uma "antifilosofia", centrada no primado absoluto da prática diante das ideias. Internamente a essa concepção eram identificáveis as influências referentes a certo "utilitarismo rousseauniano", além das teorizações de Giovanni Gentile, presentes em seu trabalho de 1899, *A filosofia de Marx.*

> Nessa posição áspera, incisiva e sugestiva, o anticulturalismo parece tornar-se uma anticultura. Aqui, o proletariado é *coveiro*, mas não *herdeiro* da civilização burguesa. Esta é uma posição [...] inconcebível em Gramsci ou Togliatti.[6]

Bordiga desempenhou um papel importante na radicalização das posições da juventude socialista. Já em setembro de 1911 pronunciou um discurso incendiário contra as pretensões de expansão militar da Itália. A declaração de guerra à Turquia de 25 de setembro de 1911 determinou uma imediata e espontânea reação popular de hostilidade. Porém, dentro do PSI, somente a esquerda liderou uma batalha sem quartel contra a campanha militar e, em meio a isso, Bordiga destacou-se por seu tom enfático na afirmação da incompatibilidade absoluta entre socialismo e patriotismo.

Foi particularmente importante a batalha de Bordiga e de seus colaboradores mais próximos contra a reviravolta intervencionista de Mussolini em 1914.

---

[5]   Para Bordiga, na verdade, o corporativismo e o egoísmo sindicais eram os germes responsáveis pela degeneração socialista, tão perniciosa quanto o arrivismo parlamentar.

[6]   Franco Livorsi, *Amadeo Bordiga. Il pensiero e l'azione politica 1912-1970* (Roma, Editori Riuniti, 1976), p. 35.

Bordiga foi, provavelmente, o mais eficaz em desmascarar o *sparafucilismo** de Mussolini e em ridicularizar suas posições, de modo a atingir com eficácia o único setor do PSI onde Mussolini, com seus posicionamentos, tinha seguidores, isto é, a Federação da Juventude Socialista. Foi Bordiga quem conduziu o enfrentamento decisivo contra Lido Cajani, o secretário-geral da federação juvenil pró-Mussolini, determinando sua expulsão.

Bordiga escreveu memoráveis artigos contra a guerra, contrapondo-se às distinções ambíguas entre guerra ofensiva e defensiva e entre forças imperialistas envolvidas no conflito. Bordiga percebeu antecipadamente e até o fim os perigos inerentes às "distinções" feitas por Mussolini e, apesar de ter estado vinculado a ele por um longo relacionamento de colaboração, estima e amizade, declarou-lhe guerra.

Segundo Andreina De Clementi, o percurso de formação política de Bordiga entre 1913 e 1919 acabou coincidindo com um processo de progressiva tomada de consciência da estranheza do PSI quanto aos aspectos essenciais da teoria marxista diante de uma realidade que avançava a passos largos para uma solução revolucionária das contradições. Todavia, ainda conforme De Clementi, essa tomada de consciência não foi o fruto de um processo de amadurecimento intelectual, mas das múltiplas iniciativas políticas de Bordiga:

> A abordagem que Bordiga faz da história e da experiência do movimento operário não se encontra tanto no nível teórico quanto, ao contrário, no uso político de alguns módulos fundamentais da doutrina marxiana, em sua capacidade de servir-se deles como instrumento de mensuração não apenas da realidade histórica como também dos critérios interpretativos e de suas respectivas soluções, adotadas pelas organizações operárias em fases diversas.[7]

Analisado numa dimensão nacional e internacional da atualidade da revolução, até o abstencionismo eleitoral, de acordo com Franco Livorsi, tinha uma matriz particular de origem napolitana; tratou-se de uma reação ao fracasso do bloco eleitoral no pleito administrativo de Nápoles, o qual, na opinião de Bordiga, evidenciou níveis inaceitáveis de degeneração do PSI. A essa matriz somou-se ainda a influência do antiparlamentarismo mussoliniano e maximalista, o qual, em Bordiga, tornou-se convicção sobre a incompatibilidade entre democracia e

---

* Formado pela união do verbo *sparare* (disparar) e do substantivo *fucile* (fuzil), esse neologismo designa de maneira jocosa e sarcástica a corrente de opinião que fazia apologia à violência armada e à guerra. (N. T.)

[7] Andreina De Clementi, *Amadeo Bordiga* (Turim, Einaudi, 1971), p. 24-5.

socialismo, a ponto de negar até mesmo um papel tático à participação socialista nas instituições burguesas[8].

Essa abordagem de fundo permaneceu inalterada mesmo no contexto tumultuado da cisão de Livorno e nos primeiros anos de vida do novo Partido. Este não é o lugar para se preencher o vazio ou as "zonas sombrias" de que falava Livorsi, tampouco podemos nos dedicar aqui a um mergulho muito aprofundado no conjunto dessas questões; todavia, para além dos posicionamentos assumidos e das batalhas que animaram a fase precedente e imediatamente posterior à cisão, as intervenções e os artigos escritos nessa fase pelo primeiro secretário do Partido Comunista da Itália são muito úteis para compreender as concepções políticas dessa nova organização e, portanto, a dialética na qual se insere a intervenção crítica de Antonio Gramsci. Por exemplo, "Mosca e la questione italiana" [Moscou e a questão italiana], artigo escrito cinco meses depois do Congresso de Livorno, no qual Bordiga respondia às acusações dos reformistas contra os comunistas, de ter realizado uma cisão artificial sob direção russa. Trata-se de um documento essencial para compreender a gênese histórica do PCd'I pelas lentes de seu principal fundador, no qual Bordiga remetia a necessidade histórica da cisão a uma fase bem anterior à Revolução Russa. O PSI já tinha experimentado processos de divisão na Reggio Emilia e em Ancona, mas sem superar definitivamente os problemas de coexistência entre duas concepções de socialismo que, de tão diferentes, eram antitéticas. Os eventos determinados pelas revoltas da "semana vermelha" de 1914 confirmaram as contradições internas do partido, uma organização com vocação revolucionária, mas de fato inerte e inofensiva, apesar de incluir milhões de trabalhadores. Segundo Bordiga, os motivos para a divisão, já intransponível na época, pouco tinham a ver com Moscou, estando muito mais ligados aos problemas do próprio PSI.

Para Bordiga, mesmo nos anos conturbados da guerra, a unidade neutralista dos socialistas era apenas aparente, porque a ala direita do PSI mantinha uma posição hostil em relação a qualquer oposição ativa à guerra, lutando furiosamente contra as hipóteses de uma greve geral, então ventiladas.

A ruptura de Caporetto, entre 24 de outubro e 9 de novembro de 1917, com a "guerra irredentista", repentinamente transformada em guerra defensiva,

---

[8] A posição abstencionista de Bordiga, no entanto, nem sempre foi absoluta: nas eleições de 1913, ele se pronunciou contra as tendências abstencionistas dos anarquistas. A guinada à esquerda do PSI, apresentando-se naquela eleição com posições que Bordiga definiu como "sinceramente revolucionárias", e, mais amplamente, a convicção de que as críticas mais duras às degenerações reformistas e parlamentares do Partido não deveriam ter ponto de contato com o anarquismo e o sindicalismo, levaram Bordiga a escrever um artigo contra o que ele mesmo classificou como o perigo abstencionista e as tentativas de boicote antieleitorais levadas adiante contra o PSI.

teve o efeito de domar ainda mais a direção socialista, temerosa de parecer uma força antinacional, o que aprofundou o abismo entre a ala revolucionária e a ala reformista do Partido Socialista. Como se nota, a posição do socialismo italiano era uma das mais brandas, enquanto as outras organizações socialistas da Europa deixaram-se absorver no turbilhão da guerra, a ponto de fazer com que Lênin as denominasse "social-chauvinismo". A "assunção de responsabilidade perante a nação" e um mal interpretado patriotismo, incapaz de enxergar os interesses materiais por trás do conflito, foram a base da capitulação da Segunda Internacional dos Trabalhadores nos estertores da Primeira Guerra Mundial. O conceito de pátria (entendida em termos socialmente neutros) sobrepôs-se ao de socialismo, e a ideia de povo tomou o lugar da ideia de classe, de modo que os partidos socialistas europeus não apenas votaram favoravelmente, nos parlamentos, aos créditos de guerra (exortando os "proletários de todos os países" a se matarem uns aos outros, ao invés de se unirem), como também chegaram a assumir posições ministeriais nos governos em guerra.

Diante desse desastre internacional, a opção de "não aderir nem sabotar" ajudou a manter o PSI unido até o final do conflito, na tentativa de ao menos salvar a oposição parlamentar à guerra; todavia, as razões da cisão já tinham amadurecido.

> Note que não me importo em aparecer como precursor dos eventos, tanto que destaco que a consciência da divisão não estava só comigo, mas com todos. Se puder me reportar às notas críticas de *l'Avanti!*, demonstrarei como ele estava alinhado àquela questão: toleraremos a direita, mas uma vez terminada a guerra, colocaremos tudo em pratos limpos. Serrati tinha o nosso apoio, mas não o da maioria da direção do Partido. Ele estava convicto de que a cisão ocorreria e posteriormente admitiu isso para nós. Mas não é só isso. O próprio Turati pressentia esse evento inadiável, e no congresso de guerra de 1918 [...] encerrou seu discurso dizendo: *finda a guerra, temos que conservar a unidade do Partido*. Todos sentiam que um abismo se abria entre nós.[9]

Os equívocos do Congresso de Bolonha de 1919 e sobretudo o triunfo eleitoral socialista prolongaram artificialmente uma unidade fictícia e ambígua da direção maximalista de Serrati, que tencionava fazer conviver no PSI sua exata antítese, condenando-o à inércia numa fase histórica de radicalização das massas populares e de profunda crise das velhas instituições liberais.

O maior engano daquele Congresso foi a ilusão de uma nova direção revolucionária e comunista, que poderia levar a uma profunda mudança política

---

[9] Amadeo Bordiga, *Scritti scelti* (Milão, Feltrinelli, 1975), p. 119.

capaz de marginalizar, senão anular, a oposição dos reformistas. No entanto, para Bordiga, os maximalistas nada tinham de revolucionários. Ao contrário, sua linha era fruto de uma profunda inconsistência teórica (tanto tática como estratégica), baseada em equívocos grosseiros e em crassos erros políticos. Assim, as declarações favoráveis à Revolução Russa, à Terceira Internacional e ao sistema soviético baseavam-se num entusiasmo retórico desprovido de qualquer efeito concreto sobre as escolhas do Partido. No Congresso de Bolonha chegou-se a "deliberar a revolução" para o domingo seguinte e a votar a constituição dos sovietes na Itália sem que se soubesse bem do que se tratava:

> O Partido não tinha nem um resquício de preparo. O que sabia a maioria de Bolonha sobre posições de princípios e sobre a tática da Internacional Comunista? Menos do que nada. A maioria não distinguia o conceito de conquista do poder do de expropriação capitalista, não tinha nenhuma ideia sobre o problema da ação sindical ou sobre qualquer outra questão. A iminência da luta eleitoral se sobrepôs a tudo, e sufocou o desenvolvimento original da divergência que amadurecia sob a superfície da tática adotada durante a guerra. Depois foi possível a formação do bloco serratiano, o qual não tinha nenhuma homogeneidade e que diluiria a difusão da consciência comunista, inclusive das dolorosas experiências do campo de ação.[10]

O erro da minoria comunista foi, portanto, acreditar que o PSI fosse majoritariamente revolucionário, um equívoco alimentado por um contexto objetivamente revolucionário e pela convicção de uma iminente ruptura da velha ordem agonizante. A irrupção do conflito social e a crescente participação popular na luta induziram a esquerda a confundir a realidade com as esperanças, acreditando ingenuamente que o desenvolvimento do movimento revolucionário levara as posições mais avançadas a sobrepujar as reformistas, colocando o partido em primeiro plano.

A precipitação dos eventos e a exigência imediata de ação se sobrepuseram à necessidade de esclarecimento, as contradições nascidas do conflito foram negligenciadas e as coisas andaram por conta própria sem que se soubesse ao certo o que estava acontecendo[11].

---

[10] Idem.

[11] A tese de que, no imediato pós-guerra, a força dos eventos teria se sobreposto à necessidade de esclarecimento político é confirmada também em várias reflexões de Gramsci; veja-se, entre outros, o editorial de 14 de agosto de 1920 "Il programma de *L'Ordine Nuovo*", no qual ele esclarece o confuso nascimento do conselho editorial "ordinovista", decorrente precisamente do anseio de passar à ação num período considerado revolucionário.

No dia seguinte à cisão, no grupo dirigente comunista o grupo preponderante era constituído pela área de influência de Bordiga, os próprios maximalistas conservavam certa representatividade, enquanto o grupo de *L'Ordine Nuovo* continuava disperso e sub-representado. Assim, no Comitê Central estavam presentes oito comunistas abstencionistas: Bordiga, Fortichiari, Grieco, Parodi, Polano, Repossi, Sessa e Tarsia; cinco maximalistas, Bombacci, Belloni, Gennari, Marabini e Misiano; e somente dois representantes do grupo de Turim, Terracini e Gramsci (contra o qual houve resistências, devido às acusações de que tinha sido intervencionista na juventude). Desse modo, a Executiva, na qual se faziam presentes, além do secretário Amadeo Bordiga, três expoentes da revista *Soviet* (Fortichiari, Grieco e Repossi), além de Terracini, ficou bem blindada.

Bordiga foi o primeiro a construir uma forte e radical fração comunista no PSI e, com sua inflexível intransigência adiante da direção socialista, conquistou a admiração e o respeito de numerosos quadros da esquerda revolucionária nesse campo. Era, indiscutivelmente, protagonista da cisão e da fundação do PCd'I, um dirigente dotado de grande capacidade organizativa e de direção política, mas sobretudo de carisma. Em suma, o revolucionário napolitano tinha aquela malícia política que faltava ao grupo ordinovista e, no momento da ruptura, conseguiu conquistar o consenso de todos os componentes comunistas.

Numa fase traumática como a da cisão, Bordiga era o dirigente de que a organização precisava, sendo o único capaz de guiá-la corretamente mesmo nas situações mais difíceis. Em virtude de sua preponderância carismática e de sua capacidade organizativa, era natural que se constituísse em torno dele o grupo dirigente (da Executiva à Federação), com quadros organicamente ligados a suas posições.

No entanto, uma composição tão desequilibrada do grupo dirigente não levou a uma dialética severa, a uma posição crítica, e menos ainda à criação de frações por parte do grupo ordinovista. Essa atitude, segundo Palmiro Togliatti, era a consequência de um espírito novo, comum tanto aos simples filiados quanto os quadros do Partido[12]. Após a fundação, a dinâmica interna do Partido inspirava-se no princípio da disciplina e da unidade, uma vez que o oportunismo e a incapacidade do PSI de assumir um papel revolucionário eram imputados à própria estrutura vigente. Qualquer diferença deveria, portanto, considerar-se superada. Tal atitude pode parecer fruto de uma renitente ingenuidade do grupo de Turim, mas na realidade, segundo Togliatti, refletia uma motivação ditada pela confiança no coletivo e pela vontade de dar ao Partido um novo caráter, não mais reproduzindo nele as fragmentações e as lacerações do velho Partido Socialista.

---

[12] Palmiro Togliatti, *La formazione del gruppo dirigente del Partito Comunista Italiano (1923-24)* (Roma, Editori Riuniti, 1984), p. 17.

Somente em 1922, com o pleno desenrolar do refluxo reacionário e o esgotamento dos limites sectários da organização, a constituição de um novo grupo dentro do PCd'I passou a ser uma necessidade política inadiável adiante da desagregação ou mesmo da ausência de efetividade do Partido nascido em Livorno[13].

A falta de resolução das contradições internas ao PCd'I levou-o, já nos seus primeiros dois anos de vida, a enormes desequilíbrios e a uma contradição dificilmente sustentável entre a potencialidade e a capacidade efetiva de atuar nos processos reais, por meio de uma ação cotidiana capaz de coadunar as questões imediatas com o *fim último*.

Sob a direção de Amadeo Bordiga, a inércia e o *attendismo* messiânico, típicos do maximalismo e da abordagem da Segunda Internacional, contra os quais se lutara e dos quais pretendera se libertar com o cisma de Livorno, obtiveram uma tão inesperada quanto peremptória vitória póstuma, que esterilizou o fermento brotado em janeiro de 1922. Para Togliatti, os aspectos mais negativos e danosos da direção de Bordiga deviam-se a sua concepção de Partido:

> Para resolver esses problemas, ele não partia da classe operária, da qual o Partido Comunista é parte, do exame da situação real em que a classe se encontra e se movimenta e da determinação, portanto, dos objetivos concretos que correspondem a cada situação. Partia de princípios abstratos, derivados de um processo intelectual, e que deveriam ser aplicados em qualquer tempo e situação. Dado o objetivo último da conquista do poder, desaparecia a variedade de posições intermediárias e sua ligação dialética, negava-se o valor do movimento político democrático e do avanço sobre o terreno da democracia, as contraposições de classe se traduziam em contraposições rígidas, esquemáticas, os adversários tornavam-se todos iguais e não era sequer possível a conquista de aliados, a forma e a palavra prevaleciam sobre o conteúdo, a coerência tornava-se teimosia, a ação do Partido já não podia ter qualquer respiro, reduzindo-se ao mero exercício de propaganda e polêmica.[14]

Era uma abordagem profundamente distante da experiência e das concepções do grupo de Turim; todavia, Togliatti, Terracini e grande parte dos outros ordinovistas acabaram capitulando diante de Bordiga, "deixando-se seduzir por sua lógica matemática". Durante algum tempo, o próprio Gramsci limitou

---

[13] No final de 1922, o Partido Comunista se encontrava praticamente decapitado pela reação policialesca e sua direção política mostrava-se inapta e pouco capaz de responder à mudança do contexto nacional e do internacional.

[14] Palmiro Togliatti, *La formazione del gruppo dirigente del Partito Comunista Italiano (1923-24)*, cit., p. 20.

suas críticas a discussões privadas e informais, sem divulgar publicamente sua divergência nos organismos de direção política do Partido[15]. Indicativa dessa situação é uma carta de Togliatti a Gramsci de 1924, na qual este se debruçava retrospectivamente sobre aquele período, acusando o intelectual sardo de excessivo taticismo:

> Não escondo a minha opinião de que você deveria ter dito bem antes muitas das coisas que me diz agora, e não em conversas particulares e que tinham um sentido indireto, mas diante do Partido. Na seção constituída em Livorno, você representava o grupo que seguia uma orientação diferente da de Bordiga, grupo ao qual se deve o mérito de ter levado o Partido à única e vasta adesão de massas que este chegou a ter. Eu, por exemplo, só comecei a conhecer e a poder julgar o modo como o Partido era dirigido e organizado depois do Congresso de Roma e mesmo agora de modo incompleto.[16]

Segundo Togliatti, no PCd'I sob a direção de Bordiga os princípios diretivos destinavam-se a uma "disciplina exterior", gerada por uma relação puramente hierárquica entre o vértice e o interior do Partido, e mais amplamente entre este e as massas, e nesse o papel de militantes e quadros deveria ser apenas o de executores pontuais das orientações provenientes da Executiva. No entendimento de Bordiga, a autonomia de ação concedida aos quadros intermediários e às estruturas de base do Partido deveria ser evitada para que não se incorresse em erros, mas sobretudo para que não se tornassem presas do oportunismo. Somente executando as ordens de um vértice consciente e preparado isso não aconteceria:

> A visão de partido era a mesma de uma organização de tipo militar, mais do que político; mas de uma organização militar antiga, desprovida de alma, baseada na mera obediência e principalmente na quase sobre-humana capacidade de um chefe ou de um reduzido grupo dirigente de fazer frente a tudo, de dar a cada contingência a orientação oportuna, de dar, no momento certo, todas as diretivas e todas as ordens necessárias. De que adiantava fazer dele uma escola, onde se pudesse aprofundar não apenas o conhecimento da doutrina marxista,

---

[15] Em 1923, quando sobretudo o tema da fusão com o PSI determinou uma crise entre a linha do secretário-geral do PCd'I e a Internacional Comunista – em junho a Executiva ampliada impôs um novo Comitê Executivo do Partido Italiano, intervindo de fato –, Togliatti intensificou suas relações com Bordiga "até tornar sua presença nos órgãos dirigentes uma condição absolutamente prejudicial" (Ernesto Ragionieri, *Palmiro Togliatti*, cit., p. 107).

[16] "Lettera di Togliatti a Gramsci del 23 febbraio 1924", em Palmiro Togliatti, *La formazione del gruppo dirigente del Partito Comunista Italiano (1923-24)*, cit., p. 213.

mas também, através do estudo de situações e experiências reais, da geografia, da história, da estrutura econômica do país, ajudar os companheiros a adquirir por si próprios a capacidade de juízo autônomo acerca da concreta determinação das tarefas políticas e de organização?[17]

O modo de entender e dirigir a organização revolucionária, então submetida a severa crítica por parte de Gramsci, encontrou uma teorização completa já nos primeiros meses de 1921 com dois artigos de Bordiga ("Partito e classe" [Partido e classe], de 15 de abril, e "Partito e azione di classe" [Partido e ação de classe], de 31 de maio, ambos publicados na *Rassegna Comunista*), extremamente importantes para compreender o direcionamento e a fisionomia que, desde o início, ele pretendia dar ao novo partido. No primeiro já eram apresentados todos os aspectos fundamentais da concepção dele sobre partido, sua relação com as massas, a ideia vanguardista de organização. Na sua concepção, profundamente diferente da de Gramsci, o partido comunista não devia compreender toda a classe, nem mesmo a maioria, mas apenas a parte mais consciente. Em sua visão, sem partido não existe a classe, no sentido de que não se pode sequer falar de classe na ausência de uma minoria tendente a se organizar em partido. Para definir uma classe social não bastam as condições econômicas e sociais, nem as posições de determinado grupo diante das relações de produção, porque o marxismo não analisa as classes como entidade estatística, à maneira dos *naturalistas*; ao contrário, considera a humanidade de modo dinâmico e dialético em seu contínuo devir histórico, buscando nos aspectos singulares desse devir a definição de classe. Para estabelecer uma classe e sua ação em relação a dado contexto histórico, *não* basta conhecer o número exato de indivíduos que a compõem; é preciso submeter a análise todo o período histórico e buscar em seu interior um movimento social e político que expresse interesses comuns de todos os que dividem a mesma posição no que diz respeito ao modo de produção. Para Bordiga, esse método tornaria a análise superior à simples dedução estatística.

Uma vez definido um movimento que busca um objetivo relacionado aos interesses de determinado grupo social, pode-se agora falar de classe no verdadeiro sentido da palavra. O partido de classe existe com base em dois elementos, a doutrina e o método, sendo ao mesmo tempo escola de pensamento político e organização da luta em virtude de uma articulação entre consciência e vontade. Mas o processo de aquisição de consciência e vontade restringe-se a um pequeno grupo que identifica um objetivo ligado aos interesses gerais da classe e que atraem para aquela direção a massa mais ampla. Esse grupo restrito, para

---

[17] Ibidem, p. 21.

Bordiga, não é outro senão o partido de classe e, quando este atinge certo grau de desenvolvimento, pode-se falar de classe em ação:

> Compreendendo *uma parte* da classe, é somente o partido que dá unidade de ação e de movimento, porque agrupa aqueles elementos que, superando os limites de categoria e localidade, *sentem* e *representam* a classe. Isso esclarece o sentido da verdade fundamental: o partido é apenas uma parte da classe.[18]

O restante da massa de indivíduos, ainda desprovida de consciência e vontade, é para Bordiga movida por espírito egoísta, interesses de categoria, pertencimento local ou nacional. Para orientá-la a objetivos gerais – correspondentes ao movimento histórico –, surge um organismo em condições de guiá-la e enquadrá-la, unificando-a. Tal organismo é o partido, núcleo vital da classe, que sem o agregado social não teria caráter orgânico; em síntese, não poderia ser definida como classe.

> A classe pressupõe o partido – porque, para ser e mover-se na história, a classe deve ter uma doutrina crítica da história e uma finalidade a alcançar. A verdadeira e única concepção revolucionária de ação de classe está na delegação da direção desta ao partido.[19]

As categorias e os conceitos presentes em "Partido e classe" tiveram um aprofundamento posterior no artigo seguinte, "Partido e ação de classe". Por governo de classe, relacionado ao tema da transição ao socialismo, entende-se apenas "governo do partido"; do mesmo modo, a ação revolucionária é somente a ação do partido. Se o partido deve ser uma fração da classe, o problema mais importante refere-se à extensão da organização e às relações de enquadramento das massas em seu interior. Um primeiro erro "voluntarista", de "oportunismo antimarxista" seria, para Bordiga, pretender estabelecer aprioristicamente o valor numérico de tal fração, acima ou abaixo de determinada proporção entre esta e a própria massa. Ao colocar no patamar de princípio a determinação teórica favorável ao partido pequeno e puro e afirmar a necessidade de dirigir camadas cada vez mais amplas da massa, a solução apresentada para o problema é definitivamente marcada pelo determinismo mais clássico.

Para Bordiga, a pretensão de mudar a constituição numérica da organização[20] devia ser considerada "voluntarista", porque sua extensão seria objetivamente determinada, em cada quadrante histórico, pelas condições específicas de

---

[18] Amadeo Bordiga, *Scritti scelti*, cit., p. 126.

[19] Idem.

[20] Ou seja, a pretensão de construir um partido de massas.

desenvolvimento das forças produtivas e do confronto revolucionário. De fato, a seu ver, quando o desenvolvimento deste ainda não estava maduro e a perspectiva revolucionária estava distante, o partido de classe deveria ser formado por pequenos grupos de "precursores", capazes de entender antecipadamente as perspectivas do desenvolvimento histórico. Apenas quando as relações de produção burguesa entrassem plenamente em contradição e ocorresse o conflito revolucionário, o partido poderia ampliar suas fileiras e adquirir maior presença entre o proletariado:

> Se a época atual é, na segura convicção de todos os comunistas, época revolucionária, segue-se que devemos ter, em todos os países, partidos numerosos e amplamente influentes perante vastos estratos do proletariado. Mas onde isso ainda não está realizado, apesar das inconfundíveis provas da agudeza da crise e da iminência de seu estertor, as causas dessa deficiência são tão complexas que é urgente concluir que, se o partido é muito pequeno e pouco influente, é preciso ampliá-lo artificialmente, agregando-lhe outros partidos e pedaços de partidos, em cujas fileiras há elementos coligados às massas.[21]

Quando as condições não são objetivamente revolucionárias, "levar o partido às massas" significa descaracterizá-lo, de modo que se esvaia a consciência de ser uma vanguarda capaz de influenciar as massas e guiá-las:

> Uma vez organizado solidamente o Partido Comunista com aqueles que são o resultado da doutrina e da experiência histórica sobre as características precisas do processo revolucionário [...], deve-se ter definida sua experiência organizativa e entender que sua capacidade de atrair e potencializar as massas decorrerá de sua fidelidade a uma férrea disciplina programática e organizativa. Sendo o Partido Comunista dotado de consciência teórica [...], isso lhe dá garantia, mesmo que as massas se afastem em certos momentos de sua vida, de tê-las em seu entorno quando surgirem aqueles problemas revolucionários que não encontram outra solução exceto a traçada em seu programa. Quando as exigências da ação requeiram um aparelho dirigente centralizado e disciplinado, o Partido Comunista, cuja construção foi inspirada em tais critérios, se colocará à frente das massas em movimento.[22]

Esses critérios, portanto, não consistem na capacidade de intervenção e ação do Partido na sociedade e em meio às massas, mas apenas na rígida disciplina interna, na fidelidade às bases teóricas de seu programa, na intransigência absoluta diante dos partidos afins, no "saber dizer primeiro" como se apresenta o processo

---

[21] Amadeo Bordiga, "Partito e azione di classe", *Rassegna Comunista*, ano I, n. 4, 31 maio 1921.
[22] Idem.

final da luta entre as classes. Apenas se agir com firmeza com base nesses critérios, o Partido terá condições de, no momento da crise revolucionária aguda, atrair para sua esfera de influência os elementos ainda hesitantes. Se, ao contrário, as perspectivas revolucionárias não são imediatas, o Partido não deve correr o risco de se perder da tessitura da trama da preparação radical, distraindo-se com problemas contingentes ou realizando desvios táticos de sua orientação, ou seja, deturpar a estratégia para adequá-la à realidade. Essa rigidez no entendimento da relação entre intervenção subjetiva e contexto objetivo, assim como o modo de conceber em termos bastante simplificados a "consciência antecipada dos intelectuais", tinha muitos pontos de contato com as primeiras concepções sobre partido e revolução de Kautsky, na mesma medida em que não tinha nenhuma proximidade com o pensamento de Lênin. Assim como Kautsky afirmava que a tarefa dos marxistas não era organizar a revolução, mas organizar-se para a revolução, não fazer a revolução, mas usá-la, do mesmo modo, para Bordiga, "não se criam nem os partidos nem as revoluções. Dirigem-se os partidos e as revoluções, na unificação das úteis experiências revolucionárias internacionais, de modo a assegurar o melhor coeficiente de vitória do proletariado na batalha que é o inevitável desaguadouro da época histórica que vivemos"[23].

A explosão das contradições internas ao Partido italiano foi favorecida pelo novo quadro tático da Internacional Comunista, denominado fórmula da "frente única", quando as dificuldades do jovem Estado soviético, a derrota das revoluções na Europa, a abertura de uma fase de refluxo para o movimento e a ofensiva reacionária do nascente fascismo levaram Lênin a imprimir uma profunda mudança de linha, para sair da crise, indicando uma modalidade até então inédita de articulação organizativa, ação política e conquista hegemônica da sociedade civil. Uma passagem bem explicada por Paolo Spriano em sua introdução à seleção de textos de Lênin sobre o movimento operário italiano, publicada pela Editori Riuniti entre os anos 1960 e 1970:

> Os anos 1921-1922 confirmam a gravidade da crise de direção do movimento operário. Nela somavam-se, tornando definitiva a sua derrota, velhas e novas patologias: à inação do maximalismo, às verdadeiras e peculiares capitulações do reformismo [...], junta-se uma conduta extremamente sectária na qual se isola o PCd'I. O que mais afeta, nesta última questão, é o tipo de propaganda, de polêmica, de ação inteiramente dominada – entre 1921 e 1922 – pela obsessão por uma perspectiva "reformista-nittiana", na qual se pretende que se resolva a política italiana. A prevalência da direção bordiguista, de seus métodos de trabalho, de sua rigidez de fórmulas "intransigentes", traz consigo a subestimação quase total

---

[23] Idem.

do fenômeno fascista, a recusa a buscar uma plataforma comum de resistência operária e popular contra o paramilitarismo em expansão.[24]

Como sabemos, essa subestimação levou Lênin a comentar polemicamente os erros dos comunistas italianos, afirmando que o fascismo lhes impôs uma sonora lição, demostrando a pouca instrução e a inadequada preparação política do grupo dirigente. Na realidade, Lênin já criticara severamente as posições de Bordiga, sustentando, em contraposição, as ideias do grupo de *L'Ordine Nuovo*. Ademais, contra as posições abstencionistas do dirigente napolitano e o "esquerdismo exasperado" de uma parte do movimento internacional, em 1920 Lênin escrevera o famoso *Esquerdismo, doença infantil do comunismo**.

Aprofundar essa duríssima dialética, que contrapunha o primeiro grupo dirigente do PCd'I à Executiva do Comintern, pode sobrecarregar nosso discurso; no entanto, é fundamental esclarecer sua natureza, para compreender o amadurecimento político do intelectual sardo, ao menos por duas razões: 1) porque a divulgação da crítica ao Partido italiano levou Gramsci a romper o silêncio e a se distinguir publicamente da linha política de Bordiga; 2) porque a virada da "frente única" representou, para Gramsci, uma passagem teórica (não apenas tática) fundamental, constituindo-se na premissa de suas reflexões futuras sobre o conceito de "hegemonia".

---

[24] Vladímir Ilitch Lênin, *Sul movimento operaio italiano* (Roma, Editori Riuniti, 1970), p. 42.
* São Paulo, Expressão Popular, 2014. (N. E.)

2
O Comintern e o "caso italiano"

No início de 1921, o Estado soviético encontrava-se numa situação muito complicada, na qual se somavam as destruições causadas pela Primeira Guerra Mundial e pela guerra civil. Nesse contexto, no X Congresso do Partido Comunista Russo, Lênin aludiu pela primeira vez à necessidade de imprimir ao país uma profunda virada de política econômica. A realidade demonstrara dramaticamente o quanto era insuficiente se apoderar da máquina estatal para imprimir um direcionamento social diferente e viabilizar uma transição. Boa parte das perspectivas delineadas antes da Revolução, principalmente a do "controle operário", chocavam-se com uma realidade muito mais complexa do que a das previsões políticas de Lênin. Às dificuldades internas somavam-se as internacionais, com o início de uma fase de refluxo revolucionário e de ofensiva reacionária após o fracasso das diversas tentativas insurrecionais no Ocidente. Tudo isso impôs uma profunda revisão de linha, numa perspectiva na qual as soluções adotadas para os dois níveis, interno e internacional, se uniam estreitamente.

Assim, na assembleia dos secretários das células do Partido de Moscou (9 de abril de 1921), Lênin afirmou que a Nova Política Econômica (NEP) era uma exigência inadiável e inevitável para sair da miséria absoluta e superar os limites do "comunismo de guerra", uma fase imposta pelo estado de necessidade e não por uma escolha teórica. Os termos dessa profunda virada foram expostos por Lênin no ensaio intitulado "Sobre os tributos em espécie", de maio de 1921, no qual se evidenciavam as contradições na transição do capitalismo ao socialismo numa sociedade na qual ainda conviviam a economia patriarcal, a pequena produção mercantil, o capitalismo privado, o capitalismo de Estado e o socialismo.

Lênin apresentou a NEP como uma nova etapa da luta de classes e o governo adotou medidas urgentes que tiveram um efeito disruptivo no comunismo internacional:

1) abolição das requisições forçadas e substituição pelos tributos em espécie; 2) reintrodução, com algumas limitações, da liberdade de comércio; 3) autorização da existência de empresas privadas; 4) restituição das empresas com menos de dez empregados aos antigos proprietários; 5) um novo regime de incentivos salariais correspondentes às atividades desenvolvidas; 6) autorização para os cidadãos soviéticos possuírem empresas comerciais, firmarem contratos, terem propriedade, escolherem as profissões; 7) aprovação (30 de outubro de 1922) do código agrário, que permitia a utilização das leis de mercado por parte dos camponeses, concedendo-lhes o direito de propriedade sobre tudo o que permitisse a melhoria das culturas, obviamente sem o direito de vender ou hipotecar a terra, porque esta era domínio estatal; 8) supressão da gratuidade dos serviços públicos, eliminação da remuneração igualitária e do trabalho obrigatório. Juntamente com tudo isso, foi organizado o programa de eletrificação do país, uma operação fundamental para a transição, segundo Lênin, tornando célebre sua fórmula "comunismo = poder soviético + eletrificação"[1].

No X Congresso, Lênin exortou os quadros à autocrítica. Era necessário abandonar toda forma de abstrato utopismo. O "comunismo de guerra", ou seja, a gestão da dramática emergência enfrentada pelo Estado soviético, não poderia ser considerado e menos ainda apresentado como a objetivação histórica da sociedade comunista, a não ser que se quisesse fazer uma "caricatura". Nos meses sucessivos, o revolucionário empenhou-se em tornar imediatamente efetivas as medidas adotadas, não poupando duríssimas críticas dirigidas aos que se apegavam a uma visão romântica e livresca da transição socialista. Em suas palavras, o maior risco vinha do infantilismo de esquerda e da pretensão de resolver qualquer contradição com um ato de vontade, um conceito sintetizado preciosamente numa frase que depois se eternizaria: "Não há nada mais danoso e mais funesto para o comunismo do que a bravata comunista: faremos isso sozinhos"[2].

A desagregação da economia rural, característica do comunismo de guerra, era a base de um dos problemas mais importantes identificados por Lênin em suas anotações críticas sobre o Estado soviético, o burocratismo:

A raiz econômica do nosso burocratismo é o fracionamento, a dispersão do pequeno produtor, sua miséria, sua incultura, a insuficiência das estradas, a falta de intercâmbio entre a agricultura e a indústria, a ausência de ligação e de contato entre elas. Isso é, em grande parte, resultado da guerra civil. [...] É preciso sempre reconhecer sem medo o mal para combatê-lo com maior firmeza,

---

[1]   Jean Ellenstein, *Storia dell'URSS*, v. I: *1917-1936* (Roma, Editori Riuniti, 1976), p. 166.

[2]   Vladímir Ilitch Lênin, *Opere complete* (Roma, Editori Riuniti, 1955-1970), v. 45, p. 83.

para recomeçar uma, duas vezes: seremos sempre forçados, ainda muitas vezes, em todos os campos da nossa edificação, a recomeçar do início, corrigindo as imperfeições, escolhendo caminhos diferentes para enfrentar as tarefas. Já se viu que a reconstrução da grande indústria deveria ser retomada, que o fechamento das trocas entre a indústria e a agricultura não podia continuar; era necessário, portanto, voltar à pequena indústria, precisávamos socorrer a causa neste lado, escorar esse muro semidestruído pela guerra e pelo bloqueio. De todo modo e a qualquer custo, é preciso desenvolver o comércio sem ter medo do capitalismo, porque os limites que colocamos (expropriação dos grandes proprietários fundiários e da burguesia na economia, poder operário e camponês na política) são bastante estreitos, bastante "prudentes". Essa é a ideia fundamental do imposto em espécie.[3]

Assim, os impostos em espécie eram uma medida essencial para corrigir os erros, evitando os desastres da miséria e da carestia, e para reativar a pequena indústria, que não necessitava de grandes investimentos em maquinários nem de grandes reservas de matéria-prima e combustível, fornecendo logo um auxílio vital à economia camponesa. Tudo isso, nas intenções de Lênin, inevitavelmente reativaria a liberdade de comércio da pequena burguesia em âmbito local, condição considerada um mal necessário numa situação tão desastrosa. Para isso, ele exortava o Estado-maior do Partido Bolchevique a concentrar seus esforços em favorecer o desenvolvimento da economia na direção do capitalismo de Estado, ao invés de desperdiçá-los em tentativas de impedir o ressurgimento das relações sociais burguesas. Nesse sentido, os impostos em espécie representavam a passagem da condição extraordinária do comunismo de guerra àquela ordinária de regular as trocas socialistas dos produtos entre cidade e campo, necessária para combater a dispersão do pequeno produtor e o burocratismo, mesmo ao custo de se tomar lições de modernização com a burguesia:

Os comunistas não devem temer "entrar na escola" dos especialistas burgueses, entenda-se os comerciantes, os cooperadores capitalistas e os capitalistas. Atingir o nível desses numa forma distinta, mas substancialmente do mesmo modo como estudamos os especialistas militares. Os resultados desses estudos devem ser medidos com a régua da experiência prática: fazer melhor do que fizeram os especialistas burgueses; conseguir obter de um ou outro modo a melhoria da agricultura, o avanço da indústria, o desenvolvimento das trocas entre agricultura e indústria. Não regatear quando se trata de pagar "pelo estudo". Não lamentar se se paga caro, pois se aproveita. Ajudar de todos os modos a massa de trabalhadores,

---

[3]   Ibidem, v. XXXII, p. 331-2.

aproximar-se deles, selecionar dentre essas centenas de milhares de quadros sem partido para o trabalho econômico.[4]

Lênin considerava essencial a NEP também em relação à nova situação política internacional; não por acaso essa guinada e a da "frente única" foram os temas essenciais de discussão entre o III e o IV Congresso da Internacional Comunista. Como sabemos, segundo Lênin, na Rússia de 1917 estavam presentes todas as condições subjetivas para a revolução socialista, enquanto era completamente insuficiente o desenvolvimento das forças produtivas; na Alemanha, pelo contrário, estavam presentes as condições objetivas ótimas, mas eram grandes as dificuldades no tocante à iniciativa revolucionária. A convicção (que depois se revelou equivocada) de Lênin era de que a viabilização do processo revolucionário russo se propagaria de "Petrogrado a Berlim" – e depois para o resto da Europa –, unindo num só conjunto todas as condições para uma completa revolução socialista.

Com o fim do primeiro conflito mundial, essas condições pareciam cada vez mais próximas de se realizar, graças não apenas às perspectivas revolucionárias alemãs, mas também com o nascimento da República Húngara dos conselhos operários e camponeses. Ainda que esta última experiência tenha sido truncada já no decorrer de 1919 pela intervenção das forças contrarrevolucionárias sob o comando do almirante Horthy, as esperanças na revolução mundial pareciam prestes a se materializar no início de 1920, graças ao avanço do Armada Vermelha sobre Varsóvia, ao início, na Itália, do "biênio vermelho" e sobretudo em razão das convulsões cada vez mais agudas na vizinha Alemanha[5]. Como se sabe, entre o outono de 1920 e março de 1921, todas essas perspectivas se fecharam com o fim dos conflitos levados a termo pelo movimento revolucionário internacional, juntamente com as crescentes dificuldades da Rússia soviética, que, embora tenha vencido a guerra civil contra os "exércitos brancos", se encontrava numa situação econômica e social próxima do colapso, tornada ainda mais dramática com o avanço da carestia no campo. Num contexto como esse, caracterizado por imensas dificuldades, abriu-se, entre junho e julho de 1921, o III Congresso da Internacional Comunista, com razão considerado um momento de virada tática central na história do movimento comunista mundial[6].

---

[4]   Ibidem, p. 344.

[5]   Para posterior aprofundamento, ver Miloš Hájek, "La discussione sul fronte unico e la rivoluzione mancata in Germania", em Eric Hobsbawm (org), *Storia del marxismo*, v. 3: *Il marxismo nell'età della III Internazionale* (Turim, Einaudi, 1980), p. 442-63.

[6]   Gianni Fresu, *Lênin leitor de Marx: dialética e determinismo na história do movimento operário* (trad. Rita Matos Coitinho, São Paulo, Anita Garibaldi, 2016), p. 153-70.

O COMINTERN E O "CASO ITALIANO"   139

No Congresso, as razões da guinada articularam-se em três relatórios fundamentais: as *Teses sobre a situação mundial e as tarefas do Comintern*, apresentadas por Trótski; o *Informe sobre a tática*, de Lênin, e as *Teses sobre a tática*, apresentadas por Karl Radek.

Em seu relatório, Trótski ressaltava o quanto o novo cenário se caracterizava por sinais fortemente contraditórios e de difícil entendimento; de fato, durante o ano transcorrido entre o II e o III Congresso do Comintern, toda uma série de insurreições e batalhas da classe operária se encerrara com uma "derrota parcial": o avanço da Armada Vermelha sobre Varsóvia em agosto de 1920; o movimento do proletariado italiano em setembro de 1920; a insurreição dos trabalhadores alemães em março de 1921. No todo, a fase de insurreições que irromperam espontaneamente com o fim da guerra parecia ter chegado ao fim, e a burguesia, depois de se reorganizar e adquirir confiança, passou à ofensiva contra os trabalhadores de todos os países, tanto no *front* político como no econômico. Tudo isso levou Trótski a se fazer uma série de interrogações sobre o quanto se podia considerar estável o novo equilíbrio conquistado pela burguesia e o quanto duraria a restauração capitalista. Em 1919, inaugurou-se uma nova fase de desenvolvimento orgânico do capitalismo capaz de absorver a mão de obra desmobilizada e de dar impulso à confiança da burguesia ante a possibilidade de reabsorver as tensões sociais emergidas. Todavia, essa retomada econômica não significava a viabilidade da reconstrução econômica posterior à conflagração, constituindo, ao contrário, um prolongamento artificial das ilusões de prosperidade criadas pela guerra. No entanto, para Tróstki, a natureza dessa pretensa retomada era fictícia:

> Os governos burgueses, que agiam em aliança com os bancos e os monopólios industriais, à custa de uma posterior desorganização orgânica do sistema econômico [...], conseguiram retardar a eclosão da crise política provocada pela desmobilização e o primeiro ajuste de contas pós-guerra. Tendo obtido um notável período de trégua, a burguesia imaginou que o perigo da uma crise estava definitivamente afastado. Tornou-se otimista. Parecia que a necessidade de reconstrução abrira uma época duradoura de prosperidade industrial e comercial e, sobretudo, de especulação financeira. O ano de 1920 despedaçou essas esperanças.[7]

A crise de 1920 não se inseria na rotina dos ciclos econômicos, mas era sobretudo uma reação à natureza artificial daquela prosperidade do tempo de guerra, confrontada com a quebra dos últimos sete anos da produção europeia.

---

[7]   Liev Trótski, "Le tesi sulla situazione mondiale e sui compiti del Comintern adottate dal III Congresso", em Jane Degras (org.), *Storia dell'Internazionale comunista attraverso i documenti ufficiali*, t. 1: *1919-1922* (Milão, Feltrinelli, 1975), p. 250.

A retomada era efêmera, portanto, porque, numa tendência geral à subprodução, era fruto de uma economia entorpecida pela especulação financeira.

A natureza instável do novo balanço localizava-se nos colossais desequilíbrios de produção, comércio e crédito do mercado mundial; nesse contexto, a Alemanha encontrava-se diante de um endividamento público insustentável que, juntamente com a desvalorização monetária e o aumento dos preços, levara a classe trabalhadora a uma considerável deterioração das condições de vida e trabalho. A Inglaterra saíra vencedora do conflito, mantendo todas as suas possessões e conquistando novas; no entanto, era cada vez mais manifesta a contradição entre sua predominância no mundo e seu declínio econômico, o que a levaria ou a um confronto com a nova potência em ascensão, os Estados Unidos, ou a se tornar uma potência de segunda classe. Os Estados Unidos, por sua vez, com o conflito, saíram da condição de país devedor a país credor do mundo inteiro, absorvendo a metade de todas as reservas mundiais de ouro e transformando-se, sobretudo, de país exportador de produtos agrícolas e matérias-primas em país exportador principalmente de produtos industriais. Isso levara o dólar a substituir a libra esterlina como moeda dominante nas transações internacionais, mas, apesar disso, até os Estados Unidos passavam por desequilíbrios muito fortes, em grande parte decorrentes da desastrosa situação da Europa, incapaz de absorver o enorme crescimento produtivo norte-americano, mas também do inchaço da bolha especulativa, que posteriormente acarretaria a crise de 1929.

A Europa, endividada até o pescoço, ingressara num movimento de declínio produtivo, do qual não se esperava nenhuma possibilidade de êxito; necessitava dos produtos norte-americanos, mas encontrava um obstáculo intransponível na desvalorização de sua principal moeda; o mercado mundial era totalmente desorganizado, caracterizado pela oscilação entre o *dumping* europeu e o protecionismo estadunidense e pelo desencadeamento súbito e devastador de tempestades especulativas no sistema financeiro, que levavam a produção capitalista a perder todos os seus habituais pontos de referência. A isso juntava-se o fenômeno da proletarização da pequena e média burguesia europeia e a agudização das tensões sociais. Assim, se de um lado a destruição das forças produtivas levara a Europa a atrasar-se décadas em sua disponibilidade de recursos materiais, de outro, o nível de confronto de classe era incrementado exponencialmente.

Em tal situação, a reconstrução do sistema produtivo destruído pela guerra e a retomada efetiva do desenvolvimento econômico requeriam enormes quantidades de capital, por cuja disponibilidade se forçava o proletariado europeu a trabalhar mais duramente e por salários inferiores. Desse estado de coisas derivaram duas tendências opostas: a luta dos trabalhadores para melhorar as próprias condições de vida e trabalho, em contraste com as efetivas possibilidades do capitalismo; a ofensiva reacionária das classes dominantes para quebrar a resistência do mundo do trabalho.

Em última análise, a questão de se restaurar o capitalismo sobre as bases anteriores pode ser sintetizada deste modo: na situação incomparavelmente mais difícil de hoje, a classe operária está disposta a fazer os sacrifícios necessários para retornar às condições de estabilidade para sua servidão, mais dura e cruel do que as existentes antes da guerra? [...] O capitalismo só pode ser restaurado com uma exploração infinitamente maior, com a perda de milhões de vidas, com o rebaixamento ao mínimo do nível de vida de milhões de pessoas, com uma perpétua incerteza, e isso produz contínuos choques e revoltas.[8]

Está claro que, numa fase como essa, na qual o capitalismo conseguira restabelecer um equilíbrio provisório e precário, numa situação que se mantinha revolucionária, tanto as lutas defensivas do proletariado como a capacidade dos comunistas de dirigi-las e de lhes conferir caráter orgânico assumiam uma função determinante para Trótski.

Em seu relatório, Lênin partiu da situação interna à Rússia em 1921, da hostilidade em seu confronto das potências ocidentais, mas também do fracasso de todas as tentativas de intervenção militar levadas adiante contra ela. Nos primeiros anos de vida da Rússia socialista, assistiu-se à fase da luta aberta (combate) da burguesia internacional contra ela, o que acabou levando-a ao centro das questões políticas internacionais.

Agora a situação da Rússia no cenário mundial caracterizava-se por uma nova fase de equilíbrio instável e relativo, porque tanto nos países capitalistas como nos submetidos ao domínio colonial acumulava-se tanto material inflamável que insurreições, conflitos e revoluções poderiam eclodir repentina e inesperadamente em qualquer lugar ou momento. A tarefa dos comunistas nessa fase era saber aproveitar a trégua e adaptar a própria tática à nova situação.

A nova situação colocava para Lênin uma necessidade inadiável de natureza hegemônica, mencionada por Gramsci nas famosas notas do *Caderno 7* na passagem sobre a "guerra de movimento e guerra de posição":

Preparar a fundo a revolução e fazer um estudo aprofundado de seu desenvolvimento concreto nos países capitalistas mais avançados [...]; aproveitar-se dessa breve trégua para adaptar a nossa tática a essa linha de zigue-zague da história.[9]

A questão central na fase inédita era novamente a conquista da maioria:

---

[8] Ibidem, p. 256-7.
[9] Vladímir Ilitch Lênin, *Opere complete*, cit., v. 32, p. 456-7.

Quanto mais organizado está o proletariado de um país capitalisticamente desenvolvido, tanto maior seriedade a história exige de nós na preparação da revolução, tanto mais a fundo devemos conquistar a maioria da classe operária.[10]

Num contexto como esse, a questão colonial adquiria uma centralidade absoluta para Lênin. Grande parte dos membros da Segunda Internacional assumira um apego sentimental e meramente moralista de simpatia pelos povos coloniais e semicoloniais oprimidos, mas de substancial indiferença perante os movimentos anticoloniais, por considerá-los desprovidos de importância para a finalidade da luta geral pelo socialismo. Os comunistas, em contrapartida, deveriam tomar consciência de que, no início do século XX, centenas de milhões de indivíduos agiam como "fatores revolucionários autônomos ativos". Nas futuras batalhas pela revolução mundial, as lutas anticoloniais – inicialmente tendentes à libertação nacional, mas inevitavelmente destinadas a chocar-se com o imperialismo – assumiriam uma função revolucionária mais importante do que se podia esperar. Essa consciência levou a Internacional Comunista a investir recursos e energia nas lutas anticoloniais, com um apoio político, econômico e organizativo fundamental à mobilização dos povos sujeitos ao domínio do Ocidente e para seu processo histórico de emancipação.

Segundo Domenico Losurdo, a Revolução Russa, entre seus múltiplos significados, representou um ponto de inflexão na história mundial justamente por seu conteúdo e empenho anticolonial, e aí reside a distinção entre o marxismo oriental e o marxismo ocidental posterior a Marx[11]. Da Segunda Internacional até Toni Negri, Michael Hardt e Žižek, passando por tantos intelectuais "críticos" ligados à esquerda (Adorno, Arendt, Foucault, Marcuse, apenas para citar alguns), a incompreensão, a subvalorização e o paternalismo adiante da questão colonial produziram leituras contraditórias que esclarecem boa parte da subalternidade ideológica, inoperância e marginalidade da esquerda nos países de capitalismo avançado. A total incapacidade de enfrentar o drama das novas guerras coloniais, e, portanto, a inabilidade para tornar-se (sem ambiguidades) centro ativo e propulsor de um movimento anti-imperialista é a prova dos limites do marxismo ocidental contemporâneo e de muitas de suas ramificações pós-ideológicas tão em voga na atualidade.

Antecipando as categorias de Gramsci[12], Lênin, falando da NEP, descreveu um mundo dividido em duas esferas: o Ocidente capitalista e desenvolvido e

---

[10] Idem.

[11] Domenico Losurdo, *Il marxismo occidentale. Come nacque, come morì, come può rinascere* (Bari/Roma, Laterza, 2017) [ed. bras.: *O marxismo ocidental: como nasceu, como morreu, como pode renascer*, trad. Ana Maria Chiarini e Diego Silveira Coelho Ferreira, São Paulo, Boitempo, 2018].

[12] Gramsci define os conceitos de Oriente e Ocidente como resultado de uma convenção histórico--cultural, um fato histórico produzido pelo desenvolvimento da civilização, mas, mesmo que

o Oriente colonial, explorado e dominado pelo primeiro[13]. Em continuidade com as elaborações feitas em *Imperialismo, fase superior do capitalismo*, sua síntese mais eficaz, Lênin destacou repetidamente naqueles anos a estreita e indissolúvel relação entre a luta por emancipação do domínio colonial dos países "orientais" e a sobrevivência do Estado socialista, colocando as duas realidades na mesma frente de batalha e na mesma esfera contra-hegemônica, num contexto dominado pela falência das revoluções no Ocidente:

> O sistema de relações internacionais tomou hoje em dia uma forma em que um dos Estados europeus – a Alemanha – está submetido aos Estados vencedores. [...] Ao mesmo tempo, uma série de países, Oriente, Índia, China etc., por causa da última guerra imperialista, foram definitivamente tirados de seu curso. Seu desenvolvimento adequou-se definitivamente ao desenvolvimento capitalista europeu. Nesses países teve início uma agitação similar à existente na Europa. Está claro para o mundo inteiro que eles foram arrastados para uma via de desenvolvimento que só poderá levar a uma crise do capitalismo mundial em seu interior. Assim, no momento atual, deparamo-nos com a seguinte questão: será que teremos condições de resistir com a nossa pequena, minúscula produção camponesa, nas nossas condições desastrosas, até que os países capitalistas da Europa ocidental concluam seu desenvolvimento em direção ao socialismo? E, no entanto, eles não avançam da maneira como esperávamos. Eles não se desenvolvem por meio de um amadurecimento uniforme do socialismo, mas pela exploração de alguns Estados por outros, pela exploração do primeiro Estado conquistado na guerra imperialista, juntamente com a exploração de todo o Oriente. O Oriente, por outro lado, entrou definitivamente no movimento revolucionário precisamente depois dessa primeira guerra imperialista, e foi arrastado permanentemente para o turbilhão geral da revolução mundial. [...] O resultado da luta depende, em

---

seja uma construção, não seria simplesmente um artifício puramente arbitrário e racionalista. Na ausência do homem, não faria sentido pensar em termos de Leste e Oeste, ou de Norte e Sul, porque são relações reais difíceis de entender sem o homem, sem o desenvolvimento de sua civilização e, acima de tudo, sem as relações hegemônicas entre dominantes e dominados: "É evidente que o Oriente e o Ocidente são arbitrários, convencionais, isto é, construções históricas, porque, fora da história real, cada ponto da Terra é o Oriente e o Ocidente ao mesmo tempo. Isso pode ser visto mais claramente pelo fato de que esses termos se consolidaram não do ponto de vista de um homem hipotético e melancólico em geral, mas do ponto de vista das classes cultas europeias que, através de sua hegemonia mundial, as fizeram aceitar em todos os lugares. [...] Assim, através do conteúdo histórico que se aglutina com o termo geográfico, as expressões Oriente e Ocidente acabam indicando certas relações entre complexos de diferentes civilizações" (Antonio Gramsci, *Quaderni del carcere*, Turim, Einaudi, 1977, p. 1.419-20).

[13] Vladímir Ilitch Lênin, *Opere complete*, cit., v. 33, p. 455.

última análise, do fato de que Rússia, Índia, China etc. constituem a grande maioria da população. E é precisamente essa maioria que nos últimos anos, com uma velocidade nunca vista antes, entrou na luta por sua própria libertação.[14]

A dinâmica internacional forçaria essas duas esferas a uma nova guerra imperialista, com o objetivo de dominar ainda mais os povos coloniais e destruir o Estado soviético.

Na Rússia, segundo Lênin, vinham ocorrendo importantes mudanças no tocante às antigas classes dominantes expropriadas, com o estabelecimento de uma frente política da burguesia exilada capaz de mobilizar os jornais e os partidos dos grandes proprietários de terras e da pequena burguesia, graças ao financiamento da burguesia estrangeira, necessário para preservar todos os meios e ferramentas para lutar contra a revolução soviética.

Se no momento da tomada do poder, na Revolução de 1917, a burguesia estava desorganizada e não desenvolvida politicamente, de modo que não exercia nenhuma hegemonia real na sociedade, passados quatro anos conseguira atingir o nível de conscientização e desenvolvimento político da burguesia do Ocidente. Em outras palavras, a burguesia russa sofreu uma derrota terrível, mas, segundo Lênin, aprendeu a lição da história e se reorganizou de maneira consequente. Tudo isso complicava bastante o processo de transição para o socialismo, devido à persistência de uma dura luta de classes, mesmo depois da tomada do poder pelo proletariado.

Ao mencionar a necessidade de uma atitude diferente do proletariado russo em relação à grande burguesia e à velha classe de proprietários de terra, por um lado, e à pequena burguesia, por outro, Lênin esboçou o novo quadro tático dos comunistas russos com base na NEP. Se diante das primeiras, de fato, a única relação possível era a luta de classes mais clara e aberta, a segunda classe, após os anos do "comunismo de guerra", exigia outro tipo de relação.

Nos países ocidentais, a pequena propriedade constituía um grupo social que oscilava entre 30% e 50% da população total, ao passo que na Rússia a massa camponesa constituía a grande maioria da população. Por esse motivo, diante dessa classe, as relações deveriam basear-se numa aliança muito estreita, capaz de fazer com que a hegemonia do proletariado tomasse o lugar da hegemonia que a grande burguesia exercia sobre ela.

> Concluímos uma aliança com os camponeses que defenderemos desta maneira: o proletariado liberta o camponês da exploração pela burguesia, de sua direção e influência e o conquista para sua causa de vencerem, juntos, os exploradores.[15]

---

[14] Ibidem, p. 456-7.
[15] Ibidem, v. XXXII, p. 460.

Na revolução e com a reforma agrária, os bolcheviques souberam exercer essa direção e influência, como confirma a fidelidade das massas camponesas durante a guerra civil. Na nova situação, dada a capacidade organizativa inédita da burguesia russa, a simples aliança militar já não bastava e era preciso passar à aliança econômica.

Sete anos de guerra ininterrupta, o estado de exceção e uma política ditada pela guerra civil geraram para a massa camponesa privações que agora se tornavam intoleráveis, requerendo profundas transformações. Na primavera de 1921, houve uma paralisia de toda a economia russa, acompanhada de más colheitas, falta de forragem e escassez de combustíveis.

> Temos de mostrar imediatamente às grandes massas camponesas que elas devem estar prontas, sem se afastar do caminho revolucionário, mudando nossa política de modo que os camponeses possam dizer: os bolcheviques vão mudar logo e sob quaisquer condições a nossa situação intolerável [...]; mudamos nossa política econômica obedecendo exclusivamente às circunstâncias práticas e às necessidades decorrentes da situação.[16]

A desastrosa situação produtiva impunha, pois, uma mudança na política econômica, tanto mais necessária quanto mais as relações de aliança entre proletariado e campesinato corriam o risco de ser comprometidas, ameaçando a conservação do poder estatal soviético e a função dirigente do proletariado. Era preciso passar da pura "aliança militar" – como a que garantira a vitória sobre os exércitos brancos – a uma "aliança econômica". Num país como a Rússia, com seu alto nível de atraso produtivo, e sobretudo no qual as massas camponesas constituíam a maioria da população, somente a constituição desse bloco social poderia possibilitar a consolidação do Estado soviético.

Nesse quadro profundamente modificado do III Congresso, deu-se o duríssimo embate entre Lênin e o grupo dirigente do PCd'I. "A questão italiana" teve menos clamor que o conflito que se deu entre a Executiva da Terceira Internacional e uma parte dos comunistas alemães, porém sua solução assumia uma importância estratégica para a afirmação da nova linha.

Umberto Terracini, representando o Partido italiano, pronunciou-se a favor da chamada "teoria da ofensiva", que considerava supérflua qualquer ação destinada à conquista da maioria do proletariado, como premissa de uma ação revolucionária eficaz. Segundo essa teoria, de fato, a ofensiva de pequenos grupos revolucionários arrastaria as forças necessárias ao sucesso. Com essa posição, fiel aplicação das teses de Bordiga, o PCd'I se situava no âmbito de oposição de

---

[16] Ibidem, p. 463.

esquerda à Executiva da Terceira Internacional, sustentada particularmente pelos comunistas alemães. A réplica de Lênin a Terracini foi duríssima:

> Camaradas, com grande pesar, devo me limitar à legítima defesa. Digo com muito pesar porque, depois de ouvir o discurso do camarada Terracini e de ter visto as emendas das três delegações, desejei vivamente passar à ofensiva: de fato, contra as opiniões apoiadas por Terracini e por essas três delegações, uma ação ofensiva é necessária. Se o congresso não liderar uma ofensiva enérgica contra tais erros, contra esse absurdo "esquerdista", todo o movimento estará fadado à ruína.[17]

Para Lênin, o PCd'I cometia diversos erros que eram fruto de uma análise superficial e esquemática e de uma concepção geral dominada por um "aventureirismo inconsciente", que reduzia toda a ação dos comunistas à luta contra os centristas e reformistas, recolocando-a como proposta num contexto decididamente inoportuno[18].

Terracini, em defesa de sua teoria, utilizou o próprio exemplo da Revolução Russa, na qual os bolcheviques teriam prevalecido apesar de o Partido Bolchevique ser pequeno e não ter se dedicado a conquistar a maioria. Ao contrário do que sustentava Terracini, afirmou Lênin, na Rússia a vitória foi possível porque a revolução foi preparada logo no curso da guerra, quando os bolcheviques estavam preocupados em conquistar não apenas a maioria da classe operária, mas de todos os explorados, a começar pela massa camponesa, por meio da palavra de ordem da paz a qualquer preço e pela aceitação do programa agrário dos socialistas revolucionários:

> Vencemos na Rússia não tanto porque tínhamos conosco a maioria incontestável da classe operária, mas porque, logo após a tomada do poder, a metade do Exército foi conosco, e no espaço de poucas semanas nove décimos dos camponeses passaram para o nosso lado; vencemos porque não utilizamos o nosso programa agrário, mas o dos socialistas revolucionários, e porque atuamos praticamente.[19]

As dificuldades internacionais e a complexidade dos processos revolucionários no Ocidente impeliram a Executiva da Internacional Comunista a lançar, no III e no IV Congressos, a palavra de ordem da conquista da maioria das classes

---

[17] Ibidem, p. 424.

[18] "Nós, na Rússia, já temos experiência política suficiente na luta contra os centristas, mas esta não basta se não se trabalha para conquistar a maioria dos explorados", foi a réplica de Lênin (idem).

[19] Idem.

subalternas e da unidade da classe operária por meio da tática da "frente única", essencial, como veremos, para a definição da categoria da hegemonia em Gramsci. Em sua réplica a Terracini, Lênin deteve-se no conceito de massas, nas mudanças pelas quais este passa em cada contexto e no caráter da luta:

> No início da guerra, alguns milhares de operários efetivamente revolucionários são suficientes para se falar de massa. Se o Partido consegue arrastar para a luta não apenas os seus filiados, alcança até mesmo os sem partido, e esse já é o princípio da conquista das massas [...]. Quando a revolução já está preparada em medida suficiente, o conceito de massa é outro: alguns milhares de operários já não constituem uma massa.[20]

Segundo o revolucionário russo, a vocação minoritária implícita na intervenção de Terracini trazia certo "temor às massas". Preparar a fundo a revolução, "conquistar as grandes massas", "obter a simpatia das massas", era necessário se existia a aspiração não apenas de iniciar uma revolução, mas sobretudo de vencê-la e de conservar o poder:

> Será que o camarada Terracini abordará, mesmo que apenas com palavras, a questão dos produtos alimentícios? Pois os operários exigem que o abastecimento de víveres seja assegurado, ainda que possam suportar muito o sofrimento da fome, como assistimos em certo momento na Rússia. Precisamos atrair. Precisamos atrair para nós não somente a maioria da classe operária, mas também a maioria da população trabalhadora e explorada do campo.[21]

A tese sobre a tática apresentada por Radek, duramente contestada pela esquerda dos alemães e por Bordiga, tratava do refluxo geral da onda revolucionária. A tomada do poder nos países ocidentais ficava mais distante e isso impunha a preparação de uma nova tática, mais adequada às mudanças do contexto. O capitalismo conseguira conquistar posições perdidas obtendo uma trégua e, para Radek, naquela fase, o Comintern deveria dedicar-se não tanto a preparar a guerra civil e mais a um trabalho de organização, enraizamento e agitação. Os diversos graus de agudização das contradições capitalistas, as diferenças de articulação social e de capacidade organizativa da burguesia nos vários países, juntamente com as limitações ainda fortes nas organizações proletárias, não tinham levado à vitória imediata da revolução mundial logo após o fim da guerra. Na época do imperialismo, o processo da revolução social não era entendido como uma

---

[20] Idem, *Sul movimento operaio italiano* (Roma, Editori Riuniti, 1970), p. 232.
[21] Ibidem, p. 233.

linha reta, mas como uma longa série de guerras civis no Estado capitalista, de guerra entre as grandes potências, de um lado, e os povos coloniais, de outro. Para Radek, o processo revolucionário no resto da Europa se revelava substancialmente bem mais longo do que se previra no passado. Abria-se, pois, uma fase difícil, na qual era preciso levar em conta até mesmo a probabilidade de derrotas para o movimento comunista europeu. Assim, Radek e toda a Executiva da Internacional lançaram a palavra de ordem da conquista das grandes massas trabalhadoras, para fazer dos partidos comunistas europeus não mais pequenos grupos de vanguarda, mas "grandes exércitos do proletariado mundial". A guinada atingia o âmago das concepções políticas e organizativas de Bordiga para o partido.

Nas *Teses sobre a tática*, de fato, o problema mais grave diante do qual a Internacional era chamada a intervir era o de obter uma influência predominante sobre a maioria da classe operária e, mais amplamente, das classes exploradas:

> Assim que foi fundada, a Internacional Comunista declarou com clareza e sem ambiguidades que seu objetivo não era formar pequenas seitas comunistas, que se limitam a tentar impor sua própria influência às massas operárias com a propaganda e a agitação, e sim participar na luta das massas operárias, dirigir essa luta segundo o espírito do comunismo e, no decorrer dessa luta, criar partidos comunistas de massa.[22]

Nas disputas do PCd'I ressaltaram-se os motivos da luta contra os reformistas e centristas – tidos como responsáveis pela derrota na jornada de lutas de 1919-1920 – e a justeza do cisma de Livorno. No entanto, a prioridade do Comintern era agora o esforço de fazer do partido uma força de massas "capaz de coligar-se às massas nos sindicatos, nas greves, na batalha contra o movimento contrarrevolucionário fascista, de aproveitar e transformar as ações espontâneas dos trabalhadores em luta acuradamente preparada"[23].

Para Radek, a conexão orgânica entre massa e partido deveria se dar em primeiro lugar no plano sindical, mas esse objetivo não deveria consistir numa subordinação mecânica e externa do sindicato ao partido, numa renúncia à autonomia necessária à sua atividade. A tarefa do partido comunista deveria ser, principalmente, agir de modo que seus dirigentes sindicais imprimissem à ação sindical um direcionamento coerente com os interesses gerais do proletariado em sua luta pela tomada do poder. O partido comunista deveria extrair os próprios objetivos da luta concreta do proletariado, combatendo tanto o oportunismo

---

[22] Karl Radek, "Tesi sulla tattica del III Congresso del Comintern", em Jane Degras (org.), *Storia dell'Internazionale comunista attraverso i documenti ufficiali*, cit., p. 262.

[23] Ibidem, p. 264.

como o sectarismo e a fraseologia revolucionária, que impediam uma clara percepção das reais correlações de força e levavam a ignorar as dificuldades da luta. O partido comunista deveria colocar-se à frente de todas as lutas e reivindicações parciais dos trabalhadores para ampliá-las e radicalizá-las com o objetivo de envolvê-las nas lutas gerais da classe operária. Cada palavra de ordem nascida das necessidades concretas das classes subalternas deveria confluir na luta pelo controle da produção, articular-se com os conselhos de fábrica e demais instituições dirigidas pela classe operária. Nessa passagem estão contidas críticas precisas ao modo de conceber a relação entre partido e massas característico de Bordiga e do recém-criado PCd'I:

> Cada objeção ao avanço de tais reivindicações parciais, cada acusação de reformismo a tal propósito, é produto da mesma incapacidade de compreender as condições indispensáveis da ação revolucionária, a qual se expressa na hostilidade de certos grupos comunistas à participação nos sindicatos, à utilização do parlamento.[24]

A política lançada no III Congresso suscitou contradições cada vez maiores entre a linha da Internacional e a seguida pelo PCd'I. Todavia, a direção deste último escusou-se de noticiar a seus militantes os termos dessa dialética. A existência desses contrastes era ignorada não apenas pelo corpo militante, mas até mesmo por uma parte significativa dos quadros intermediários. O comunista lombardo Carlo Venegnani, delegado do PCd'I no V Congresso da Internacional, em junho de 1924, mencionou isso em suas memórias. Venegnani lembrou que só naquela ocasião tomou conhecimento da existência, no interior do Partido italiano, de três tendências (esquerda, centro e direita) em luta entre si.

> Militei no Partido desde sua fundação, convencido de que esse era um bloco monolítico com um dirigente indiscutível: Amadeo Bordiga. [...] Somente em Moscou soube das mudanças profundas que poucos meses antes ocorreram em nosso Partido.[25]

O consenso exercido por Bordiga era condicionado por ser ele o representante da linha da Internacional, adiante da qual os militantes comunistas experimentavam um espírito de pertencimento mais forte do que o que nutriam por seu próprio partido[26].

---

24 Ibidem, p. 269.

25 Carlo Salinari, *I comunisti raccontano*, v. 1: *1919-1945* (Milão, Teti, 1975), p. 85.

26 O III Congresso do Comintern foi importante para o PCd'I também porque nele foram enfrentados, em sessões de trabalho paralelas, os problemas relativos às relações com os maximalistas

Uma nova oportunidade de confronto ocorreu no II Congresso do Partido Comunista Italiano, em março de 1922, em Roma. Na conferência, reiterou-se a abordagem clássica de Bordiga e todas as teses concentraram-se na luta inescrupulosa contra os socialistas – "a esquerda burguesa" –, apresentando uma análise incrivelmente superficial da situação italiana. Para ter uma ideia de sua abstração, nessas teses excluiu-se a possibilidade de um golpe fascista e, mais amplamente, omitiu-se quase completamente o perigo do movimento de Mussolini. Segundo as teses, num período de crise como o dos anos de 1921-1922, o maior risco para uma organização revolucionária não era a reação, e sim a degeneração reformista do Partido, a perda do caráter unitário de suas iniciativas em direção aos objetivos máximos da revolução, o declínio tático orientado para a conquista de resultados contingentes, as reformas no regime burguês, a traição manifesta na doutrina e no programa. Essa referência ao problema da "revisão deformadora" num período de refluxo revolucionário não era novidade no pensamento de Bordiga; era antes sua obsessão mais característica; no entanto, após as recentes deliberações sobre as táticas adotadas pela Terceira Internacional, assumiu um novo significado de dissidência política radical. Alguns anos depois, num artigo de 1925, Bordiga relembrou as divergências com a Internacional entre 1921 e o início de 1922, defendendo vigorosamente a escolha feita no momento da oposição à guinada tática.

> Diante da fórmula do governo dos trabalhadores, afirmamos firmemente que não se tratava apenas de uma solução tática inadequada e de baixo desempenho, mas de uma contradição real com nossa doutrina marxista e leninista, e, precisamente com a concepção do processo de libertação do proletariado, inseriu-se a possibilidade ilusória de soluções, mesmo que parcialmente pacíficas e democráticas.[27]

Precisamente com relação a essas teses, Gramsci revelou publicamente sua divergência em relação à linha de Bordiga, primeiro no Congresso de Turim, depois na Comissão Política do Congresso de Roma, em que o intelectual sardo interveio para eliminar as considerações sobre o fascismo. Foi o que recordou o próprio Gramsci numa carta de 1924:

---

serratianistas, que formalmente continuavam a aderir à Internacional Comunista. Não tenho como me debruçar sobre todos esses temas, pois preciso dar prioridade ao assunto em estudo. Para posterior aprofundamento, remeto à relação de documentos por mim utilizada: Partito Comunista d'Italia, *La Questione italiana al Terzo Congresso della Internazionale Comunista* (Roma, Libreria Editrice del Partito Comunista d'Italia, 1921).

[27] Amadeo Bordiga, "Il pericolo opportunista e l'Internazionale", *l'Unità*, 30 set. 1925.

O COMINTERN E O "CASO ITALIANO"   151

Em 1921-22, o Partido tinha essa concepção oficial: que o advento de uma ditadura fascista ou militar era impossível; em grande parte, consegui evitar que essa ideia fosse inscrita nos documentos, modificando fundamentalmente as teses 51 e 52 sobre a tática.[28]

No entanto, os tempos ainda não estavam maduros e Gramsci decidiu não aprofundar o choque, não abrindo a divergência em plenário e, de maneira mais geral, no debate que acompanhou o Congresso. Antes da assembleia, as *Teses* foram examinadas pelo Comitê Executivo da IC, mais precisamente por Trótski e Radek, recebendo críticas severas e até uma proposta formal de rejeição. O Partido Italiano foi acusado de "radicalismo sectário e infantil", enquanto, no plano mais específico, revelou-se o contraste total das *Teses* com o que fora deliberado no III Congresso da Internacional. Para o Comitê Executivo, se não quisesse quebrar a disciplina da Internacional e, portanto, estar fora dela, o PCd'I teria de mudar sua atitude em relação às táticas da "frente única" e ao objetivo de conquistar a maioria do proletariado italiano.

Essa intervenção da IC levou a uma conciliação: as *Teses*, mesmo votadas, acabaram assumindo mera função consultiva na preparação para o IV Congresso da IC, mas todas as divergências permaneceram, tanto que Kolarov, enviado da Internacional, reiterou-as na tribuna do Congresso em dois discursos, criticando abertamente a superficialidade de tais *Teses*.

A rejeição da Internacional em meio aos trabalhos do Congresso deixou muitos delegados desorientados; Togliatti estava convencido disso, a ponto de acreditar que, se tivesse sido apresentada uma plataforma alternativa alinhada ao Comintern, teria vencido. No entanto, Gramsci, temendo uma divisão do grupo principal do Partido, ainda convicto da função indispensável de Bordiga na liderança da organização e, acima de tudo, ansioso por não ser confundido com a direita de Tasca, "uma minoria heterogênea alheia à divisão de Livorno", preferiu votar nas *Teses*, recompondo, como nos dias do I Congresso, a aliança com Bordiga:

Em Roma, aceitamos as teses de Amadeo porque foram apresentadas como uma opinião para o IV Congresso e não como uma orientação para a ação. Acreditávamos que assim manteríamos o Partido unido em torno de seu núcleo fundamental; pensávamos que essa concessão pudesse ser feita a Amadeo, devido à importância que ele tinha na organização do Partido: não lamentamos

---

[28] Antonio Gramsci, "Lettera a Togliatti e Terracini del 9 febbraio 1924", em Palmiro Togliatti, *La formazione del gruppo dirigente del Partito Comunista Italiano (1923-24)* (Roma, Editori Riuniti, 1984), p. 199.

isso; politicamente, seria impossível dirigir o Partido sem a participação ativa de Amadeo e seu grupo no trabalho.[29]

No Congresso, Gramsci foi incumbido de representar o PCd'I na Executiva da IC em Moscou. Segundo Giuseppe Fiori, esse resultado foi possível devido à convergência de dois fatores: as reservas de Gramsci sobre a consistência das *Teses*, que lhe renderam a boa vontade da Internacional, e o desejo de Bordiga de não o ter como inimigo. A esses fatores podemos acrescentar a preocupação de não o ter como concorrente na posição de dirigente de primeiro plano do PCd'I.

Em maio de 1922, após quinze anos, Gramsci deixou Turim e a direção de *L'Ordine Nuovo* para empreender uma nova experiência, destinada a formá--lo politicamente. Em Moscou, onde permaneceria até dezembro de 1923, o intelectual sardo viveu um terceiro momento de virada existencial, depois de Cagliari e Turim, com implicações muito importantes na esfera dos afetos e das escolhas de vida.

Às vésperas do IV Congresso da Internacional, Bordiga publicou (na edição de setembro de 1922 de *Rassegna Comunista*) um artigo, "As relações das forças sociais e políticas na Itália", bem representativo da distância alcançada entre suas posições, as da Internacional e as de Gramsci, no que diz respeito ao papel dos comunistas em plena crise da reação fascista.

Depois de analisar as condições do desenvolvimento capitalista e da revolução democrático-burguesa em termos gerais, Bordiga afirmou a absoluta modernidade do processo liberal na Itália. A seu ver, a gênese histórica do Estado italiano incor- porava plenamente as características típicas dos regimes democráticos burgueses.

A prevalência da burguesia industrial e comercial sobre as relações sociais da produção feudal foi enxertada na estrutura econômica capitalista apenas embrionariamente. De acordo com Bordiga, o *Risorgimento* italiano, embora caracterizado por um forte processo de modernização econômica, revelou-se muito atrasado em comparação com os outros países capitalistas avançados. Apesar disso, o processo de democratização política estava apenas parcialmente atrasado em relação à Inglaterra, França e Estados Unidos, e mesmo a revolução burguesa italiana acabou coincidindo fielmente com o surgimento do regime democrático liberal em grande parte da Europa. Se, no século XIX, o desen- volvimento industrial era muito atrasado na Itália, o capitalismo comercial e industrial italiano, no entanto, era muito mais antigo.

Para o líder da esquerda comunista, todos os temas político-ideológicos do *Risorgimento* na Itália combinavam perfeitamente com os da revolução liberal, baseados, em ambos os casos, na reivindicação de independência nacional e na

---

[29] Idem.

luta contra os privilégios do antigo regime, ou seja, na afirmação da constituição parlamentar, da liberdade de culto, de imprensa e de associação. Assim, os governos que lideraram o nascimento do novo Estado – tanto a direita histórica quanto a esquerda – foram em todos os aspectos liberais, enquanto os partidos ligados ao antigo regime ("absolutistas, temporalistas, bourbônicos, austríacos e reacionários em geral") desapareceram do novo cenário institucional.

Bordiga considerava superficial a tese sobre a natureza incompleta da revolução democrático-burguesa na Itália. A seu ver, era um erro acreditar no equilíbrio governamental do Estado unitário baseado na dicotomia entre uma classe dominante burguesa no Norte e um proprietário feudal no Sul. Em primeiro lugar, porque a maioria dos membros eleitos nos colégios eleitorais do Sul pertencia à "esquerda" – enquanto a burguesia industrial do Norte pertencia à direita clássica; em segundo lugar, porque no Sul o poder feudal não teria se desenvolvido o bastante para conseguir opor resistência à afirmação da revolução burguesa. Para Bordiga, a classe social predominante no Sul era ligada à média propriedade, e esta adaptou-se sem esforço ao novo sistema político institucional, moldando-se ao novo poder no governo e no parlamento, o qual se servia das formas clientelistas e criminosas típicas da administração meridional.

No nível das estruturas constitucionais, o Estado italiano tinha todas as características típicas da modernidade burguesa, e não estava em contradição com ela nem mesmo a repressão policial mais dura e sistemática realizada contra as classes subordinadas, especialmente na virada do século, porque a democracia, na realidade, seria apenas um perfeito instrumento de classe para a defesa dos interesses da classe dominante, por qualquer meio, incluindo o uso da força mais brutal e reacionária:

> Estado da classe burguesa, o regime italiano atua historicamente como defensor dos interesses burgueses. Em outros países, os meios são mais precisos e poderosos, mas na Itália as condições especiais, a nosso ver, proporcionaram um experimento mais completo das funções de classe do Estado da burguesia, até os últimos eventos do período pós-guerra que, em nossa humilde opinião e como agora veremos, não são um retorno ao passado, mas um exemplo antecipado das formas que a luta política assumirá nos estágios mais avançados da evolução do mundo capitalista.[30]

Para Bordiga, a forma mais moderna do regime burguês não se expressa no maior grau de liberdade e democracia de suas instituições, mas, de certa forma, a verdadeira face da modernidade teria encontrado sua manifestação mais

---

[30] Amadeo Bordiga, *Scritti scelti* (Milão, Feltrinelli, 1975), p. 157.

característica na natureza brutal e abertamente reacionária dos métodos de governo. Por "modelo liberal", segundo Bordiga, não se deveria entender o "modelo democrático", o universo ideal da declaração dos direitos humanos e dos cidadãos, mas a evolução dos sistemas de dominação próprios do monopolismo imperialista, típicos da fase que precede a Primeira Guerra Mundial.

Nesse contexto, a social-democracia não apenas parecia funcional, mas era uma parte orgânica do esquema do governo burguês baseado na conciliação social e na repressão. Para Bordiga, o modelo mais exemplar da política de "esquerda democrática" era o giolittismo, que por um lado passou a tecer a trama de conciliação social com os líderes políticos e sindicais do proletariado, enquanto, por outro, não deixou de reprimir violentamente as tentativas de rebelião das classes mais baixas:

> O jogo duplo da política social-democrata havia emergido anteriormente também desse contraste. Assim como o ministro Giolitti concedeu, ao mesmo tempo, as leis reformistas e as metralhadoras da polícia, também elaborou no campo político a grande reforma do sufrágio enquanto desencadeou a guerra da Líbia, uma ação de imperialismo autêntico do ponto de vista da política do Estado italiano [...], e, no campo internacional, prelúdio da grande orgia de sangue do imperialismo, desencadeada pela queda da Turquia nas guerras balcânicas.[31]

Considerar essa contradição o sintoma de um atraso no desenvolvimento democrático significava confiar na política democrática como um processo racional voltado para a coexistência pacífica entre classes e povos, interna e internacionalmente. Na realidade, os dois aspectos da política dos governos democráticos eram inseparáveis; não era nenhuma coincidência que a Primeira Guerra Mundial tivesse tido sua incubadora em contextos de democracia avançada e reformismo político e social, característicos de todas as potências imperialistas envolvidas. A distância entre as posições do secretário do Partido Comunista da Itália e as de Gramsci tem seu ponto mais alto nas considerações sobre a relação entre democracia e fascismo. Segundo Bordiga, faltavam contradições e distinções reais entre o fascismo e a democracia; pelo contrário, o fascismo aparecia como uma perspectiva social-democrata, expressa por novas formas e "cerimoniais". Os comunistas deveriam, portanto, desinteressar-se do problema democrático, não optar por uma ou outra forma de governo burguês e encerrar resolutamente qualquer hipótese de colaboração com as outras forças democráticas e até social-democratas em oposição ao fascismo:

---

[31] Ibidem, p. 159.

No fascismo e em geral na contraofensiva burguesa atual, não vemos uma mudança na política do Estado italiano, mas a continuação natural do método aplicado, antes e depois da guerra, pela *democracia*. Não acreditaremos na antítese entre democracia e fascismo mais do que acreditávamos na antítese entre democracia e militarismo. Não daremos mais crédito, nesta segunda situação, à manutenção do natural sustentador da democracia: o reformismo social-democrata.[32]

Em novembro de 1922, foi aberto o IV Congresso da Internacional Comunista, no qual o conflito entre o Partido Italiano e a Executiva do Comintern atingiu seu ponto mais alto. Esse Congresso, também em virtude da confluência de vários outros fatores, criou as condições para a constituição de um novo grupo de liderança no PCd'I, do qual Gramsci era o líder indiscutível.

O IV Congresso foi realizado num contexto internacional cada vez mais difícil: apenas algumas semanas antes da chegada dos fascistas ao poder na Itália; um momento em que a longa sombra da reação parecia estar prestes a se espalhar por toda a Europa. Para Lênin, a mudança do cenário mundial impunha aos vários partidos comunistas a necessidade de saber como lidar taticamente com a nova situação, preparando-se também para uma "retirada estratégica", de modo a evitar serem encurralados e anulados por vários anos.

Não devemos apenas saber como agir quando passamos diretamente para a ofensiva e quando vencemos. Num período revolucionário, isso não é tão difícil ou mesmo tão importante, ou, pelo menos, não é a coisa mais decisiva. Num período de revolução, sempre há momentos em que o oponente perde a cabeça e, se o atacarmos num desses momentos, podemos vencer facilmente. Mas isso ainda não significa nada, porque nosso adversário, se tiver autocontrole suficiente, em seguida pode voltar a reunir forças etc. E então ele pode facilmente nos provocar e atacar, e nos levar a um recuo de muitos anos. Por esse motivo, acredito que a ideia de se preparar para uma retirada é de grande importância, e não apenas do ponto de vista teórico. Mesmo do ponto de vista prático, todos os partidos que, visando um futuro próximo, se preparam para a ofensiva dirigida contra o capitalismo, agora também devem pensar em como garantir a retirada.[33]

Como já explicado, a "frente única" e a NEP eram dois aspectos da mesma política e, segundo Lênin, a perspectiva do "capitalismo de Estado" também representava uma possível linha de retirada, para manter as posições numa fase adversa. Um dos significados políticos mais importantes da aliança econômica

---

[32] Ibidem, p. 162.
[33] Ibidem, p. 387.

lançada com a NEP foi a tentativa de superar o uso dos meios coercitivos do Estado para impor o socialismo às massas camponesas. Após o final da fase marcada pelo "comunismo de guerra", por meio da NEP, foi feita uma tentativa de seguir um caminho diferente, a fim de levar a maioria dos camponeses à convicção voluntária sobre a superioridade da produção cooperativa ou da grande empresa estatal em relação à pequena propriedade. O objetivo era conduzir os camponeses ao socialismo, voluntariamente e sem métodos administrativos.

Da maneira como se encerrou o Congresso de Roma e em virtude das questões não resolvidas no relacionamento entre a Executiva da IC e o Partido Comunista Italiano sobre a questão da "frente única", um conflito entre os dois níveis parecia inevitável. As *Teses sobre a tática* constituíam uma mediação entre as posições favoráveis à "frente única pelo alto" e aquelas favoráveis apenas à "frente única a partir de baixo": a primeira representava a linha de Karl Radek e a direita [comunista] alemã; a segunda era a do próprio Zinoviev e da esquerda [comunista] alemã. A análise da situação internacional tornou ainda mais urgente a opção pela "frente única" e pela palavra de ordem do III Congresso ("em direção às massas"); portanto, o Comintern exigiu um rápido alinhamento de todos os partidos aderentes, embora com as variações de cada país. O significado da tática da "frente única" era assumir as lutas diárias das grandes massas trabalhadoras em defesa de seus interesses mais vitais, mesmo à custa de se chegar a um acordo com a social-democracia, mas sem que isso fosse entendido como uma fusão organizacional dos partidos operários ou se traduzisse em simples alianças eleitorais para meros propósitos parlamentares:

> A tática da frente única é a oferta de uma luta conjunta dos comunistas com todos os trabalhadores pertencentes a outros partidos e grupos, e com os trabalhadores sem partido, em defesa dos interesses fundamentais da classe trabalhadora contra a burguesia.[34]

Os comunistas não deveriam limitar sua atividade à agitação e à propaganda, deveriam realizar um grande trabalho de enraizamento nos locais de trabalho, nas fábricas, nos conselhos, nos comitês de supervisão compostos por trabalhadores. A "frente única" deveria, portanto, nascer de baixo, das condições mais internas da vida associativa das massas; no entanto, esse impulso não deveria levar os comunistas a impedir a possibilidade de acordos de cúpula com os outros partidos operários.

---

[34] Gueórgui Zinoviev, "Le tesi sulla tattica al IV Congresso del Comintern", em Jane Degras (org.), *Storia dell'Internazionale attraverso i documenti*, cit., p. 449.

O passo seguinte da tática da "frente única" seria, portanto, a palavra de ordem do "governo dos trabalhadores", que assumiu sua máxima importância nos países marcados pela instabilidade política da burguesia, onde se apresentava o problema imediato de formar um governo representante dos interesses de classe do proletariado. Se nesses países a social-democracia saiu em socorro das instituições liberais por meio da implementação de acordos com as forças burguesas, os comunistas deveriam, ao contrário, propor a questão do governo da unidade dos trabalhadores por meio da coalizão de governos operários nos planos político e econômico. O controle da máquina estatal pelo governo operário deveria ligar-se à direção da produção pelos trabalhadores.

> Os objetivos prioritários do governo operário devem ser armar o proletariado e desarmar a burguesia e as organizações contrarrevolucionárias, introduzir o controle de produção, transferir grande parte da carga tributária para os ricos e quebrar a resistência da burguesia contrarrevolucionária.[35]

Dois riscos, no entanto, estavam à espreita: o desencadeamento de uma reação cega e violenta por parte da burguesia – da qual o fascismo era um exemplo – e o risco de ser sugado para uma dinâmica política alheia às concepções dos comunistas. Por essas razões, a primeira condição para a realização do governo dos trabalhadores devia ser a garantia da mais completa autonomia do partido comunista, a preservação, sem limites, de sua própria identidade e liberdade de agitação.

Outro ponto fundamental de grande distância entre as *Teses* do IV Congresso e a concepção de partido de Amadeo Bordiga estava relacionado à necessidade de enraizar o Partido no local de trabalho por meio da criação de células comunistas. Um partido comunista de massas, sério e solidamente organizado, não poderia ser considerado como tal sem esse enraizamento, e um movimento não era autenticamente proletário sem ser capaz de criar um sistema de conselhos de fábricas. Nesse ponto determinou-se a distância máxima com o grupo dirigente de Bordiga, enquanto se obteve uma profunda convergência com a abordagem clássica dos ordinovistas e de Gramsci, em particular.

Imediatamente após o relatório introdutório do presidente da Internacional, Zinoviev, a primeira intervenção foi precisamente a de Bordiga, que atacou duramente as táticas da "frente única", mas acima de tudo desafiou a fórmula do "governo operário" proposto por Zinoviev para ao menos três casos: Alemanha, Tchecoslováquia e Inglaterra.

---

[35] Ibidem, p. 450.

Para Bordiga, essa "fórmula ambígua" enganaria e desarmaria a classe trabalhadora, desviando-a do único caminho viável para a conquista do poder, o caminho violento da revolução armada. Não havia alternativas ou gradações intermediárias entre a ditadura do proletariado e a ditadura da burguesia. Consequentemente, seria enganoso e prejudicial imaginar uma fase de transição no regime burguês, na qual o Partido Comunista teria que assumir uma função do governo, ainda mais em coalizão com os social-democratas.

Depois de Bordiga, interveio Antonio Graziadei, que no PCd'I se situava à direita, a favor da fusão imediata com o PSI. Este atacou frontalmente o secretário do PCd'I em toda a sua linha, concentrando-se em particular na atitude sectária assumida pela maioria em relação aos socialistas e sobre a questão do "governo operário". Pela primeira vez, na assembleia internacional, um líder do PCd'I desafiou abertamente a direção política de seu partido.

No entanto, nesse Congresso, quem realmente assumiria a liderança da minoria de direita seria Angelo Tasca, politicamente mais preparado do que Graziadei e dotado de mais capacidade de movimento. Como já vimos, nessa fase, Gramsci temia acima de tudo a ala direita do Partido, uma vez que, a seu ver, em sua composição cabia quase tudo. Embora a esquerda estivesse muito distante das posições do antigo grupo de Turim, com Bordiga ainda havia um percurso muito significativo a percorrer. Gramsci não considerou possível travar uma batalha centrista em duas frentes, contra Bordiga e contra Tasca, sem dilacerar severamente o Partido e favorecer a direita.

O verdadeiro choque ocorreu numa comissão criada especialmente para tratar da questão das relações com os socialistas e da hipótese da fusão. Nesse sentido, Spriano escreveu:

> Nesta, que tinha como presidentes Zinoviev e Radek, estavam presentes Trótski, Rákosi, o secretário, e muitos outros representando vários partidos comunistas, incluindo Klara Zetkin e o búlgaro Kabakčiev. A maioria do PCI era tida como ré; a minoria (com a presença de Graziadei, Tasca, Bombacci, Presutti e Vota), como testemunhas de acusação.[36]

Gramsci se viu lutando acerca do que fazer, hesitante, incerto tanto pelos efeitos potenciais da cisão quanto pela pressão exercida pela Internacional para que assumisse a oposição a Bordiga e se tornasse o novo líder do Partido na Itália. O humor e as indecisões de Gramsci também foram afetados por sua saúde debilitada, o que o levou a ser internado no sanatório Sieriebriani Bor,

---

[36] Paolo Spriano, *Storia del Partito Comunista Italiano*, v. 1: *Da Bordiga a Gramsci* (Turim, Einaudi, 1967), p. 249.

O Comintern e o "caso italiano" 159

nos arredores de Moscou, na véspera do IV Congresso, onde conheceu as irmãs Schucht e, em particular, Julca.

Nada evidencia tanto o sentido do trabalho de Gramsci como suas próprias palavras, contidas numa carta dirigida a Scoccimarro e Togliatti, na qual ele menciona as pressões que sofreu, primeiro do enviado da IC, Chiarini[37], em 1921, depois de Rákosi, "o Pinguim", pelo qual ele certamente não tinha muita estima:

> Devo dizer, sobre essa questão, que Palmi [Togliatti] subestima minha atitude no passado. Só direi que também no Congresso de Roma tive conhecimento das questões mais graves do partido e que isso se deu de uma forma que impossibilitava qualquer julgamento. Novamente: em 1921 fui enviado a Roma por Chiarini, o qual, sem me explicar muito sobre isso, me convidou a ingressar na Executiva para compensar a influência de Amadeo e tomar seu lugar. Respondi que não queria me dedicar a intrigas dessa natureza, que, se quiséssemos uma direção diferente, que se pusesse a questão de maneira política. Chiarini, que nunca tinha tomado uma atitude, em Roma se fazia de bordiguiano, enquanto em Moscou enviava relatórios contra o partido, não insistiu nem me explicou mais detalhadamente do que se tratava. [...]. No IV Congresso, eu acabara de voltar do sanatório [...]; do ponto de vista geral, a exaustão e a impossibilidade de trabalhar devido à amnésia e à insônia persistiram. O Pinguim [Rákosi], com a delicadeza diplomática que o distingue, me pegou de surpresa e me voltou a me propor que me tornasse o líder do partido, eliminando Amadeo, que seria excluído do Comintern se continuasse naquela linha. Eu disse que faria todo o possível para ajudar a Executiva da Internacional a resolver a questão italiana, mas não acreditava que fosse possível (muito menos com minha pessoa) substituir Amadeo sem um trabalho prévio de orientação do partido. Eu estava pisando em ovos, e esse não era o trabalho mais adequado para minha condição de fraqueza crônica. Percebi que a maioria da delegação não tinha nenhuma orientação adequada [...]. Se o Pinguim, em vez de ser um tolo, tivesse ao menos um pingo de inteligência política, o Partido teria deixado uma péssima impressão, porque a maioria, ao menos na delegação do Congresso, teria se mostrado um fantasma sem consistência. [...] O que teria acontecido se eu não tivesse feito corpo mole, como infelizmente tive de fazer? Que a maioria da delegação estaria comigo, [...] e teria havido uma crise remota do Partido sem um acordo prévio com você: Urbani [Terracini], Bruno [Bruno Fortichiari], Luigino [Luigi Repossi], Ruggero [Grieco], Amadeo [Bordiga] teriam renunciado; o CC, não acostumado a trabalhar, teria derretido e a minoria, ainda menos preparada do que era depois, teria

---

[37] Chiarini, cujo nome verdadeiro era Cain Haller, era o representante da Internacional Comunista na Itália, entre 1920 e 1921.

apanhado... Coisa nenhuma! Talvez eu fosse muito pessimista? Talvez, dadas as condições em que eu estava. Mas me parece que não.[38]

A princípio, em 13 e 14 de novembro, Gramsci ficou ao lado de Bordiga, a maioria da delegação permaneceu unida em suas posições antifusionistas e o conflito entre o PCd'I e a Internacional parecia, portanto, inevitável. A situação continuou inalterada até 24 de novembro, quando uma carta do CC do Partido Comunista Russo, assinada entre outros por Lênin, Trótski, Zinoviev e Bukhárin, impôs efetivamente a abertura de uma negociação para alcançar a fusão com os maximalistas de Serrati, sob pena de deixar a Internacional. Nesse ponto, a delegação italiana acabou capitulando, com exceção de Bordiga, inflexível em sua aversão, convencido de que os motivos da disciplina não seriam suficientes para fazê-lo mudar de ideia e pronto para continuar a batalha em outros lugares.

A fratura da maioria nascida em Livorno começou a se dar nesse momento, quando Scoccimarro e Gramsci decidiram tomar a iniciativa e discutir as condições da fusão, também para evitar a predominância da minoria de direita e dos maximalistas de Serrati na liderança do Partido. A maioria da delegação italiana se alinhava com eles, enquanto Bordiga permanecia irremediavelmente contrário a qualquer negociação, firme em sua oposição, a ponto de rejeitar a proposta, apresentada por Zinoviev, de integrar a comissão interpartidária encarregada de conduzir a operação. Para acelerar, a Internacional decidiu enviar Gramsci para a Itália. Inicialmente, ao que parece com o consentimento de Serrati, a Executiva decidira dar a Gramsci o papel de codiretor na elaboração da *Avanti!* e os mesmos poderes sobre a linha editorial do jornal do líder maximalista. O fracasso da operação foi atribuído a Serrati e a sua indecisão[39] habitual; o líder maximalista de fato afirmou ter votado a resolução por engano, devido a uma tradução incorreta:

> Ontem à noite algo inédito aconteceu. Serrati afirmou que entendeu que eu me tornaria codiretor de *l'Avanti!* após o congresso de fusão, não imediatamente, e argumentou que querer manter tal deliberação significaria perder a maioria do Partido Socialista, perder *"l'Avanti!"* etc. etc. As notícias que Serrati recebeu da Itália sobre o estado de ânimo de seu partido devem ser muito sérias se o levaram

---

[38] Antonio Gramsci, "Lettera a Scoccimarro e Togliatti del 1º marzo 1924", em Palmiro Togliatti, *La formazione del gruppo dirigente del Partito Comunista (1923-24)*, cit., p. 218-30.

[39] Na época, a proverbial indecisão característica de Serrati lhe valeu diversos apelidos jocosos usados por Gramsci em seus estudos polêmicos, entre os quais o mais recorrente foi "Stenterello". [Além de indicar a máscara do teatro florentino criada no século XIX, a palavra designa também a pessoa muito magra, ou a que se expressa com uma prosa afetada e artificial. – N. E.]

a sustentar uma desculpa tão ridícula como a de afirmar que aprovou tais deliberações, tão delicadas e importantes, em virtude do mau francês do camarada Bukhárin, sem entender o que elas realmente queriam dizer![40]

Para além da hesitação proverbial de Serrati, no entanto, a fusão não ocorreu devido à afirmação de uma maioria antifusão no Congresso do PSI (realizado em Milão em abril de 1923) e à forte resistência dos comunistas a essa hipótese. Para se opor à fusão acordada entre Serrati e a Internacional, Pietro Nenni e outros líderes socialistas de Milão formaram o Comitê de Defesa Socialista, ocupando em janeiro de 1923 a redação do jornal *l'Avanti!*, para assumir, com um ato de força, sua direção editorial. O mesmo aconteceu no grupo parlamentar, no qual o deputado Francesco Buffoni, favorável à fusão, foi primeiro colocado em minoria e depois removido pela liderança do Partido, onde representava o grupo de deputados. Falou-se em "um verdadeiro golpe de Estado"[41]. Todavia, o golpe mais duro no processo de fusão veio das prisões ocorridas em 2 de março de 1923, um dia após o retorno de Serrati, vindo de Moscou, na véspera do congresso socialista convocado em abril. Esse embate, sem precedentes na experiência do jovem Partido, produziu um esforço que induziu toda a Executiva a renunciar com uma dura carta de Ruggiero Grieco. Tudo isso ocorreu em meio à violenta repressão do regime fascista, com a prisão de numerosos líderes e militantes, incluindo Bordiga (preso em fevereiro de 1923) e Grieco, a devastação e o fechamento de toda a imprensa socialista, comunista e da oposição e a instauração de um clima político cada vez mais difícil e perigoso.

O período seguinte, que se encerrou com a Conferência de Como, em maio de 1924, e a ascensão de Gramsci à Secretaria Geral do Partido, foi bem definido por Spriano como uma "fase de interregno", um período de reposicionamento geral do Partido na Itália, de dinâmicas conflitantes e incertas, internamente à antiga maioria, o que se devia ainda à forte ascendência exercida por Bordiga. O agora ex-líder do Partido estava cada vez mais determinado a entrar em rota de colisão frontal com o Comintern, mesmo à custa de se separar dele definitivamente[42].

---

[40] Antonio Gramsci, "Lettera a Julca, Mosca 10 gennaio 1923", em Giuseppe Fiori, *Antonio Gramsci. Vita attraverso le lettere* (Turim, Einaudi, 1994), p. 27.

[41] Cesare Pillon, *I comunisti nella storia d'Italia* (Roma, Edizioni del Calendario, 1967), v. I, p. 192.

[42] Gianni Fresu, *Il diavolo nell'ampolla. Antonio Gramsci, gli intellettuali e il partito* (Nápoles, Istituto Italiano per gli Studi Filosofici/La Città del Sole, 2005), p. 120-52.

3
RUMO A UMA NOVA MAIORIA

Durante a primavera de 1923 deu-se o choque. A linha de Amadeo Bordiga não admitia reveses, a velha maioria deveria apelar diretamente a todo o PCd'I e ao proletariado para reivindicar sua posição em oposição aberta à Executiva da Internacional Comunista. Bordiga aspirava a reconstruir a antiga maioria e a estabelecer uma oposição de esquerda no interior do Comintern. Essas intenções tomaram forma no chamado *Manifesto Bordiga*, escrito na prisão no verão de 1923, como um ato de denúncia da profunda crise que se abriu entre a administração do PCd'I e a da IC.

Gramsci, ainda em Moscou, soube das intenções de Bordiga graças a uma carta de Togliatti escrita em 1º de maio de 1923. Togliatti, ainda muito ligado a Bordiga, embora não compartilhasse totalmente os argumentos do Manifesto – porque estava assustado com a perspectiva de uma ruptura com a Internacional –, sem dúvida sofreu o fascínio da "lógica matemática de Bordiga", a ponto de confessar sua indecisão quanto ao que fazer.

> Ele [Bordiga] quer que o grupo político que até então tinha a liderança no PCI se dirija ao proletariado com um manifesto. [...] O mérito do que Amadeo propõe é que está em conformidade com uma lógica excessivamente rigorosa, e não escondo de você que, portanto, sua proposta deve exercer uma grande atração sobre os camaradas mais inteligentes, principalmente se considerarmos o peso de sua ascendência pessoal. Na prática, dadas as condições atuais, fazer o que Amadeo diz significará colocar-se em luta aberta com a Internacional Comunista, colocar-se fora dela, ser privado de um aparato material e moral poderoso, reduzido a um grupo muito pequeno, unido por vínculos quase exclusivamente pessoais, e em pouco tempo ser condenado, se não a se dispersar completamente, certamente a perder qualquer influência real e imediata no desenvolvimento da luta política na Itália. Esses danos práticos imediatos seriam compensados

pelo valor de uma declaração de princípio absoluta e intransigente como a que Amadeo gostaria de fazer? Confesso que ainda estou um pouco perplexo para poder dar uma resposta.[1]

Para Togliatti, romper com a Internacional significava desaparecer; por outro lado, abandonar a linha assumida em Livorno provavelmente também produziria o mesmo resultado: "Acontecerá que pouco a pouco vamos nos dispersar, ou numa organização que não será a que o momento exige ou fora desta. Estarão perdidos os frutos de três anos de trabalho, críticas, organização e luta"[2]. Essa declaração foi seguida por uma pergunta retórica em que a influência de Bordiga no futuro chefe dos comunistas italianos e sua indecisão inicial eram evidentes: "Se já prevemos que vamos desaparecer dessa maneira, será que não seria melhor aderir ao que Amadeo diz, ou seja, apoiar pelo menos, até o fim, a personalidade e a vontade política que nos animam desde o primeiro momento?"[3].

Ragionieri ressaltou que o período de maior aderência às teses bordiguianas de Togliatti coincidiu com a fase mais complicada e, se retrocedemos na história do Partido, ocorreu em meio ao advento do fascismo no poder e cada vez mais em contradição com a linha assumida pela Internacional. Portanto – este é o raciocínio do historiador –, a adesão de Togliatti às posições de Bordiga "não pode ser considerada apenas a consequência da influência pessoal do chefe, com quem ele permaneceu por muitos meses em contato direto prolongado, mas também uma reação imediata a uma situação em que não se podia ver nenhuma saída"[4]. A indecisão tendencial de Togliatti, nesses anos, seria consequência do estado de cerco experimentado pelo Partido e do medo de romper, nessa fase, com seu único ponto de referência estável. Além disso, como já vimos, mesmo Gramsci, pelas mesmas razões até o IV Congresso, viu-se forçado a protelar[5], evitando abrir uma disputa pública com o secretário do PCd'I. Bordiga ainda era considerado, e o seria pelo menos até o Congresso de Lyon, o principal protagonista da cisão em Livorno e o arquiteto substancial da fundação do Partido, para o qual sua autoridade ainda parecia inatingível.

---

[1] Palmiro Togliatti, "Lettera ad Antonio Gramsci del 1º maggio 1923", em *La formazione del gruppo dirigente del Partito Comunista Italiano (1923-24)* (Roma, Editori Riuniti, 1984), p. 54-5.

[2] Ibidem, p. 58.

[3] Idem.

[4] Ernesto Ragionieri, *Palmiro Togliatti* (Roma, Editori Riuniti, 1976), p. 79.

[5] Antonio Gramsci, "Lettera a Scoccimarro e Togliatti del 1º marzo 1924", em Palmiro Togliatti, *La formazione del gruppo dirigente del Partito Comunista Italiano (1923-24)*, cit., p. 218-30.

No entanto, e sob pressão do Comintern, Gramsci percebeu que já não era possível adiar o processo de questionar a linha do secretário e decidiu declarar-lhe guerra. Assim, a resposta de Gramsci a Togliatti, de 18 de maio, já continha todos os temas da batalha contra Bordiga e a prefiguração de uma nova maioria no Partido. A ruptura com o "chefe" agora era inevitável, porque as diferenças com ele não se reduziam à posição na "frente única" ou às relações com os socialistas, mas diziam respeito à ação política dos comunistas italianos. Gramsci, dirigindo-se aos antigos camaradas do grupo de Turim, apresentou em termos inequívocos a necessidade de um novo grupo de liderança, tão distante do sectarismo de Bordiga quanto do confuso maximalismo de direita de Tasca. Ele sabia o quanto o velho grupo de Turim estava disperso no novo partido; no entanto, não viu outra maneira:

> Durante o IV Congresso, tive algumas conversas com Amadeo que me levaram a acreditar que é necessária uma discussão aberta e definitiva entre nós sobre algumas questões que hoje parecem, ou podem parecer, brigas intelectuais, mas a meu ver elas implicam o desenvolvimento revolucionário da situação italiana, sendo motivo de crise e decomposição interna. A questão fundamental hoje é a seguinte: temos de criar dentro do Partido um núcleo, que não é uma fração, de camaradas que tenham o máximo de homogeneidade ideológica e, portanto, consigam dar à ação prática o máximo de unidade de direção.[6]

Enquanto isso, em junho de 1923, o Comitê Executivo do Comintern interveio com a criação de uma comissão específica para resolver o "problema italiano". A Internacional recriminou toda a maioria do PCd'I, incluindo Gramsci, acusado por Zinoviev de duplicidade, e decidiu se sobrepor ao Partido, impondo um novo grupo de liderança alinhado por convicção e não por disciplina[7]. Foi proposta

---

[6] Antonio Gramsci, "Lettera a Palmiro Togliatti del 18 maggio 1923", em Palmiro Togliatti, *La formazione del gruppo dirigente del Partito Comunista Italiano (1923-24)*, cit., p. 64.

[7] Na resolução do Terceiro Plenário do Ceic sobre a questão italiana, estava escrito: "Até certo ponto, o fracasso [da fusão com o PSI] também se deve às táticas incorretas seguidas pela maioria do CC do PCI. Hipnotizada pela luta anterior contra o grupo de Serrati, e sofrendo de extremo dogmatismo, a maioria do CC falhou completamente ao não levar em conta que no movimento sindical a situação tinha mudado radicalmente [...]. Não só não funcionou para a fusão com o PSI, mas até frustrou a execução das diretrizes emitidas pelo IV Congresso mundial. A Executiva ampliada decidiu: 1. A Internacional exige do CC do PCI não apenas um reconhecimento formal, mas também a execução prática dessa decisão. 2. O PCI deve usar a tática da frente única, adaptando-a às condições italianas, ou seja, deve apresentar propostas aos líderes do PSI de forma consistente com as decisões do CI. 3. A composição da Executiva

uma nova executiva: três membros da antiga maioria, Fortichiari, Scoccimarro e Togliatti, mais dois da minoria, Tasca e Vota.

Embora nesse "julgamento" ele aparecesse como "corréu da maioria majoritária"[8], a partir do trabalho dessa comissão Gramsci assumiu um papel de liderança, adquirindo segurança, até que finalmente se emancipou de Bordiga para se tornar o homem da Internacional, o catalisador do novo curso do Partido.

Imediatamente após o término do trabalho da comissão, a maioria majoritária se reuniu e decidiu se transformar numa fração, na qual Amadeo Bordiga era indicado. Terracini, Fortichiari, Leonetti, Ravera e Togliatti estavam presentes na reunião. Fortichiari já tinha declarado que se recusava a assumir o cargo no novo Comitê Executivo do Partido. Terracini propôs a aceitação formal das deliberações da Internacional, mas, ao mesmo tempo, mostrou-se favorável a uma fração de trabalho para salvaguardar as relações de poder em favor da antiga maioria. A intervenção de Togliatti foi marcada por um fechamento e rigidez ainda maiores:

> Palmiro quer que não se considere uma questão de organização técnica, mas sim uma questão política. Ele acredita que, se a posição política do grupo majoritário não for delimitada com uma série de atos abertos, a aceitação será impossível, mesmo que acompanhada de um acordo de grupo no sentido mencionado por Umberto [Terracini]. Uma aceitação dessas condições nos colocaria no mesmo nível da minoria, ou seja, seria o começo da transformação de nosso grupo político numa *coterie* pessoal, que as massas ignorariam ou não entenderiam a existência e as posições e que cedo ou tarde seria condenada à dispersão. [...] Cometemos o erro de não tomar uma posição polêmica com a Internacional diante de todo o Partido e das massas trabalhadoras. Nenhum expediente organizacional [organizar-se em fração] será capaz de nos colocar numa posição correta diante do Partido e das massas se não chegarmos a uma controvérsia aberta.[9]

A reação de Bordiga às decisões da Internacional foi intransigente, como sempre acontecia desde sua prisão no Regina Coeli. Ele rejeitou o cargo de membro do *Presidium* da Internacional proposto por Zinoviev, renunciou ao CC do Partido, convidou Scoccimarro, Togliatti e Fortichiari a fazer o mesmo e

---

do PCI deve garantir a execução dessas medidas" (Jane Degras, org., *Storia dell'Internazionale comunista attraverso i documenti ufficiali*, t. II: *1923/1928*, Milão, Feltrinelli, 1975, p. 60).

[8] Paolo Spriano, *Storia del Partito Comunista Italiano*, v. 1: *Da Bordiga a Gramsci* (Turim, Einaudi, 1967), p. 285.

[9] "Tratto dal verbale della riunione di frazione del 12 luglio 1923", em Palmiro Togliatti, *La formazione del gruppo dirigente del Partito Comunista Italiano (1923-24)*, cit., p. 89.

instou-os a levar às extremas consequências o confronto contra a "deriva degenerativa" da Internacional. O único a seguir Bordiga até o final foi Fortichiari. Em 16 de julho, Togliatti escreveu uma carta dirigida a Gramsci e Scoccimarro, na qual repetia muitos dos argumentos de Bordiga, confirmando sua indecisão:

> Quanto ao mérito das resoluções tomadas pelo Comitê Executivo Ampliado [da Internacional], gostaria que soubesse que ainda não decidi se aceitarei fazer parte do novo corpo diretivo do Partido ou não. Por ora, estou mais inclinado a recusar do que a aceitar, mesmo à custa de cometer uma falha disciplinar.[10]

A posição expressa por Gramsci, Scoccimarro e Montagnana foi muito diferente, pois consideravam uma prioridade não deixar o terreno livre para Tasca, recusando o cargo na Executiva, mesmo com motivações diferentes: Montagnana foi o primeiro a apontar e reivindicar profundas diferenças entre as tradições do grupo ordinovista e dos abstencionistas; Scoccimarro ainda confiava que mais tarde poderia recompor a velha maioria de Livorno e Roma; Gramsci foi o mais resoluto em querer romper com Bordiga e sua cultura política, enquanto a Internacional ainda tentava recuperar o ex-chefe do comunismo italiano oferecendo-lhe uma posição de prestígio, já que a antiga maioria do PCd'I ainda era fortemente influenciada por ele. Nessa fase, ao contrário de todos os seus antigos companheiros, Gramsci chegou a um ponto sem retorno no relacionamento com Bordiga. Assim, sua réplica a Togliatti tinha um tom particularmente severo:

> Sua carta me impressionou profundamente e me magoou: agora entendo melhor como foi possível criar a situação paradoxal que nos envolve, de uma minoria que não existe objetivamente, que foi criada por nossos erros e nossa passividade e que, caso seu ponto de vista prevaleça, terá a liderança do Partido, e uma maioria que não sabe exatamente o que é, se tem um programa, se vale a pena permanecer no seu posto no momento terrível pelo qual o proletariado italiano está passando. Desculpe as palavras duras: mas confesso considerar absolutamente incompreensível que os revolucionários que estão convencidos de seu programa abandonem seu posto, que hoje, dada a situação geral, é uma barricada de defesa, e não apenas quanto a inimigos que temos à frente.[11]

---

[10] Palmiro Togliatti, "Lettera a Scoccimarro e Gramsci del 16 luglio 1923", em *La formazione del gruppo dirigente del Partito Comunista Italiano (1923-24)*, cit., p. 91-7.

[11] A passagem dessa carta de Gramsci a Togliatti de agosto de 1923 foi publicada pela Rinascita em 1966, e está no primeiro volume de *Storia del Partito Comunista Italiano* de Spriano, mencionado em páginas anteriores.

Quando, em agosto, Terracini partiu para Moscou para se tornar o novo representante italiano no *Presidium* da IC, o núcleo operacional do Partido que escapou das prisões solicitou formalmente a aproximação de Gramsci para colocá-lo no comando do trabalho de reconstrução da organização. Como sabemos, Gramsci ainda não podia retornar à Itália porque estava pendente um mandado de prisão contra ele; assim, o Comitê Executivo do Comintern o enviou para Viena para dirigir o Escritório de Ligação entre o PCd'I e os outros partidos comunistas. Ele ficou lá por seis meses, a partir de 3 de dezembro de 1923, refazendo seu trabalho jornalístico, organizando e editando a reedição de *L'Ordine Nuovo*, tecendo uma densa rede de contatos destinados a redimensionar Bordiga. Como veremos adiante, a terceira edição de *L'Ordine Nuovo*, com curadoria de Gramsci em todos os seus aspectos, seria decisiva para o estabelecimento, na primavera de 1924, do grupo central, destinado a gerir a transição para o Congresso de Lyon.

A linha de Bordiga agora era incompatível com a do Comintern; com relação a ela, a Executiva estava se preparando para travar uma batalha. Para combatê-la com mais eficácia, a direção da Internacional, em setembro de 1923, aprovou a proposta de criar um "periódico operário" capaz de dar forma ao objetivo estratégico da unidade das classes subordinadas italianas, das massas trabalhadoras do Norte e das áreas rurais do Sul da Itália. Precisamente por esse motivo, numa carta à executiva do PCd'I de 12 de setembro de 1923, Gramsci propôs o título *l'Unità*:

> Proponho o título *l'Unità*, puro e simples, que terá um significado para os trabalhadores e terá um significado mais geral, porque acredito que, após a decisão da Executiva ampliada sobre o governo dos trabalhadores e camponeses, devemos dar importância especialmente à questão meridional, ou seja, a questão em que o problema das relações entre trabalhadores e camponeses surge não apenas como um problema de relação de classe, mas também especialmente como um problema territorial, que é um dos aspectos da questão nacional.[12]

Nessa carta, Gramsci propôs não apenas o nome, mas também a função e a linha editorial do jornal. Dado o contexto, marcado pela ascensão do fascismo ao poder, era necessário um jornal que pudesse resistir legalmente o maior tempo possível. Na intenção de Gramsci, não deveria ser um órgão de Partido, mas garantir a ele uma "tribuna legal", isto é, a articulação contínua e sistemática das mais amplas massas:

---

[12] Antonio Gramsci, "Lettera all'Esecutivo del PCd'I, 12 settembre 1923", em Giuseppe Fiori, *Antonio Gramsci. Vita attraverso le lettere* (Turim, Einaudi, 1994), p. 46.

Assim, o jornal não apenas precisará ter alguma indicação do Partido, mas terá de ser redigido para que sua dependência de fato do nosso Partido não apareça com muita clareza. Deve ser um jornal de esquerda, da esquerda operária, fiel ao programa e às táticas da luta de classes, que publicará os atos e discussões do nosso Partido, como possivelmente também os atos e discussões dos anarquistas, republicanos, sindicalistas, e expressará seu julgamento em tom desinteressado, como se tivesse uma posição superior na luta e se colocasse de um ponto de vista "científico".[13]

Entre 1923 e 1924, a divergência entre Gramsci e os antigos camaradas do grupo de Turim intensificou-se com a publicação do *Manifesto de Bordiga*, anunciado na primavera e agora submetido à adesão de toda a antiga maioria. O manifesto, objeto de dois editoriais sucessivos justamente para obter o consentimento de Gramsci, foi assinado por Togliatti, Terracini e Scoccimarro.

No manifesto, a dissidência do Partido Italiano em relação ao Comintern foi ainda mais explícita e declarada. Além do ponto de inflexão tático, contestava-se a revisão estratégica mais profunda, que era considerada contrária ao programa e às regras organizacionais fundamentais dos partidos comunistas, uma traição teórica tão séria que afetava a constituição e a própria natureza do Partido na Itália. A discordância com o Comintern já se manifestara no III Congresso, embora a exposição da ruptura com a linha política italiana tenha sido adiada. No entanto, quando o significado das palavras de ordem "frente única" e "governo operário" se tornou claro, a ponto de prever a hipótese da fusão com os odiados socialistas maximalistas, Bordiga decidiu explicitar o confronto com a Internacional também na Itália. O movimento comunista internacional enfrentou uma profunda crise, dominada pelo "perigo oportunista", e isso o legitimou a propor uma plataforma crítica de oposição à linha do Comintern, reunindo os quadros italianos. Para Bordiga, já não havia espaço para discussão, a velha maioria do Partido Italiano teria que recusar qualquer tarefa na Internacional que denunciasse a "revisão de direita" introduzida pelo ponto de inflexão da "frente única".

Gramsci, agora totalmente convencido da necessidade de um novo rumo no Partido, recusou-se a assinar o Manifesto, declarando-se pronto para liderar, mesmo que sozinho, a batalha contra Bordiga e contra os que o apoiavam.

Em 25 de dezembro de 1923, Scoccimarro escreveu a Gramsci para apresentar-lhe o Manifesto, propondo-lhe a possibilidade de reconstituir a antiga maioria em torno dessa batalha. Nas cartas subsequentes, Togliatti e Terracini falaram da necessidade de assinar o Manifesto. Togliatti, em particular, mesmo criticando a natureza "histórica" e "estéril" daquele documento, por estar totalmente preso

---

[13] Ibidem, p. 45.

a questões passadas, ainda o considerava uma base de esclarecimento indispensável para a retomada do trabalho. Terracini, que tentara uma mediação propondo uma modificação do Manifesto, não escondeu todo seu ressentimento pela total indisponibilidade de Gramsci.

> A decisão de Masci [Gramsci] de não assinar o Manifesto comum atinge a base da ação que tínhamos decidido e iniciado com a difícil conquista de um acordo com Amadeo. De fato, as razões essenciais que nos moveram foram as de conservar os laços que tínhamos estabelecido com os camaradas da maioria, porque pensávamos que a conservação da unidade impunha-se sobre todos os outros objetivos. As reservas que Masci apresentara no final da época do EA não tratavam da necessidade de um documento comum, mas do seu conteúdo. Aliás, ele aceitava o critério da conservação da nossa unidade, embora se reservasse a prerrogativa de lhe conferir uma base particular. Temos de constatar que ele só se absteve de intervir ativamente nessa questão no último momento, embora já soubesse dos acontecimentos havia cerca de dois meses e, falando comigo pessoalmente, jamais me apontou a mais longínqua possibilidade de adotar uma postura tão extrema.[14]

Percebendo a tentativa fracassada de mediação, Terracini propôs que Togliatti e Scoccimarro procedessem com autonomia em relação a Gramsci e assinassem o documento proposto por Bordiga. "Não devemos esconder de nós mesmos que Negri, Palmi, eu etc., neste caso, como em toda a vida passada do Partido, estabelecemos a ponte entre Amadeo e Masci; sem a praia, fico me perguntando para que serve a ponte."[15]

Gramsci respondeu com duas cartas: a primeira, de 5 de janeiro, dirigida a Scoccimarro; a segunda, escrita no dia 13 do mesmo mês, endereçada a Terracini. Na primeira carta, talvez a mais importante das desse período, ele explicou em detalhes por que nunca teria assinado o Manifesto e por que agora considerava impossível qualquer acordo com Bordiga. As críticas ao documento abarcaram a forma e a substância: segundo o Manifesto, a história terminou com o III Congresso, como se o IV Congresso não existisse, como se a Executiva Ampliada da IC não tivesse se reunido, como se não tivesse sido instalada uma nova Executiva no Partido. Tal posição poderia parecer plausível se expressa por um único camarada, mas se tornava completamente desprovida de lógica se promovida pela fração que vinha dirigindo e que seguiu à frente do Partido desde

---

[14] "Lettera di Umberto Terracini a Gramsci e Scoccimarro del 2 gennaio 1924", em Palmiro Togliatti, *La formazione del gruppo dirigente del Partito Comunista Italiano (1923-24)*, cit., p. 144-7.

[15] Idem.

o III Congresso. Com relação à forma, Gramsci contestou a total indisciplina do grupo dirigente italiano, culpado, do ponto de vista formal, por fazer uma proclamação pública de adesão aos princípios do centralismo democrático para apenas desconsiderar e contestar, no trabalho concreto, todas as deliberações da Internacional. Gramsci lembrou a seus camaradas a existência do artigo do Estatuto do Comintern, aprovado e apoiado por todos, que exigia a aplicação rigorosa das deliberações da Executiva pelas partes aderentes:

> Diante da concepção de partido que deriva do Manifesto, a exclusão [do Comintern] deve ser obrigatória. Se uma de nossas federações fizesse apenas metade do que a maioria do Partido quer fazer em relação ao Comintern, sua dissolução seria imediata. Não quero, por assinar esse manifesto, parecer um completo palhaço.[16]

Gramsci contestou o Manifesto também em seu conteúdo, tomando distância de suas postulações com argumentos que antecipam os temas característicos da luta subsequente contra a esquerda de Bordiga:

> Tenho outra concepção do partido, de sua função, das relações que devem se estabelecer entre este e as massas sem partido, entre este e a população em geral; não creio, absolutamente, que a tática que se desenvolve a partir da Executiva ampliada e do IV Congresso esteja equivocada. Nem em suas postulações gerais nem nos pequenos detalhes. Creio que seja assim também para você e para Palmi e não consigo entender como, tendo o coração assim tão leve, você pôde embarcar numa articulação tão perigosa. Tenho a impressão de que você se encontra no mesmo estado de espírito em que eu estava no período do Congresso de Roma. Talvez porque nesse meio-tempo estive afastado do trabalho interno do Partido, esse estado de espírito arrefeceu. Na verdade, arrefeceu também por outras razões. E uma das mais importantes é esta: não se pode, absolutamente, fazer acordos com Amadeo. Ele tem uma personalidade excessivamente vigorosa e uma convicção tão profunda de que está certo que pensar em prendê-lo a um

---

[16] Na Carta a Scoccimarro, de 5 de janeiro de 1924, para confirmar sua tese sobre quão inoportuno era romper com o Comintern e deixar a Tasca o título de representante da Internacional, Gramsci acusou o Partido de significar muito pouco para os militantes, em virtude de sua efetiva fraqueza, uma vez que, no imaginário deles, a força e o prestígio da Internacional eram bem diferentes: "Na realidade, estou convencido de que a maior força de atração dos companheiros do partido é o prestígio e o apelo da Internacional, não os laços que a ação específica do Partido possa ter suscitado, e foi justamente nesse terreno que criamos uma minoria. E essa minoria ostenta o status de verdadeira representante da Internacional na Itália" (Palmiro Togliatti, *La formazione del gruppo dirigente del Partito Comunista Italiano (1923-24)*, cit., p. 151).

comprometimento é absurdo. Ele continuará lutando e voltará a apresentar suas teses em todas as ocasiões.[17]

A luta nas duas frentes era agora uma necessidade fundamental, inadiável, e novamente Gramsci declarou-se disposto a liderá-la, mesmo que sozinho. Para melhor persuadir seus velhos companheiros e deixar claro que sua posição não era prejudicial, mas apenas ditada por necessidades objetivas, ele se lembrou de um episódio do passado, quando, em 1920, se separou de Terracini e Togliatti para aproximar-se das posições dos abstencionistas enquanto os dois chegaram a um acordo com Tasca.

> Hoje, o oposto parece estar acontecendo. Mas, na realidade, a situação não é muito diferente da que havia no Partido Socialista, quando foi preciso contar com abstencionistas para criar o núcleo fundamental do futuro partido; hoje temos de lutar contra os extremistas se desejamos que o partido se desenvolva e deixe de ser apenas uma fração externa do Partido Socialista. De fato, os dois extremismos, o de direita e o de esquerda, tendo encapsulado o Partido exclusivamente na discussão das relações com o Partido Socialista, o reduziram a um papel secundário.[18]

Fica claro que Gramsci assumiu para si o tema leninista da batalha em duas frentes (contra o oportunismo e contra o sectarismo), levada adiante pelo dirigente bolchevique durante toda a sua existência. Precisamente durante essa duríssima polêmica, na noite de 21 para 22 de janeiro de 1924, chegou a notícia da morte de Lênin, estando já em curso a luta indiscriminada por sua sucessão.

Entre as cartas desse período de Gramsci a Alfonso Leonetti, a de 28 de janeiro é particularmente importante. Leonetti, muito próximo de Antonio Gramsci, não apenas politicamente, mas também humanamente, escrevera a ele oito dias antes, reconhecendo-se plenamente em suas posições. Leonetti também pensava que o Manifesto exprimia posições erradas e inaceitáveis. Ele propôs a construção de um novo grupo ligado à experiência ordinovista, que pudesse representar a linha da Internacional e combater tanto as posições de direita de Tasca quanto o sectarismo de Bordiga. No entanto, segundo Gramsci, insistir demais na tradição turinense simplesmente reacenderia antigas polêmicas personalistas, trazendo ao novo grupo mais problemas do que consensos e, de resto, as posições de alguns personagens, como Togliatti e Terracini, a respeito do Manifesto tornavam essa hipótese impraticável:

---

[17] Ibidem, p. 150.

[18] Idem.

Togliatti não sabe se decidir, como de costume; a personalidade vigorosa de Amadeo o afetou fortemente e o mantém no meio do caminho, numa indecisão que busca justificativas em discussões puramente jurídicas. Creio que Umberto seja fundamentalmente ainda mais extremista que Amadeo, porque absorveu a concepção, mas não tem a força intelectual, senso prático e capacidade organizativa. Como então nosso grupo poderia reviver? Pareceria apenas uma camarilha agrupada ao meu redor por razões burocráticas.[19]

O verdadeiro problema em torno do qual era preciso desenvolver a batalha era a ideia de partido, sua função, sua relação com as massas. Temas constantemente presentes na biografia política de Antonio Gramsci, desenvolvidas no tempo num contínuo devir:

As mesmas ideias fundamentais que caracterizaram a atividade da ON hoje são ou serão anacrônicas. Aparentemente, pelo menos hoje, as questões assumem a forma de problemas organizativos e, especialmente, de organização partidária. Aparentemente, digo, porque de fato o problema é sempre o mesmo: o das relações entre o centro dirigente e a massa do Partido e entre o partido e as classes da população trabalhadora.[20]

Na densa correspondência desse período, certamente deve ser considerada a carta de 9 de fevereiro, dirigida a Togliatti e Terracini, na qual Gramsci esclareceu todos os pontos de sua posição, expondo-a pela primeira vez de maneira orgânica e articulada. Do ponto de vista político, essa carta assumiu importância primordial no trabalho de convencimento realizado por Gramsci em relação a Terracini e Togliatti.

A aceitação do Manifesto teria significado a saída do Comintern porque, nas intenções de Bordiga, este era o início de uma batalha aberta contra a Internacional, destinada à revisão tática desenvolvida a partir do III Congresso, do qual Gramsci, por sua vez, reivindicava integralmente as premissas. Ao contrário do que afirmava o Manifesto, para ele aquela linha não representava de fato a tradição da organização, mas era a expressão das tradições e das concepções de um único grupo, o de Bordiga. O PCd'I nascera em Livorno não em conformidade com uma concepção comum que depois persistiu, mas com base numa situação contingente: a existência da luta contra os reformistas e a aceitação dos 21 pontos estabelecidos no II Congresso da Internacional. Bordiga, estando à frente do

---

[19] Antonio Gramsci, "Lettera ad Alfonso Leonetti del 28 gennaio 1924", em Palmiro Togliatti, *La formazione del gruppo dirigente del Partito Comunista Italiano (1923-24)*, cit., p. 183.

[20] Idem.

Partido, especialmente com as *Teses de Roma*, garantira a proeminência de suas concepções. Acerca dessa tentativa, Gramsci revindicara sua oposição, manifestada no Congresso federal de Turim. Em todas as ocasiões nas quais o PCd'I deveria ter desenvolvido uma intensa atividade entre as massas, com um trabalho sério de agitação e propaganda, em todas as ocasiões nas quais a organização deveria ter orientado as massas, demonstrara, ao contrário, toda a sua incapacidade e afastamento das massas. Essa era a clara opinião de Gramsci:

> Todo evento, toda ocorrência local, nacional ou mundial deveria ter servido para agitar as massas através das células comunistas, promovendo-se a votação de moções, a difusão de manifestos [...]. O Partido Comunista se opôs à formação de células de fábrica. Qualquer participação das massas na atividade e na vida interna do partido, exceto em ocasiões especiais e seguindo uma ordem formal do centro, era vista como um perigo para a unidade e a centralização. O Partido não foi concebido como resultado de um processo dialético para o qual convergem o movimento espontâneo das massas revolucionárias e a vontade organizativa e diretiva do centro, mas apenas como algo etéreo, que se desenvolve por si só e que as massas alcançarão quando a situação for favorável e a onda revolucionária atingir seu auge, ou quando o centro do partido acreditar que deve iniciar uma ofensiva e for às massas para estimulá-las e colocá-las em ação.[21]

Para Gramsci, Bordiga liderou com grande sagacidade e coerência uma batalha pela conquista não apenas do centro do PCd'I, mas também da direção da Internacional, uma vez que considerava sua tática equivocada por refletir apenas a situação russa, isto é, uma tática nascida no interior de um modo de produção atrasado e primitivo. Com a vitória de uma revolução no Ocidente, esta era a convicção do líder da esquerda, as relações de poder mudariam, pondo fim ao primado do Partido russo. Segundo Bordiga, na Rússia, diante da ausência de relações sociais e de produção desenvolvidas pelo capitalismo, só com um esforço extremo de vontade seria possível alcançar uma atividade revolucionária vitoriosa, ao passo que, no Ocidente, a revolução se estabeleceria simplesmente acompanhando e salvaguardando a pureza ideológica do Partido, pois nos países ocidentais o "mecanismo histórico funciona de acordo com todas as crises marxistas" e há condições objetivas que tornam as táticas inúteis ou supérfluas. Para além da divergência, a resposta de Gramsci é particularmente importante, por já conter alguns dos elementos essenciais de suas futuras elaborações sobre a diferença de contexto entre Oriente e Ocidente, sociedade civil e hegemonia.

---

[21] Antonio Gramsci, "Lettera a Terracini e Togliatti del 9 febbraio 1924", em Palmiro Togliatti, *La formazione del gruppo dirigente del Partito Comunista Italiano (1923-24)*, cit., p. 195.

A concepção política dos comunistas russos formou-se no terreno internacional e não no nacional [...]; na Europa central e ocidental, o desenvolvimento do capitalismo determinou não apenas a formação de amplos estratos populares, mas também criou o estrato superior, a aristocracia operária com seus anexos de burocracia sindical e de grupos social-democratas. A determinação, que na Rússia foi direta e lançou as massas no caminho do assalto revolucionário, na Europa central e ocidental se complica em razão de todas essas superestruturas políticas, criadas pelo grande desenvolvimento do capitalismo, que torna mais lenta e prudente a ação da massa e, portanto, demanda do partido revolucionário uma estratégia e uma tática bem mais complexas e duradouras do que as que foram necessárias aos bolcheviques entre março e novembro de 1917. Que Amadeo tenha essa concepção e procure fazê-la triunfar não apenas em escala nacional, mas também internacional é uma coisa [...], mas que nós, que não estamos persuadidos da historicidade dessa concepção, continuemos politicamente a afiançá-la e a lhe conferir, assim, valor internacional, é outra bem diferente. Amadeo se alinha com o ponto de vista da minoria internacional. Nós devemos nos colocar ao lado do ponto de vista da maioria nacional.[22]

No final dessa intensa dialética, entre fevereiro e março, Gramsci conseguiu vencer sua batalha, convencendo os antigos camaradas a alinhar-se a suas posições. O resultado positivo do processo foi influenciado pelo lançamento da nova série de *L'Ordine Nuovo*, em 1º de março de 1924. Gramsci envolveu todo o grupo dirigente do PCd'I no projeto editorial, incluindo Tasca e Bordiga, mas, acima de tudo, fortaleceu aqueles laços essenciais ao estabelecimento de uma nova maioria. Enquanto isso, nas eleições políticas de 6 de abril, Gramsci foi eleito deputado no colégio eleitoral do Vêneto. Graças à imunidade parlamentar, ele finalmente conseguiu deixar Viena e retornar à Itália em 12 de maio.

---

[22] Ibidem, p. 197.

4
Gramsci à frente do Partido

O Comitê Central de 18 de abril foi a primeira reunião em que a área de "novo rumo" se apresentou unida, obtendo a maioria. O debate foi muito limitado, exceto por uma dura intervenção de Angelo Tasca sobre a direção do Partido de 1921 a 1924. Ele acusou o novo grupo liderado por Gramsci de falta de sinceridade, duplicidade e transformismo, afirmando que a conversão dos centristas não era por convicção e simplesmente escondia a intenção de incorporar uma parte da esquerda em posições mais ortodoxas, a fim de melhor conduzir a luta contra a direita, o único componente, em sua opinião, leal e conscientemente alinhado com a Internacional.

Nessa reunião foram apresentadas três moções distintas, representativas das três facções que estavam se configurando no Partido. A moção da maioria estruturava-se em sete pontos, com diversos limites de abordagem, e tendia a justificar o passado de maneira omissiva, mostrando ser possível a hipótese de envolver novamente a esquerda, enquanto colocava uma barreira intransponível à minoria de direita. Tratava-se claramente de uma manobra destinada a corroer o consenso de Bordiga; não por acaso, no primeiro ponto, reivindicava-se a continuidade do grupo dirigente formado em Livorno, mas no geral persistia-se na polêmica com a esquerda. Tudo isso contradizia o processo de revisão (reivindicado) iniciado no IV Congresso da Internacional e a plena implementação de sua linha. Mesmo sem criticar seus méritos, afirmou-se a função de mera orientação e valor consultivo das *Teses de Roma* sobre tática, com o objetivo de evitar uma ruptura traumática na direção e no corpo do PCd'I. As diferenças de avaliação sobre essas teses constituíram, talvez, a única divergência substancial com a esquerda. Por essas razões, a moção majoritária liderada por Gramsci era, de modo geral, contraditória e desprovida de força motriz, por não ressaltar os erros e responsabilidades do passado e, ao mesmo tempo, não esclarecer suficientemente quais deveriam ser as linhas norteadoras da nova proposta política. Os laços do novo grupo dirigente com Bordiga ainda eram fortes, e Gramsci não interveio muito para mudar esse direcionamento, embora não concordasse com algumas posições[1]. A moção da esquerda, escrita pessoalmente por Bordiga, parecia dotada de melhor lógica e, além de reivindicar veementemente a linha de Livorno de agosto de 1922, reafirmava plenamente os princípios formulados nas *Teses* sobre a tática do Congresso de Roma, refutando por completo as posições consolidadas no IV Congresso da IC. Esse documento esclarecia, em definitivo, as verdadeiras intenções de Bordiga, interessado em construir uma oposição de esquerda dentro da Internacional. Somente se essa linha prevalecesse nos organismos dirigentes do Comintern, os expoentes da esquerda se disporiam a aceitar tarefas de responsabilidade neste e no Partido.

Após a reunião de abril, em maio de 1924, realizou-se a Conferência Nacional de Como – essencialmente, um Comitê central estendido aos secretários da federação e ao representante da federação juvenil, com caráter consultivo sobre a linha política do Partido –, em vista do planejado Congresso Nacional após o V Congresso da IC. A conferência ocorreu nos vales em torno do centro da Lombardia, em plena clandestinidade; os delegados, contaria o próprio Gramsci a Julca Schucht numa carta de 21 de julho, fingiam ser funcionários de uma empresa de Milão: "Discussões o dia inteiro sobre tendências, táticas e, durante as refeições, numa casa de refúgio repleta de excursionistas, discursos fascistas, hinos a Mussolini, comédia geral para não levantar suspeitas e não sermos perturbados nas reuniões realizadas em belos vales brancos de narcisos"[2]. A conferência contou com a participação de 67 delegados: 11 do CC, 46 das federações, 5 dos comitês inter-regionais, 4 representantes da equipe técnica e o responsável pela federação juvenil.

A reunião foi precedida pela publicação, em *Lo Stato Operaio,* dos três esquemas das *Teses* delineados no Comitê Central de abril; no entanto, se naquela ocasião o grupo de centro conseguira obter a maioria, nessa circunstância viu-se como minoritário, obtendo ainda menos votos do que a minoria de direita. Dois fatores concomitantes influenciaram esse resultado: a nova equipe dirigente ainda

---

[1] Justamente essa ambiguidade levou a minoria a solicitar um suplemento de discussão e análise sobre a direção política do Partido entre 1921 e 1924, de modo a poder identificar a responsabilidade pela discordância "artificial" com a Internacional e, mais amplamente, pelo estado de mal-estar e despreparo da organização. Segundo o documento apresentado por Tasca, de fato, a responsabilidade era inteiramente atribuída a quem dirigira o Partido desde 1921 e não se podia, portanto, isentar nem sequer a parte da maioria que agora era crítica das *Teses de Roma*, mas que, de fato, tinha conduzido e continuava a conduzir o Partido com base nelas.

[2] Antonio Gramsci, "Lettera a Julca Schucht, 21 luglio 1924", em Giuseppe Fiori, *Antonio Gramsci. Vita attraverso le lettere* (Turim, Einaudi, 1994), p. 84.

não conseguira articular a nova linha nos territórios; os secretários da federação eram todos quadros treinados de acordo com os princípios político-organizativos de Bordiga, e continuavam a ver nele a liderança efetiva do Partido.

O documento da maioria apresentado em Como foi estruturado em 57 pontos, nos quais se reivindicava a virada da "frente única" e a necessária disciplina devida a um único partido mundial, não a uma federação de partidos autônomos. A tática da "frente única" não era uma revisão com relação ao processo de fundação de partidos comunistas autônomos de grupos socialistas. A palavra de ordem do "governo operário" não significava abandonar o caminho revolucionário e adotar a via parlamentar e governativa sob o regime burguês. O "governo operário" era apenas uma possibilidade cujas razões táticas se encontravam na difícil situação mundial dos comunistas, resultante do fracasso das revoluções nos países ocidentais. Com relação ao Partido Italiano, o valor da divisão de Livorno foi totalmente reafirmado, apesar dos limites – num contexto forçado objetivamente difícil – revelados no funcionamento da organização: o fosso profundo entre os principais grupos do Partido e as massas, a concepção militaresca e sectária do Partido.

> A falta, portanto, de um espírito crítico generalizado, mesmo nos elementos mais qualificados do Partido, o caráter militar predominante em virtude de nossa organização interna, muitas vezes à custa de sua capacidade de atuar como uma ferramenta de trabalho entre as massas e, finalmente, o dito sectarismo, que foi alvo de recriminação e não passou de uma reação exasperada aos hábitos de leviandade e corrupção predominantes no costume político do PSI e das organizações proletárias italianas.[3]

O documento formalizou as críticas de Gramsci às *Teses de Roma*, expressas na correspondência com seus camaradas: "Tendiam a conceber o desenvolvimento do partido independentemente do desenvolvimento de situações reais e dos movimentos que, sob seu impulso, são realizadas pela massa trabalhadora"[4]. Ali também se evidenciaram as causas do distanciamento cada vez mais explícito entre partido e massa popular. Uma ideia de partido a ser eliminada, caso se pretendesse conquistar a maioria das massas exploradas, de acordo com as indicações do III e IV Congressos do Comintern.

---

[3] "Schema di tesi sulla tattica e sulla situazione interna del PCI, presentato dalla maggioranza alla Conferenza nazionale di Como", em Ugo Pecchioli (org.), *Da Gramsci a Berlinguer. La via italiana al socialismo attraverso i Congressi del Partito Comunista Italiano*, v. 1: *1921-1943* (Veneza, Marsilio/Edizioni del Calendario, 1985), p. 177.

[4] Idem.

Como na reunião do Comitê Central, a minoria liderada por Tasca acusou toda a liderança do PCd'I desde sua criação. A cisão de Livorno teve poucas repercussões entre as massas trabalhadoras porque o único ponto de entendimento em sua base, entre os dois principais componentes do Partido, era uma "consciência genérica" da necessidade de se separar dos reformistas para fundar "um verdadeiro partido revolucionário". Como não se abordou nenhum dos elementos profundos de diferença entre os dois grupos, o PCd'I nasceu apenas com a aceitação mecânica dos 21 pontos de adesão à Internacional, sem, contudo, um esclarecimento mínimo sobre as experiências de 1919-1920 e as táticas a adotar. A divisão ocorreu muito à esquerda, mantendo no antigo PSI um número considerável de "proletários sinceramente terceiro-internacionalistas", impedindo que o Partido Comunista se tornasse o guia eficaz das classes subalternas na Itália. Posteriormente, o grupo dirigente seguiu uma linha de indisciplina sistemática às deliberações da Internacional com relação às articulações com o PSI e à "conquista da maioria dos explorados". No entanto, por dois anos, esse grupo dirigente ocultou a dissidência do organismo militante da Internacional, a fim de evitar que a polêmica intervenção de Lênin no III Congresso chegasse à imprensa do Partido e impedir que a tática da "frente única" fosse mencionada pelos oradores do Partido em suas intervenções. Para Tasca, Gramsci e o grupo de "centro" deveriam ser mais uma vez corresponsabilizados, juntamente com Bordiga.

A ideia de partido das *Teses de Roma*, uma organização pretendida como uma vanguarda externa à classe, nada tinha a ver com as indicações de Lênin e da Internacional:

> Se o partido é concebido como um órgão da classe trabalhadora (de sua parte mais avançada) e não como parte da classe, onde existe uma diferença de natureza entre os dois elementos, temos então uma perfeita identidade. A *organicidade* do partido é a da parte da classe trabalhadora que o constitui (como tal); na formulação acima mencionada, temos o órgão, a parte mais avançada da classe proletária e o proletariado restante: assim, o processo permanece irremediavelmente interrompido, e nenhuma reconstrução é capaz de restaurar a continuidade natural e orgânica entre partido e massa, inerente ao conceito que defendemos.[5]

Para o documento minoritário, a consequência prática de tal concepção estava contida nas próprias *Teses de Roma* – "não se pode exigir que, em determinada época ou às vésperas de ações gerais, o Partido tenha reunido as condições para

---

[5] "Schema di tesi della minoranza alla Conferenza nazionale di Como", em Ugo Pecchioli (org.), *Da Gramsci a Berlinguer*, cit., p. 199.

enquadrar a maioria do proletariado sob sua direção ou para levá-lo a aderir a suas fileiras"[6]. Nas *Teses*, a indicação dada pelo Comintern de criar grandes partidos de massa era não apenas desconsiderada, mas totalmente invertida.

O relatório de Bordiga em Como apresentou novamente as *Teses de Roma* e o que se dissera na reunião e no CC de abril, defendendo a exatidão da linha do Partido de Livorno à Executiva ampliada, sem acrescentar novos argumentos aos já tradicionalmente apoiados pela esquerda.

Apenas um mês depois da Conferência de Como (17 de junho a 8 de julho de 1924), realizou-se o V Congresso da Internacional Comunista, um acontecimento de considerável importância, pois o novo grupo dirigente liderado por Gramsci, além de obter o reconhecimento oficial do Comintern, também registrou a convergência de Tasca.

De modo paradoxal, justamente o Congresso marcado pela mudança mais decisiva para a esquerda da Internacional, em posições em muitos aspectos semelhantes às da esquerda do PCd'I, levou à exclusão definitiva dos bordiguistas dos órgãos de governo do Partido, e ao início de uma batalha cada vez mais acirrada contra o fracionamento, tanto no Partido internacional como no italiano.

No Congresso[7], o primeiro sem a liderança de Lênin, houve uma inversão de linha em relação à questão alemã, em torno da qual giravam os temas táticos dos comunistas ocidentais. A mudança de linha elevou novamente a esquerda do KPD e colocou no banco dos réus Karl Radek, contestado sobretudo por Zinoviev, o protagonista dessa mudança. Num contexto marcado pelos confrontos cada vez mais duros pela sucessão de Lênin, Zinoviev parecia assumir um papel de maior importância e prestígio do que os outros líderes da velha guarda.

De acordo com Zinoviev, nas novas *Teses* sobre as táticas da Internacional, a política mundial da burguesia passava por uma fase "democrático-pacifista", destinada a levar os partidos da Segunda Internacional à liderança dos governos de muitos países ocidentais, e tudo isso inevitavelmente teria gerado entre as massas populares múltiplas "ilusões" sobre a possibilidade de reformar o capitalismo. No entanto, não foi o início de uma verdadeira democratização das sociedades ocidentais. Para Zinoviev, essa nova fase foi apenas o mascaramento de um domínio destinado a se manifestar de maneira cada vez mais cruel e reacionária em nível internacional. A confirmação veio de exemplos concretos. Assim, a vitória das forças democráticas na França e na Inglaterra, nações lideradas por socialistas e trabalhistas, de forma alguma restringiu a corrida armamentista, os saques e

---

[6] Idem.

[7] Embora Gramsci quisesse especialmente participar do Congresso, até mesmo para reencontrar, após seis meses, sua parceira Julca, que estava grávida, foi retido em Roma pela eclosão da crise de Matteotti, sem conseguir chegar a Moscou.

a exploração mais ferozes dos povos coloniais e semicoloniais, nem afetou as contradições interimperialistas, aliás, sempre mais agudas. Precisamente nessa questão, o crescente antagonismo entre os Estados Unidos e o Japão revelou com clareza uma nova irrupção de guerra imperialista planetária.

Nesse contexto, a social-democracia foi, para Zinoviev, o melhor disfarce, porque, por um lado, confundiu as massas ao falar de uma greve geral contra a guerra e, por outro, continuou a apoiar os imperialistas de sua própria casa, ajudando a isolar a União Soviética, apoiando os preparativos para a invasão militar da Rússia. Duas tendências na política mundial da burguesia competiam pelo primado: uma mais reacionária e autoritária, ansiosa por um confronto aberto e sem mediação com as forças revolucionárias; outra democrático-reformista, interessada em melhorar as relações de poder a seu favor, graças à corrupção das massas trabalhadoras obtida com a "política de pequenas concessões". A burguesia já não era capaz de governar com seus métodos tradicionais; portanto, usava alternadamente o fascismo e a social-democracia. Nos dois casos, para o líder bolchevique, o objetivo era o mesmo: mascarar a natureza capitalista de seu domínio.

> Já há vários anos, a social-democracia está passando por um processo de metamorfose; da ala direita do movimento sindical, ela tende a se transformar na ala esquerda do lado burguês, às vezes até em ala do fascismo. É por isso que é incorreto, historicamente, falar da vitória do fascismo sobre a social-democracia. No que diz respeito às camadas dominantes, o fascismo e a social-democracia são apenas a mão direita e a esquerda do capitalismo moderno [...].[8]

Essas declarações abriram o caminho para uma das formulações mais nefastas elaboradas na história do comunismo para o destino do movimento operário mundial e não apenas, o "fascismo social", para o qual, em linhas gerais, não é possível encontrar gradações de diversidade entre os partidos democráticos, social-democratas e partidos fascistas, entre formas autoritárias e democráticas de governo burguês. Amadeo Bordiga pode ser considerado um precursor da teoria do fascismo social, e ele não apenas nunca mudou de posição, nem mesmo após o desastre de 1933, como depois chegou a dizer que o pior fruto do fascismo tinha sido precisamente o antifascismo.

Apesar de estarem em absoluta contradição com a linha anterior, as *Teses* reafirmaram formalmente as premissas do III e do IV Congressos: a conquista da maioria dos explorados através da criação de células fabris, das frações comunistas

---

[8]   Jane Degras (org.), *Storia dell'Internazionale comunista attraverso i documenti ufficiali*, t. 2: *1923-1928* (Milão, Feltrinelli, 1975), p. 168.

nos sindicatos, dos movimentos estruturados no sistema de comitês de fábrica, o aprimoramento estratégico da questão camponesa e nacional.

Se as teses sobre táticas apresentadas pelo IV Congresso eram uma mediação entre as duas interpretações opostas (esquerda e direita) da "frente única" e do governo dos trabalhadores, no V Congresso toda mediação implodiu, com uma clara predominância das posições apoiadas pela esquerda. Karl Radek chegou a ser acusado de oportunismo, culpado de distorcer completamente o significado e as perspectivas das táticas decididas pelo Comintern. Segundo Zinoviev, a ideia de "frente única" e de governo dos trabalhadores e camponeses não devia ser interpretada como "uma aliança política mesquinha, uma coalizão orgânica de todos os partidos operários, uma aliança política dos comunistas com a social-democracia"[9], pelo contrário, indicava a tarefa de uma luta incansável para "desmascarar a social-democracia" diante dos trabalhadores e limitar sua influência. A contradição dessas teses com o que foi aprovado nos dois congressos anteriores e especialmente com o que Lênin afirmou em seus discursos é por demais evidente. Para as teses do III e do IV Congressos, aprovadas e assinadas por Lênin, a tarefa de formar partidos de massa e realizar a "frente única", na realidade mais aberta a soluções de aliança, não devia limitar-se a um mero trabalho de agitação e propaganda e à ideia de uma "frente única de baixo", enquanto para as *Teses* do V Congresso, "a tática da frente única é apenas um método de agitação e mobilização revolucionária das massas em determinado período"[10]. No IV Congresso, a palavra de ordem de governo operário e camponês tinha gerado soluções intermediárias para a colaboração dos comunistas com as forças social-democratas e até democráticas. As soluções do V Congresso foram totalmente distintas:

> Os elementos oportunistas do Comintern também tentaram distorcer essa palavra de ordem, interpretando-a no sentido de governo, no interior da estrutura democrático-burguesa e da aliança política com a social-democracia. O V Congresso Mundial do Comintern rejeitou solenemente essa interpretação. Para o Comintern, a palavra de ordem do governo operário e camponês é a palavra de ordem da ditadura do proletariado [...]; não é mais nada e só pode ser um método de agitação e mobilização das massas pela derrubada revolucionária da burguesia [...], que só pode ser alcançada por uma revolta armada do proletariado, com o apoio da melhor parte dos camponeses, apenas pelos trabalhadores numa guerra civil. [...] Para os comunistas, a palavra de ordem do governo dos trabalhadores e camponeses nunca pode ser a tática dos acordos e coalizões parlamentares com a

---

9 Ibidem, p. 172.
10 Idem.

social-democracia. Pelo contrário: a atividade dos comunistas no Parlamento deve ser direcionada a desmascarar o papel contrarrevolucionário da social-democracia e esclarecer às massas trabalhadoras a natureza traiçoeira e o caráter mistificador dos chamados trabalhistas, que devem sua existência à burguesia e compõem governos liberais e burgueses.[11]

Zinoviev não se atreveu a negar as deliberações do III e do IV Congressos, por trás das quais estava a autoridade de Lênin, mas condenou sem reservas as posições de Karl Radek, reabilitando, em vez disso, as posições da esquerda alemã lideradas por Ruth Fisher, contra as quais Lênin e Radek lideraram uma dura batalha política. Uma revisão profunda em relação à linha anterior, após a qual, no entanto, foi confirmada a total continuidade das novas posições. Estar em contradição com Lênin teria sido arriscado mesmo para a estrela em ascensão do Partido Russo, Zinoviev. A prática da revisão no âmbito formal e de continuidade será repetida várias vezes na história da Terceira Internacional, dando origem a uma vertente de exegese política e ao treinamento de intelectuais especializados, cuja função principal era praticamente muito semelhante, em alguns aspectos, à exercida pelos *ulama* no direito positivo islâmico: garantir, na passagem do princípio à aplicação, o respeito a algumas regras formais, de maneira a legitimar um resultado, mesmo em contradição com o princípio a partir do qual se partiu, e institucionalizar alguns procedimentos destinados a legalizar qualquer discrepância entre teoria e prática[12]. Contudo, a partir de posições opostas, Bordiga e Radek tiveram desenvoltura em mostrar os limites dessa pretensa continuidade: o primeiro observou com satisfação a mudança de linha ocorrida, agora pedindo uma autocrítica severa por parte do Comintern quanto às deliberações do III e do IV Congressos; o segundo, partindo de uma posição reflexiva, reapresentou as teses desses dois Congressos com coerência e lógica, destacando a profunda discrepância das novas teses apresentadas por Zinoviev.

Sem entrar em detalhes sobre um debate, no entanto, repleto de pontos interessantes no plano histórico e teórico, o dado político mais importante desse Congresso foi a mudança decidida para a esquerda da Internacional, exatamente quando a nova maioria do PCd'I estava tentando alinhar a própria organização às *Teses* do III e do IV Congressos. Como parte do trabalho, estabeleceu-se uma nova composição dos principais órgãos do Partido Italiano, o Comitê Central e sua Executiva, cuja maioria ficou com o centro e os grupos de Tasca, naquele meio-tempo publicamente afastado dos expoentes mais conhecidos da direita

---

[11] Ibidem, p. 173-4.

[12] Biancamaria Scarcia Amoretti, *Il mondo musulmano. Quindici secoli di storia* (Roma, Carocci, 1998), p. 29.

maximalista, como Bombacci, um futuro fascista, e Graziadei, o revisionista da teoria do valor de Marx.

A esquerda, por sua vez, mantendo sua clara relutância em assumir qualquer responsabilidade nos órgãos de governo, pela primeira vez esteve ausente também no CC. Durante o Congresso, Zinoviev e a Executiva da Internacional procuraram em vão um diálogo com Bordiga, oferecendo-lhe também a vice-presidência da Internacional. A fase seguinte, até o Congresso de Lyon, caracterizou-se pela consolidação da nova maioria em torno de Gramsci, o novo secretário-geral do Partido, e pela intensificação da atividade fracionista e de oposição de Amadeo Bordiga.

5
O AMADURECIMENTO TEÓRICO ENTRE 1925 E 1926

Gramsci exerceu sua atividade parlamentar justamente no momento mais dramático da transição do sistema liberal para o regime fascista, que começou com o caso Matteotti e terminou com o fechamento autoritário das *leis fascistíssimas*, prólogo da prisão do intelectual sardo.

A crise política ligada ao assassinato de Giacomo Matteotti[1] provocou uma reação em torno do fascismo por componentes significativos das classes dominantes do país, tanto nos setores do mundo econômico quanto do bancário – de onde veio a proposta de um governo de reconstrução nacional – e, em particular, por componentes significativos da pequena e média burguesia, a principal base social do fascismo. Diante da crise, os partidos da oposição constitucional, que atraíram algum interesse da opinião pública[2], caracterizavam-se por uma ação

---

[1] Giacomo Matteotti (1885-1924) é uma das figuras mais importantes do antifascismo italiano. Deputado e jornalista socialista, foi um irreduzível opositor de Mussolini que denunciou as fraudes eleitorais, a violência e até a corrupção do movimento fascista. Por essa razão, foi raptado e assassinado por uma quadrilha de homens de confiança de Mussolini. O caso Matteotti, que envolveu o fascismo num escândalo que deflagrou a crise no governo (porque foram logo evidentes as responsabilidades de Mussolini), tem incríveis pontos em comum com o assassinato de Marielle Franco.

[2] Numa carta a Julca de 26 de novembro de 1924, Gramsci relatou o novo clima no país, diante de um regime aparentemente agonizante: "Ficamos muito fortes: conseguimos fazer comícios públicos diante de fábricas na presença de 4 mil operários que aclamavam o Partido e a Internacional. O fascismo já não desperta tanto medo […]. A burguesia está confusa: já não sabe como se dar um governo de confiança: deve apegar-se ao fascismo desesperadamente; as oposições se enfraquecem e na realidade apenas trabalham para obter de Mussolini maior respeito às formas legais" (Giuseppe Fiori, *Antonio Gramsci. Vita attraverso le lettere*, Turim, Einaudi, 1994, p. 99-100).

"equivocada e insuficiente"[3]. Essas forças cultivaram a crença de que poderiam derrotar o fascismo no terreno da ação parlamentar, mas o governo de Mussolini, apesar das tentativas de encontrar cobertura constitucional para suas milícias, era, antes de tudo, uma ditadura armada e os partidos aventinianos[4] ardilosamente subestimaram esse aspecto.

Entre as contribuições mais significativas e representativas da maturidade teórica de Gramsci certamente está sua única intervenção no Parlamento, proferida na Câmara dos Deputados em 16 de maio de 1925, contra o projeto de lei Mussolini-Rocco sobre as *Origens e os propósitos da legislação sobre associações secretas*[5]. Há muitos testemunhos sobre a atenção dos fascistas à intervenção de Gramsci, além do relato contido na carta a Julca de 25 de maio:

> A respeito dessa lei, fiz minha estreia no Parlamento. Os fascistas me fizeram um favor, pois, de um ponto de vista revolucionário, comecei com um fracasso. Como tenho voz baixa, eles se reuniram ao meu redor para me ouvir e me permitiram dizer o que eu queria, interrompendo-me constantemente apenas para desviar o fio do discurso, mas sem vontade de sabotar. Eu me divertia ouvindo o que eles diziam, mas não consegui parar de responder e acabei jogando o jogo deles, porque me cansei e não consegui mais seguir a abordagem que tencionara dar a meu discurso.[6]

Na biografia intelectual de Gramsci, essa intervenção assumiu uma importância muito particular por três razões: porque é um elo fundamental entre a elaboração pré e pós-prisão sobre o tema do fascismo/classes dominantes; porque antecipa muitos temas da virada analítica do Congresso de Lyon; e, finalmente,

---

[3] Antonio Gramsci, *La costruzione del Partito Comunista 1923-1926* (Turim, Einaudi, 1971), p. 27.

[4] A chamada secessão do Aventino foi o ato de rebelião de uma parte dos parlamentares antifascistas (socialistas, republicanos, católicos, liberais-democratas) que, depois do rapto do deputado socialista Giacomo Matteotti (10 de junho de 1924), decidiram (desde 26 de junho) não participar mais dos trabalhos da Câmara dos Deputados até a resolução do caso e o esclarecimento das responsabilidades do governo de Mussolini. O nome Aventino era uma evocação da chamada *secessio plebis*, ocorrida na antiga Roma entre os séculos IV e III a.C., quando a plebe se rebelou contra as prevaricações dos nobres retirando-se no cole do Aventino (um dos setes coles de Roma), depois de ter abandonado a cidade em massa. Isso paralisou todas as atividades militares, produtivas e comerciais realizadas pelo povo, que reivindicava a igualdade de direitos com os "patrícios".

[5] Gianni Fresu, "Antonio Gramsci, fascismo e classi dirigenti nella Storia d'Italia", *NAE: Trimestrale di Cultura*, Cagliari, Cuec, n. 21, ano 6, 2008, p. 33-4.

[6] Giuseppe Fiori, *Antonio Gramsci*, cit., p. 109.

porque esclarece definitivamente a distância, agora irreparável, entre a abordagem teórico-política de Gramsci e a de Bordiga.

Em seu discurso, interrompido repetidamente pelas intemperanças dos deputados fascistas, Gramsci deixou claro, acima de tudo, um ponto básico: o objetivo real da lei não era a maçonaria, com a qual o fascismo depois faria um acordo, mas a oposição antifascista. De maneira mais geral, o projeto de lei sobre associações secretas representava uma brecha para suprimir a liberdade de associação; declarava a necessidade de atingir a maçonaria, mas na realidade pretendia mexer com as demais liberdades democráticas.

Esse projeto de lei representava a primeira tentativa orgânica do fascismo de afirmar sua própria "revolução" e, diante de tal objetivo, Gramsci reivindicou para os comunistas o mérito de sempre levar muito a sério o perigo fascista, mesmo quando as outras forças o subestimavam, vendo-o como mera "psicose de guerra" e como um fenômeno superficial e transitório. Já em novembro de 1920, Gramsci lembrou que tinha previsto a chegada ao poder do movimento de Mussolini, caso a classe trabalhadora não se opusesse em armas à sua ascensão.

Para Gramsci, a maçonaria era o único partido verdadeiro da burguesia italiana, desde o *Risorgimento* até a "Marcha sobre Roma". Após a unificação, a maçonaria foi a principal ferramenta por meio da qual essa classe defendera a criação de um Estado unitário e liberal das ameaças de seus principais inimigos: o Vaticano e sua ala armada, os jesuítas, com o órgão *Civiltà Cattolica*, por trás do qual se concentraram as "velhas classes semifeudais de tendência bourbônica no Sul e os austríacos no Vêneto-Lombardia". O Vaticano nunca escondeu o objetivo de sabotar o Estado unitário, recorrendo à abstenção parlamentar e impedindo de toda forma a criação de uma ordem liberal capaz de questionar ou destruir a antiga ordem. Já em 1871, com a criação de um "exército de reserva rural", os jesuítas se comprometeram a bloquear o caminho do proletariado urbano, tanto no terreno revolucionário como no nível das conquistas democráticas. A maçonaria era a organização e, ao mesmo tempo, a ideologia oficial da burguesia italiana; portanto, declarar-se contrário à sua tradição significava ser contra a história política da burguesia italiana, contra o liberalismo e o próprio *Risorgimento*. Essas mesmas classes rurais, anteriormente representadas pelo Vaticano, agora eram enquadradas principalmente no fascismo, que assumiu a função histórica dos jesuítas: colocar as classes progressistas sob o controle das classes mais atrasadas. Com a crise induzida pela guerra, a burguesia industrial, incapaz de controlar o proletariado urbano e as massas camponesas cada vez mais inquietas, encontrou sua única resposta na palavra de ordem do fascismo. Essa crise, que não era um fenômeno puramente italiano, mas europeu e mundial, assumiu sua própria fisionomia devido a três fatores: a ausência de matéria-prima e, portanto, a forte limitação do desenvolvimento industrial enraizada no país potencialmente capaz de se desenvolver e absorver o trabalho excedente; a ausência de posses coloniais capazes de gerar os lucros necessários para uma aristocracia operária permanentemente aliada à burguesia; a questão meridional entendida como uma questão camponesa intimamente ligada à emigração em massa. O imperialismo, notava Gramsci, caracteriza-se pela exportação de capital; a Itália, em vez disso, exportava apenas mão de obra usada para remunerar o capital estrangeiro, empobrecendo o país de sua parte mais ativa e produtiva. Dessa forma, "a Itália tem sido apenas um meio de expandir o capital financeiro não italiano"[7].

Os partidos liberais da burguesia e a maçonaria italianas seguiram duas direções correspondentes a blocos sociais bem definidos: 1) o giolittismo visava a uma aliança com os socialistas para criar uma aristocracia industrial-burguesa e subjugar as massas camponesas do *Mezzogiorno*, bem como o proletariado industrial. Isso se materializou no Norte com a colaboração parlamentar, a política de obras públicas e das cooperativas; no Sul, com a corrupção das classes intelectuais e o domínio das massas através dos "aliciadores"; 2) O jornal *Corriere della Sera*, no entanto, apoiou políticos meridionais como Antonio Salandra, Vittorio Emanuele Orlando, Francesco Saverio Nitti e Giovanni Amendola e era a favor de uma aliança entre os industriais do Norte e a democracia rural meridional no campo do *livre comércio*. Ambas as soluções, embora afetadas por distorções e contradições internas, tenderam a ampliar a base do Estado italiano e a consolidar as conquistas do *Risorgimento*.

O fascismo afirmava querer conquistar o Estado. Na realidade, aquela lei em discussão sugeria um objetivo muito mais miserável: substituir a maçonaria, a única força organizada e eficiente da burguesia italiana, na ocupação do aparelho administrativo-institucional. Assim, quando Mussolini o interrompeu reivindicando o direito de toda revolução de substituir a classe no comando, o lapidar Gramsci apenas respondeu: "Somente a revolução baseada numa nova classe é a revolução. O fascismo não se baseia em nenhuma classe que ainda não estava no poder..."[8].

Em relação à maçonaria, o fascismo assumira as mesmas táticas que usara diante de outros setores da burguesia, mas não conseguiu absorver completamente a organização. Primeiro, tentou infiltrar-se nos núcleos, depois usou os métodos terroristas de paramilitarismo para conter sua resistência; agora intervinha na ação legislativa para induzir definitivamente à obediência as personalidades influentes das burocracias estatais e da alta banca. O fascismo teria buscado uma conciliação com a maçonaria, mas, da maneira como geralmente se faz perante um inimigo mais forte: "Primeiro quebram-se as pernas, depois se obtém um

---

[7] Antonio Gramsci, *La costruzione del Partito Comunista*, cit., p. 78.

[8] Idem.

acordo em condições de superioridade"[9]. A maçonaria teria aderido ao fascismo, constituindo uma tendência. No entanto, o fascismo representava uma solução que não era apenas regressiva, mas que era também afetada por uma fraqueza intrínseca proveniente do fato de ter todo o seu poder baseado no uso da força.

> A burguesia italiana, quando fez a unificação, era uma minoria da população, mas, como representava os interesses da maioria, mesmo que esta não a seguisse, pôde permanecer no poder. Você [Mussolini] venceu pelas armas, mas não tem nenhum programa, não representa nada de novo e de progressivo.[10]

Para Gramsci, o fascismo não teria sido capaz de resolver as contradições fundamentais da sociedade italiana, a começar pela questão meridional; de fato, as teria aguçado ainda mais, acrescentando outros elementos aos já acumulados pelo desenvolvimento da sociedade capitalista. A lei contra a maçonaria foi justamente a tentativa de contornar as contradições fundamentais do modo de produção social italiano, buscando um suporte adicional para manter o poder através do Estado policial e da repressão sistemática de todas as liberdades. Nessa intervenção, ele antecipou alguns dos temas mais importantes das *Teses de Lyon*, expondo a necessidade de uma análise menos esquemática e grosseira das classes dominantes italianas. Para Gramsci, era inconcebível afirmar a ausência de diferenças entre um regime democrático e um fascista, e era-lhe igualmente difícil acreditar que por trás do fascismo havia um bloco monolítico das classes dominantes italianas. Existiam, ao contrário, grandes contradições que era preciso revelar, caso se desejasse favorecer sua destruição.

Após a onda de indignação com o assassinato de Matteotti e a acusação de Mussolini pela responsabilidade política e moral por esse assassinato, a oposição aventiniana demonstrou sua ineficácia e inércia política. O grupo parlamentar comunista expôs sua posição ao Comitê de Oposição numa carta publicada posteriormente por *l'Unità*. Na situação política de crise do fascismo, determinada pelo assassinato de Matteotti, a atividade parlamentar não era considerada suficiente, salvo como reflexo de um forte movimento de oposição social ao fascismo capaz de envolver as grandes massas trabalhadoras. Além disso, o grupo comunista liderado por Gramsci propôs ao "Comitê de Oposição" a formação de uma assembleia parlamentar antifascista, separada e em contraste com o parlamento fascista, eleito com base na violência, na fraude e na prevaricação. Nas intenções do grupo comunista, o "Antiparlamento" deveria transferir a questão do crime contra Matteotti do campo jurídico para o político, incitando as grandes massas

---

[9] Idem.

[10] Ibidem, p. 82.

trabalhadoras a reivindicar melhores condições de vida e de trabalho e a impor resistência física contra a violência fascista; além disso, era necessário apelar aos ex-combatentes e ao Exército, lançando as palavras de ordem da greve fiscal e estabelecendo comitês de trabalhadores e camponeses para a derrubada do regime fascista. Em resposta às repetidas recusas dos grupos parlamentares da oposição, o grupo comunista reiterou sua proposta de um parlamento antifascista. Isolar--se das massas, deixar-se ficar entre as forças que davam suporte ao fascismo, levaria apenas ao fortalecimento do fascismo e à derrota completa das oposições. O regime fascista estava se preparando para lançar o sistema de *leis fascistíssimas* com as quais suprimiria definitivamente instituições parlamentares, liberdades individuais e coletivas, edificando o Estado totalitário.

No artigo "Elementi della situazione" [Elementos da situação] (*l'Unità*, 24 de novembro de 1925)[11], Gramsci escreveu que a decomposição previsível e esperada do Comitê Constitucional das oposições dera ao fascismo um novo impulso vigoroso. Tendo escapado do perigo, o regime agora se movia em duas direções: primeiro, visando à unificação orgânica, sob sua direção, de todas as forças da burguesia, de modo a concentrar todos os grupos conservadores e reacionários em torno de um único centro político. Isso aconteceu com a absorção molecular dos grupos de acompanhamento, ou conduzindo uma luta cada vez mais dura contra todos os antigos grupos dirigentes que ainda não tinham se rendido. A lei contra a maçonaria serviu exatamente para esse propósito. Ainda com o objetivo de se tornar a única direção central da burguesia, na frente econômica, o fascismo implementou uma série de medidas (restauração dos direitos adua-neiros, unificação do sistema bancário, mudanças no código comercial), visando garantir a supremacia da oligarquia industrial-agrícola, às quais foram confiadas as chaves de toda a economia nacional.

A segunda direção fundamental da política fascista teve como alvo o mundo do trabalho, para comprimir sua subjetividade política e social. Em essência, objetivava-se atingir todas as hipóteses de organização autônoma dos trabalhadores, limitar sua participação na vida política e inibir sua ambição de conduzir suas escolhas fundamentais. A tal finalidade destinavam-se a po-lítica sindical do fascismo (com a lei sindical fascista), a lei de associações já aprovada pelo Senado, a reforma do sistema administrativo com a instituição do *Podestà*[12] para os municípios do interior e a designação, pelas corporações, dos órgãos consultivos, nos quais se previa a exclusão de todos os que fossem considerados "subversivos".

---

[11] Ibidem, p. 85.

[12] Com essa reforma foram abolidas as instituições democráticas dos municípios e os prefeitos foram substituídos por uma nova figura nomeada diretamente pelo governo central, o *Podestà*.

A estrutura institucional assumida pelo regime fascista encontrou um ponto essencial na regulação de todos os órgãos econômicos e sociais do mundo do trabalho. A rede do sindicalismo fascista não surgiu por causa de um plano preparado pelo regime, mas teria sido, para Gramsci, a consequência de um fracasso resultante da Marcha sobre Roma: a falta de acordo com os sindicatos tradicionais dos trabalhadores.

Antes de conseguir o monopólio dos sindicatos fascistas, Mussolini confiou numa colaboração com a CGdL [Confederação Geral do Trabalho] e se reuniu várias vezes com os líderes socialistas. Em particular, houve uma reunião com D'Aragona e Buozzi, na qual o chefe do fascismo pediu ao sindicato que assumisse a liderança do Ministério da Economia Nacional e aceitasse a fusão com as corporações fascistas. Essa perspectiva fracassou, não tanto pela oposição dos sindicalistas, mas pela indisponibilidade da grande burguesia.

A colaboração com os reformistas se esfacelou, apesar de certa simpatia recíproca, porque, como resultado da saída dos trabalhadores da pequena e média burguesia da CGdL após as incursões dos esquadrões fascistas, a organização se viu cada vez mais dominada pelos comunistas. Assim, a adesão dos reformistas ao sindicato fascista teria levado a CGdL a cair nas mãos dos componentes mais radicais do movimento operário. O fracasso dessa tentativa levou às disposições legislativas que, entre 1924 e 1926, suprimiram as liberdades sindicais, juntamente com as liberdades individuais e coletivas, com a consolidação do corporativismo e a criação de um único sindicato.

A lei de 2 de junho de 1926, em particular, atribuiu ao sindicato fascista o direito exclusivo de celebrar contratos de trabalho, aprovado com o acordo dos líderes da reforma da CGdL. No final do ano, os líderes sindicais dissolveram a organização – com um documento assinado por Ludovico D'Aragona, Rinaldo Rigola, Giovanni Battista Maglione, Ettore Rena e Emilio Colombino –, declarando que se reconheciam na política sindical do fascismo. Uma capitulação, percebida como uma traição, não reconhecida por parte significativa do sindicato, que se reorganizou clandestinamente no congresso de fevereiro de 1927.

6
O Congresso de Lyon

O PCd'I, seção italiana da Terceira Internacional, nasceu em Livorno em 21 de janeiro de 1921. Para ressaltar ainda mais sua raiz nacional, após a dissolução da Internacional Comunista, assumiu, em 15 de maio de 1943, o nome de Partido Comunista Italiano. Todavia, a escolha de uma contextualização nacional mais clara da organização surgiu bem antes de 1943, com a primeira mudança de rumo de sua direção política entre os anos de 1925 e 1926. As *Teses* do Congresso de Lyon de 1926 são consideradas o eixo fundamental da guinada ocorrida na história dos comunistas na Itália, tanto em relação à concepção de partido como pela análise da sociedade. Em ambos os casos, chegou-se à superação completa das *Teses* elaboradas por Bordiga para o Congresso de Roma, após a profunda mudança na direção política do Partido sob a direção de Antonio Gramsci[1].

Como se sabe, a partir do final dos anos 1930 e sobretudo na luta de libertação nacional, o Partido Comunista tornou-se um sujeito político capaz de atrair estudantes, operários, artistas, literatos, professores universitários. Do pequeno partido de quadros, com presença restrita a determinadas realidades do país, passou a ser a principal organização política da Resistência, até inesperadamente se tornar o primeiro partido da esquerda italiana e o maior partido comunista do Ocidente. Tal transformação parecia impossível, tendo-se em conta a condição marginal e a cultura minoritária dessa organização no momento de seu nascimento nos anos de afirmação do fascismo. Deve-se buscar uma primeira explicação para esse fato na tenacidade com que, mesmo nos anos mais duros da repressão fascista, o PCd'I esforçou-se por manter na Itália uma estrutura clandestina e ativa, em vez de se limitar a transferir toda a sua organização para o exterior.

---

[1] Gianni Fresu, *Eugenio Curiel. Il lungo viaggio contro il fascismo* (Roma, Odradek, 2013), p. 103.

Não obstante as ondas repressivas que de tempos em tempos decapitaram sua vanguarda, o partido sempre manteve uma articulação clandestina graças à afluência de novos filiados, especialmente jovens. Entre 1926 e 1943, dos 4.671 condenados pelo tribunal especial fascista, 4.030 eram membros do Partido Comunista; dos 28.671 anos de prisão somados, quase 24 mil recaíram sobre seus dirigentes e militantes[2]. Contudo, embora importante, a presença obstinada dos comunistas no país, por si só, não explica esse fenômeno de crescimento exponencial. Ele provavelmente também foi influenciado pela evolução de sua linha, capaz de abandonar as abordagens sectárias e minoritárias de sua origem e abarcar com mais flexibilidade as condições nacionais, tornando-se um partido de massas em muitos aspectos herdeiro da tradição organizativa e social do antigo socialismo.

Primeiro, durante e após o Congresso de Lyon, confrontaram-se e chocaram-se duas ideias radicalmente opostas de partido, assim resumidas:

1) o partido entendido como parte da classe, ou seja, uma organização com ambições de massa, articulada em células de fábrica e empenhada na formação permanente de todos os seus quadros;

2) o partido entendido como órgão externo à classe, ou seja, uma organização restrita aos dirigentes revolucionários, temperados e incorruptíveis, capazes de ler no quadro econômico e social as contradições fundamentais das quais brotariam, no momento oportuno, as causas do estopim revolucionário.

No primeiro caso, temos a ideia de um partido com a ambição de aderir organicamente à estrutura produtiva – em cuja base está uma concepção molecular e processual de revolução, metodologicamente adversa a qualquer messianismo – e que tem a intenção de moldar plasticamente sua atividade à ação cotidiana dos trabalhadores, a chamada luta econômica. No segundo, uma elaboração que considera a luta pela melhoria das condições de vida e trabalho, bem como a luta política pela conquista cotidiana de posições de força na sociedade, como veículo de mentalidade corporativa e de corrupção da pureza revolucionária. Por essa interpretação, a conexão entre partido e massas só aconteceria no momento específico do conflito de classes.

O período compreendido entre o início de 1925 e o Congresso de janeiro de 1926 foi crucial para a evolução do pensamento de Gramsci relativo ao partido, a sua relação com as massas e às funções nele desempenhadas pelos intelectuais; um período no qual amadureceram completamente as experiências de direção e orientação política assumidas a partir de 1923. Uma fase na qual sua análise desenvolveu-se com o objetivo de questionar o papel desempenhado na sociedade italiana pelos intelectuais e qual seria o tecido que conecta as classes sociais

---

[2] Arturo Colombi, *Nelle mani del nemico* (Roma, Editori Riuniti, 1971).

dominantes. Nessas análises já estava presente a redefinição do conceito de Estado que antecipou a categoria hegemônica. As reflexões de Gramsci nessa fase são a base essencial da teoria sobre os intelectuais desenvolvida em *A questão meridional* e nas reflexões do cárcere. Ao mesmo tempo, esta é o ponto de chegada daquela e, no todo, tem suas raízes na experiência ordinovista.

A plataforma congressual da esquerda, publicada em *l'Unità* de 7 de julho de 1925, assentava sobre três eixos fundamentais as posições já expressas diversas vezes por seu líder Amadeo Bordiga: 1) o partido deveria ser entendido como órgão da classe que sintetiza e unifica os anseios individuais, de modo a diferenciar-se dos particularismos de categoria e atrair os elementos provenientes do proletariado de diversas categorias, dos camponeses, dos desertores da classe burguesa; 2) rejeitava-se a "bolchevização" – dada no V Congresso e reafirmada pelo "grupo centrista" dirigido por Gramsci –, isto é, a repartição organizativa do partido em células nas bases das fábricas; 3) recusava-se a luta contra as frações determinada pelo Comintern.

Esse posicionamento ganhou sua expressão mais completa no projeto das *Teses* para o Congresso. Segundo Bordiga, era impossível alterar a essência das situações objetivas, decorrentes do quadro mais geral das relações sociais de produção, por meio de determinada forma organizativa. Uma organização imediata de todos os trabalhadores com base na economia acabaria constantemente dominada pelos impulsos das diversas categorias profissionais de satisfazer os próprios interesses econômicos particulares determinados pela exploração capitalista. Daí provinha a profunda desconfiança, manifestada já na época dos conselhos, diante do empenho da organização nas disputas dos trabalhadores, no sindicato. No mesmo número de 7 de julho de *l'Unità*, Gramsci encarregou-se de dirigir-lhe uma réplica importante. Nela já se manifestava plenamente a continuidade com as elaborações dos anos de *L'Ordine Nuovo* sobre o tema da autonomia dos produtores, e era abordada pela primeira vez a ideia do "intelectual orgânico", afirmando que cada trabalhador, ao entrar para o Partido Comunista, se tornava um dirigente e, portanto, um intelectual. A esquerda concebia o partido como síntese dos elementos individuais e não como um movimento de massas e de classe, e essa era a raiz da teoria do partido em Bordiga:

> Nessa concepção há uma coloração de marcado pessimismo quanto à capacidade dos operários enquanto tais, uma vez que apenas os intelectuais poderiam ser homens políticos. Os operários são operários e não podem mais que isso enquanto o capitalismo os oprime: sob a opressão capitalista, o operário não pode se desenvolver completamente, não pode fugir do espírito típico de sua categoria. E o que é, assim, o partido? Restringe-se tão somente ao grupo de dirigentes que refletem e sintetizam os interesses e as aspirações genéricas da massa, mesmo

no partido. A doutrina leninista afirma e demonstra que essa é uma concepção falsa e extremamente perigosa; ela levou, entre outros problemas, ao fenômeno do mandarinismo sindical. [...] Os operários entram para o Partido Comunista não apenas como operários (metalúrgicos, marceneiros, construtores etc.), mas como operários comunistas, como homens políticos, isto é, como teóricos do socialismo, portanto, não como simples rebeldes; e no Partido, por meio das discussões, das leituras, da escola do partido, desenvolvem-se continuamente, tornam-se dirigentes. Somente no sindicato o operário entra em sua qualidade de operário, não de um homem político que segue determinada teoria.[3]

Segundo Gramsci, a concepção de Bordiga estava presa à primeira fase do desenvolvimento capitalista. Em 1848 ainda seria possível afirmar que "o partido é o órgão que sintetiza e unifica os anseios individuais e coletivos provocados pela luta de classes", mas, na fase de maior desenvolvimento capitalista (o imperialismo), o proletariado era profundamente revolucionário, e já assumia uma função dirigente na sociedade. Nesse mesmo período, Gramsci escreveu uma introdução ao primeiro curso da escola interna ao PCd'I, cujo objetivo de reforçar ideológica e politicamente os quadros e militantes era visto como o objetivo principal de um partido que tinha a intenção de tornar-se um partido de massas. A formação era uma maneira de transformar o operário comunista em dirigente e não deixar a luta ideológica exclusivamente nas mãos dos intelectuais burgueses.

A atividade teórica, a luta no *front* ideológico, sempre foi negligenciada no movimento operário italiano. Na Itália, o marxismo foi mais estudado pelos intelectuais burgueses, para adulterá-lo e direcioná-lo mais para o uso da política burguesa que dos revolucionários. Serviu de tempero para os molhos mais indigestos que os mais imprudentes aventureiros puderam pôr à venda. Foram marxistas a essa maneira Enrico Ferri, Guglielmo Ferrero, Achille Loria, Paolo Orano, Benito Mussolini...[4]

Nessa introdução, Gramsci contestou explicitamente as concepções de partido expostas nas *Teses* sobre a tática do Congresso de Roma:

[Nelas] a centralização e a unidade eram entendidas de modo excessivamente mecânico: o comitê central e o comitê executivo eram todo o partido, ao invés de

---

[3] Antonio Gramsci, "Il Partito si rafforza combattendo le deviazioni antileniniste", *l'Unità*, 5 jul. 1925.

[4] Idem, "Introduzione al primo corso della scuola interna di Partito", em *La costruzione del Partito Comunista 1923-1926* (Turim, Einaudi, 1971), p. 50-1.

representá-lo e dirigi-lo. Se essa concepção tivesse sido permanentemente aplicada, o partido perderia suas características políticas e distintivas e se tornaria, no melhor dos casos, um exército (e um exército de tipo burguês), perdendo assim sua força de atração, se apartaria das massas. Para que o partido viva e esteja em contato com as massas, cada um de seus membros deve ser um elemento político ativo, um dirigente. [...] A preparação ideológica de massas é, portanto, uma necessidade da luta revolucionária, é uma das condições indispensáveis da vitória.[5]

Para Gramsci, a tarefa de construir as células de fábrica era uma ocasião de autoeducação da classe operária; as células, de simples instrumento organizativo, transformavam-se em principal órgão da formação dos "intelectuais orgânicos" da classe operária, podendo contribuir para determinar a autonomia diante do aporte burguês externo:

> A célula transforma cada membro do partido num militante ativo, dando a cada um trabalho prático e sistemático. Por meio desse trabalho, cria-se uma nova classe de dirigentes proletários, ligados à fábrica, controlados por seus companheiros de trabalho, de modo que não podem transformar-se em funcionários e mandarins, fenômeno que se verifica em ampla escala em todos os partidos que conservaram a velha estrutura dos partidos socialistas.[6]

Em seu informe à reunião da Comissão Política para o Congresso, Gramsci comparou os pontos de divergência entre "o centro do Partido" e a "extrema esquerda" em três níveis de relação: entre grupo dirigente do partido e demais filiados; entre grupo dirigente e classe operária; entre classe operária e o restante das classes subalternas:

> Nossa posição deriva da conclusão de que se deve dar o máximo destaque ao fato de que o partido é unido à classe não apenas por laços ideológicos, mas também por ligações de caráter físico. [...] Segundo a extrema esquerda, o processo de formação do partido é um processo sintético; para nós, é um processo de caráter histórico e político, estreitamente ligado ao desenvolvimento da sociedade capitalista. Essa diferença de entendimento leva a determinar de modo distinto as funções e as tarefas do partido. Em decorrência das concepções equivocadas da extrema esquerda, todo trabalho que o partido deve realizar para elevar o nível político das massas, para convencê-las e trazê-las para o terreno da luta de classes

---

[5] Ibidem, p. 56-7.
[6] Idem.

revolucionária vem sendo desvalorizado e dificultado, devido à separação inicial que se criou entre o partido e a classe operária.[7]

A questão teórica da organização por células ressaltava a necessidade de "ligações físicas" entre partido e classe num conjunto, enquanto na afirmação de uma necessária "tutela" dirigente por parte do grupo especializado Bordiga apresentava como problema central o risco de corporativismo entre os operários. Para Gramsci, isso evidenciava uma concepção paternalista que desvalorizava muito a capacidade de direção da classe operária, de modo a reduzi-la a sujeito menor, incapaz de autodeterminação política.

Já no decorrer do debate que antecedeu o Congresso de Lyon, e em maior medida no próprio evento, Gramsci apresentou a teoria sobre o partido da esquerda em continuidade com toda a história intelectual da Itália, com a filosofia de Croce e a tradição elitista e oligárquica da filosofia política idealista e liberal. Tal conceito seria posteriormente retomado nos *Cadernos*, nos quais Gramsci colocou no mesmo plano o comportamento intelectualista do "intelectual puro" de Bordiga e o de Croce:

> O que importa para Croce é que os intelectuais não se rebaixem ao nível da massa, que entendam que uma coisa é a ideologia, instrumento prático para governar, e outra coisa é a filosofia e a religião, que não devem ser prostituídas na consciência dos mesmos sacerdotes. Os intelectuais devem ser governantes e não governados, construtores de ideologias para governar os outros e não charlatães que se deixam envenenar e morder por suas próprias víboras. [...] A posição de "intelectual puro" vem a ser um verdadeiro "jacobinismo" deteriorado e, nesse sentido, guardadas as diferentes estaturas intelectuais, Amadeo pode ser comparado a Croce.[8]

Ao tratar do tema da relação entre a classe operária e o restante dos explorados e fazer dele a base das teses congressuais, Gramsci enfatizou o valor estratégico atribuído por Lênin à questão camponesa e à política de alianças[9]. Para Lênin, se existia a aspiração de, não apenas iniciar uma revolução, mas sobretudo vencê-la e conservar o poder, era necessário preparar profundamente a revolução, "conquistar as grandes massas", "obter a simpatia das massas". "Atrair para nós não apenas a maioria da classe operária, mas também a maioria da população trabalhadora e explorada do campo."[10]

---

[7] Ibidem, p. 482.

[8] Antonio Gramsci, *Quaderni del carcere* (Turim, Einaudi, 1977), p. 1.213.

[9] Vladímir Ilitch Lênin, *Opere complete* (Roma, Editori Riuniti, 1955-1970), v. 32, p. 457.

[10] Idem, *Sul movimento operaio italiano* (Roma, Editori Riuniti, 1970), p. 233.

Esse era um tema fundamental para um país como a Itália, onde o proletariado era uma minoria sem caráter nacional. Mais precisamente, Gramsci tratou de contextualizar para a Itália o grande tema debatido entre o III e o IV Congressos da Internacional Comunista. Como já exaustivamente explicado, naquela ocasião, atentos às dificuldades internacionais e à complexidade dos processos revolucionários no Ocidente, Lênin e a Executiva do Comintern lançaram a palavra de ordem da conquista da maioria das classes subalternas e da unidade da classe operária por meio da tática da "frente única", essencial para a definição das categorias de hegemonia em Gramsci.

Já no Congresso de Lyon foram apresentadas três ordens de problemas que acabaram por constituir a espinha dorsal do famoso ensaio de 1926 sobre a condição peculiar do Sul no equilíbrio nacional italiano: a questão meridional, entendida como questão camponesa; o tema do partido político da classe camponesa e a função reacionária desempenhada pelo Vaticano.

A atitude diante do fascismo das *Teses de Roma* e mais amplamente a abordagem teórica de Bordiga, sua tendência a subestimar a diferença entre quadro democrático e reacionário, eram para Gramsci exemplos claros de uma maneira equivocada de conceber a tática. Como já mencionado na abertura, as *Teses de Lyon* marcaram uma completa mudança também no plano da análise relativa à sociedade italiana, antecipando múltiplos aspectos da elaboração carcerária de Gramsci e a avaliação mais madura do grupo dirigente do PCd'I que se afirmava na metade dos anos 1930.

No período de crise que se sucedeu ao crime contra Matteotti, não bastava conduzir uma campanha de crítica ideológica ao regime e à oposição, limitar-se a uma propaganda capaz apenas de tratar igualmente os dois sujeitos; era necessário incitar a oposição, levando-a para o terreno da derrubada do fascismo, como premissa inicial de qualquer outra ação dos comunistas. As *Teses* refutaram claramente qualquer equiparação simplista entre quadro democrático e fascismo, como as ideias sustentadas por Bordiga e afirmadas no Comintern entre 1928 e 1930. Palavras assim claras, a propósito, só seriam encontradas a partir do VII Congresso da Internacional Comunista de 1935:

> É absurdo afirmar que não existe diferença entre uma situação democrática e uma situação reacionária e que numa situação democrática seja mais difícil o trabalho para a conquista das massas. A verdade é que hoje, numa situação reacionária, luta-se para organizar o partido, enquanto numa situação democrática se lutaria para organizar a insurreição.[11]

---

[11] Antonio Gramsci, *La costruzione del Partito Comunista*, cit., p. 487.

Quando o fascismo estava surgindo e desenvolvendo-se, segundo Gramsci, o PCd'I limitava-se a considerá-lo um "órgão de combate da burguesia" e não também um movimento social. Com isso, o PCd'I não se colocou em condições de conter o avanço e apor-se a sua ascensão ao poder com uma ação política apropriada; isso também o levou a trabalhar contra os "Arditi del Popolo"*, um movimento de massas vindo de baixo que o PCd'I deveria ter ajudado a desenvolver e passado a dirigir.

O próprio objetivo de derrotar o fascismo estava relacionado ao problema da hegemonia da classe operária diante das massas camponesas:

> A situação italiana caracteriza-se pelo fato de que a burguesia é organicamente mais fraca que em outros países e só se mantém no poder enquanto consegue controlar e dominar os camponeses. O proletariado deve lutar para tirar os camponeses da influência da burguesia e colocá-los sob sua direção política. Esse é o ponto central dos problemas políticos que o Partido deverá resolver no futuro próximo.[12]

Segundo as *Teses*, o elemento predominante da sociedade italiana era uma forma particular de capitalismo no qual conviviam um industrialismo ainda frágil e incapaz de absorver a maioria da população e uma agricultura que ainda constituía a base econômica do país, marcada pela predominância de camadas pobres (assalariados agrícolas, trabalhadores rurais itinerantes), muito próximos das condições do proletariado e, portanto, potencialmente sensíveis à sua influência.

Entre as duas classes dominantes – industrial e agrária – colocava-se como elemento de ligação uma pequena e média burguesia urbana bastante extensa. A debilidade do modo de produção na Itália – desprovido de matéria-prima – empurrava a indústria para várias formas de conciliação econômica com os grandes latifundiários, baseadas numa "solidariedade de interesses entre estratos privilegiados em detrimento das exigências produtivas mais gerais". O próprio processo do *Risorgimento* expressou essa fraqueza, porque a construção do Estado nacional se realizou graças à exploração de fatores particulares da política internacional e sua consolidação tornou necessária aquela conciliação social que tornou inoperante na Itália a luta econômica entre industriais e proprietários agrários e a mudança de grupo dirigente, típica de outros países capitalistas. Essa conciliação baseada na exploração parasitária por parte das classes dominantes provocou

---

* Literalmente, "audaciosos do povo". Organização antifascista de inspiração sindicalista, criada na Itália em 1921 por um grupo de veteranos da Primeira Guerra Mundial com o objetivo de defender os trabalhadores. *Ardito* era o soldado do grupo de combate italiano na Primeira Guerra Mundial. (N. E.)

[12] Antonio Gramsci, *La costruzione del Partito Comunista*, cit., p. 487.

uma polarização entre acúmulo de imensas riquezas em grupos sociais restritos e a pobreza extrema do restante da população, levando ao déficit da balança, à limitação do desenvolvimento econômico a certas áreas do país, e dificultou a modernização do sistema econômico do país de forma harmônica e equilibrada com as características nacionais.

Tanto o desastre na primeira parte da guerra mundial quanto o próprio advento do fascismo são analisados nas *Teses* à luz dessa fraqueza originária da Itália, antecipando um padrão interpretativo fundamental nas reflexões dos *Cadernos* relativas ao *Risorgimento*. A conciliação entre industriais e proprietários agrários atribuía às massas trabalhadoras do *Mezzogiorno* a mesma posição das populações coloniais; nela, o Norte industrializado era como a metrópole capitalista para a colônia; as classes dirigentes do Sul (grandes proprietários e média burguesia) desempenhavam a mesma função das categorias sociais das colônias aliadas com os colonizadores para manter a massa do povo sujeita à exploração. Todavia, na perspectiva histórica, esse sistema de conciliação mostrou-se ineficaz por ter se transformado num obstáculo ao desenvolvimento da economia industrial e agrária. Em diversos momentos, isso levou a níveis muito agudos de luta entre as classes e, por isso, a pressões cada vez mais fortes e autoritárias do Estado sobre as massas.

O período de maior debilidade do Estado italiano foi identificado por Gramsci nos decênios 1870-1890, sobretudo em virtude da ação desempenhada pelo Vaticano como catalisador do bloco reacionário antiestatal constituído por remanescentes da aristocracia, dos proprietários agrários, das populações rurais donas de terras e das paróquias. O Vaticano manifestara a intenção de atuar em duas frentes: de um lado, explicitamente contra o Estado burguês unitário e liberal; de outro, tentando constituir, por meio dos camponeses, uma espécie de exército de reserva para barrar o avanço do movimento operário socialista.

O equilíbrio instável do novo Estado, tema presente nas *Teses*, também é uma das questões fundamentais de investigação nos *Cadernos do cárcere*. Basta pensar nas notas em que Gramsci se debruça sobre a fórmula retórica (idealizada pelos clérigos) que tendia a contrapor uma Itália real, composta pela maioria católica avessa ao novo Estado unitário, e uma Itália legal constituída por uma minoria de patriotas exaltados dedicados à causa nacional e ao ideário liberal. Embora a fórmula tenha surgido num contexto político editorial de "tolo panfleto difamatório de sacristia", ela era, para Gramsci, muito eficaz do ponto de vista da polêmica porque indicava bem a separação existente entre Estado e sociedade civil. Obviamente, não se podia entender toda a sociedade civil com uma feição clerical, porque ela era amplamente heterogênea e disforme. E foi justamente por essa natureza desagregada que o Estado não teve dificuldade em dominá-la, superando as contradições e os conflitos que irrompiam de maneira esporádica e localizada, fora de qualquer coordenação no plano nacional ou tendência a um fim determinado.

Assim, para além de uma situação objetiva de separação entre Estado e sociedade, o próprio clericalismo não poderia ser considerado expressão real da sociedade civil, sobre a qual demonstrava dificuldade de exercer uma direção real e eficaz. A Igreja, na realidade, temia as próprias massas populares que controlava com a promessa de salvação. Para Gramsci, até a fórmula do *non expedit*[13] era a mostra desse pavor e incapacidade política: afinal, a tentativa de boicote ao novo Estado que isso prefigurava se revelava objetivamente subversiva. Isso explica por que, com a crise do fim do século e os acontecimentos de 1898, a reação do Estado se abateu tanto sobre as primeiras iniciativas de organização socialista quanto sobre as organizações clericais. O abandono da política expressa pela fórmula "nem eleitores, nem eleitos", por parte do Vaticano, que levou primeiro ao Pacto Geniloni e depois ao nascimento do Partido Popular, nasceu da constatação daquele fracasso.

Gramsci via uma verdadeira cisão entre país real e país legal nos fatos que dividiram a Itália no início da crise Matteotti e chegaram à edição das *leis fascistíssimas*, quando essa cisão foi superada por meio da supressão dos partidos políticos, das liberdades individuais e coletivas e do enquadramento da sociedade civil numa única organização política que fazia coincidir Estado e partido.

O período que vai de 1890 a 1900 foi o primeiro no qual a burguesia colocou-se concretamente o problema de organizar a própria ditadura. Foi um período marcado por uma série de intervenções políticas e legislativas de cunho protecionista – a favor da grande produção industrial (particularmente a indústria mecânica) e da agricultura com base no latifúndio (grãos, arroz, milho) – que levou à denúncia dos tratados comerciais com a França e ao ingresso da Itália na órbita da Tríplice Aliança liderada pela Alemanha. Nessa fase articulou-se posteriormente a aliança entre industriais e proprietários de terras, subtraindo os estratos rurais ao controle do Vaticano em perspectiva antiunitária.

Ao alinhamento do bloco agroindustrial correspondem, pois, os progressos das organizações operárias e a rebelião das massas camponesas.

Mas é na definição do fascismo que as *Teses* alcançam seu nível mais elevado de análise e conceitualização, introduzindo um novo modelo interpretativo do fenômeno, destinado a fazer escola na historiografia e não apenas no interior do campo marxista.

---

[13] Com o chamado "*Non expedit*", em 1868, o papa Pio X declarou que os católicos italianos não deviam participar das eleições do Reino da Itália. Essa disposição vigorou formalmente até as eleições de 1919. Contudo, já cinco anos antes, foi estipulado um pacto entre o liberal Giovanni Giolitti e o católico Ottorino Gentiloni para bloquear o avanço parlamentar do Partido Socialista, que possibilitou a participação dos fiéis nas eleições de 1913.

O fascismo encaixava-se plenamente no quadro tradicional das classes dirigentes italianas, assumindo a forma da reação armada com o objetivo preciso de desagregar as fileiras das organizações das classes subalternas e assim garantir a supremacia das classes dominantes. Por essa razão, ele foi o favorito e o protegido indistintamente entre todos os velhos grupos dirigentes, entre os quais foram sobretudo os latifundiários que financiaram e apoiaram os esquadrões fascistas contra o movimento dos camponeses. A base social do fascismo, porém, era composta pela pequena burguesia urbana e pela nova burguesia agrária.

O fascismo alcançou unidade ideológica e organizativa nas formações paramilitares que herdaram a tradição do arditismo e a aplicaram à guerrilha contra as organizações dos trabalhadores. Pelas *Teses*, o fascismo pôs em prática seu plano de conquista do Estado com uma "mentalidade de capitalismo nascente" capaz de dar à pequena burguesia uma homogeneidade ideológica não conformista em contraposição aos velhos grupos dirigentes e ao socialismo.

> No conteúdo, o fascismo modifica o programa da conservação e da reação que sempre dominou a política italiana somente por uma maneira distinta de conceber o processo de unificação das forças reacionárias. À tática dos acordos e das concessões ele contrapõe o propósito de realizar uma unidade orgânica de todas as forças da burguesia num só organismo político sob o controle de uma única central que deveria dirigir também o partido, o governo e o Estado. Esse propósito corresponde à vontade de resistir a fundo a qualquer ataque revolucionário, o que permite ao fascismo ganhar as adesões da parte mais decididamente reacionária da burguesia industrial e agrária.[14]

Todavia, o método fascista de defesa da ordem, da propriedade e do Estado não chegou a realizar, imediata e totalmente, esse nível de centralização da burguesia com a tomada do poder. Assim, a tradução política e econômica de seus propósitos produziu várias formas de resistência internamente às próprias classes dirigentes. As duas orientações tradicionais da burguesia liberal italiana, a que remontava ao giolittismo e a que se remetia ao [periódico] *Corriere della Sera*, não foram completamente absorvidas ou subjugadas com a tomada de poder por Mussolini. Isso explica a luta contra os grupos remanescentes da burguesia e contra a maçonaria, ou seja, contra seu principal centro de atração e organização que estava na base do Estado.

No plano econômico, o fascismo atuou totalmente em favor das grandes oligarquias industriais e agrárias, negligenciando as aspirações de sua própria base social, a pequena burguesia, que com ele esperava obter um avanço nas

---

[14] Antonio Gramsci, *La costruzione del Partito Comunista*, cit., p. 495.

condições sociais e econômicas. Isso se deu no plano das políticas comerciais, com o recrudescimento do protecionismo alfandegário, no financeiro, com a centralização do sistema de crédito em benefício da grande indústria, assim como no da produção, com o aumento das horas de trabalho e a diminuição das remunerações. Mas a verdadeira meta do fascismo estava na política externa e nas aspirações imperialistas, a respeito das quais as *Teses* adiantaram uma ideia que se concretizaria catorze anos depois.

> O coroamento de toda propaganda ideológica, da ação política e econômica do fascismo é a tendência deste ao imperialismo. Essa tendência é a expressão da necessidade sentida pelas classes dirigentes industriais e agrárias de encontrar fora do campo nacional os elementos para a resolução da crise política da sociedade italiana. Estão aí os germes de uma guerra que será travada, aparentemente, para a expansão italiana, mas na qual, em realidade, a Itália fascista será um instrumento nas mãos de um grupo imperialista que almeja o domínio do mundo.[15]

A indicação lançada pelo Congresso da Internacional de construir os partidos de massas radicados nos locais de trabalho por meio das células de fábrica (a chamada "bolchevização") foi retomada e desenvolvida pelo velho grupo ordinovista por meio da reelaboração dos temas que emergiram no "biênio vermelho", da experiência do movimento de conselhos, mencionada explicitamente nas *Teses*:

> A prática do movimento de fábrica (1919-1920) demonstrou que somente uma organização aderente ao lugar e ao sistema da produção permite que se estabeleça um contato entre os estratos superiores e inferiores da massa trabalhadora e que se criem vínculos de solidariedade que cortem pela raiz qualquer fenômeno de formação de uma *aristocracia operária*. A organização por células leva à formação no partido de um estrato vasto de elementos organizativos (secretários de células, membros dos comitês de célula etc.), os quais são parte da massa e nela permanecem exercendo funções diretivas, diferentemente dos secretários de seção territoriais, que eram necessariamente elementos destacados das massas trabalhadoras.[16]

Nessa definição coloca-se plena e completamente o tema da relação entre dirigentes e dirigidos, entre intelectuais e massa, segundo os termos clássicos da elaboração gramsciana. Para Gramsci, no embate interno ao PCd'I, a distinção entre os dois diferentes modos de entender a revolução era nítida: de um lado, as massas eram consideradas massa de manobra, instrumento da revolução; de

---

[15] Ibidem, p. 497.
[16] Ibidem, p. 505.

outra parte, eram entendidas como sujeito protagonista e consciente desta. Nos *Cadernos*, esse tema foi amplamente desenvolvido a partir das considerações sobre partido político, o instrumento por meio do qual a relação de representação deveria superar sua condição de delegação passiva, característica da sociedade burguesa. Na realidade, os partidos e as representações acabaram tornando-se espaço de ocupação e gestão oligárquica dos centros de poder e de perpetuação exclusiva das suas funções dirigentes. Para Gramsci, a relação governantes-governados deriva da divisão do trabalho, da distinção entre funções intelectuais e manuais. Para ele, "cada homem é um filósofo", é a organização técnica que o torna um dirigido e não mais um dirigente; portanto, o objeto principal de um partido consiste em formar dirigentes e seu ponto de partida deve ser o de não considerar aquela distinção natural e imutável.

Assim, o problema da ausência de uma relação orgânica de representação na política não dizia respeito apenas aos partidos da elite da tradição liberal, nos quais a função de direção era exercida unilateralmente por homens de cultura, mas também aos chamados partidos do movimento operário. Se, num partido, a única função das massas é a da fidelidade militar aos grupos dirigentes, a relação dualista é exatamente a mesma.

As *Teses de Lyon* representam um divisor de águas essencial, seguramente o ponto mais alto no qual a elaboração teórica e a direção política de Gramsci encontram um ponto de entendimento elevadíssimo. Na biografia de Gramsci, elas representam um ponto de continuidade entre as batalhas anteriores a 1926 e as reflexões do cárcere, o testemunho mais vívido do quanto é impossível separar o Gramsci político e militante do Gramsci "desinteressado" ou "homem de cultura". As *Teses de Lyon* representam a consagração do "novo curso" no PCI e, neste, do grupo dirigente liderado por Gramsci, nascido em torno de *L'Ordine Nuovo* nos tumultuados anos do pós-guerra; nele, dá-se o acerto de contas entre a nova perspectiva e o percurso político e intelectual do velho grupo turinense. A guinada de Lyon constitui a premissa essencial para compreender o papel histórico assumido pelo PCI tanto na Resistência como na fase posterior à Libertação; é o antecedente mais impregnado da profunda mudança na iniciativa dos comunistas entre o VII Congresso e a "virada de Salerno" de 1944.

Terceira parte

O teórico

I
DAS CONTRADIÇÕES DA SARDENHA
À QUESTÃO MERIDIONAL

A questão meridional está sistematicamente presente em toda a elaboração política e na análise de Gramsci da sociedade italiana, questão problemática em torno da qual se articulam as contradições do processo de unificação nacional e a modalidade distorcida de desenvolvimento econômico e social do país. Aprofundando tudo isso, com uma elaboração que levou anos, Gramsci conseguiu definir algumas de suas categorias mais importantes e estudadas mundialmente, como hegemonia, intelectuais e grupos subalternos, tidas hoje como essenciais para se decifrarem as relações internacionais de domínio colonial.

Como já foi adiantado na abertura, a elaboração de Gramsci fundamenta-se na centralidade desse problema, sendo profundamente marcada pelo conhecimento direto das formas de modernização distorcidas e da submissão colonial de sua terra, a Sardenha. O século XIX foi emblemático para a história da Itália, não apenas pelos processos políticos que prepararam e conduziram a um evento tão complexo e difícil de se realizar como a Unificação, mas também porque nele foram determinadas significativas tensões dialéticas (econômico-sociais, político--institucionais, culturais) ligadas à modernização, destinadas a ter importantes reflexos na própria história do século XX, a começar pela história da Sardenha. No transcurso do século XIX registraram-se processos reformadores que, prescindindo dos julgamentos sobre o mérito e os resultados obtidos, constituíram um épico momento de mudanças no tocante à modernização[1]. O problema da constituição de um capital originário e de uma consequente burguesia com características

---

[1] Os aprofundamentos sobre este tema derivam de meu estudo sobre o banditismo social e as transformações ocorridas na Sardenha do século XIX. Parte desses estudos resultaram numa monografia, da qual provém boa parte das considerações presentes neste capítulo. Gianni Fresu, *La prima bardana. Modernizzazione e conflitto nella Sardegna dell'Ottocento* (Cagliari, Cuec, 2011), p. 115-25.

modernas, as mudanças no regime fundiário e nas modalidades de produção e acumulação no campo, a questão dos arranjos institucionais da ilha em relação às modificações muito complexas na península, são todos temas de absoluto relevo histórico que, no passado, tiveram múltiplos momentos de aprofundamento monográfico no âmbito econômico, jurídico e histórico[2]. Na Sardenha, a tradição dialética cidade-campo assume uma conotação peculiar como dialética cruzada entre burguesia urbana e comunidades dedicadas à atividade pastoril e, ao mesmo tempo, entre agricultura sedentária e nômade. Todos os problemas econômicos, culturais e políticos vinculados às reformas sobre a "propriedade perfeita"[3] e a subversão do velho regime feudal, assim como as fases mais agudas do mal-estar social manifestado nas ondas de banditismo, estão diretamente ligadas a essa dialética. Uma confirmação autorizada vem dos inúmeros materiais de pesquisa e análise das várias investigações parlamentares realizadas na Sardenha a partir de uma investigação, particularmente importante, presidida por Agostino Depretis entre 1868 e 1871[4], e dos documentos do Reino da Sardenha que remontam aos anos das reformas no regime fundiário mantidas no Arquivo de Estado de Turim e Cagliari. As tentativas de reforma no campo institucional, econômico e social e suas repercussões sociais – a começar pelas medidas que produzem a fusão perfeita no marco constitucional do Estatuto Albertine – permitem obter um panorama da história das classes dominantes e subalternas na Sardenha.

Nos mesmos anos em que o fenômeno da criminalidade meridional adquiriu conotação de massas, o banditismo social na Sardenha atingiu níveis extremos de intensidade. A peculiaridade, e se quisermos, o elemento de maior interesse científico, é que na Sardenha tivemos uma antecipação de alguns traços essenciais nas formas de hegemonia e dominação dos governos dos Savoia, que também acabariam caracterizando a posterior tomada das regiões meridionais após a Unificação. A concepção administrativa e moderna do Estado piemontês, permeada por um esclarecimento e uma confiança fisiocráticos em relação às

---

[2] Dentre tantos, assinalamos os trabalhos de Italo Birocchi: "Considerazioni sulla privatizzazione della terra in Sardegna dopo le leggi abolitive del feudalesimo", *Archivio Sardo del Movimento Operaio, Contadino e Autonomistico*, n. 11/13, 1980; *Per la storia della proprietà perfetta in Sardegna. Provvedimenti normativi, orientamenti di governo e ruolo delle forze sociali dal 1839 al 1851* (Milão, Giuffrè, 1982); "La questione autonomistica dalla 'fusione perfetta' al primo dopoguerra", em *La Sardegna* (Turim, Einaudi, 1998); "Il *Regnum Sardiniae* dalla cessione ai Savoia alla 'fusione perfetta'", em *Storia dei Sardi e della Sardegna. L'Età contemporanea. Dal governo Piemontese agli anni Sessanta del nostro secolo* (Milão, Jaca Book, 1990).

[3] A privatização da terra sobre a qual antes existiam usos cívicos comuns e as regras do regime feudal.

[4] Francesco Manconi (org.), *Le inchieste parlamentari sulla Sardegna dell'Ottocento. L'Inchiesta Depretis* (Cagliari, Edizioni della Torre, 1984).

possibilidades de transição normativa para a modernidade, revelou, no choque com a realidade da Sardenha, certa rigidez política que, mesmo na era liberal, impedia a compreensão profunda das verdadeiras causas de seu mal-estar. Tudo integrava o mesmo leito do confronto militar e das intervenções legislativas destinadas a apagar as anomalias da civilização pastoril da Sardenha, com um regime de terras que impedia sua sobrevivência. "Os piemonteses obedeceram a um plano de colonização mais pontual e rigoroso que o espanhol, um projeto que exigia controle seguro de todo o território da ilha."[5] O estado de anarquia latente, marcado, entre outras coisas, pela cifra de quatrocentos homicídios ao ano, numa população modesta[6], era intolerável até para as classes dirigentes piemontesas, de modo que repentinamente se afirmou a ilusória pretensão de conquistar militarmente a zona do mal-estar e normalizá-la em definitivo. Uma estratégia perseguida, com sistemática aplicação, a partir das duríssimas expedições repressivas entre 1735 e 1738. O banditismo sardo moderno, com suas características conhecidas e constantes até tempos relativamente recentes, explodiu devido ao choque entre essa pretensão e a resistência a ela oposta. A história contemporânea da Sardenha mostra um paradigma histórico próprio diante do advento do Estado moderno e dos processos de transição dos modos de produção, numa situação marcada, portanto, pelas contradições políticas e pela debilidade das novas classes sociais em vias de afirmação[7].

Para Antonio Gramsci, a classe agrária continuava a ser a questão central nos processos políticos entre os séculos XVIII e XIX, cuja falta de solução em sentido progressivo[8] trouxe uma marca bem precisa até mesmo para a história do *Risorgimento* italiano:

> Qualquer formação de vontade coletiva nacional popular é impossível se as grandes massas de camponeses não entrarem *simultaneamente* na vida política. [...] Toda a história a partir de 1815 mostra o esforço das classes tradicionais para impedir a formação de uma vontade coletiva desse tipo, para manter o poder "econômico-corporativo" num sistema internacional de equilíbrio passivo.[9]

---

[5] Manlio Brigaglia, *Sardegna perché banditi* (Milão, Carte Segrete, 1971), p. 60.

[6] Na metade do século XX, a Sardenha tinha 600 mil habitantes. Hoje tem 1,5 milhão de habitantes. É a região com menor densidade populacional da Itália.

[7] Eric J. Hobsbawm, *I banditi. Il banditismo sociale nell'età moderna* (Turim, Einaudi, 2002), p. 107 [ed. bras.: *Bandidos*, 5. ed., trad. Donaldson M. Garschagen, São Paulo, Paz e Terra, 2015].

[8] Na terminologia gramsciana o uso de "progressivo/a" – que não deve ser condundido com "progressista" – refere-se às mudanças que produzem não apenas modernização, mas democratização: a ampliação da base social do Estado, a inclusão na cidadania de estratos sociais antes excluídos.

[9] Antonio Gramsci, *Quaderni del carcere* (Turim, Einaudi, 1977), p. 1.560.

O processo de fusão e absorção entre a Sardenha e o Piemonte também ocorreu num "equilíbrio passivo", destinado a pesar negativamente em termos de poder de barganha e capacidade de afetar o equilíbrio nacional pelas classes dominantes da Sardenha; no entanto, ele trouxe consigo a consolidação de um bloco político-social conservador, destinado a durar muito tempo. Independentemente das avaliações de mérito, esse continua a ser o principal fato político[10].

Como bem resumiu Birocchi – talvez o estudioso que lidou com essas questões com maior rigor e seriedade científica –, "o triunfo da propriedade na Sardenha coincidiu com o surgimento de uma burguesia não apenas desprovida dos horizontes universalistas que a levaram à liderança do movimento de reforma em outros lugares, mas ligada a mentalidades e práticas clientelistas surgidas de interesses extremamente restritos"[11].

Nos últimos trinta anos do século XIX, portanto também nos anos da infância de Gramsci, a Sardenha foi atingida por uma série de sinais contraditórios: novos aspectos da modernização econômica e social que coexistiram com uma condição de profundo atraso e disseminação de um estado de miséria da grande maioria de sua população. Devido a vários fatores – tais como o fracionamento exagerado das propriedades, o peso excessivo dos impostos fundiários, a ausência de capital para investimentos, crédito insuficiente –, as reformas não levaram às mudanças esperadas em termos de modernização da produção agrícola, estilos de vida e relações sociais. No entanto, com suas contradições não resolvidas, a Sardenha estava caminhando para uma transformação capitalista de suas relações sociais e para se inserir num circuito mais amplo do mercado nacional e europeu, e isso também aconteceu com a expulsão da terra de faixas cada vez maiores da população envolvida em atividades rurais, principalmente pequenos proprietários. Isso aconteceu sem que o domínio piemontês, primeiro, e a unificação da Itália, em seguida, tivessem resolvido suas contradições ou tocado minimamente no atraso estrutural de sua economia.

Os termos desse desenvolvimento desigual e a debilidade intrínseca com a qual a Sardenha viveu a transição para a modernidade estavam destinados a persistir mesmo no novo século. Paradoxalmente, um dos sinais mais fortes de unidade pelo qual a Sardenha foi reconhecida como parte integrante da realidade nacional não vem da história das classes dominantes, mas da de suas massas exploradas: a proclamação da primeira greve geral nacional da história da Itália, originada em 1904 pelo massacre de Buggerru[12]. Ainda em 1919, num artigo

---

[10] Gianni Fresu, *La prima bardana*, cit.

[11] Italo Birocchi, *Per la storia della proprietà perfetta in Sardegna*, cit., p. 446-7.

[12] O massacre de Buggerru (pequena cidade do sul da Sardenha) é um dos episódios mais conhecidos da história da luta de classes na Itália. Refere-se à repressão do Exército que du-

intitulado "I dolori della Sardegna" [As dores da Sardenha], Antonio Gramsci se expressava nestes termos:

> Por que deve ser proibido que *l'Avanti!* relembre que em Turim tiveram lugar os conselhos de administração das ferrovias da Sardenha e de algumas empresas de mineração? [...] Por que não podemos lembrar que os mineradores da Sardenha recebem salários de fome, enquanto os acionistas de Turim mantêm suas carteiras com dividendos cristalizados com o sangue dos mineradores da Sardenha, que muitas vezes se limitam a comer raízes para não morrer de fome? Por que deveria ser proibido lembrar que dois terços dos habitantes da Sardenha andam descalços no inverno e no verão, porque o preço das peles é elevado a níveis proibitivos pelos impostos protecionistas que enriquecem os industriais de couro de Turim, um dos quais é presidente da Câmara de Comércio? Por que é proibido lembrar que no Estado italiano, na Sardenha, camponeses, pastores e artesãos são tratados pior do que a colônia da Eritreia, pois o Estado "investe" na Eritreia enquanto explora a Sardenha, cobrando--lhe tributos imperiais?[13]

Em seu estudo *Rapporti di produzione e cultura subalterna* [Relações de produção e cultura subalterna], sobre uma formação econômico-social concreta como a rural da Sardenha, o antropólogo Giulio Angioni analisou as profundas diferenciações entre as camadas subordinadas e os níveis correspondentes de consciência social, em razão das diferentes formas de apropriação da riqueza. Essas estratificações sociais, com as consequentes diferenciações de "ideologias desorganizadas ou pedaços remendados de ideologias", sofrem formas não lineares de exploração e dominação segundo modalidades que, em muitos casos, podem ser equiparadas às realidades "pré-capitalistas ou não capitalistas".

Em áreas de desnível, como as chamadas "zonas internas" da Sardenha, por exemplo, as comunidades agrícolas e pastoris podem ser objeto de tamanha exploração e sujeitas a um regime tão repressivo que houve quem comparasse essas situações a um processo de rapina do tipo colonial ou semicolonial, enquanto, em outros

---

rante a greve do 4 de setembro de 1904 atirou contra os mineradores que se manifestavam pela redução do nível de exploração, pelo aumento dos salários e das medidas de proteção do trabalho nas minas. Esse acontecimento originou a primeira greve geral convocada pelo sindicato na história da Itália.

[13] Antonio Gramsci, "I dolori della Sardegna", edição piemontesa de *L'Avanti!*, 16 abr. 1919, em *Scritti 1915-1925* (Milão, Moizzi, 1976), p. 177.

casos, podemos falar de fácil absorção e "funcionalização", pelo "sistema", das peculiaridades locais e das eventuais resistências.[14]

Para Angioni, a noção de subdesenvolvimento e atraso deve ser sobreposta à de dependência e subordinação, que assume particular importância numa região periférica da área europeia como a Sardenha, que permaneceu até tempos relativamente recentes fora dos processos de industrialização. O atraso econômico e o fraco desenvolvimento das forças produtivas certamente influenciaram a configuração "primordial e gelatinosa" da sociedade civil, a expansão limitada desse conjunto de iniciativas privadas que, para Gramsci, formam o aparelho de hegemonia política e cultural das classes dominantes. Segundo Angioni, a transformação do regime fundiário durante o século XIX, de maneira "mais funcional para o desenvolvimento das regiões continentais do Reino", constitui um "caso precoce de colonialismo interno" que, em vários aspectos, antecipa as características do desenvolvimento desigual típico da questão meridional posterior à Unificação:

> Com alguma precisão, pode-se dizer que a Sardenha foi, de certo modo, um pequeno teste do processo de discriminação que se desenvolveu macroscopicamente mais tarde no contexto do Estado nacional italiano, dirigido pela burguesia industrial e financeira das regiões setentrionais e, secundariamente, pelos proprietários de terras e de outras classes de parasitas do Sul.[15]

Compreender Gramsci em profundidade sem ter consciência de quanto tal pano de fundo o influenciou parece irrealista ou, no mínimo, parcial. Não foi apenas na idade adulta que Gramsci chegou a uma visão do conflito de classe e da revolução como objetivação de um bloco social que reunia as reivindicações da classe operária setentrional e dos grupos subalternos do *Mezzogiorno*. Como dissemos na abertura deste volume, por sua importância, em Gramsci a questão camponesa não chegou apenas a partir da leitura de Lênin, mas teve suas raízes na concretude da formação social sarda, no conjunto de experiências de vida e observação cuidadosa de seu mundo, com todas as suas contradições. Essa matriz ressurgiu nos anos de militância socialista, quando a centralidade das relações desiguais de desenvolvimento entre o Norte e o Sul na defesa dos equilíbrios sociais passivos nacionais se tornou cada vez mais clara para Gramsci.

---

[14] Giulio Angioni, *Rapporti di produzione e cultura subalterna. Contadini in Sardegna* (Cagliari, Edes, 1982), p. 55-6.

[15] Ibidem, p. 70.

Já em artigo de abril de 1916, Gramsci encontrou na questão meridional um entrecruzamento de contradições paradigmáticas dos limites do processo de unificação nacional, a partir da escolha do modelo centralista, inadequado à realidade italiana e profundamente diferente do que Cavour tinha em mente. Depois de mais de mil anos, eram reunificados dois troncos da península até então caracterizados por formas de desenvolvimento histórico, econômico e até institucional completamente diferentes. "A centralização brutal", escreveu o jovem Gramsci, concebia o Sul como um mercado colonial interno ao Norte, confundindo ou ignorando as reais necessidades do *Mezzogiorno*. A única alternativa à miséria absoluta era encontrada nos êxodos bíblicos da emigração em massa, enquanto a reação a esse estado de coisas se manifestou nas formas episódicas e inorgânicas da rebeldia camponesa ou do banditismo. Para Gramsci, o protecionismo foi o instrumento pelo qual a questão meridional tornou-se orgânica e estrutural; não por acaso, em 1913 o ainda muito jovem Gramsci uniu-se à Liga Antiprotecionista da Sardenha de Attilio Deffenu[16], uma figura que o influenciou bastante, mas ainda pouco conhecido entre seus estudiosos. O protecionismo era a moeda de troca do bloco histórico que unia a burguesia industrial do Norte e as classes parasitárias de propriedades fundiárias meridionais, cujas contas eram pagas pela imensa plebe do Sul:

> O protecionismo industrial elevava o custo de vida do camponês calabrês, sem que o protecionismo agrário, inútil para os produtores, [...] conseguisse restaurar o equilíbrio. A política externa dos últimos trinta anos tornou quase

---

[16] Uma das figuras mais representativas da renovação política no novo século foi Attilio Deffenu, nascido em Nuoro, em 1890, e morto na batalha do rio Piave, em 16 de junho de 1918, com apenas 27 anos de idade. Filho do presidente da sociedade operária de Nuoro (Giuseppe), ele teve a oportunidade de viver esses anos intensamente, dando uma nova perspectiva às reivindicações tradicionais da Sardenha. Ao estudar direito em Pisa, Deffenu entrou em contato com socialistas e anarquistas, ligando-se às orientações de intelectuais como Georges Sorel e sindicalistas como Arturo Labriola. Colaborou com a revista anarquista *Il Pensiero* e com *Il Giornale d'Italia* e fundou, em 1914, a revista *Sardenha*. Deffenu ligou-se, especialmente, ao pensamento sulista de Gaetano Salvemini; nesse sentido, aderiu ao movimento antiprotecionista, escreveu um manifesto a respeito e publicou, em sua revista, um debate realmente novo e profundo, ainda que tenha ocupado apenas quatro números da publicação, sobre a questão da Sardenha. Em vez de se debruçar sobre os erros e a indiferença da política nacional em relação à Sardenha, um tema que certamente não é negligenciado, Deffenu preferiu analisar de forma concreta os temas econômicos e sociais do desenvolvimento desigual, propondo o estabelecimento de uma frente unida das regiões (meridionais) que mais sofreram com o processo desequilibrado de construção do Estado nacional, identificando a verdadeira origem de todos os seus males no clientelismo e na natureza parasitária das classes dominantes da Sardenha.

estéreis os benefícios advindos da emigração. As guerras eritreias, na Líbia, levaram à emissão de empréstimos internos, os quais absorveram as economias dos emigrados. Costuma-se falar de falta de iniciativa nos meridionais. É uma acusação injusta. O fato é que o capital sempre procura as formas de emprego mais seguras e lucrativas, e que o governo ofereceu os abonos quinquenais com muita insistência. Onde já existe uma fábrica, esta continua a se desenvolver para poupar, mas onde toda forma de capitalismo é incerta e aleatória, a poupança suada e acumulada com esforço não confia e vai procurar investir onde há lucro tangível. Assim, os latifúndios, que tendiam em algum período a se dividir entre os ricos americanos retornantes, continuarão a existir ainda por um tempo, graças ao flagelo da economia italiana, enquanto as empresas industriais do Norte encontram na guerra uma fonte de lucros colossais, e toda a potencialidade produtiva nacional voltada à indústria da guerra se circunscreve ainda mais ao Piemonte, à Lombardia, à Emília e à Ligúria, e faz esvair-se aquele pouco de vida que existia nas regiões do Sul.[17]

Em artigo publicado em 7 de julho do mesmo ano, na edição piemontesa de *l'Avanti!*, Gramsci retornou a esse tema. Na Itália, o protecionismo consolidou-se explorando habilmente os interesses antagonistas entre cidade e campo, contrapondo assim uma parte do país à outra, de modo a garantir o consenso das classes dirigentes regionalmente estabelecidas. Nessa dinâmica, o preço do trigo tornou-se uma alavanca para garantir a sobrevivência dos setores improdutivos e parasitários, ao invés de ser um instrumento capaz de favorecer o desenvolvimento rural.

O tributo protecionista do trigo levou muitos do campo a semear em terras semiestéreis, com a segurança de um lucro ínfimo garantido artificialmente pelo Estado, pela razão usual do aumento de produtos nacionais. A situação de monopólio criada pela guerra, que de 29 francos levou o trigo a mais de 40 francos, serve para criar a ilusão de que, mesmo semeando na areia, sempre há o suficiente para ser ganho. Entretanto, os agricultores da planície Padana, que não semeiam na areia, mas nas terras férteis e irrigadas da Lombardia e da Emília em particular, obtêm ganhos fabulosos, que só encontram páreo nos superlucros industriais da guerra. É muito conveniente para esses senhores explorar o fato consumado da colheita de trigo de terras improdutivas para insinuar que é preciso fixar o preço máximo para garantir aos agricultores pobres uma renda justa, mas, à custa de assumir atitudes aparentemente desagradáveis

---

[17] Antonio Gramsci, "Il Mezzogiorno e la guerra", *Il Grido del Popolo*, XXII, n. 610, 1º abr. 1916, em *Scritti giovanili 1914-1918* (Turim, Einaudi, 1958), p. 31-2.

e odiosas, é o proletariado, especialmente urbano, que deve reagir contra essas campanhas tendenciosas.[18]

Ainda sob o impacto do que ocorrera na Rússia em 1917, Gramsci retomou o tema em *L'Ordine Nuovo* de 2 de agosto de 1919, avançando na ideia de aliança entre operários e camponeses para superar a relação antagônica entre cidade e campo. No artigo, Gramsci descreveu o processo de concentração e centralização em perspectiva monopolista durante a guerra e o definitivo triunfo da forma imperialista de desenvolvimento do capitalismo italiano. Esse texto é particularmente interessante também porque nele estão presentes os primeiros elementos de sua leitura sobre os grupos subalternos, que posteriormente seriam centrais nos *Cadernos*. Às formas atrasadas e parasitárias nas relações sociais em torno do regime feudal (na Rússia, na Itália, na França e na Espanha), corresponde determinada psicologia, na qual as instituições econômicas e políticas não são categorias históricas, mas categorias naturais e, enquanto tais, perpétuas. Na realidade, segundo Gramsci, a grande propriedade fundiária pôde conservar-se com essa forma somente por ter sido protegida da livre concorrência. Aqui também a mentalidade do camponês continuou a mesma do "servo da gleba", tendendo a se rebelar periodicamente contra os "senhores", porém incapaz de pensar em si mesmo como parte de uma classe que age coletivamente de acordo com um fim determinado e que parte da consciência no próprio terreno histórico. Estas passagens do artigo, embora não mencionem diretamente a Sardenha, trazem evidentes referências a sua realidade social:

> A psicologia dos camponeses era, em tais condições, incontrolável; os sentimentos reais permaneciam ocultos, implicados e confusos num sistema de defesa contra explorações, puramente egoísta, sem continuidade lógica, composta em grande parte por furtividade e um falso servilismo. A luta de classes confundia-se com criminalidade, chantagem, queima das florestas, roubo de gado, rapto de crianças e mulheres; com ataques à municipalidade: era uma forma de terrorismo elementar, sem consequências estáveis e efetivas. Assim, a psicologia do camponês foi objetivamente reduzida a uma quantia muito pequena de sentimentos primordiais, dependentes das condições sociais criadas pelo Estado democrático-parlamentar: o camponês ficou completamente à mercê dos proprietários e seus bajuladores e oficiais públicos corruptos, e a maior preocupação de sua vida era defender-se fisicamente das armadilhas da natureza elementar, dos abusos e da barbárie cruel dos proprietários e funcionários públicos. O camponês sempre

---

[18] Idem, "Clericali ed agrari", edição piemontesa de *L'Avanti!*, XX, n. 187, 7 jul. 1916, em *Scritti giovanili 1914-1918*, cit., p. 42-3.

viveu fora do domínio da lei, sem personalidade jurídica, sem individualidade moral: ele permaneceu um elemento anárquico, o átomo independente de um tumulto caótico, apenas contido pelo medo da polícia e do diabo. Não entendia a organização, não entendia o Estado, não entendia a disciplina; paciente e tenaz no esforço individual de arrancar frutos escassos e magros da natureza, capaz de inauditos sacrifícios na vida familiar, ele era impaciente e selvagemente violento na luta de classes, incapaz de estabelecer um objetivo geral de ação e persegui-lo com perseverança e luta sistemática.[19]

No entanto, segundo Gramsci, a guerra e os sacrifícios das trincheiras mudaram radicalmente essa psicologia, favorecendo a irrupção no cenário político das classes, estratos sociais e categorias até então silenciosas, que se tornaram protagonistas da revolução dos soviéticos dentro de um amplo bloco social com a classe operária. É precisamente com base nessa visão que Gramsci elabora uma ideia de revolução que não é encontrada no restante do movimento socialista italiano. Conceitos adotados e desenvolvidos numa coluna de *L'Ordine Nuovo* em 3 de janeiro de 1920, em que, entre outras coisas, pode ser lida mais explicitamente a ideia do Sul como uma colônia de exploração no interior das modalidades passivas da modernização conservadora nacional.

Mesmo o nascimento do jornal *l'Unità*, já mencionado, estava intimamente ligado a essa perspectiva, tornada ainda mais urgente pela afirmação do fascismo como a consolidação desses equilíbrios passivos entre partes dinâmicas e outras partes parasitárias ou improdutivas da sociedade italiana. O jornal nasceu em plena crise da reação fascista e numa fase de profunda crise do recém-criado Partido Comunista, paralisado por uma concepção profundamente sectária, tanto da organização como das alianças de classe a serem perseguidas. Para combatê-lo com mais eficácia, a administração da Internacional aprovou a proposta de fundar um "periódico operário" capaz de consolidar o objetivo estratégico da unidade das classes subordinadas italianas, das massas trabalhadoras do Norte e das rurais do *Mezzogiorno*.

O famoso ensaio *Alcuni temi della questione meridionale* [Alguns temas da questão meridional] foi elaborado em outubro de 1926, um mês difícil e, sob vários aspectos, crucial para a vida de Antonio Gramsci: no dia 14, de fato, ele escreveu a famosa carta ao CC do PCR, na qual censurou os métodos usados para liquidar a oposição a Stálin, ao mesmo tempo que afirmava reconhecer-se nas posições expressas pela maioria. Com relação ao debate, Gramsci ponderou questões de mérito, distanciando-se claramente do método usado pelo grupo

---

[19] Idem, "Operai e contadini", *L'Ordine Nuovo*, 2 ago. 1919, em *Scritti politici* (Roma, Editori Riuniti, 1969), v. I, p. 227.

liderado por Stálin e conclamando o Partido Soviético para a necessária unidade, indispensável ao movimento comunista internacional, especialmente numa fase de refluxo como essa. Como atualmente é bem sabido, Togliatti, então representante do Partido em Moscou, recusou-se a encaminhar a carta, não compartilhando de seu conteúdo e abrindo uma divergência, acerca da qual já se discutiu e escreveu mais do que o suficiente, muitas vezes também fora de propósito, e em que não pretendemos adentrar. Um mês antes, Gramsci teve uma controvérsia muito séria com o diretor de *l'Unità*, Alfonso Leonetti, dando origem a uma série de cartas violentas[20] entre o secretário-geral e a equipe editorial, até sua prisão.

No ensaio sobre a questão meridional, Gramsci retomou alguns dos principais temas das *Teses de Lyon* com a intenção precisa de desenvolvê-las e lhes dar uma forma orgânica, a ponto de criar uma ferramenta de análise útil para entender melhor a gênese histórica do fascismo e identificar as ferramentas mais adequadas para derrotá-lo. Gramsci tinha consciência da importância dessa tarefa e do peso de sua responsabilidade, tanto que trabalhou escrevendo muito lentamente, ponderando o efeito de cada palavra, temendo não expressar o conteúdo de seu pensamento com a devida clareza. De acordo com vários testemunhos a esse respeito, principalmente o de Ruggiero Grieco, já relembrado várias vezes aqui, essa preocupação levou Gramsci a ter insônia e ansiedade, impelindo-o a submeter os rascunhos ao exame crítico de todos os camaradas que o procuravam. Como se sabe, o último documento antes do cárcere não tinha sido concluído em razão da sua prisão, ocorrida em 8 de novembro. Após uma reunião do grupo parlamentar comunista para discutir a atitude a ser tomada em relação à agenda na sessão da Câmara dos Deputados, marcada para o dia seguinte (restabelecimento da pena de morte e revogação da sede parlamentar dos deputados aventinianos), Gramsci estava voltando para casa, na rua Morgagni, às 22h30, quando foi preso. Conduzido ao centro de detenção Regina Coeli, foi submetido a confinamento solitário por dezessete dias, antes de iniciar a peregrinação por diversos centros prisionais do país.

O resgate de "La questione meridionale" [A questão meridional], recuperado na casa de Gramsci imediatamente após sua prisão, deve-se a Camilla Ravera, e sua publicação, a Palmiro Togliatti, que o fez sair na revista do Partido, *Lo Stato Operaio*, impressa em Paris em 1930. Em 6 junho de 1932, Gramsci escreveu a Tania Schucht uma carta muito importante para localizar "A questão meridional" em sua dimensão correta e entender como, a partir desse artigo, Gramsci enveredou para um caminho de análise sobre o "transformismo", entendido não

---

[20] Para maiores detalhes, remetemos a Giuseppe Fiori, *Antonio Gramsci. Vita attraverso le lettere* (Turim, Einaudi, 1994), p. 121-4.

como simples fenômeno de mau costume político, mas como um processo preciso de formação das classes dominantes italianas por cooptação. Esse fenômeno implicava necessariamente uma redefinição da noção de Estado, que deveria ser estendida às diferentes gradações com as quais a dominação política se expressava na sociedade italiana.

> Se você estudar toda a história da Itália a partir de 1815, verá que um pequeno grupo dirigente conseguiu absorver metodicamente em seu círculo todo o contingente político que os movimentos de massa, de origem subversiva, criavam. De 1860 a 1876, o Partido da Ação foi absorvido pela monarquia, deixando um remanescente insignificante que continuou a viver como Partido Republicano, mas tinha um significado mais folclórico do que histórico-político. O fenômeno foi chamado transformismo, mas não era um fenômeno isolado; foi um processo orgânico que substituiu, na formação dos dirigentes, o que havia acontecido na revolução com Napoleão, na França, e com Cromwell, na Inglaterra. De fato, mesmo após 1876, o processo continua, molecularmente. Ele assume uma escala imponente após a guerra, quando parece que o grupo dirigente tradicional não é capaz de assimilar e direcionar as novas forças nascidas dos eventos. Mas esse grupo dirigente é mais funesto e capaz do que se poderia pensar: a absorção é difícil e pesada, mas ocorre, apesar de tudo, de várias maneiras e com métodos diferentes. A atividade de Croce é uma dessas formas e métodos; seu ensino produz a maior quantidade de "sucos gástricos" adequados à função da digestão. Colocada numa perspectiva histórica, da história italiana, é claro, a diligência de Croce aparece como a máquina mais poderosa para conformar as novas forças vitais que o grupo dominante tem hoje.[21]

Como o próprio Gramsci deixou claro no início, a redação do ensaio inspirou-se na publicação, na revista *Quarto Stato*, de um artigo em que se analisou o livro de Guido Dorso, *La rivoluzione meridionale* [A revolução meridional]. De fato, no artigo em questão, fez-se uma acusação específica contra o grupo ordinovista: ter tratado a questão meridional com uma atitude demagógica inteiramente focada na "fórmula mágica" da subdivisão das grandes propriedades entre os proletários rurais. Contrariamente a essa tese, confirmada por um artigo de *L'Ordine Nuovo* de 3 de janeiro de 1920, citado no ensaio, Gramsci reivindicou aos comunistas de Turim o mérito de ter tirado a questão meridional de um indistinto âmbito intelectualista, apresentando-a à classe operária como um problema central para a política nacional do proletariado. A questão meridional foi subtraída ao monopólio dos grandes "gurus" do mundo acadêmico e intelectual a que os editores da

---

[21] Antonio Gramsci, *Lettere dal carcere* (Turim, Einaudi, 1975), p. 232.

Quarto Stato se referiam e, ao mesmo tempo, o campo foi liberado da abordagem antimeridionalista, que beirava o racismo, típico da tradição socialista italiana. Para a intelectualidade positivista do PSI, e num nível elementar para as massas do Norte, o atraso do *Mezzogiorno* não tinha razões históricas de caráter social e econômico, mas genéticas, biológicas.

> O *Mezzogiorno* é a bola de chumbo que impede o progresso mais rápido no desenvolvimento civil da Itália; os meridionais são seres biologicamente inferiores, semibárbaros ou bárbaros completos, por destino natural; se o *Mezzogiorno* está atrasado, a culpa não é do sistema capitalista ou de qualquer outra razão histórica, mas da natureza, que tornou os meridionais poltrões, incapazes, criminosos, bárbaros, temperando essa má sorte com a explosão puramente individual de grandes gênios, que são como palmeiras solitárias num deserto árido e estéril; [...] o Partido Socialista deu seu aval a toda a literatura meridionalista da camarilha de escritores da chamada escola positiva, como os [Enrico] Ferri, os [Giuseppe] Sergi, os [Alfredo] Niceforo, os [Paolo] Orano, que em esboços, artigos, contos, romances, livros de impressões e de memórias repetiram de diversas maneiras o mesmo refrão; mais uma vez, a *ciência* destinava-se a esmagar os pobres e os explorados, mas desta vez estava envolta em cores socialistas, fingindo ser a ciência do proletariado.[22]

Para Gramsci, os comunistas de Turim já tinham colocado a questão meridional nos termos de uma conquista "hegemônica" do proletariado do Norte diante das massas desagregadas do Sul:

> Os comunistas de Turim tinham se colocado concretamente a questão da hegemonia do proletariado, isto é, da base social da ditadura do proletariado e do Estado operário. O proletariado pode se tornar uma classe dirigente e dominante na medida em que conseguir criar um sistema de alianças de classe que lhe permita mobilizar a maioria da população trabalhadora contra o capitalismo e o Estado burguês, o que significa, na Itália, nas relações reais de classe existentes na Itália, na medida em que conseguir obter consenso sobre as grandes massas camponesas.[23]

As condições particulares de desenvolvimento da sociedade italiana, sua história e tradição fizeram com que a questão camponesa assumisse duas formas típicas e peculiares, a questão meridional e a questão do Vaticano. Estabelecer o objetivo histórico de conquistar a maioria dos explorados pelo proletariado

---

[22] Idem, *La questione meridionale* (Roma, Editori Riuniti, 1991), p. 9-10.

[23] Ibidem, p. 8.

significa assumir essas questões socialmente e torná-las próprias, ou seja, incorporar as necessidades de classe das massas camponesas, tanto nas demandas imediatas quanto no programa revolucionário para a transição[24].

Segundo Gramsci, para cumprir sua função histórica de "classe geral", o proletariado teria de assumir um papel de liderança em relação aos camponeses e a algumas categorias semiproletárias da cidade, ou seja, abandonar qualquer mentalidade corporativa e sindical residual. Seus membros deveriam se apresentar e pensar como membros de uma classe capaz de dirigir tanto camponeses quanto intelectuais. Esse era o único caminho a ser trilhado para que o proletariado, ainda uma minoria da população italiana, pudesse iniciar um processo revolucionário. Na ausência dessa função de liderança, aqueles estratos sociais oscilantes, potencialmente sensíveis à radicalização, permaneceriam sob a hegemonia da burguesia, ajudando a fortalecer seu domínio.

O abandono de uma mentalidade puramente corporativa constituía, portanto, a condição prévia para o desempenho de um papel de liderança e para evitar a absorção da classe trabalhadora, justamente em razão de seus interesses corporativos, pelo bloco social dominante. Gramsci explicava esse fenômeno remetendo-se a algumas experiências históricas concretas da classe operária italiana. Em particular, a proposta de gestão direta da empresa de forma cooperativa, apresentada pela Fiat aos trabalhadores que ocupavam a fábrica, foi interpretada à luz dessas considerações. Com base nos interesses da categoria, dados pela iminência de uma nova crise econômica e pela necessidade de salvaguardar empregos em perigo, os líderes reformistas do Partido Socialista e da CGL mostraram-se a favor dessa solução. A seção socialista de Gramsci interveio, pedindo aos operários que a rejeitassem.

> Uma grande empresa como a Fiat só pode ser assumida pelos trabalhadores se eles estiverem determinados a entrar no sistema de forças políticas burguesas que hoje governam a Itália. A burguesia, mesmo antes da guerra, já não podia governar tranquilamente. [...] Após a década sangrenta de 1890-1900, a burguesia teve que renunciar a uma ditadura muito exclusivista, violenta e escancarada: os camponeses meridionais e os trabalhadores do Norte se levantaram

---

[24] Esta é provavelmente a passagem na qual emerge com maior clareza a reproposição criativa e a aplicação à realidade italiana concreta dos conceitos desenvolvidos por Lênin no III Congresso da IC. Assim como, naquele Congresso, Lênin ressaltou a necessidade da conquista hegemônica da maioria dos explorados, citando como exemplo os bolcheviques, que incorporaram o programa agrário dos socialistas revolucionários e em pouco tempo conquistaram o apoio dos camponeses em diversos sovietes, Gramsci também se colocou o problema de incorporar a questão meridional e camponesa no programa revolucionário dos comunistas italianos.

DAS CONTRADIÇÕES DA SARDENHA À QUESTÃO MERIDIONAL   225

contra ela simultaneamente, ainda que sem coordenação. No novo século, a classe dominante inaugurou uma nova política, de alianças de classe, de blocos políticos de classe, isto é, de democracia burguesa. Ela teve de escolher: ou uma democracia rural, isto é, uma aliança com os camponeses meridionais [...], ou um bloco industrial capitalista-operário, sem sufrágio universal, pelo protecionismo aduaneiro, pela manutenção da centralização do Estado (expressão do domínio burguês sobre os camponeses, especialmente do *Mezzogiorno* e das ilhas), para uma política de reforma dos salários e das liberdades sindicais. Não foi por acaso que escolheu essa segunda solução; Giolitti encarnava o governo burguês; o Partido Socialista tornou-se o instrumento da política giolittiana.[25]

No curso dos anos 1920, Giolitti tentou novamente a mesma estratégia, procurando incluir a classe operária setentrional em seu bloco de poder; a implementação de tal objetivo representaria a total subordinação da classe operária e sua divisão:

> O que acontecerá se os funcionários da Fiat aceitarem as propostas da Direção? Os estoques industriais atuais se tornarão títulos; isto é, a cooperativa terá de pagar um dividendo fixo aos acionistas, independentemente do volume de negócios. A empresa Fiat será fatiada de todas as maneiras pelas instituições de crédito, que permanecem nas mãos da burguesia, que têm interesse em reduzir os operários a seu critério. Os operários terão necessariamente de se vincular ao Estado, que os ajudará por meio do trabalho dos deputados dos trabalhadores, por meio da subordinação do partido político dos operários à dinâmica do governo. Aqui está o plano da Giolitti em sua aplicação completa. O proletariado de Turim não existirá mais como classe independente, mas apenas como apêndice do Estado burguês. O corporativismo de classe terá triunfado, mas o proletariado terá perdido sua posição e sua função de dirigente e de guia; parecerá privilegiado para as massas dos trabalhadores mais pobres; parecerá um explorador para os camponeses, da mesma maneira que os burgueses.[26]

A inclusão orgânica no bloco giolittiano teria levado as massas desagregadas do Sul a se oporem à classe operária, ao invés de favorecer o estabelecimento de um novo bloco social em oposição ao "histórico". Portanto, a mentalidade corporativa (e com ela o sindicalismo) constituiu para Gramsci um dos principais veículos através dos quais a burguesia implementou seus processos inclusivos e transformistas em direção às aristocracias operárias, destacando-as de todas as

---

[25] Antonio Gramsci, *La questione meridionale*, cit., p. 20.
[26] Ibidem, p. 24.

classes subordinadas, decapitando o movimento operário e neutralizando, em última análise, qualquer hipótese de radicalização revolucionária.

Como veremos mais detalhadamente, para Gramsci "todo organismo social tem seu próprio princípio ótimo de proporções definidas", e o do bloco agrário meridional alcançou seu grau máximo de centralização no campo ideológico. Segundo Paggi, no pensamento de Gramsci, isso está de acordo com a convicção de que toda a filosofia idealista italiana está, de alguma forma, relacionada à ideia de autonomia e continuidade ininterrupta da classe intelectual, que acaba criando uma correspondência entre a "ocultação teórica dos contrastes sociais, característica dessa filosofia", e a função hegemônica que ela desempenha, e isso se deu precisamente através da realização do nível máximo de centralização no campo ideológico, através da atribuição de um estatuto especial aos intelectuais como classe[27].

Gramsci definiu o *Mezzogiorno* como "uma grande desagregação social", na qual os camponeses não têm coesão entre si. As massas camponesas, que compunham a maioria da população do Sul, deixando de dar "expressão centralizada" a suas aspirações, materializaram seu fermento perene através de um estado de rebelião endêmica desprovida de perspectivas. Acima dessas massas, estruturava-se o aparelho de dominação do bloco agrário, capaz, através de suas "proporções definidas", de manter permanentemente as massas camponesas em sua condição "amorfa e desagregada", evitando qualquer forma de coesão para esse estado perene de fermentação.

> O estrato médio dos intelectuais recebe da base camponesa os impulsos por sua atividade política e idéológica. Os grandes proprietários no campo político e os grandes intelectuais no campo ideológico centralizam e, finalmente, dominam todo esse conjunto de manifestações. Como é natural, é no campo ideológico que a centralização ocorre com maior eficácia e precisão. Giustino Fortunato e Benedetto Croce, portanto, representam as pedras angulares do sistema meridional e, em certo sentido, são as maiores figuras da reação italiana.[28]

No sistema meridional, portanto, o papel dos intelectuais intermediários assumia grande importância, porque eles criavam a conexão entre o grande proprietário e o agricultor. Esse tipo de intelectual, oriundo da pequena e média burguesia agrária, que vivia geralmente do aluguel de suas propriedades alugadas ou compartilhadas, constituía uma sobrevivência da velha sociedade, posteriormente substituída nas sociedades industriais pelo intelectual organizador, técnico,

---

[27] Leonardo Paggi, *Le strategie del potere in Gramsci* (Roma, Editori Riuniti, 1984), p. 334.

[28] Antonio Gramsci, *La questione meridionale*, cit., p. 28.

especialista da ciência aplicada. Essa estratificação parasitária, típica da sociedade meridional, foi depois analisada em detalhes nas notas sobre *Americanismo e fordismo* nos *Cadernos*, precisamente com o intuito de compreender algumas das razões econômicas e sociais fundamentais do fascismo[29].

Para Gramsci, o fascismo e o americanismo-fordismo são as duas respostas, profundamente diferentes, que a civilização burguesa deu à sua "crise orgânica" no início do século XX: a primeira é uma solução profundamente regressiva, é uma raivosa defesa da ordem estabelecida tradicional, do sistema de privilégios e da estratificação dos arrendatários parasitas que ao longo dos séculos se acumularam na sociedade europeia; o segundo, ao contrário, constitui uma perspectiva programática de abandono do antigo individualismo econômico, portanto progressivo e racional, embora também marcado por suas íntimas contradições. Como assinala Alberto Burgio numa das obras mais interessantes sobre o intelectual da Sardenha, "a tentativa americana contém, aos olhos de Gramsci, elementos de racionalidade indubitável, potencialmente capaz de determinar a superação desse velho individualismo econômico cuja defesa constituía, ao contrário, um objetivo constitutivo do fascismo, como sabemos"[30].

O fenômeno também era estudado em relação à "queda tendencial da taxa de lucro", como uma tentativa de superar sua persistência. Tudo, portanto, desde o aprimoramento de máquinas e técnicas de produção, incluindo a construção de uma nova figura operária, a redução de desperdícios e o uso de subprodutos, teve como objetivo passar de uma fase de aumento de custos para outra de custos decrescentes, embora com o aumento do capital constante.

O americanismo-fordismo e seu esforço na construção de uma economia programática marcaram a substituição das velhas classes plutocráticas por meio da criação de um novo sistema de acumulação e distribuição de capital financeiro, fundado imediatamente na produção industrial e expurgado de todos os filtros de intermediação típicos da civilização europeia. Não por acaso, na Europa, as tentativas de introduzir esses elementos da economia programática encontraram muitas resistências "intelectuais e morais", mas, acima de tudo, deram origem à tentativa falaciosa de reconciliar o fordismo com a estrutura sociodemográfica anacrônica do antigo continente. Nas palavras de Gramsci:

> A Europa gostaria de ter a garrafa cheia e a esposa bêbada, todos os benefícios que o fordismo produz na capacidade de competição, mantendo seu exército de

---

[29] Gianni Fresu, "Americanismo e fordismo: l'uomo filosofo e il gorilla ammaestrato", *NAE: Trimestrale di Cultura*, Cuec, Cagliari, n. 21, ano 6, 2008, p. 54 e 58.

[30] Alberto Burgio, *Gramsci storico. Una lettura dei Quaderni del Carcere* (Bari, Laterza, 2003), p. 212.

parasitas que devoram grandes massas de mais-valor, agravam os custos iniciais e diminuem o poder da concorrência no mercado internacional.[31]

É nessa contradição que se deve buscar a origem mais profunda da "crise orgânica" que atingiu as grandes nações europeias no período pós-guerra.

O americanismo, para realizar-se concretamente, precisa de uma condição preliminar de "composição demográfica racional", ou seja, que não existam grandes classes sem uma função essencial no mundo produtivo, "classes parasitárias". Ao contrário, a civilização europeia, e sobretudo a meridional, caracterizou-se pela proliferação de classes similares geradas pela riqueza e complexidade da história passada, que deixaram um amontoado de sedimentos passivos por intermédio dos fenômenos de saturação e fossilização de funcionários e intelectuais estatais, clero e propriedade da terra, comércio de rapina e Exército. No *Caderno 7*, Gramsci comenta um artigo de Alfredo Rocco de 1931, no qual são analisadas as diferentes capacidades econômicas da França e da Itália. Gramsci recoloca a questão principal, que é o fato de que na Itália existem classes parasitárias muito maiores que na França, das quais a mais importante é a burguesia rural[32].

Quanto mais antiga a história de um país, mais extensas e prejudiciais são essas "sedimentações de massas ociosas e inúteis que vivem do 'patrimônio' dos 'avós', desses pensionistas da história econômica"[33]. Era evidente que essa realidade estava atuando no sistema italiano das "cem cidades"[34], resultado daquele aparato de "diligência não produtiva" que caracteriza o "mistério de Nápoles": "Para uma grande população desse tipo de cidade pode-se repetir o provérbio popular: quando um cavalo defeca, cem pardais fazem o desjejum"[35]. Nesse sentido, o sistema de anuidades garantidas à propriedade fundiária meridional, por meio do sistema de compartilhamento primitivo ou de arrendamentos, gerava

---

[31] Antonio Gramsci, *Quaderni del carcere*, cit., p. 2.141.

[32] Ibidem, p. 807.

[33] Ibidem, p. 2.141.

[34] A expressão "*cento città*" [cem cidades] refere-se à histórica fragmentação da Itália que, em um território limitado, produziu a proliferação de cidades com sistemas, usos e costumes muito diferentes entre si. A existência desses sistemas demonstrava, segundo Gramsci, a falta de um processo de unificação nacional e o nascimento de um Estado moderno capaz de superar o "corporativismo municipal" da Itália entre os séculos XV e XX. Todavia, essa fragmentação produziu também a grande riqueza cultural que se traduz, por exemplo, na variedade gastronômica do país, marcado também por enormes diferenciações linguísticas e de tradições numa área muito concentrada. Depois da unidade da Itália, a partir de 1887, o editor Sonzogno publicou *Le cento città d'Italia illustrate*, fascículos para apresentar aos próprios italianos toda essa variedade e suas características.

[35] Antonio Gramsci, *Quaderni del carcere*, cit., p. 2.143.

uma das formas mais monstruosas e prejudiciais de acumulação de capital, porque se baseava num nível de exploração usurária da pobreza agrícola e porque tais arrendamentos eram extremamente caros, uma vez que, para manter o alto padrão de vida das famílias dos "senhores", acostumados a viver parasitariamente da renda das grandes propriedades, eram necessárias quantias cada vez maiores, que não permitiam o acúmulo de poupança, muito menos qualquer tipo de investimento produtivo da renda agrária.

Precisamente pela tutela das articulações de "parasitismo absoluto", o fascismo surgia, por sua natureza, em profunda contradição com as tentativas da racionalização fordista.

A ocasião para explicar os motivos estava contida nas notas de comentários de alguns escritos de Massimo Fovel[36], em que o corporativismo é interpretado como uma premissa indispensável para a modernização taylorista da produção italiana, capaz de superar a persistência econômica semifeudal que retira porções de mais-valor roubadas à acumulação e à economia. Na realidade, para Gramsci, o corporativismo não nasceu com a intenção de reorganizar as estruturas de produção do país, mas por meras razões de "polícia econômica".

Na Itália, a classe trabalhadora nunca se opôs às inovações técnicas destinadas a reduzir custos e a racionalizar o trabalho; pelo contrário, analisando sem preconceitos a fase anterior a 1922 e, ainda, o ano de 1926, parecia que o próprio movimento operário se tornara o portador dessas exigências. No corporativismo, as razões negativas de "polícia econômica" prevaleceram sobre qualquer elemento positivo da renovação real da política econômica. O americanismo exigiu como condição a existência de determinado ambiente econômico e estatal de tipo liberal, caracterizado pela livre-iniciativa e pelo individualismo econômicos, chegando "com seus próprios meios, como sociedade civil, ao regime da concentração industrial e do monopólio"[37].

Ao contrário do que Fovel argumentou, o corporativismo não levou à superação de incrustações parasitas e semifeudais que subtraíam cotas de mais-valor, mas as protegeu. Precisamente aí residia, num nível puramente econômico, a natureza decididamente mais regressiva do fascismo em comparação com o americanismo, bem como na clara predominância desses elementos de "polícia econômica":

> O Estado [fascista] cria novos rentistas, ou seja, promove as antigas formas de acumulação parasitária de poupança e tende a criar quadros sociais fechados. Na realidade, até agora, a orientação corporativa trabalhou para sustentar posições perigosas de classe média, não para eliminá-las e, devido aos interesses constituídos

---

[36] N. Massimo Fovel, *Economia e corporativismo* (Ferrara, S.A.T.E., 1929).

[37] Antonio Gramsci, *Quaderni del carcere*, cit., p. 2.157.

que emanam da antiga base, está se tornando cada vez mais uma máquina de conservação do existente assim como é, e não uma mola de propulsão. Por quê? Porque a política corporativa também depende do desemprego: garante aos empregados certo mínimo de vida que, se a concorrência fosse livre, entraria em colapso, causando sérios distúrbios sociais; e cria ocupações de novo tipo, organizativo e improdutivo, para os desempregados das classes médias.[38]

Ao contrário da Itália, os Estados Unidos não estavam sobrecarregados com o "lastro histórico" das classes parasitárias, o que também explicava sua extraordinária capacidade de acumular capital, mesmo na presença de um padrão de vida claramente mais elevado que o das classes populares europeias. A ausência de tal sedimentação deu uma base saudável à indústria e ao comércio, permitindo uma redução significativa de muitas fases intermediárias entre a produção e a comercialização dos bens. Isso inevitavelmente teve efeitos positivos na acumulação, na capacidade de investimento e na distribuição da riqueza produzida. Essas precondições tornaram, portanto, o processo de racionalização entre produção e trabalho relativamente fácil pela combinação de coerção social (a destruição do sindicalismo operário) e consenso (altos salários, benefícios sociais, propaganda ideológica e política). O americanismo consistia em concentrar toda a vida do país na produção: "A hegemonia nasce na fábrica e, para ser exercida, não requer mais que uma quantidade mínima de intermediários profissionais da política e da ideologia"[39].

No Sul da Itália, por outro lado, o controle social era garantido precisamente por intelectuais cuja principal função política era, para Gramsci, impedir a formação de organizações de massa autônomas e independentes, de camponeses capazes de selecionar quadros camponeses, de origem camponesa. Quando os trabalhadores rurais conseguiam entrar nas estruturas institucionais do Estado, como as administrações locais ou o Parlamento, isso sempre acontecia por intermédio de "composições e decomposições de partidos locais, cuja cúpula é constituída por intelectuais, mas que são controlados pelos grandes proprietários e seus homens de confiança, como [Antonio] Salandra, [Vittorio Emanuele] Orlando, Antonio Colonna Di Cesarò"[40]. Os intelectuais criam o bloco agrário, "intermediário e supervisor" do capitalismo parasitário no Norte:

> Acima do bloco agrário, funciona no *Mezzogiorno* um bloco intelectual que praticamente serviu até agora para impedir que as fissuras do bloco agrário se tornem

---

[38] Idem.

[39] Ibidem, p. 2.146.

[40] Antonio Gramsci, *La questione meridionale*, cit., p. 37.

perigosas demais e causem avalanches. Os expoentes desse bloco intelectual são Giustino Fortunato e Benedetto Croce, que podem, portanto, ser considerados os reacionários mais laboriosos da península.[41]

A grande desintegração social do *Mezzogiorno* não se referia apenas às massas camponesas, mas também aos próprios intelectuais. Assim, no Sul, junto com as grandes propriedades, houve grandes acúmulos culturais e de inteligência de indivíduos autônomos ou em pequenos grupos de grandes intelectuais, enquanto qualquer forma de organização da cultura média estava totalmente ausente. No *Mezzogiorno* havia editoras importantes, como a Laterza, academias e empreendimentos culturais de grande importância, mas, ao mesmo tempo, não havia revistas pequenas e médias, nem editoras em torno das quais grupos de intelectuais médios meridionais pudessem se organizar. Por esse motivo, os intelectuais que conseguiram enfrentar a questão meridional em termos radicais, emancipando-se do bloco agrário, tiveram a possibilidade de realizar esse processo apenas em editoras fora do *Mezzogiorno*. Em tudo isso, Benedetto Croce e Giustino Fortunato desempenhavam uma função muito específica: "supremos moderadores políticos e intelectuais", comprometidos em evitar um salto qualitativo revolucionário na maneira de lidar com os problemas meridionais. Croce e Fortunato foram definidos por Gramsci como "homens de grande cultura e inteligência", ligados à cultura europeia e mundial e, ainda assim, enraizados no terreno cultural meridional de origem, verdadeiros instrumentos de treinamento cultural e político capazes de cooptar, no bloco do poder nacional, os intelectuais que surgiram no terreno cultural do Sul:

> Eles tinham todas as habilidades necessárias para satisfazer as necessidades intelectuais dos representantes mais honestos da juventude instruída do *Mezzogiorno*, para consolar suas inquietas veleidades de revolta contra as condições existentes [...]. Nesse sentido, Benedetto Croce desempenhou uma grande função *nacional*: separou os intelectuais radicais do *Mezzogiorno* das massas camponesas, fazendo-os participar da cultura nacional europeia e, por meio dessa cultura, fez com que fossem absorvidos pela burguesia nacional e, portanto, pelo bloco agrário.[42]

Para Gramsci, a análise detalhada do bloco intelectual do *Mezzogiorno*, "a armadura flexível, mas muito resistente, do bloco agrário", não se destinava apenas ao conhecimento desinteressado. Em sua concepção da revolução na Itália, entre as tarefas dos comunistas estava, acima de tudo, a desintegração desse bloco. Um

---

[41] Idem.
[42] Ibidem, p. 39.

objetivo perseguido com duas linhas de ação: com base num acurado trabalho de direção política, promover a organização de massas cada vez mais amplas de camponeses pobres em formação autônoma e independente das estruturas sociais dominantes; causar uma ruptura de caráter orgânico na massa de intelectuais, produzindo entre eles uma tendência de esquerda, orientada favoravelmente à função dirigente da classe operária.

A colaboração com Piero Gobetti e outros membros do grupo Rivoluzione Liberale, de parte de *L'Ordine Nuovo*, respondia precisamente a essa necessidade. Gobetti e seu grupo, de fato, embora não fossem comunistas, colocaram o proletariado urbano como protagonista moderno da história italiana e da questão meridional; serviram como intermediários entre o proletariado e certos estratos intelectuais, trabalhando em prol dessa ruptura nas fileiras dos intelectuais meridionais. A colaboração com Gobetti, portanto, tinha uma dupla função para Gramsci: em primeiro lugar, conectar a classe operária com os intelectuais nascidos no terreno da técnica capitalista que tinham assumido uma posição de esquerda durante o período do "biênio vermelho"; segundo, conectar a classe operária com os intelectuais meridionais que colocaram a questão sulista fora dos padrões tradicionais do bloco intelectual hegemonizado por Benedetto Croce, introduzindo o proletariado do Norte. Dessa maneira, teria contribuído ainda mais para eliminar os resquícios da mentalidade corporativa da classe operária, colocando-a à frente daqueles intelectuais e das massas camponesas autonomizadas pelo bloco agrário e pelas massas semiproletárias das cidades, criando, em suma, um novo bloco social revolucionário.

A elaboração desse ensaio ocorreu em meio ao segundo golpe de Estado de Mussolini, quando o regime se desembaraçou definitivamente das proteções estatutárias residuais à pluralidade democrática, anulando também pela via normativa as liberdades individuais e coletivas já de fato violadas. As *leis fascistíssimas* colocaram o Grande Conselho do fascismo no topo do Estado. A ele se atribuiu a maioria dos poderes anteriormente pertencentes ao Parlamento. Instituiu--se o Tribunal Especial de Defesa do Estado, restabeleceu-se a pena de morte, institucionalizou-se a milícia paramilitar do Partido Fascista – renomeada Milícia Voluntária para Segurança Nacional – e fascistizaram-se os códigos de processo civil e criminal. Juntamente com os partidos e as organizações, suprimiram-se todos os sindicatos, exceto os fascistas. A ocasião para passar às vias de fato foi o ataque fracassado a Mussolini em 31 de outubro de 1926; no entanto, já em agosto, Gramsci previra que o PCd'I seria colocado na ilegalidade, indicando a necessidade de preparar mais rapidamente uma estrutura clandestina eficiente. Em poucas semanas, colocou-se em marcha a máquina repressiva, preparada pela via normativa nos meses anteriores, aperfeiçoando os mecanismos e aparelhos da perseguição legal às oposições, começando com o cancelamento de todos os passaportes estrangeiros. Para a organização comunista, assim como para todas as outras forças antifascistas, abriu-se o abismo de uma ditadura policial ainda mais aberta, uma autêntica "caça ao homem"[43], rua por rua: as equipes fascistas, agora totalmente amparadas pela lei, devastavam partidos, sindicatos e redações de jornais, praticando o uso indiscriminado do terror. Os líderes do Partido Comunista, a começar por Gramsci, foram presos, iniciando seu calvário nos tribunais especiais entre a prisão e o confinamento forçado. A ação repressiva foi extremamente eficaz e, em dezembro de 1926, um terço de seus membros estava preso. Não cabe lidar aqui com esses eventos em detalhes, que são extensivamente tratados em numerosas publicações de reconstrução historiográfica e memórias. Basta lembrar o ponto de não retorno, desencadeado entre 1926 e 1927, para entender o clima a partir do qual tem início a fuga dos antifascistas[44] que escaparam da prisão e as imensas dificuldades da vida na clandestinidade dos imprudentes que encontraram a coragem para desafiar o fascismo de qualquer maneira, permanecendo em sua pátria, com o propósito de fazer-lhe oposição[45]. Nesse clima, uma mulher foi protagonista da reconstituição imediata de um escritório de secretariado clandestino, Camilla Ravera, que assim reconstruiu o início da vida clandestina em suas memórias:

> Numa pequena casa de campo, perto de Gênova, em Sturla, em novembro de 1926, organizei o secretariado clandestino do Partido Comunista: entrava-se por uma estrada pedregosa e estreita, entre sebes grossas e muros robustos; [...] eu a escolhi exatamente por causa daquele jardim que a isolava e a confundia com outras semelhantes espalhadas naquele campo. [...] Aparentemente, naquela casa estávamos sempre em três: eu, Giuseppe Amoretti e Anna Bessone. Para dar a nossa vida uma aparência normal, semelhante à das famílias que moram por lá, contratamos uma idosa muito surda do lugar, que vinha arrumar as salas ocupadas no térreo todas as manhãs; os cômodos do andar superior estavam desabitados. [...] À noite começavam as reuniões, as discussões entre nós do centro, com os

---

[43] A expressão é de Velio Spano (1905-1964), renomado dirigente sardo no Partido Comunista Italiano entre 1923 e 1946 e figura de destaque do antifascismo.

[44] No mês de dezembro constituiu-se o centro externo do PCd'I em Paris, com Grieco, Togliatti e Tasca.

[45] "Continuam trabalhando na Itália Camilla Ravera, Paolo Ravazzoli, Alfonso Leonetti, Ignazio Silone, Luigi Ceriana, Carlo Venegoni, Pietro Tresso e Teresa Recchia. Camilla Ravera, que assume a tarefa de reorganizar o centro interno do Partido, toma uma série de medidas importantes. Gênova é escolhida como sede do escritório de secretariado e outros escritórios, enquanto o escritório do sindicato chefiado por Ravazzoli é estabelecido em Milão" (Paolo Spriano, *Storia del Partito Comunista Italiano*, v. 2: *Gli anni della clandestinità*, Roma, Editori Riuniti, 1969, p. 96).

camaradas que vinham de outros lugares. As discussões se estendiam, muitas vezes, até tarde da noite; e os companheiros de passagem tinham de ser acomodados nos aposentos superiores da casa e partir, no dia seguinte, na ponta dos pés, sem deixar vestígios. Ignazio Silone dera à nossa sede o nome de Albergue dos Pobres.[46]

Concomitantemente, a milhares de quilômetros dali, a luta pela sucessão de Lênin atingiu seu auge, abrindo um confronto dramático e sem precedentes na liderança do Partido Comunista Bolchevique, destinado a afetar adversamente o destino e a linha do Comintern e suas seções nacionais. Entre eles, a italiana foi a mais exposta a flutuações e, portanto, sujeita a pressões de Moscou, devido a sua grave situação político-organizacional resultante da ditadura e da prisão de seu principal dirigente. Precisamente entre novembro e dezembro de 1926, no auge da repressão na Itália, realizou-se em Moscou o VII Plenário da Internacional Comunista, em que o confronto muito duro na cúpula do Partido Russo ocorreu com a divisão entre os partidários da visão do "socialismo num só país", apoiada por Stálin e Bukhárin, e os da "revolução permanente" de Trótski, apoiada por Zinoviev e Kámenev. Como se sabe, os três principais líderes do Partido Russo, que entraram em conflito com Stálin, acabaram sendo definitivamente liquidados no final desse confronto. Também não nos aprofundaremos nessa questão, limitando--nos a lembrá-la para esclarecer o autêntico desastre político-organizacional com que os comunistas italianos lidaram na transição entre 1926 e 1930, ao qual se somou o choque dramático no principal partido da Internacional, cuja gravidade levou Gramsci a conclamar todos ao senso de responsabilidade na famosa carta ao Comitê Central do Partido Comunista Bolchevique, escrita menos de um mês antes de sua prisão. Os protagonistas foram os primeiros a reconhecer o choque, depois corroborado pelos impiedosos dados da pesquisa histórica: em todos os aspectos, 1927 foi o *annus horribilis* da história comunista na Itália. O chefe de polícia Arturo Bocchini estabeleceu a inspeção especial altamente eficiente de Milão contra dissidentes políticos, Organizzazione per la Vigilanza e la Repressione dell'Antifascismo (Ovra) [organização para a vigilância e a repressão ao antifascismo], que foi então estruturada e operacionalizada em todo o território nacional. Para Spriano, a proporção entre repressores e reprimidos é de um para um:

> Se 100 mil estão alistados [no Partido Comunista], há ao menos o mesmo número de policiais (dos agentes dos serviços de investigação da PS e da MVSN[47] aos

---

[46] Camilla Ravera, em Cesare Pillon, *I comunisti nella storia d'Italia* (Roma, Edizioni del Calendario, 1967).

[47] Em 1925 foi criado um corpo autônomo de *Pubblica Sicurezza* (PS) [segurança pública], que deu origem à *polizia* [polícia]. A MVSN era a *Milizia Volontaria per la Sicurezza Nazionale*

carabinieri, aos funcionários dos ministérios em serviço especial, aos soldados da fronteira, do porto, da ferrovia) que são principalmente designados ou trabalham exclusivamente para fortalecer a vigilância e a repressão política. A julgar pelo exame dos documentos relativos às oposições, pelo menos três quartos do trabalho realizado por esse verdadeiro exército tinham como alvo a conspiração dos comunistas.[48]

Em 13 de março de 1927, começaram em Roma os grandes julgamentos do Tribunal Especial, inicialmente tratando dos prisioneiros comunistas antes da virada de 1926, em particular 39 membros da organização de Florença presos em 1925. A partir desse momento, o Tribunal Especial e os presídios trabalhariam com capacidade total para as ondas contínuas de prisões, graças ao uso habilidoso pela Ovra de informantes e espiões introduzidos nos ambientes "subversivos", certamente a ferramenta mais eficaz nas mãos da estrutura criada por Bocchini.

Graças às delações, levaram-se a termo vários ataques: em março, contra o recém-reconstituído comitê de direção de Milão; em abril, em detrimento da organização romana; em junho, ainda contra a estrutura de Milão, mas também em Varese, depois em Nápoles, Emília-Romana, Toscana, Úmbria; em julho, foi a vez da fortaleza histórica do movimento operário, Turim, e assim por diante, sem trégua. Todos os dirigentes sobreviventes da organização que ainda estavam no país foram presos ao longo de 1927; depois, a ação repressiva se intensificou novamente após o ataque a Vittorio Emanuele III na feira de Milão, em 12 de abril de 1928. A bomba não atingiu seu objetivo: vinte mortos e muitos feridos ficaram no chão, mas a ação nunca foi esclarecida: nas fileiras da oposição antifascista não se sabia quem tinha colocado a bomba e, para aumentar o mistério, havia a hipótese de que se tratava de um ataque cuja autoria deveria ser buscada nos componentes mais intransigentes do fascismo, ansiosos por livrar-se da figura complicada do rei para avançar mais decisivamente para a fase de revolução[49]. Embora nunca tenham sido encontrados os executores e os mandantes, o ataque foi uma oportunidade para desencadear novamente o terrorismo contra o antifascismo: houve imediatamente quase seiscentas prisões, e torturas foram sistematicamente postas em prática para extrair confissões. Mais uma vez, a organização comunista foi a que mais sofreu prisões – caíram nas redes da polícia dirigentes importantes como Girolamo Li Causi, Edoardo D'Onofrio, Giuseppe

---

[milícia voluntária para a segurança nacional], ou seja, as velhas esquadras paramilitares fascistas legalizadas e incorporadas no Estado.

[48] Paolo Spriano, *Storia del Partito Comunista Italiano*, v. 2: *Gli anni della clandestinità*, cit., p. 91-2.

[49] Essa hipótese foi posteriormente divulgada pelo então ministro Luigi Federzoni.

Amoretti e Anna Bessone, o estado-maior do centro interno reconstituído. Foi o prólogo do julgamento contra o grupo dirigente comunista: em 28 de maio de 1928, 23 réus compareceram perante o Tribunal Especial de Roma, incluindo Antonio Gramsci, acusado de conspiração, propaganda, instigação à luta de classes armada, ultraje, vilipêndio e criação de um exército revolucionário com o objetivo preciso de derrubar a ordem estabelecida.

2
Os *Cadernos*: o início conturbado de um trabalho "desinteressado"

No cárcere de Turi (na região da Puglia), em 8 de fevereiro de 1929, dois anos após sua prisão, Gramsci começou a redigir os *Cadernos*. Na prisão, o estudo é um método de resistência à brutalização intelectual, um instrumento de sobrevivência física e política. Como escreveu Valentino Gerratana, da tensão entre essas duas necessidades tomaram forma os *Cadernos*, um trabalho composto de notas e reflexões que se destinavam a ser posteriormente mais bem definidas, ainda assim de extraordinária riqueza, a ponto de serem considerados indispensáveis para muitos campos científicos diferentes: da crítica literária à linguística, da história à ciência política, da pedagogia ao teatro. Uma obra objeto de estudos científicos aprofundados nos Estados Unidos, na Inglaterra, no Japão, na Índia, no Brasil e no México, bem como na Itália.

De acordo com Carlos Nelson Coutinho, a grande difusão internacional de Gramsci e sua importância para diferentes disciplinas no campo das ciências humanas e sociais confirmam o quanto é correto definir seu trabalho como "clássico". No entanto, continua Coutinho, essa afirmação exige esclarecimentos adicionais, porque, por trás da "monumentalização clássica", sempre existe o risco de mumificação intelectual e porque há uma diferença entre Gramsci e outros "clássicos", ou seja, aqueles autores capazes de interpretar o próprio tempo, mantendo-se atualizados também por períodos subsequentes. Se obras como *O príncipe*, de Maquiavel, ou *Leviatã*, de Thomas Hobbes, podem ser consideradas "clássicos" que mantêm fortes características atuais, no sentido de oferecer dicas úteis de análise para o contemporâneo, o trabalho de Gramsci é atual em outro sentido: "Ele foi o intérprete de um mundo que, em sua essência, continua sendo nosso mundo hoje"[1].

---

[1] Carlos Nelson Coutinho, *Il pensiero politico di Gramsci* (Milão, Unicopli, 2006), p. 146.

Nos *Cadernos*, emerge o rigor político e, ao mesmo tempo, a implacável concretude com que o intelectual sardo esclarece o colapso do sistema liberal na Itália e, com ele, o esmagamento do movimento operário e de seu campo político. Um drama histórico que levou Gramsci a investigar sem indulgência os limites, os erros e as abstrações de toda a frente de oposição a Mussolini. Com base nessa exigência, formou-se um *corpus* de notas que passou pelo crivo da reflexão gramsciana os fatos dos homens e das ideias, expostos com uma prosa cuidadosa e cortante, que muitas vezes não se furta a compreender o lado irônico das coisas. O caráter nada dogmático da obra de Gramsci permitiu-lhe escapar das classificações rígidas, ir além da crise e do colapso de seu próprio campo político-ideológico, atravessar o limite temporal e político do século XX. Os *Cadernos do cárcere* são uma ferramenta essencial para a leitura dos eventos atuais, constituindo até nossos dias uma bússola útil para a orientação nas contradições da modernidade, e não por acaso estudos científicos de diferentes disciplinas lhe conferem hoje, mais do que ontem, um lugar de destaque absoluto em nível internacional entre os grandes pensadores da história da humanidade.

O choque com o regime carcerário mostrou-se extremamente difícil, principalmente no início do estudo, uma vez que impossibilitava uma relação dialógica com outros sujeitos, necessária para evitar um trabalho muito autorreflexivo.

Para além da condição subjetiva, era muito difícil obter os meios para estudar continuamente e escrever de acordo com uma ordem racional. O desconforto resultante das primeiras leituras desordenadas levou Gramsci a duvidar da real possibilidade de sucesso do projeto. Assim, numa carta a Tania, em 23 de maio de 1927, ele anunciou que queria dedicar-se a duas atividades com um objetivo terapêutico, como exercícios de ginástica e traduções de línguas estrangeiras:

> Acho que um estudo verdadeiro e apropriado é impossível para mim, por muitas razões, não apenas psicológicas, mas também técnicas; é muito difícil me abandonar completamente a um tópico ou assunto e mergulhar apenas nele, como se faz quando se estuda algo seriamente, a fim de compreender todas as relações possíveis e conectá-las harmoniosamente. Algo nesse sentido talvez comece a acontecer para o estudo das línguas, [...] agora estou lendo os contos dos irmãos Grimm. Estou realmente determinado a fazer do estudo de línguas minha ocupação predominante.[2]

Além do aspecto "terapêutico", essas traduções também são importantes no âmbito biográfico. Numa carta a sua irmã Teresina, de 18 de janeiro de 1932, Gramsci escreveu que queria dar uma pequena contribuição ao desenvolvimento

---

[2] Antonio Gramsci, *Lettere dal carcere* (Turim, Einaudi, 1975), p. 92-3.

da imaginação de seus sobrinhos, copiando e enviando-lhes as traduções dos irmãos Grimm, "uma série de contos populares como os que tanto gostávamos quando éramos crianças. São um pouco antiquados, rústicos, mas a vida moderna, com rádio, avião, cinema falado, Carnera* etc., ainda não penetrou o suficiente em Ghilarza para que o gosto das crianças agora seja muito diferente do nosso"[3]. Embora provenientes da tradição alemã, as histórias, ambientadas em densas e escuras florestas habitadas por espíritos, bruxas e duendes, não estavam muito distantes da tradição oral da fantasia folclórica da Sardenha e pareciam se moldar perfeitamente à atmosfera de sua terra e de Ghilarza, em particular, um lugar "onde sempre haverá tipos antiquados como 'tia Adelina' e 'Corroncu'[4] e as histórias sempre terão um ambiente adequado". O mundo desses contos de fadas trazia à sua memória as expedições de infância nos vales da Sardenha, entre Ghilarza e Abbasanta, quando, inspirado pelas leituras de aventura, ele nunca saía de casa sem levar no bolso grãos de trigo e fósforos embrulhados em lona encerada, para o caso de acabar numa ilha deserta.

O interesse de Gramsci pela linguística remonta aos anos conturbados de estudos universitários na grande Turim, dificultados por problemas de saúde e por uma indisponibilidade econômica que beirava a pobreza absoluta. O jovem sardo atraiu imediatamente a atenção de um dos mais importantes estudiosos de glotologia da época, Matteo Bartoli, e intensificou as relações com o professor de literatura Umberto Cosmo, ex-professor do Liceo Dettori de Cagliari. Bartoli, em especial, o encorajou a estudar linguística sarda. Portanto, não é incomum encontrar cartas aos familiares sobre esse assunto. Numa delas, destinada ao pai, de 3 de janeiro de 1912, ele perguntava quando, no dialeto de Fonni[5], o s "tem pronúncia suave, como rosa em italiano" e "quando [tem pronúncia] forte como em sole". Em outras cartas destinadas à irmã, ele pediu informações sobre algumas peculiaridades do logudorês e campidanês[6], termos, pronúncias, variantes.

Não é, portanto, uma surpresa que nos Cadernos se dedique muita atenção à glotologia e à linguística em geral. Após anos de militância e intensa atividade teórico-política, as traduções dessas primeiras notas da prisão tiveram um valor

---

* Primo Carnera (1906-1967), campeão mundial dos pesos-pesados entre 1933 e 1934, foi um pugilista e lutador italiano muito famoso na primeira metade do século XX. (N. E.)

[3] Antonio Gramsci, Lettere dal carcere, cit., p. 560.

[4] Personagens de Ghilarza citados na carta.

[5] Pequena cidade montanhosa localizada na zona interna da Barbagia, no interior da Sardenha.

[6] O logudorês é o dialeto de Logudoro, região situada na parte interna e central do norte da Sardenha, e o campidanês é o dialeto falado em Campidano, planície que se estende do sul ao centro da ilha.

preparatório e terapêutico, necessário no início de um trabalho "desinteressado", não favorecido pelas condições materiais.

É preciso mencionar também uma carta a Tania, datada de 15 de dezembro de 1930, na qual se misturam considerações pessoais e de estudo:

> Talvez porque toda a minha formação intelectual tenha sido de ordem polêmica, até o pensamento desinteressado é difícil para mim, ou seja, estudar por estudar. Só às vezes, mas raramente, esqueço de certa ordem de reflexões e, por assim dizer, encontro nas coisas em si o interesse para dedicar-me a sua análise. Normalmente, preciso me perguntar de um ponto de vista dialógico ou dialético, caso contrário não sinto nenhum estímulo intelectual.[7]

Para além dessa avaliação autocrítica, um traço característico da personalidade de Gramsci, as traduções e os estudos linguísticos foram conduzidos com certo rigor filológico, curiosidade intelectual e um método que hoje é analisado com grande atenção por especialistas da área. Ao expressar numa carta o desejo de se dedicar a um estudo sistemático da linguística comparada, ele confessou à cunhada Tania que um de seus maiores remorsos intelectuais foi o desgosto causado ao professor Bartoli da Universidade de Turim, que vislumbrava para Gramsci um grande futuro entre os "neogramáticos". Mas os eventos do "mundo grande, terrível e complicado", que precederam e se seguiram à guerra, levaram o jovem intelectual sardo, como muitos de sua geração, a encontrar no compromisso político uma nova razão de existência pelo qual valia a pena arriscar tudo, inclusive a vida.

O terceiro caderno de tradução, além de dar continuidade ao estudo sobre as linhagens linguísticas de Franz Nikolaus Finck, contém as traduções das *Conversações* de Eckermann com Goethe. As *Conversações* reúnem as memórias do grande poeta e escritor alemão por meio de conversas com seu secretário Johann Peter Eckermann. Goethe foi definido como um gênio universal pela versatilidade de seu talento manifestado em diferentes campos do conhecimento, poesia, literatura, ciência, filosofia. Com as memórias, Eckermann reconstrói o universo ideal, o mundo e os valores, até esboçar um afresco biográfico considerado um dos maiores patrimônios da literatura ocidental, tanto que Nietzsche o definiu como o melhor livro alemão já escrito. Goethe é uma figura sistematicamente presente nos *Cadernos* e nas cartas. Para Gramsci, cada nação tem um escritor que resume de alguma forma sua glória intelectual: Shakespeare na Inglaterra, Cervantes na Espanha, Dante na Itália e Goethe na Alemanha[8]. Todavia, apenas

---

[7]   Antonio Gramsci, *Lettere dal carcere*, cit., p. 390.

[8]   Idem, *Quaderni del carcere* (Turim, Einaudi, 1977), p. 1.026.

Shakespeare e Goethe podem ser considerados figuras intelectuais que cabem também na era contemporânea, autores atuais, por sua capacidade de "ensinar, como filósofos, o que devemos acreditar, como poetas, o que temos que intuir (sentir), como homens, o que devemos fazer"[9]. Em Goethe, Gramsci vê uma força político-cultural capaz de atravessar seu tempo e se impor no presente: "Somente Goethe é sempre de certa relevância, porque expressa de forma serena e clássica o que em Leopardi ainda é um romantismo turvo"[10], representando a confiança na atividade criativa do homem numa natureza que não é vista como inimiga e antagonista.

A leitura das *Conversações com Goethe*, na condição de detenção, uniu a experiência de Gramsci à de um grande crítico literário francês que viveu nos mesmos anos, Jacques Rivière. No *Caderno 1*, Gramsci relatou alguns trechos de "Impressioni di prigionia" [Impressões do cativeiro], escritos pelo histórico editor da *Nouvelle Revue Française*[11]. Neles, Rivière relatou o assédio sofrido durante sua prisão na Primeira Guerra Mundial, em particular a humilhação a que foi submetido durante uma busca em sua cela, quando apreenderam suas poucas coisas, entre as quais o único livro que trazia consigo, precisamente *Conversações com Goethe*. Gramsci transcreveu os sentimentos de desespero e angústia do francês pelo estado brutal e incerto de um cativeiro, experimentado como um inevitável "aperto no coração", no qual ele era constantemente exposto a todos os tipos de assédio e a condição de opressão física e psíquica se tornava insuportável. Uma angústia – presente em toda a correspondência – compartilhada pelo intelectual sardo que, com naturalidade, concluiu essas anotações relatando o choro na prisão, "quando a ideia da morte se apresenta pela primeira vez e você envelhece de repente"[12].

Nesses anos, Gramsci viveu outro grande tormento político, não compartilhando da mudança impressa no movimento comunista internacional entre 1928 e 1930, uma angústia que se tornou ainda mais dura em virtude do isolamento em que se viu entre os próprios presos comunistas. As orientações emanadas do X Pleno e do VI Congresso da Internacional, que levaram à afirmação da teoria sobre o social-fascismo, provocaram uma profunda crise no grupo dirigente do PCd'I,

---

[9] Ibidem, p. 1.187.

[10] Idem.

[11] A obra *L'Allemand: Souvenirs et réflexions d'un prisonnier de guerre* [O alemão: memórias e reflexões de um prisioneiro de guerra] foi publicada pela Éditions de la Nouvelle Revue Française em 1918, mas é provável que Gramsci tenha lido os trechos publicados na revista *La Fiera Letteraria. Giornale Settimanale di Lettere, Scienze ed Arti* (fundada em 1925, em Milão, pela editora Unitas, sob a direção do escritor Umberto Fracchia), no número de abril de 1928, três anos após a morte de Jacques Rivière, como ele mesmo observa no parágrafo 70 do *Caderno 1* ("Impressioni di prigionia", *Quaderni del carcere*, Turim, Einaudi, 1977, p. 79).

[12] Ibidem, p. 80.

com o próprio Togliatti acusado de "ambiguidade" pela linha política submetida a profundas revisões, e também por seu relacionamento anterior com Tasca. Uma crise marcada por clamorosas expulsões (Pietro Tresso, Paolo Ravazzoli, Mario Bavassano, Francesco Leonetti, Angelo Tasca, Ignazio Silone), por duras polêmicas e violentas acusações, num contexto geral de enfraquecimento da organização clandestina, agora quase completamente desbaratada no interior do país. Numa carta dirigida ao grupo dirigente do PCd'I, Umberto Terracini manifestou sua crítica contra as expulsões e a revisão da linha política, dando início a uma divergência que se arrastaria por doze anos, até o seu banimento no período do desterro em Ventotene[13]. Nessa carta, o futuro presidente da Assembleia Constituinte, além de exprimir suas reservas quanto aos procedimentos disciplinares, direcionava críticas precisas às teses do "social-fascismo", acusando, com a devida razão, a liderança da organização de ter assumido as posições anteriormente expressas por Amadeo Bordiga sobre a equivalência entre fascismo e democracia. Precisamente nessa carta, objeto de diversas análises e estudos, Terracini esclareceu as posições manifestadas por Gramsci e Scoccimaro nas discussões do coletivo na prisão de Regina Coeli. Segundo o secretário-geral encarcerado, com a queda do fascismo, seria preciso passar por uma fase democrática, com a criação de uma Assembleia Constituinte republicana, exatamente quando, primeiro a Internacional, depois o Partido italiano, passaram a condenar essa posição como "desvio oportunista". Inúmeros testemunhos, entre eles o de Athos Lisa, confirmaram a adoção da palavra de ordem da Assembleia Constituinte e a exigência de uma ofensiva unitária dos comunistas junto aos outros partidos antifascistas por parte de Gramsci: a exortação a "não ter medo de fazer política" e a abandonar os resquícios de mentalidade maximalista. O não alinhamento de Gramsci às novas posições da Internacional e do Partido foi motivo de grandes desacordos no grupo dos detentos de Turi. Esses desacordos levaram ao isolamento do sardo, amargamente constrangido a se fechar em si mesmo, no silêncio e no estudo:

> Provavelmente nesse momento nasce um certo clima de suspeita na prisão de Turi, uma certa acusação de estar fora da linha do Partido, de adesão a posições social-democratas, que pesaram bastante no estado de espírito de Gramsci, agravando seu isolamento e misturando-se às mesquinhas acusações de se afastar demais, de querer ser excessivamente legalista em relação ao regime carcerário, de se mostrar individualista simplesmente porque queria garantir as condições mínimas para poder continuar a estudar.[14]

---

[13] Ventotene era uma das ilhas onde estavam confinados os antifascistas.

[14] Paolo Spriano, *Storia del Partito Comunista Italiano*, v. 2: *Gli anni della clandestinità* (Turim, Einaudi, 1969), p. 286.

3
Relações hegemônicas, relações produtivas e os subalternos

Estou convencido desta ideia: é necessário fazer algo *für ewig*, conforme uma complexa concepção de Goethe, que recordo ter atormentado bastante o nosso [Giovanni] Pascoli. Em suma, de acordo com um plano preestabelecido, vou me ocupar intensa e sistematicamente de algum tema capaz de me absorver e centralizar minha vida interior. Lembra-se do ligeiro e superficial texto que fiz sobre a Itália meridional e sobre a importância de B. Croce? Pois bem, vou retomar as teses que esbocei ali, de um ponto de vista desinteressado, *für ewig*.[1]

Esse trecho, extraído da famosa carta escrita a Tania Schucht em 19 de março de 1927 na prisão de Milão, constitui uma ponte entre a análise da *Questão meridional* e a dos *Cadernos*, em que o tema das relações entre o Norte e o Sul, à luz da polarização antagônica entre cidade e campo, é absolutamente central e abordado com uma perspectiva histórica que atinge em cheio as dinâmicas do *Risorgimento* italiano e a função do intelectual como classe.

Nos últimos decênios, as notas sobre a *Questão meridional* e as pesquisas sobre grupos subalternos despertaram grande atenção no âmbito dos chamados *estudos pós-coloniais* e dos *Subaltern Studies*[2], embora seja necessário fazer a oportuna distinção entre as duas orientações. Iain Chambers falou do grande salto no pensamento crítico ocidental realizado por Gramsci (e reelaborado por Edward Said), segundo o qual a luta política e cultural não se fundamentaria na relação entre tradição e modernidade, mas na dialética entre a parte subalterna e a parte hegemônica do

---

[1] Antonio Gramsci, *Lettere dal carcere* (Turim, Einaudi, 1975), p. 58.

[2] Em agosto de 2011, na unidade de Marília da Universidade Estadual Paulista (Unesp), ocorreu um grande congresso internacional sobre esse tema. As atas do evento estão publicadas em Marcos del Roio (org.), *Gramsci: periferia e subalternidade* (São Paulo, Edusp, 2017).

mundo[3]. Aí reside a convicção de que a cultura desempenha um papel determinante na definição das estruturas de domínio e na construção do bloco histórico-social[4]. Em virtude dessa consciência e da definição do conceito de subalterno, Gramsci está presente nos *estudos pós-coloniais*, muitas vezes de modo impreciso e incoerente, por intermédio da transposição de suas categorias, da dimensão histórica e territorial italiana e global na relação Norte e Sul do mundo e mais precisamente das condições de subalternidade impostas a este último pelo Ocidente[5].

Para alguns dos mais renomados autores dessa linha de pesquisa, as profundas transformações globais das relações de exploração levaram o conceito de subalternidade a sofrer uma evolução que decretou o transbordamento dos padrões conceituais do chamado "marxismo ortodoxo"[6]. Desse modo, a questão teria passado de um contexto marcado pelo conflito capital/trabalho para uma dimensão de raça, etnia e território, bem como para a de gênero[7]. A importância da dimensão espacial das relações de domínio e hegemonia, ou seja, a caracterização geográfica e territorial do conceito de subalternidade, já estava presente em Gramsci na definição do terreno comum entre a massa camponesa do *Mezzogiorno* e o proletariado do Norte, assim como está presente na relação Oriente/Ocidente. Alguns usos incoerentes das categorias gramscianas, apoiados não apenas na falta de cuidado filológico, quando não em interpretações baseadas em leituras de segunda ou terceira mão, frequentemente são fruto de uma dolorosa descontextualização. Em nosso modesto modo de ver, não é possível compreender bem e a fundo o legado gramsciano prescindindo do debate teórico que o alimentou e da discussão política em que Gramsci esteve imerso durante toda sua existência.

Feitos esses esclarecimentos críticos, a exigência de fortalecer as categorias conceituais, de contextualizá-las diante da realidade histórica determinante, é de todo coerente com o espírito da obra de Gramsci e com seu desejo de evitar a estreiteza e a generalidade das afirmações ideológicas. Em seus diversos trabalhos, Peter Thomas

---

[3] Iain Chambers (org.), *Esercizi di potere. Gramsci, Said e il postcoloniale* (Roma, Universale Meltemi, 2006).

[4] Edward W. Said, *Cultura e imperialismo* (Roma, Gamberetti, 1998) [ed. bras.: *Cultura e imperialismo*, trad. Denise Bottmann, São Paulo, Companhia das Letras, 2011]; idem, *Orientalismo* (Turim, Bollati e Boringhieri, 1991) [ed. bras.: *Orientalismo: o Oriente como invenção do Ocidente*, trad. Rosaura Eichenberg, São Paulo, Companhia das Letras, 1990].

[5] De particular interesse, a propósito, foi o Congresso Internacional "Gramsci na Ásia e na África", ocorrido na Universidade de Cagliari, em 12 e 13 de fevereiro de 2009, cujas conferências foram publicadas por Annamaria Baldussi e Patrizia Manduchi, *Gramsci in Asia e in Africa* (Cagliari, Aipsa, 2009).

[6] Iain Chambers e Lidia Curti (orgs.), *La questione postcoloniale* (Nápoles, Liguori, 1997).

[7] Gayatri Chakravorty Spivak, *Critica della ragione postcoloniale. Verso una storia del presente in dissolvenza* (Roma, Meltemi, 2004).

mostrou inúmeras vezes como, convertida para o singular, a categoria dos subalternos favoreceu o desenvolvimento de todo um campo de estudos acadêmicos, os *Subaltern Studies*, permitindo uma enorme ampliação de suas possíveis áreas de aplicação. O próprio Peter Thomas chamou atenção para a ambivalência dos sentimentos suscitados por essa extensão na comunidade dos estudiosos mais tradicionais e "ortodoxos": de um lado, a satisfação pela ampla difusão de suas categorias; de outro, a perplexidade, se não o desapontamento, por certos usos excessivamente levianos de tais categorias[8]. Para além desse sentimento contrastante, a extensão criativa e heterodoxa do legado teórico de Gramsci, em campos de aplicação tão diversificados e nem sempre coerentes, está o estudo dos elementos peculiares de cada formação cultural específica, ligado ao mesmo tempo à grande questão conceitual da "tradutibilidade" das linguagens filosóficas, dinâmicas de desenvolvimento e relações sociais. Partindo do conceito de "historicamente determinado" e do que pode ser hegelianamente definido como "segunda natureza", Gramsci serviu-se repetidamente de categorias analíticas clássicas da geografia em sua análise dos processos hegemônicos e das relações de domínio em nível internacional.

Nesse sentido, o intelectual sardo definiu os conceitos de Oriente e Ocidente como frutos de uma convenção histórico-cultural que indicam um fato histórico produzido pelo desenvolvimento civilizacional. Contudo, embora se trate de uma construção, não seria apenas um artifício puramente arbitrário e racional. Na ausência do ser humano, não teria sentido pensar em termos de Leste e Oeste, ou de Norte e Sul, porque essas são relações reais dificilmente inteligíveis na ausência humana, do desenvolvimento de suas civilizações e sobretudo das relações hegemônicas entre dominantes e dominados.

> É evidente que Leste e Oeste são construções arbitrárias, convencionais, isto é, históricas, porque fora da história real qualquer ponto da Terra é Leste e Oeste ao mesmo tempo. Isso pode ser visto mais claramente pelo fato de que esses termos se consolidaram não do ponto de vista de um hipotético e melancólico homem em geral, mas do ponto de vista das classes cultas europeias que, através de sua hegemonia mundial, os fizeram ser aceitos por toda a parte. [...] Assim através do conteúdo histórico que se aglutinou ao termo geográfico, as expressões Oriente e Ocidente acabaram indicando determinadas relações entre conjuntos de civilizações diferentes.[9]

Por isso, escreveu Gramsci, o Japão é Extremo Oriente tanto para o californiano como para o próprio japonês que, pela mediação da cultura política inglesa,

---

[8] Peter D. Thomas, "Cosa rimane dei subalterni alla luce dello Stato integrale?", *International Gramsci Journal*, v. 2, n. 4, 2015, p. 82-92.

[9] Antonio Gramsci, *Quaderni del carcere* (Turim, Einaudi, 1977), p. 1.419-20.

considera o Egito como Oriente Próximo, enquanto o italiano vê o Marrocos como um país oriental, parte da civilização árabe e muçulmana. Nesse sentido, na definição de Gramsci, o conceito de *Ocidente* diz respeito essencialmente à realidade caracterizada por um elevado desenvolvimento das forças produtivas e dos aparelhos hegemônicos, enquanto o de *Oriente* se refere à realidade caracterizada por uma sociedade civil ainda "primordial" e "gelatinosa" na qual o poder é regido essencialmente por relações de domínio próprias da sociedade política. Uma caracterização histórica, obviamente não estática nem definitiva, que é preciso verificar em sua concretude, levando em conta os processos reais de desenvolvimento característicos de cada formação econômico-social.

Em Gramsci, a relação Norte/Sul, tal como a de Leste/Oeste, é indissociável da concepção materialista da história, ou seja, da centralidade das relações sociais de produção na definição dos conceitos de hegemonia e domínio. O *Caderno 1*, ao tratar novamente da questão meridional, aborda precisamente esse tipo de problema partindo de uma consideração metodológica: a dinâmica entre cidade e campo muda profundamente em relação ao contexto observado e, portanto, nenhuma generalização seria cientificamente adequada. Para Gramsci, a Itália, com sua própria história, é a demonstração prática da veracidade de tal avaliação, à qual se pode adicionar outra: a afirmação geral de que a cidade é sempre mais progressiva que o campo só pode ser considerada válida se a cidade em questão é "tipicamente industrial", ao passo que, na ausência dessa condição, o papel progressivo da cidade teria de ser comprovado. Assim, na Itália a urbanização não estava vinculada ao fenômeno industrial, e só em casos raros o chamado sistema das "cem cidades" se expressava na forma de cidade industrial. Isso fica evidente quando lembramos que a maior cidade era Nápoles, que não tinha um aparato industrial comparável ao das cidade do Norte e, em geral, era considerada atrasada.

De acordo com Gramsci, na Itália, a relação Norte e Sul encaixava-se bem no esquema clássico da dialética entre cidade e campo e poderia ser analisada nas diversas formas de cultura expressas pelas duas realidades[10]. As estruturas das classes intelectuais variavam profundamente nos dois contextos: assim, no Sul ainda predominava a figura do intelectual de tipo "bacharelesco", cuja função era manter a massa de camponeses em contato com a dos proprietários fundiários e com o Estado; no Norte predominava o tipo do "técnico de escritório", que

---

[10] Benedetto Croce e Giustino Fortunato são classificados por Gramsci como líderes de um movimento cultural meridional que se contrapunha ao movimento cultural [futurista] do Norte. No interior dessa dinâmica, porém, a Sicília se destaca do resto do Sul, e seus intelectuais passam a ter uma posição diferente; assim, Francesco Crispi é o homem da indústria setentrional, ao passo que tanto Giovanni Gentile como Luigi Pirandello podem ser incluídos – embora com diferenças – no movimento cultural futurista.

mantinha em relação o operário e a classe capitalista, enquanto a ligação entre a massa operária e o Estado ficava a cargo de uma nova casta de intelectuais, a sindical ou a que representava os partidos políticos.

A hegemonia do Norte e do Sul poderia ter desempenhado historicamente uma função positiva e progressiva se o industrialismo visasse ampliar sua base com novos quadros, incorporando, não dominando, as novas zonas econômicas assimiladas. Nesse sentido, a hegemonia do Norte poderia ter expressado uma "luta entre o velho e o novo, entre o progressivo e o atrasado, entre o mais produtivo e o menos produtivo"[11]. Uma dinâmica desse tipo poderia ter deflagrado ou favorecido uma revolução econômica com caráter nacional; ao contrário, a hegemonia não teve caráter inclusivo, destinado a reduzir aquela distinção, mas "permanente", "perpétuo", no sentido de organizar-se sobre uma ideia de desenvolvimento desigual a ponto de a debilidade do Sul tornar-se um fator, indeterminado no tempo, funcional ao crescimento industrial do Norte, como se o primeiro fosse um apêndice colonial do segundo.

Na Itália, o processo de unificação nacional não se realizou com base numa relação igualitária, mas por intermédio de uma relação desequilibrada em que o enriquecimento e o incremento industrial do Norte dependiam estritamente do empobrecimento crescente do *Mezzogiorno*. A realidade da exploração semicolonial do Sul foi sempre cuidadosamente combinada entre as classes dirigentes e, segundo Gramsci, esse acordo entre elas teve a contribuição dos próprios intelectuais socialistas que, em vez de revelarem a origem das relações desiguais, explicaram o atraso do Sul com a ideia de incapacidade orgânica, inferioridade biológica, barbárie congênita do homem meridional. As antigas e arraigadas representações da "delinquência napolitana" traduzidas para a doutrina "pseudocientífica" por sociólogos positivistas e estudiosos da área da antropologia criminal, muitos deles intelectuais do Partido Socialista Italiano. Por meio desses argumentos, tornou-se senso comum, mesmo entre as massas populares do Norte, a convicção de um Sul livre do jugo bourbônico, fértil e rico em recursos naturais, e, no entanto, incapaz de emancipar-se da miséria e do atraso por razões internas à própria região. Consolidou-se a imagem de um Sul "bola de chumbo", que impedia o Norte de ter um progresso mais rápido rumo à modernidade industrial e à riqueza econômica.

Para Gramsci, esse desenvolvimento desigual foi corroborado politicamente nos programas liberais – da Unidade da Itália até o advento do fascismo – em duas linhas mestras: primeiramente, no giolittismo, cujo objetivo era criar um bloco urbano-industrial (capitalista-operário) como base social de um Estado protecionista, no qual o Sul estaria destinado a desempenhar a função de um

---

[11] Antonio Gramsci, *Quaderni del carcere*, cit., p. 131.

mercado de vendas semicolonial para a indústria setentrional; em segundo lugar, no programa defendido pelo *Corriere della Sera*, baseado, desta vez, na aliança entre os industriais do Norte e a elite agrária meridional.

A primeira dessas duas linhas mestras do liberalismo na Itália regia-se pela repressão violenta de todo movimento camponês de massas e por um sistema de privilégios e favores para as castas intelectuais do Sul, incorporadas no serviço público a título pessoal. Desse modo, impediu-se qualquer ponto de conexão entre esses dois elementos da sociedade meridional, e assim "o estrato social que poderia ter organizado a insatisfação meridional torna-se [ao contrário] um instrumento da política setentrional, seu acessório policialesco"[12].

Internamente a esse sistema de poder, os intelectuais desempenhavam a mesma função de suboficiais e oficiais subalternos no Exército, quer dizer, faziam a conexão entre os oficiais superiores e a tropa. No *Caderno 3*, o conceito de "subversivo", em sua essência autenticamente italiano, é definido sistematicamente como uma "posição negativa" e não positiva de classe, que distingue tanto o inconformismo primitivo das massas camponesas (de trabalhadores rurais sem terra) quanto a insatisfação reacionária da pequena burguesia rural e urbana. Como exemplo, Gramsci fala da aversão elementar e superficial, por parte do povo, em relação aos senhores. Um ódio no qual se reflete a velha contraposição entre cidade e campo, de tipo semifeudal, que constitui uma manifestação da condição de atraso na consciência de classe, que se mostra em sua forma primordial puramente negativa.

> Não apenas não se tem consciência exata da própria personalidade histórica, mas não se tem sequer consciência da personalidade histórica e dos limites do próprio adversário (as classes inferiores, estando historicamente na defensiva, só podem adquirir consciência de si pela negação, por meio da consciência da personalidade e dos limites de classe do adversário: mas esse processo ainda é crepuscular, ao menos em escala nacional).[13]

A expressão "morto de fome" no campo indica tanto o trabalhador agrícola jornaleiro (subproletariado rural) quanto o pequeno-burguês que descende de uma burguesia rural cuja propriedade acaba liquidada por um progressivo fracionamento na passagem de uma geração para outra. Assim, mesmo nesse caso, um morto de fome que, no entanto, não quer realizar trabalho manual e aspira aos pequenos empregos municipais e públicos. Na descrição feita pelo intelectual sardo é bem reconhecível a base social do primeiro fascismo.

---

[12] Ibidem, p. 36.
[13] Ibidem, p. 323-4.

Esse estrato é um elemento perturbador na vida no campo, sempre ávido por mudanças (eleições etc.), é o "subversivo" local e, uma vez que é bastante difundido, tem alguma importância: ele se alia especialmente à burguesia rural e contra os camponeses, organizando a seu serviço também os "jornaleiros mortos de fome". Esses estratos estão presentes em todas as regiões e também são comuns nas cidades, onde confluem com a delinquência profissional e com a criminalidade flutuante. Muitos pequenos empregados da cidade derivam socialmente desses estratos e conservam a psicologia arrogante do nobre decadente, do proprietário que é obrigado a penar com o trabalho. O "subversivismo" desses estratos tem duas faces: pela esquerda e pela direita, mas sua adesão à esquerda é apenas um meio de chantagem; nos momentos decisivos, vão sempre com a direita, e sua "coragem" desesperada sempre prefere ter os *carabinieri* como aliados.[14]

Esse tipo de intelectual, já definido nas citadas notas do *Caderno 22* como expressão orgânica de uma casta de "pensionistas da história econômica", provém de uma pequena e média burguesia agrária, geralmente vive das rendas de suas propriedades, destinadas a aluguel ou meação, e constitui uma sobrevivência da velha sociedade, substituído na sociedade industrial pelo intelectual técnico organizador, especialista da ciência aplicada.

A função de barreira dos grandes e médios intelectuais contra a tendência dos grupos subalternos a unificar-se está presente em todos os *Cadernos do cárcere* e tem uma passagem de absoluta importância do *Caderno 25*. Nele Gramsci afirma que todo traço de iniciativa autônoma, seja política, cultural ou social, por parte das classes subalternas, assume um valor "inestimável" para a natureza "episódica e desagregada" de sua história. O que tinha sido especificamente esclarecido na *Questão meridional* para a compreensão da sociedade italiana torna-se aqui uma espécie de norma histórico-política. Em sua atividade, os grupos subalternos sofrem constantemente a iniciativa dos grupos dominantes, até mesmo quando se rebelam e se insurgem. A consequência direta é que a tendência a uma centralização coerente de tal atividade, capaz de modificar a rebeldia ou a mera reivindicação econômica, é sempre dissolvida e perde organicidade diante da capacidade de interdição das classes dominantes. A subalternidade desses grupos só pode ter fim com sua vitória "permanente", de modo que apenas com o cumprimento de um ciclo histórico pode-se dizer que a iniciativa dos grupos subalternos foi concluída com sucesso. Mais precisamente, os grupos subalternos só podem se unificar caso se tornem o Estado[15].

---

[14] Ibidem, p. 325.
[15] Ibidem, p. 2.288.

A unidade das classes dirigentes, por sua vez, se dá no Estado, de modo que se pode afirmar que sua história coincide com a do próprio Estado; todavia, não é necessário acreditar que tudo se resolve apenas na esfera jurídica e política das instituições, porque o domínio de uma classe não se reduz aos aparelhos coercitivos e a dimensão operativa de um Estado não se limita às evidências institucionais. Ao comentar o livro de Daniel Halévy, *Decadenza della libertà** [Decadência da liberdade], no *Caderno 6*, Gramsci escreve o quanto o "conceito comum de Estado é unilateral e conduz a erros colossais"[16], pela simples razão de ser reduzido apenas ao aparelho de governo e coercitivo, sem que se compreenda também "o aparelho privado de hegemonia e sociedade civil". O Estado é sinteticamente exemplificado na fórmula ditadura + hegemonia.

Assim, se a história das classes dirigentes acaba coincidindo com a do Estado, a das classes subalternas é, ao contrário, uma "função desagregada e descontínua" da história da sociedade civil e, por sua vez, da história do Estado. No estudo das classes subalternas, cada detalhe assume uma importância central para o "historiador integral", e Gramsci indica alguns pontos essenciais de tal investigação, dentre os quais emerge a importância da luta hegemônica:

1) como se formam os grupos subalternos e como eles se desenvolvem em relação aos processos da produção econômica, à sua difusão quantitativa, às possíveis origens a partir de grupos preexistentes, incluindo a eventual persistência de mentalidades, ideologias e objetivos destes; 2) as modalidades, evidentes ou dissimuladas, de adesão às forças políticas dos grupos dominantes, as tentativas de condicionar os programas por meio de suas próprias reivindicações, as repercussões de tal dinâmica sobre a história política das classes subalternas; 3) a constituição de novos grupos políticos a fim de se manter o consenso e o controle das classes subalternas; 4) a existência de organizações próprias dos grupos subalternos no terreno das reivindicações econômico-corporativas; 5) a existência de novas formações que, em contrapartida, afirmam a autonomia dos grupos subalternos pela persistência dos velhos quadros; 6) a formação de forças capazes de afirmar integralmente a autonomia dos grupos subalternos, ou seja, a capacidade de construir seus próprios intelectuais orgânicos.

O processo evolutivo (da dimensão primitiva, econômico-corporativa, à dimensão da autonomia integral) da consciência dos grupos subalternos é pesquisado com a máxima atenção diante de toda manifestação do chamado "espírito de cisão" e diante de todas as contradições provocadas sobre tal processo, uma vez que nos grupos políticos das classes subalternas também estão presentes elementos provenientes das classes dominantes exercendo o papel de dirigentes.

---

* *Décadence de la liberté* (Paris, B. Gasset, 1931). (N. E.)

[16] Antonio Gramsci, *Quaderni del carcere*, cit., p. 801.

No *Caderno 3*, a história fragmentária das classes subalternas é estudada à luz da relação dialética entre espontaneidade e direção consciente. Em primeiro lugar, para o intelectual sardo, não existe na história uma "pura espontaneidade" e até no movimento mais espontâneo sempre subsistem elementos de direção consciente; o problema é que é difícil identificar tais elementos, pois é raro haver documentos historicamente verificáveis em virtude do nível de consciência limitado que costuma caracterizar as classes subalternas.

> Pode-se dizer que o elemento da espontaneidade é, portanto, característico da "história das classes subalternas" e, acima de tudo, dos elementos mais marginais e periféricos de tais classes, que não alcançaram a consciência da classe "para si" e que por isso sequer suspeitam que sua história possa ter importância e que haja algum valor em documentá-la.[17]

Por estarem em presença de uma multiplicidade de elementos de direção consciente, nenhum deles consegue tornar-se predominante e superar o nível de ciência popular e senso comum das classes subalternas – ou seja, de sua visão tradicional de mundo. Daí provém a necessidade de estudar historicamente e ativamente, não sociologicamente ou descritivamente, os elementos de psicologia, cultura, senso comum das massas populares, exigência que Gramsci encontra em forma ao menos implícita na doutrina de Ilitch (Lênin).

Mesmo nos movimentos espontâneos há elementos primitivos de direção consciente, como se confirma pela existência de realidades que sustentam a espontaneidade como método de ação. Para explicar melhor esse conceito, Gramsci retoma a experiência do movimento de conselhos do "biênio vermelho". Como vimos no primeiro capítulo deste volume, o grupo ordinovista era acusado – tanto pelos reformistas, como Turati, quanto pelos revolucionários, como Bordiga – de ser ao mesmo tempo "espontaneísta" e "voluntarista", uma acusação contraditória que, para Gramsci, indicava a exatidão da direção assumida por aquele movimento, a qual não confundia a política com a ação real, simplesmente porque não tinha a pretensão didática de convertê-la em fórmula científica ou teórica. Uma direção apoiada na experiência dos "homens reais", formados em certa relação histórica, com determinados sentimentos, modos de ver, fragmentos de concepção de mundo resultantes da combinação espontânea de dado ambiente de produção material com a casual aglutinação neste de elementos sociais diferentes.

O mérito do grupo de *L'Ordine Nuovo* foi o de não negligenciar ou desprezar mais aqueles elementos de espontaneidade, sem, no entanto, fetichizá-los; ao

---

[17] Ibidem, p. 328.

contrário, atuou com tenacidade para homogeneizá-los, torná-los coerentes e conectá-los com a teoria moderna. A relação orgânica entre direção política e articulação concreta das classes subalternas reside precisamente nisto:

> Esta unidade da "espontaneidade" e da "direção consciente", ou seja, da disciplina, é justamente a ação política real das classes subalternas, enquanto política de massa e não simples aventura de grupos que se espelham na massa.[18]

Para Gramsci, uma teoria moderna da direção política não pode estar em oposição com os sentimentos "espontâneos" das massas. Com essa expressão, o intelectual sardo se referia ao patrimônio formado por meio da experiência cotidiana em relação ao senso comum, não à negação de qualquer atividade educativa sistemática por parte de um grupo dirigente já consciente. Os dois elementos, "espontaneidade" e "direção consciente", são necessários um ao outro para mudar a dimensão instintiva e apriorística do senso comum, sem, no entanto, estabelecer uma relação dualista entre direção política e classes subalternas, reduzidas a mera massa de manobra.

Por outro lado, a arrogância e o desprezo frente aos movimentos espontâneos, assim como a renúncia a relacionar-se com eles para oferecer-lhes uma direção consciente capaz de elevá-los e dotá-los de conteúdo político, podem ter graves consequências, porque a formação de um movimento espontâneo das classes subalternas, especialmente em contextos de crise econômica, é, com frequência, acompanhada por um movimento reacionário das classes dominantes que se serve do mal-estar difuso para enfraquecer o governo e organizar complôs que inevitavelmente terminam em golpes de Estado. Entre as causas mais "eficientes" dos golpes de Estado, Gramsci destaca a renúncia por parte dos grupos dirigentes conscientes a dar aos levantes espontâneos das classes subalternas uma direção organizada e uma orientação positiva. Esta, podemos dizer, é a principal lição política que ficou para Gramsci do fracasso do "biênio vermelho", ao qual se seguiu o fascismo. A tarefa da teoria política deve ser traduzir em linguagem teórica os elementos da vida histórica e não, na direção oposta, tentar moldar a realidade com base em esquemas doutrinários abstratos e em planos elaborados minuciosamente com antecedência. Também neste caso nos deparamos com um método que remonta ao primado atribuído por Lênin ao estudo particularizado das "formações econômico-sociais" concretas, contra toda pretensão doutrinária que encare a realidade com base em esquemas escolasticamente predefinidos pela intuição visionária do intelectual[19].

---

[18] Ibidem, p. 330.

[19] Gianni Fresu, *Lênin leitor de Marx: dialética e determinismo na história do movimento operário* (trad. Rita Matos Coitinho, São Paulo, Anita Garibaldi, 2016), p. 109.

4
O TRANSFORMISMO PERMANENTE

Todo o *corpus* dos *Cadernos* apoia-se numa exigência de investigação científica: para compreender as raízes profundas do drama que desembocou na ditadura fascista, era necessário estudar a história das classes dirigentes italianas e esclarecer as contradições imanentes ao processo de unificação nacional.

Nas notas do *Caderno 19*, Gramsci destacou quatro conjuntos temáticos preliminares, necessários à compreensão das origens desse grupo de problemas: 1) a análise dos diversos significados assumidos pela palavra Itália nas diferentes épocas históricas; 2) o estudo das fases de passagem da República ao Império com a "nacionalização" de Roma e da península, uma transição que levou ao redimensionamento da hegemonia itálica e à formação de uma classe imperial, supranacional e cosmopolita; 3) a interrupção do desenvolvimento político-social da civilidade comunal; 4) a escassa importância nacional na Itália da era do mercantilismo, à diferença dos demais novos grandes Estados modernos.

A frustrada formação de um Estado italiano unitário na era moderna e a consequente e tradicional ausência de um sentimento nacional comparável ao que se desenvolveu nas nações interessadas na afirmação dos grandes Estados absolutistas são temas particularmente importantes nos *Cadernos*. Segundo o intelectual sardo, o papel histórico das comunas medievais e da burguesia italiana revelou-se desagregador da unidade existente e não se chegou a encontrar novas formas de unidade, mais avançadas. Quando nos outros países se começou a adquirir uma consciência determinada a organizar a própria cultura nacional, a Itália perdeu sua função de centro internacional de cultura sem que se originasse um processo próprio de agregação nacional. Em vez de se nacionalizar, seus intelectuais se transferiram para o exterior e assumiram papéis de primeiríssimo plano político e cultural nas cortes europeias.

A falência de um processo de integração nacional da burguesia italiana, sucessivamente impossibilitada pelo domínio estrangeiro, foi historicamente atribuída a dois fatores externos: 1) a invasão turca no Oriente Próximo e no Oriente Médio, com a interrupção do comércio dirigido ao Leste; 2) a transferência das relações comerciais do Mediterrâneo para o Atlântico, com as grandes descobertas geográficas. Na realidade, segundo Gramsci, esses fenômenos devem ser considerados o efeito do declínio das Repúblicas italianas, não sua causa. Em linhas gerais, a burguesia desenvolveu-se melhor nos Estados absolutistas, exercendo um poder indireto, enquanto na Itália a burguesia, embora tivesse um papel político determinante, sofreu um processo involutivo. Isso se deveu primeiramente ao quadro de desagregação política da península, que por um longo período decretou seu declínio. Apesar de muito ricas, nem as comunas nem as senhorias comunais podiam ser consideradas Estado, porque lhes faltavam um vasto território e uma população suficiente para uma política internacional independente. Portanto, a burguesia italiana foi a primeira a existir e a gerar formas significativas de acumulação capitalista, mas não soube sair da dimensão corporativo-municipal e acabou sofrendo um processo de involução, o que a levou a abandonar o comércio e o risco dos investimentos produtivos em favor da renda fundiária. A burguesia se ruralizou, assumindo o comportamento parasitário típico da velha aristocracia, enquanto os intelectuais conservaram seu caráter cosmopolita sem, contudo, se tornar nacionais. O cosmopolitismo da tradição institucional e intelectual italiana – que a Igreja herdou do Império Romano – é uma das causas de sua subalternidade nas relações internacionais durante a Idade Média. Na Itália, a Igreja, com seu duplo papel de monarquia espiritual universal e principado temporal, não teve nem força suficiente para ocupar toda a península nem foi fraca a ponto de permitir que outro o fizesse. A tradição da universalidade romana e medieval impediu o desenvolvimento das forças nacionais burguesas para além do campo puramente econômico-municipal, coisa que só aconteceu depois da Revolução Francesa.

Para dar continuidade a um estudo sério sobre a formação histórica dos intelectuais italianos, era necessário remontar à era imperial romana, quando a península italiana foi ponto de atração intelectual para todos os domínios do Império. Isso tornou os grupos dirigentes, incluindo o imperador, cada vez mais imperiais e menos latinos. Nesse sentido, no *Caderno 3*, Gramsci fala de uma linha de continuidade unitária, mas não nacional, a respeito do desenvolvimento das classes cultas italianas, de modo a determinar um desequilíbrio interno na composição de sua população. O tema da função cosmopolita dos intelectuais italianos é posteriormente desenvolvido no *Caderno 5*. Por um longo período, a Itália desempenhou uma função cultural de nível internacional, atraindo para suas universidades estudiosos interessados em se aperfeiçoar assimilando cultura sob a orientação dos intelectuais italianos. Para além dessa realidade, havia também um fenômeno migratório de outra natureza dirigido à Itália: viajantes que, de todas as partes do mundo, chegavam à península, vista como um grande museu a céu aberto e por muito tempo considerada imprescindível na formação intelectual das classes cultas europeias. Apesar disso, a partir de determinado momento, os intelectuais italianos (com exceção dos eclesiásticos) começaram a emigrar, enquanto o fenômeno inverso cessou. Se, de um lado, o centro romano se internacionalizava, de outro, os demais países adquiriam uma cultura nacional própria com a contribuição decisiva dos intelectuais italianos. Tudo isso levou à desagregação da "cosmópole medieval"; todavia, a perda do papel histórico de centro internacional de cultura não alimentou a gênese de uma cultura nacional própria.

O tema da debilidade das classes dirigentes italianas tem suas raízes profundamente enterradas no tempo, bem antes do século XIX, na constrição do desenvolvimento capitalista da civilidade comunal, na natureza cosmopolita dos estratos intelectuais, na malograda formação de um Estado unitário moderno antes que uma série de acontecimentos de caráter internacional permitisse tal processo. A pretensão de conceber e apresentar o *Risorgimento* como fato essencialmente italiano, ao contrário, combinava o provincialismo à pouca honestidade político-intelectual de seus exegetas. Segundo Gramsci, o conceito de "personalidade nacional", considerado fora das relações internacionais, seria uma mera abstração literária sem qualquer fundamento histórico e político. Nesse sentido, não seria possível explicar o *Risorgimento* sem dar o devido peso às profundas transformações produzidas no equilíbrio europeu do século XVIII:

> Há um enfraquecimento recíproco das duas grandes potências e surge uma terceira potência: a Prússia. Portanto, a origem do motor do *Risorgimento*, isto é, do processo de formação das condições e relações internacionais que permitiram que a Itália se unisse em nação e que as forças internacionais se desenvolvessem e se expandissem, não devem ser buscadas neste ou naquele evento concreto registrado em uma data ou em outra, mas precisamente no mesmo processo histórico em que o próprio sistema europeu se transforma.[1]

Entre os fatores do *Risorgimento*, Gramsci indicava também o enfraquecimento "catastrófico" sofrido pelo Vaticano no século XVIII. Como esclarecera Hegel em suas lições sobre a *Filosofia da história*, segundo Gramsci, a Santa Sé, em virtude do longo processo gerado pela Contrarreforma, passou por um drástico redimensionamento da sua força porque, sem poder contar com a pressão

---

[1] Antonio Gramsci, *Quaderni del carcere* (Turim, Einaudi, 1977), p. 1.963.

dissuasiva das massas fanáticas que regia, perdeu gradualmente a capacidade de influenciar direta e indiretamente outros governos. "A política regalista das monarquias iluministas foi a manifestação dessa perda de autoridade da Igreja como potência europeia e, portanto, italiana."[2]

Mesmo com esse enfraquecimento, criaram-se as condições para o *Risorgimento*, porque o processo de unificação italiano só poderia ocorrer sob a condição desse redimensionamento da Igreja como potência italiana e, sobretudo, europeia. O *Risorgimento* é o vértice de onde partem os elementos essenciais da debilidade das classes dominantes italianas, começando com o fracasso das perspectivas democráticas do Partido da Ação e, em contrapartida, pela capacidade hegemônica dos moderados de Cavour, "o expoente da guerra de posição" na Itália, o representante mais orgânico dessa mudança produzida na expansão da burguesia europeia.

Por mais que pareça contraditório, no *Risorgimento* os conceitos de "guerra de posição" e "guerra de movimento" coincidem, e a guerra de movimento se torna guerra de posição. "É um julgamento dinâmico [escreve Gramsci] que deve ser feito sobre as Restaurações, que seriam uma astúcia da providência no sentido de Vico."[3]

Essa identificação deu-se pela complementaridade entre o conceito de guerra de movimento (iniciativa popular), representada por Mazzini, e a revolução passiva (guerra de posição), representada por Cavour, ambos indispensáveis na mesma medida. Há uma diferença fundamental, no entanto, que explica a hegemonia dos moderados sobre o Partido de Ação:

> Enquanto Cavour estava ciente de sua missão (pelo menos até certo ponto), ao mesmo tempo que entendia a missão de Mazzini, Mazzini não parece ter tido consciência da sua e da de Cavour; se, ao contrário, Mazzini tivesse tido essa consciência, ou seja, se tivesse sido um político realista e não um apóstolo esclarecido (isto é, se não tivesse sido Mazzini), o saldo resultante da confluência das duas atividades teria sido diferente, mais favorável ao mazzinismo: ou seja, o Estado italiano teria sido construído sobre bases menos atrasadas e mais modernas.[4]

Como se sabe, paralelamente às sugestões neoguelfas, também se desenvolveu uma orientação liberal entre os moderados a favor da unificação nacional por consenso entre os Estados italianos. No entanto, a primazia desse processo foi atribuída ao rei da Sardenha e não ao Pontífice. Uma orientação evidenciada em

---

[2] Idem.
[3] Ibidem, p. 1.767.
[4] Idem.

Speranze d'Italia de 1844 por Cesare Balbo, que teorizou a libertação da Itália do domínio austríaco pela via diplomática, com a inclusão do Piemonte no cenário da política das grandes potências europeias interessadas em solucionar a questão do Oriente. Balbo previra a expansão definitiva da Áustria na direção da península balcânica, abandonando as terras italianas, em decorrência do previsível colapso do Império Otomano. Isso garantiria o equilíbrio europeu, levando a uma solução tanto da questão italiana como da oriental. No entanto, a ideia de "balcanizar a Áustria", reiterada em escritos posteriores, era totalmente irrealista para Gramsci, não era um trabalho de engenhosidade nem de previsão política, mas um sintoma de passividade política e desânimo diante da dificuldade do projeto nacional.

Em 1848, naufragaram duas das três principais opções políticas do *Risorgimento*: primeiro fracassou a hipótese neoguelfa de Gioberti, por alguns anos hegemônica na frente moderada; depois, com a capitulação da República Romana e a resistência no Vêneto, as perspectivas democráticas de Mazzini, Carlo Cattaneo e Giuseppe Ferrari sofreram um forte redimensionamento. O sucesso da atividade diplomática de Cavour levou parte do movimento democrático (entre outros, o próprio Garibaldi, Daniele Manin, Giacomo Medici, Giuseppe Montanelli, Enrico Cosenz) a distanciar-se de Mazzini e de sua perspectiva insurrecional, que se mostrou totalmente fracassada, por formar o Partido Nacional Italiano, que em seu manifesto declarou expressamente sua intenção de constituir uma causa comum com os Savoias. Nos primeiros meses de 1859, esse partido tornou-se uma arma muito útil nas mãos de Cavour para flanquear sua ação diplomática.

Essa passagem parece muito importante, porque modificou molecularmente a própria composição de forças moderadas, facilitando a liquidação do neoguelfismo e o empobrecimento do movimento mazziniano. Nela era possível identificar a primeira manifestação do transformismo, cuja importância (como forma de desenvolvimento histórico) ainda não tinha sido suficientemente investigada, segundo Gramsci.

Depois de 1848, Mazzini compreendera a transição da "guerra de movimento" para a "guerra de posição", uma mudança radical na luta política que foi além de 1871. Depois de 1848, apenas os moderados desenvolveram uma reflexão autocrítica ao renovar sua estratégia. A liquidação do neoguelfismo foi a prova mais evidente disso. Nada semelhante aconteceu no movimento mazziniano, gradualmente abandonado por algumas de suas principais figuras, que mais tarde se tornaram "a ala esquerda do Partido Piemontês". "Na expressão, ainda que grosseira, de Vittorio Emanuele II: 'Temos no bolso o Partido da Ação', há mais sentido político-histórico do que em tudo o que disse Mazzini."[5]

---

[5] Ibidem, p. 1.782.

Partindo dessa dinâmica, Gramsci destacou os métodos de composição das classes dominantes por meio de um processo de cooptação e absorção metódica dos novos elementos resultantes da dinâmica social. Dessa maneira, mesmo grupos inicialmente hostis foram absorvidos progressiva e molecularmente pelos aparelhos estatais até se tornar seu suporte. O transformismo foi parte integrante dessa dinâmica e expressou toda a sua capacidade atrativa para o Estado no *Risorgimento* (com grupos republicanos e democráticos), assim como na história após a unificação da Itália (com católicos e reformistas).

A hegemonia moderada sobre o Partido de Ação é, para Gramsci, um dos temas mais paradigmáticos da história das classes dominantes italianas, funcional ao entendimento do papel desempenhado pelos intelectuais na definição das estruturas de hegemonia predominantes[6]. Durante o *Risorgimento*, os intelectuais do Partido da Ação adotaram uma atitude paternalista em relação às massas populares, às quais não queriam se ligar, e, portanto, foram absorvidos e incorporados "molecularmente" pelos moderados. O fenômeno totalmente italiano do "transformismo" tem origem, portanto, nessa dinâmica entre os intelectuais e as duas classes sociais fundamentais e inclui o problema geral da formação de grupos nacionais de liderança burguesa, ou seja, o tema do completo fracasso das perspectivas democráticas do Partido de Ação, incapaz de colocar em toda a sua amplitude a questão agrária, que, para Gramsci, era a única "mola" capaz de mobilizar as massas populares[7].

Uma classe é dominante, para Gramsci, quando consegue ser dirigente das classes aliadas e prevalente sobre as que lhe são inimigas ou adversárias; em virtude disso, a classe dominante deve ser dirigente antes e depois da tomada do poder. Assim, os moderados exerceram essa direção no Partido de Ação durante o *Risorgimento*, mas o fizeram também depois, com o "transformismo", e, graças à capacidade dos moderados de exercer uma hegemonia política sobre os acionistas [do Partido de Ação], o *Risorgimento* assumiu a forma de "uma revolução sem revolução".

Toda a política italiana desde 1870 até hoje é caracterizada pelo transformismo, isto é, pela elaboração de uma classe dirigente nos quadros estabelecidos pelos

---

[6] Gianni Fresu, "Moderati e democratici nell'Ottocento. L'interpretazione di Gramsci", em Cristina Carpinelli e Vittorio Gioiello (orgs.), *Il Risorgimento: un'epoca? Per una ricostruzione storico-critica* (Frankfurt, Zambon, 2012), p. 207-40.

[7] Não obstante todas as limitações identificadas no processo do *Risorgimento*, nas orientações historiográficas marxistas o *Risorgimento* assume um valor e uma importância centrais que vão muito além de seus resultados. Assim, o PCI da clandestinidade, em sintonia com o historicismo de Antonio Gramsci, referia-se idealmente ao *Risorgimento* em antítese ao fascismo (não por acaso ele chamaria suas divisões partidárias de Brigadas Garibaldi) e interpretou a Resistência como o cumprimento do *Risorgimento* italiano.

moderados depois de 1848, com a absorção dos elementos ativos surgidos das classes aliadas e até das inimigas. A direção política se torna um aspecto de dominação, pois a absorção das elites das classes inimigas leva à sua decapitação e impotência.[8]

Para Gramsci, os moderados representavam uma classe social relativamente homogênea, sujeita a poucas flutuações, enquanto o Partido de Ação, sem estar apoiado em nenhuma classe histórica, acabava submetido constantemente à direção dos moderados[9]. Os intelectuais da frente moderada eram realmente expressão orgânica das classes altas e, portanto, eram ao mesmo tempo intelectuais, organizadores políticos, empresários, grandes proprietários de terras, ou seja, de fato pertenciam a essas classes e individualmente conseguiram combinar a identidade do representado com a do representante. Precisamente por essa natureza "condensada", os intelectuais moderados foram capazes de exercer uma atração espontânea em toda a massa de intelectuais na Itália. Essa dinâmica encontrada na história do *Risorgimento* confirma uma espécie de regra histórico-política extremamente importante, desenvolvida detalhadamente nos *Cadernos*: não existe uma classe independente de intelectuais, mas cada classe tem seus próprios intelectuais orgânicos; no entanto, a classe que consegue assumir um papel propulsor e progressivo acaba exercendo hegemonia, subordinando também os intelectuais das outras classes.

O Partido de Ação não pôde exercer esse poder de atração e sofreu o dos moderados. Os mazzinianos só poderiam ter resistido à capacidade hegemônica dos moderados se incorporassem a seu próprio programa as demandas das massas populares, a começar pelas camponesas. Era necessário contrastar a "atração empírica" dos moderados com uma "atração organizada", isto é, um programa orgânico de governo capaz de mobilizar as massas populares. Mas o Partido de Ação nunca teve um programa governamental e não conseguiu expressar uma direção política, mesmo entre seus membros, limitando-se a ser apenas um movimento de agitação e propaganda dos moderados, que seguia a tradição retórica da literatura italiana, confundindo a unidade cultural com a unidade política e territorial.

As contradições da unificação nacional refletiram-se também no nível historiográfico, de modo que as interpretações múltiplas e díspares desse processo seriam, segundo Gramsci, uma confirmação das ambiguidades, fraquezas e inconsistências imanentes às forças protagonistas do *Risorgimento*, da falta de elementos suficientemente nacionais entre suas classes dirigentes. O conjunto dessas interpretações tem um caráter imediatamente político e não histórico,

---

[8] Antonio Gramsci, *Quaderni del carcere*, cit., p. 41.

[9] Ibidem, p. 2.010.

além de ser afetado por certa abstração e parcialidade subjacente. Trata-se de uma literatura que brota nas fases mais agudas da crise política e social, marcadas pelo distanciamento entre governantes e governados e por temores em razão dos riscos de esmagamento da vida nacional em seus equilíbrios conservadores[10]. Como veremos mais adiante, segundo Gramsci, exatamente em fases semelhantes, marcadas pela crise de hegemonia das classes dominantes, as classes intelectuais se esforçam para reorganizar correntes ideológicas e forças políticas em crise. Encontramos uma revisão articulada dessas interpretações nas notas dos *Cadernos*, a partir das publicações vinculadas à direita histórica[11], deposta pelo advento da esquerda, das quais o famoso artigo "Torniamo allo Statuto!" [Voltemos ao Estatuto!], de Sidney Sonnino, é talvez o manifesto. A mudança de governo, após a queda de Marco Minghetti, deu origem a uma tendência marcada por recriminações e avaliações pessimistas sobre o destino da Itália. Publicações caracterizadas por uma retórica petulante, definida por Gramsci como "raivosa, biliosa, hostil, sem elementos construtivos, sem referências históricas a qualquer tradição, porque no passado não havia um ponto de referência reacionário que pudesse ser proposto para qualquer restauração"[12].

Essa corrente condenava a evolução parlamentar do sistema político italiano e pedia o retorno aos costumes antigos nas relações entre monarquia, Executivo e Legislativo, mas as referências a uma suposta tradição italiana de governo eram na verdade vagas e abstratas. No fundo de tal retórica, pode-se notar o mal disfarçado pânico dos grandes proprietários de terras, da aristocracia e dos consórcios da direita histórica diante do menor progresso democrático capaz de abrir a cidadela política às massas populares[13].

---

[10] Gianni Fresu, "Il trasformismo permanente. Feticismo storico e mitologia nazionale in Gramsci", em Mauro Pala (org.), *Narrazioni egemoniche. Gramsci, letteratura e società civile* (Bolonha, Il Mulino, 2014), p. 151-67.

[11] Um agrupamento que incluía a *Teorica dei governi e governo parlamentare* (1884) [A teoria dos governos e do governo parlamentar], de Gaetano Mosca, *L'Italia vivente* (1878) [A Itália viva], de Leone Carpi, até uma série de análises aprofundadas de periódicos, semanais e revistas (*Nuova Antologia* e *Rassegna Settimanale*).

[12] Antonio Gramsci, *Quaderni del carcere*, cit., p. 1.976.

[13] A única exceção nesse cenário sombrio foi, para Gramsci, Quintino Sella, um dos poucos protagonistas burgueses italianos da tentativa de construir um Estado moderno, uma figura que difere profundamente dos políticos de sua geração, em termos de habilidades técnicas, posição moral, cultura e consistência. Afastando-se da direita, cada vez mais um consórcio de burocratas, generais e proprietários de terras, mais do que tentar criar um partido político, Sella aproximou-se de algumas correntes mais progressistas, participando do transformismo que aqui Gramsci define desta maneira: "tentativa de criar um forte partido burguês além das tradições personalistas e sectárias das formações do *Risorgimento*" (ibidem, p. 184).

Os livros dos "direitistas" retratam a corrupção política e moral no período da esquerda no poder, mas a publicação dos seguidores do Partido da Ação não apresenta o período do governo de direita como o melhor. Acontece que não houve mudança essencial na transição da direita para a esquerda: a crise em que o país está não se deve ao regime parlamentar [...], mas à fraqueza e à inconsistência orgânica da classe dominante e à grande miséria e ao atraso da população do país.[14]

A realidade italiana do final do século tornou-se ainda mais absurda pela precariedade e insegurança do novo Estado em virtude do *non expedit*[15] e da contraposição frontal ao Estado legal e a toda a modernidade por parte do mundo católico. De modo mais geral, o país foi caracterizado por uma fraqueza política estrutural:

No centro estão todas as tonalidades liberais, dos moderados aos republicanos, sobre os quais agem todas as memórias dos ódios da época e que se digladiam implacavelmente; à esquerda, o país pobre, atrasado, analfabeto, expressa de forma esporádica, descontínua e histérica uma série de tendências subversivo-anárquicas, sem consistência e orientação política concreta, que mantêm um estado febril sem futuro construtivo. Não existem "partidos econômicos", mas grupos ideológicos *déclassés* de todas as classes, galos que anunciam um sol que nunca nasce.[16]

Toda a análise do passado da Itália, desde a era romana até o *Risorgimento* e pós-unificação, na historiografia italiana, teve como objetivo encontrar uma unidade nacional de fato, justificando o presente com o passado histórico. Essa operação ideológica deveu-se à necessidade de fanatizar os "voluntários da nação", com as supostas glórias da história da Itália, compensando assim as deficiências e limitações de um *Risorgimento* feito por pequenas elites, com a total ausência das massas populares. Com essa mitologia nacional, tentou-se substituir a adesão orgânica das massas populares ao Estado pela seleção de "voluntários" de uma nação concebida abstratamente. Isso basicamente mostrou que ninguém era capaz de entender o problema proposto por Maquiavel em seus textos militares: a necessidade de unir-se às massas camponesas para substituir os mercenários por uma milícia nacional, adotar o elemento popular nacional como uma alternativa ao voluntarismo, uma vez que este representa uma solução equivocada e perigosa, tanto quanto o mercenarismo.

---

[14] Ibidem, p. 1.978.
[15] Ver nota 13 à p. 204.
[16] Antonio Gramsci, *Quaderni del carcere,* cit., p. 1.978.

262 Antonio Gramsci, o homem filósofo

Essa maneira de representar eventos históricos – que Gramsci chama de "história fetichista" – transforma personagens abstratos e mitológicos em protagonistas da história da Itália e, portanto, "o problema de buscar as origens históricas de um evento concreto e detalhado, a formação do Estado moderno italiano no século XIX, foi transformado no problema de ver esse Estado, como Unidade ou como Nação ou genericamente como Itália, em toda a história anterior, assim como o galo deve existir no ovo fecundado"[17].

A ideia de que a Itália sempre foi uma nação parecia a Gramsci uma construção puramente ideológica, um preconceito responsável pelas acrobacias dialéticas anti-históricas destinadas a rastrear essa unidade no passado pré-*Risorgimento*. Na Itália do século XIX, essa unidade nacional não existia porque carecia de um elemento fundamental, o povo-nação, e uma conexão estreita com os intelectuais nacionais. Por essas razões, as reconstruções historiográficas eram, na verdade, propaganda que buscava criar a unidade nacional com base na literatura e não na história; essa abordagem da unificação era um "querer ser" em vez de um "dever ser" determinado pelas condições de fato já existentes[18].

Outro aspecto ideológico dessa abordagem historiográfica seria sua tendência a encontrar obstáculos à unificação da Itália na dormência das virtudes do povo italiano e na intervenção de potências estrangeiras que, com seu domínio, impediam a manifestação do que realmente era: a existência da nação italiana. Essa interpretação deu origem a imagens totalmente abstratas. A anti-historicidade dessa abordagem deriva do fato de que ela impedia não apenas a compreensão da realidade, com a qual estava em contradição, mas também a apreensão da verdadeira extensão do esforço dos protagonistas do *Risorgimento*.

Sua escassa confiabilidade científica exigia um estudo crítico do *Risorgimento*, que superasse um debate inconclusivo e ocioso, da pura "metodologia empírica":

E se escrever história significa fazer história do presente, é grande o livro de história que, no presente, ajuda as forças em desenvolvimento a se tornarem mais conscientes de si mesmas e, portanto, mais concretamente ativas e realizadoras. O maior defeito de todas essas interpretações ideológicas do *Risorgimento* consiste no fato de que eram meramente ideológicas, isto é, não incentivavam a ação de forças políticas atuais. Obras de homens de letras, de diletantes, construções acrobáticas de homens que queriam mostrar talento, se não inteligência, ou dirigidos a pequenos grupos intelectuais sem futuro ou escritos para justificar forças reacionárias ocultas em ciladas, emprestando intenções que tinham finalidades

---

[17] Ibidem, p. 1.981.

[18] Gianni Fresu, "Antonio Gramsci, fascismo e classi dirigenti nella storia d'Italia", *NAE: Trimestrale di Cultura*, Cuec, Cagliari, n. 21, ano 6, 2008, p. 31-2.

imaginárias, e, portanto, pequenos serviços como lacaios intelectuais [...] e mercenários da ciência.[19]

A sucessão de diferentes interpretações ideológicas sobre o nascimento do Estado italiano, ligada aos impulsos individuais de personalidades singulares, foi um espelho fiel da natureza primitiva e empírica dos antigos partidos políticos e, portanto, da ausência na vida política italiana de um movimento orgânico e articulado, potencialmente capaz de promover um desenvolvimento político--cultural permanente e contínuo.

Desse modo, o diletantismo da literatura histórica sobre o *Risorgimento* estaria ligado à falta de uma perspectiva histórica séria e rigorosa nos programas dos partidos políticos italianos, cuja natureza "nômade e cigana" foi objeto da atenção de Gramsci em outras notas. Assim, também os debates político-culturais não se desenrolariam de acordo com um processo contínuo, mas por meio de campanhas individuais, de tempos em tempos, como premissa de movimentos políticos de curta duração afetados pelo mesmo diletantismo mostrado em termos de perspectiva histórica.

> Essa é uma maneira de proceder muito útil para facilitar as "operações" das "forças ocultas" ou "irresponsáveis" que têm como porta-vozes os "jornais independentes": eles precisam criar movimentos ocasionais da opinião pública, para ser mantidos até a realização de certos propósitos e ser depois deixados para sangrar e morrer.[20]

Na Itália, segundo Gramsci, apenas a história dos intelectuais foi ininterrupta; portanto, mesmo o chamado sentimento nacional – antes e depois do *Risorgimento* – não estava vinculado a instituições objetivas, não era "popular-nacional", mas simplesmente um sentimento de "intelectuais". Na Itália, não havia elementos objetivos capazes de desempenhar uma função unificadora real, como criar um sentimento nacional que não fosse puramente subjetivo. Essa função não podia ser desempenhada nem pela linguagem, descontínua pela predominância dos dialetos; nem pela cultura, muito restrita e de uso de pequenos grupos intelectuais com caráter de casta; nem pelos partidos políticos, pouco sólidos e atuando apenas em situações eleitorais. O único elemento "popular-nacional" válido e espraiado foi a Igreja, mas, dada sua natureza cosmopolita tradicional e sua luta contra o Estado secular, ela desempenhou uma função desagregadora, em vez de favorecer a formação de um sentimento nacional unitário.

---

[19] Antonio Gramsci, *Quaderni del carcere,* cit., p. 1.983-4.

[20] Idem.

A cultura histórica francesa, ao contrário, tivera uma base unificadora – além das várias tendências políticas que se seguiram (da dinástica à radical-socialista) –, uma consciência "popular-nacional", justamente porque o elemento permanente daquela história, marcada por mudanças de caráter político, era o "povo-nação"; lá, aquela conexão entre "povo-nação" e intelectuais, ausente na história nacional italiana, existiu de fato. Na Itália, pelo contrário, os intelectuais – engajados no trabalho de construção da unificação mitológica, e não histórica – distinguiram-se do povo, colocaram-se do lado de fora, criando e fortalecendo entre si um espírito particular de casta, caracterizado precisamente pela desconfiança do povo. Os jacobinos, por outro lado, lutaram arduamente para garantir o vínculo entre a cidade e o campo, conquistando forte hegemonia política, impondo-se à burguesia e levando-a a uma posição muito mais avançada do que ela realmente desejaria e do que seria possibilitado pelas próprias condições históricas[21]. Em geral, nos estágios iniciais da revolução, a burguesia apresenta apenas seus interesses corporativos imediatos, "fala grosso, mas na realidade demanda muito pouco". Na Revolução Francesa, foram os jacobinos que "levaram a classe burguesa adiante, chutando-lhe o traseiro"[22], fazendo com que ela perdesse seu caráter corporativo até se tornar uma classe hegemônica e dando uma "base permanente" ao novo Estado. Os jacobinos foram o único "partido da revolução em andamento", porque representavam não apenas os interesses imediatos da burguesia francesa, mas o movimento revolucionário como um todo, conseguindo se colocar à frente de um novo bloco social revolucionário, no qual também desempenharam um papel as massas populares e camponesas, conscientes da necessidade de constituir um bloco comum com os jacobinos para derrotar definitivamente as classes da aristocracia fundiária.

A experiência histórica estava demonstrando, assim, que, se os camponeses se movem por "impulsos espontâneos", isso provoca oscilações nos estratos intelectuais e pode levar parte deles a aderir às posições do novo bloco social. Desse modo, se os intelectuais ou uma parte deles se torna portadora de uma plataforma que assume para si as demandas das massas camponesas, acabam arrastando consigo grupos de massas cada vez mais significativos. Consequentemente, mesmo na Itália, teria sido possível desagregar o bloco reacionário que unia as classes rurais aos grupos intelectuais legitimistas e clericais, desde que os grupos democráticos tivessem se colocado à frente de um novo bloco social, atraindo e dirigindo as massas camponesas e os intelectuais das "camadas intermediárias e inferiores". Era precisamente essa a tarefa programática apresentada aos comunistas por Gramsci no ensaio sobre a *Questão meridional*.

---

[21] Ibidem, p. 2.014.

[22] Ibidem, p. 2.027.

Na Itália, a fraqueza dos partidos políticos liberais, a partir do *Risorgimento*, deveu-se ao desequilíbrio entre agitação e propaganda e à falta de princípios e continuidade orgânica. As tendências ao oportunismo, à corrupção e ao "transformismo" seriam encontradas no estreito horizonte cultural e estratégico dos partidos políticos e na ausência de vínculos orgânicos entre eles e as classes representadas. Esses partidos não se desenvolveram como uma expressão política e coletiva dos interesses de uma classe, como uma consciência consolidada e teorizada de sua função histórica, mas como meros consórcios de interesses imediatos condensados em torno de personalidades. Tratava-se de comitês eleitorais, e não de partidos, careciam de qualquer atividade teórica ou visão programática voltada para o futuro, acostumados ao "dia a dia, com seu faccionismo e seus embates personalistas"[23]. Na Itália, os partidos políticos "não eram permeados pelo realismo efetivo da vida nacional"[24] e, em decorrência disso, não cumpriram a função histórica de construir uma classe dominante nacional; por esse motivo, os principais grupos que formaram suas capacidades intelectuais no mundo acadêmico ou no mundo da produção eram grupos de "quadros apolíticos", com uma base mental e cultural puramente "retórica e não nacional".

> A principal causa desse modo de ser dos partidos encontra-se na deliquescência das classes econômicas, na gelatinosa estrutura econômica e social do país, mas essa explicação é um tanto fatalista: de fato, se é verdade que os partidos são apenas a nomenclatura das classes, também é verdade que os partidos não são apenas uma expressão mecânica e passiva das próprias classes, mas reagem energicamente sobre elas para desenvolvê-las, consolidá-las, universalizá-las. Isso não aconteceu na Itália, e a manifestação dessa omissão é justamente esse desequilíbrio entre agitação e propaganda ou como se queira chamar.[25]

A debilidade dos partidos políticos e, consequentemente, das classes dirigentes italianas, sua natureza, foi em grande parte decorrente do que Gramsci definiu como "Estado-governo", isto é, a massa de interesses pertencentes à coroa e à burocracia que na Itália atuava como um partido, com o objetivo de separar os quadros permanentes da vida política nacional das massas e dos reais interesses estatais nacionais, além de criar um vínculo paternalista de "tipo bonapartista-cesarista" entre essas personalidades e o Estado-governo. O transformismo e "as ditaduras de Depretis, Crispi e Giolitti", a miséria e a mesquinhez da vida cultural, parlamentar e política na Itália foram analisados justamente com base

---

[23] Ibidem, p. 386.
[24] Idem.
[25] Ibidem, p. 387.

nesse fenômeno. Se normalmente as classes sociais produzem os partidos políticos e estes criam os quadros dirigentes da sociedade civil e do Estado, na Itália o Estado-governo não agiu para conciliar essas manifestações com os interesses nacionais estatais, mas, pelo contrário, sempre favoreceu a desagregação, separando personalidades políticas individuais de qualquer referência social, cultural e até teórica mais ampla no que diz respeito à relação fiduciária, precisamente "bonapartista-cesarista", com o Estado-governo[26].

O *Risorgimento* italiano poderia ter tido um resultado democrático se tivesse assumido a questão camponesa e a da reforma agrária, enfrentando, de maneira progressiva, a dialética entre campo e cidade.

---

[26] Idem.

5
PREMISSAS HISTÓRICAS E CONTRADIÇÕES
CONGÊNITAS DA BIOGRAFIA ITALIANA

Como já amplamente esclarecido, para Gramsci o fascismo representava um fenômeno complexo, repleto de premissas e implicações, cujas causas mais profundas deveriam ser buscadas nas muitas contradições imanentes à história da Itália e não apenas na "psicose" que antecedeu e acompanhou a guerra. Nesse sentido, ainda que nos *Cadernos* ele fale poucas vezes de maneira direta e explícita sobre o fascismo, suas notas carcerárias constituem uma importante tentativa de investigação científica em torno desse grande drama histórico. Nos anos subsequentes à ascensão de Mussolini ao poder, essa convicção não era exclusiva de Gramsci. Ao contrário, em diversos autores, próximos ou distantes dele, encontramos uma exigência historicista similar de análise orgânica capaz de explicar de maneira mais completa e satisfatória o colapso do regime liberal italiano. Também em Piero Gobetti, o drama do fascismo[1] aponta para a necessidade de uma exegese do *Risorgimento* capaz de desvelar o "equívoco fundamental da nossa história: uma tentativa desesperada de vir a ser modernos tendo apenas literatos com impulsos não maquiavélicos de astúcia ou garibaldinos com ênfase nos tribunais"[2].

De acordo com esse brilhante intelectual – morto com apenas 25 anos de idade, no exílio, em decorrência do espancamento que sofreu dos fascistas –, a revolução liberal impunha-se como necessidade histórica para a superação dos limites inatos tantas vezes sublinhados por seu amigo Gramsci. Na Itália, o liberalismo tinha sido sufocado ainda no berço, tanto no plano econômico, com o protecionismo, como no político, impedindo uma dialética parlamentar

---

[1] Gianni Fresu e Aldo Accardo, *Oltre la parentesi. Fascismo e storia d'Italia nell'interpretazione gramsciana* (Roma, Carocci, 2009), p. 53-70.

[2] Piero Gobetti, *La rivoluzione liberale. Saggio sulla lotta politica in Italia* (Turim, Einaudi, 1974), p. 9.

real entre programas políticos representativos de forças sociais em disputa umas com as outras. Em oposição à moral servil imposta coercitivamente ao país pelas milícias fascistas, era preciso reorganizar a ética do Estado italiano com base no primado da liberdade. No devir histórico nacional, da Unificação ao fascismo, o jovem intelectual liberal vislumbrava uma tendência permanente a considerar a pluralidade dos matizes democráticos, a dialética das contradições políticas, o conflito social como anomalias a serem excluídas. Ainda antes do fascismo, isso ocorreu de duas maneiras: 1) pela absorção corrompida das forças críticas pelos equilíbrios conservadores; 2) pela aniquilação física de grupos e intelectuais opostos ao bloco de poder dominante. Isso impediu o progresso do país, dificultando a afirmação de uma atividade econômica moderna e, em consequência, desativando os processos sociais necessários à formação de grupos dirigentes adequados a uma classe técnica avançada.

Como vimos, Gramsci localizou a causa da formação fracassada de um Estado unitário moderno na Itália na incapacidade das classes dirigentes comunais de superar a fase "corporativo-municipal"; Gobetti, por sua vez, descreveu a predominância dos interesses conservadores e a exploração parasitária da economia agrícola como traços distintivos e esclarecedores dos limites daquela realidade. A primazia, no plano político e econômico, da *signoria* sobre as comunas e a ausência de uma reforma religiosa acabaram por retardar o desenvolvimento político nacional, encerrando a fragmentada realidade cultural dos Estados italianos na pequenez claustrofóbica dos tribunais.

> A nossa reforma foi Maquiavel, um teórico da política, um solitário. Seus conceitos não encontraram homens capazes de lhes dar vida, nem terreno social em que se fundar. É homem moderno porque instaura uma concepção do Estado que se rebela contra a transcendência, pensa uma arte política organizativa da prática e professa uma religiosidade civil como espontaneidade de iniciativa e economia.[3]

Outro elemento de profunda convergência, no tocante ao fracasso da revolução liberal no *Risorgimento*, diz respeito ao juízo negativo sobre a dimensão romântica e literária de aspiração unitária, que encontrou sua expressão mais coerente na "metafísica" abstrata do mazzinismo, caracterizado por um apostolado moralista e nebuloso, capaz de conquistar adeptos nos ambientes de italianos emigrados, mas incapaz de mobilizar as grandes massas populares. Para Gobetti, a doutrina de Giuseppe Mazzini, nascida de fragmentos ideológicos dos movimentos de ideias europeus, reduzia-se a uma reforma religiosa atenuada, destinada a tornar-se impopular e a confundir propaganda com revolução, reforma política

---

[3] Ibidem, p. 12.

PREMISSAS HISTÓRICAS E CONTRADIÇÕES *CONGÊNITAS* DA BIOGRAFIA ITALIANA 269

com demagogia. Ao contrário dessa abstração doutrinária, típica do movimento democrático liderado por Mazzini, o liberalismo piemontês era composto por quadros dirigentes educados pela formação econômica e concretude política.

Com "um rei medíocre como Vittorio Emanuele II", o *Risorgimento* teria tido um resultado ainda mais regressivo, de modo que acabou se revelando uma grande sorte para o povo italiano o fato de Cavour ter liderado aquele processo, evitando que se transformasse numa tirania. No panorama do *Risorgimento*, Cavour superava todos os seus contemporâneos pela capacidade de enfrentar as questões mais complexas com a perspectiva de um estadista, capaz de falar ao povo, sem lhe solicitar demagogicamente o consentimento ou corrompê-lo. Num contexto dominado pela retórica antimodernista do mundo católico, Cavour foi, segundo Gobetti, o único a gestar as bases de uma revolução liberal, tendo como instrumentos de ação apenas a dinastia e o Exército de um pequeno Estado.

> Comparado com os homens que a ele se seguiram, salvo [Quintino] Sella, parece ser de outra raça: para [Agostino] Depretis e para o próprio [Giovanni] Giolitti, que também tem mente de homem de Estado, o justo termo de comparação não é Cavour, mas [Urbano] Rattazzi, modelo de equilibrismo, de equívoco e de demagogia.[4]

Como vimos, já nos artigos do pós-guerra, Gramsci também utilizou Cavour como parâmetro para ressaltar a estatura intelectual e política em oposição a figuras como Francesco Crispi, Giolitti, aos nacionalistas ou mesmo à intelectualidade confusa do movimento futurista. No *Caderno 8*, ele destacou mais uma vez a exigência de se estudar sem preconceitos e sem retórica "o realismo de Cavour", evidenciado pela própria preponderância dos fatores internacionais no desenvolvimento do processo de unificação nacional. Os mazzinianos consideravam a via diplomática da unificação um "feito monstruoso", ao passo que, segundo Crispi, Cavour limitou-se essencialmente a "diplomatizar a revolução", afirmando involuntariamente a indispensabilidade do político piemontês. Redimensionar o legado histórico de Cavour era politicamente necessário, porque privilegiar o trabalho adequado para criar condições internacionais favoráveis à unificação significava reconhecer o despreparo e a fraqueza das forças nacionais diante da missão, ou seja, lidar com o total fracasso do programa mazziniano.

Para além das qualidades de realismo, em contraste com uma tradição diplomática baseada exclusivamente na astúcia pessoal, Cavour tentou obter a unificação nacional por meio da economia e do liberalismo – evitando as sugestões retóricas ou religiosas –, reinserindo os italianos numa política europeia que até então lhes era estranha. Ele baseou sua prática governamental e sua própria

---

[4] Ibidem, p. 24.

política externa em princípios "dignamente liberais", ganhando prestígio diplomático e consideração muito mais avançados do que as condições reais da Itália e de suas modestas classes dominantes.

Segundo Gobetti, a verdadeira obra-prima de Cavour foi sua política eclesiástica, o princípio "Igreja livre num Estado livre", uma demonstração de maturidade e capacidade política, não uma fórmula abstrata da filosofia do direito. Cavour teve a sagacidade de retirar a luta do Estado contra a interferência da Igreja do terreno dogmático – no qual, num país profundamente católico, ele irremediavelmente perderia – e transferi-la para o terreno da liberdade de consciência. Desse modo, deixou para outros sujeitos políticos os tons anticlericais e as disputas político-filosóficas, forçando a Igreja a se confrontar com uma premissa essencial da modernidade.

No decurso de poucos anos, o presidente do conselho piemontês criou uma situação concreta incomparavelmente mais avançada a respeito das potencialidades reais do país; porém, depois de sua morte, as contradições daquele processo emergiram e o novo Estado se viu privado de sua única direção verdadeira e sem um princípio inspirador à altura da tarefa histórica. Esses limites manifestaram-se em toda a sua evidência no período compreendido entre 1860 e a Primeira Guerra Mundial, marcado pela prática corruptora do transformismo e por uma falsa dialética de alternância sem alternativa de consórcios para dirigir o país. Segundo Gobetti, a maior deficiência do regime liberal italiano foi a ausência tanto de um verdadeiro partido conservador quanto de um autêntico partido liberal. O radicalismo nacionalista – que encontrou primeiro no intervencionismo e depois no fascismo sua objetivação mais coerente – foi um autêntico "germe da dissolução dos costumes políticos", tornando-se, após os anos 1870, uma prática unânime da política italiana.

A existência de um partido conservador sério teria desempenhado indiretamente uma função liberal moderna e positiva, alicerçando a coesão moral do país no respeito às leis e à segurança pública, injetando-lhe os anticorpos contra a megalomania nacionalista típica das oscilações pequeno-burguesas. Nesse sentido, para Gobetti, a passagem de Depretis a Crispi também assumiu um valor paradigmático destinado a repetir-se de forma ainda mais dramática na história da Itália, justamente pela ausência de um verdadeiro substrato liberal.

> Quando se cansaram das astúcias e atrativos de Depretis, os italianos se entregaram às seduções fáceis da megalomania de Crispi e ao fracasso africano, e toda a nação foi comprometida. Por mais que soem tardias as reabilitações, Adua[5]

---

[5] Na Batalha de Adua, na Etiópia, em 1º março de 1896, o Exército italiano empenhado na Guerra da Abissínia – com a qual pretendia conquistar um domínio colonial – foi derrotado pelas tropas de Negus Menelik II. Esse fracasso frustrou as aspirações coloniais da Itália por muitos anos.

marca a extrema condenação de uma mentalidade romântica fácil e representa a crítica preventiva de toda ideologia nacionalista, destinada a surgir na Itália com a mentalidade de aventura e a preparação espiritual parasitária da pequena burguesia: imperialismo é ingenuidade quando os problemas elementares da existência ainda precisam ser resolvidos.[6]

Se tivesse existido um partido conservador na Itália, ele teria desempenhado uma função sanitária, liquidando preventivamente a psicologia radicaloide e nacionalista, que acabou se sobrepondo aos "*parvenus* de uma burguesia falida"[7]. Ao mesmo tempo que faltou um partido conservador como expressão dos interesses agrários do Sul, fracassaram todos os pressupostos necessários à criação de um partido liberal dos industriais, abrindo-se assim um enorme fosso entre indústria e liberalismo. A indecorosa rendição das classes dirigentes a Mussolini, prontas a servir-se da violência para restaurar a ordem social ameaçada pela irrupção da política de massas, foi o resultado final de tal contradição. Giolitti, Antonio Salandra, Benedetto Croce, todos os grandes nomes do liberalismo italiano, favoreceram e apoiaram indistintamente a ascensão do fascismo na ilusão de que poderiam constitucionalizá-lo, ou seja, absorvê-lo, reservando ao futuro *duce* a mesma sorte que no passado já coubera aos políticos mazzinianos, católicos e socialistas reformistas, engolidos pelo equilíbrio entre os blocos de poder tradicionais.

Depois da unidade, a indústria italiana consolidou sua posição graças ao protecionismo aduaneiro e ao subsídio estatal, renegando o individualismo econômico, pressuposto liberal de qualquer abordagem digna desse nome. Assim, a indústria se desenvolveu à luz de um espírito corporativo estritamente nacional, ao invés de europeu e mundial. Vêm daí a defesa do sistema de privilégios e proteções garantidos pelo Estado e certo provincianismo, tanto econômico como político, incompatíveis com o liberalismo. O protecionismo produziu enormes danos políticos na Itália, oprimindo pela corrupção tanto a burguesia como o proletariado, resultando na decadência dos costumes de ambos. O sistema de concessões de Giolitti entre indústria e reformismo socialista setentrional, em detrimento do *Mezzogiorno*, foi a confirmação disso. A ausência de um partido conservador escavou o abismo entre Norte e Sul de modo a torná-lo estrutural. Se a indústria italiana tivesse se desenvolvido em moldes liberais, a relação com a agricultura e o *Mezzogiorno* teria contado com bases mais orgânicas e harmônicas.

De maneira mais geral, Gobetti contestou no liberalismo italiano a incapacidade de lidar com o movimento operário, por ele definido como o herdeiro

---

[6] Piero Gobetti, *La rivoluzione liberale*, cit., p. 33.
[7] Idem.

natural da função universal exercida primeiro pela burguesia. O fracasso em compreender a dinâmica social subjacente à luta de classes e a formação histórica dos partidos políticos teria sido a base do declínio da classe política liberal, oprimida pelo surgimento das grandes massas no cenário político.

Esgotada a via traçada por Cavour, o liberalismo italiano desenvolveu-se na mais completa confusão ideológica, aceitando tudo sob sua bandeira, do nacionalismo fervoroso ao protecionismo parasitário, perdendo a consciência de suas bases doutrinárias e, com elas, o sentido de sua missão histórica. O frágil liberalismo italiano foi convertido em "democracia demagógica".

> Após os anos 1870, o Partido Liberal foi esvaziado de sua função de renovação porque não tinha uma paixão libertária dominante e se reduziu a um partido no poder, um equilibrismo para iniciados que cumpriam suas funções de tutores, enganando os governados com transações e artifícios da política social.[8]

À luz dessa continuidade, Gobetti descreveu o fascismo como uma "biografia nacional", porque foi a representação final da renúncia à política, por preguiça das classes dominantes, que não estavam muito interessadas em se engajar na paciente construção do Estado e, portanto, em lidar com modernidade com a dialética política e com o conflito social que toda modernização inevitavelmente acaba gerando. A ilusão de salvar as classes do conflito, com uma ideia retórica de conciliação, além da concepção inútil e abstrata, escondia o desejo mal disfarçado de impedir uma efetiva democratização do país. Assim, o fascismo herdou das classes dominantes pós-Cavour a pretensão de "curar os italianos da luta política". A ideologia *atualista*[9] do fascismo e a confiança otimista e descontraída com a qual afirmava superar qualquer dificuldade graças ao poder palingenético da vontade eram a prova não apenas do infantilismo inato desse movimento, mas, mais amplamente, do primitivismo político das classes dominantes italianas, entusiasticamente seduzidas pelas poses teatrais de Mussolini.

Esses elementos de continuidade, assim como a necessidade da interpretação historicista do drama fascista a partir do fracasso da revolução liberal italiana, são encontrados numa obra fundamental como a *Storia del liberalismo europeo* [História do liberalismo europeu], de Guido De Ruggiero. Também nesse caso,

---

[8] Ibidem, p. 55.

[9] O atualismo, ou idealismo atual, concepção elaborada pelo intelectual de referência do regime de Mussolini, Giovanni Gentile, pretendia fundamentar filosoficamente o fascismo por meio de uma nova síntese idealista das tradições filosóficas de Kant e Hegel. Segundo essa filosofia, a única realidade verdadeira reside no ato puro do pensamento, como consciência do momento atual por meio do qual objetiva-se o espírito absoluto da história reconhecido pelo filósofo.

Premissas históricas e contradições *congênitas* da biografia italiana   273

a necessidade de retornar às raízes conceituais e políticas do movimento liberal europeu estava ligada à necessidade de entender as causas do que aconteceu, redescobrindo as razões ideais e históricas necessárias para superar a barbárie fascista.

Não obstante o abismo que se abriu no país, que levou muitos ex-antigiolittianos, a começar por Benedetto Croce, a lamentar a "progressão democrática" vivida entre 1900 e 1914, De Ruggiero não era de todo indiferente à tradição liberal italiana, cuja modesta importância no contexto europeu, pelo contrário, destacou polemicamente. O liberalismo italiano apresentou-se em grande parte como mero reflexo de doutrinas e direcionamentos estrangeiros[10].

Essa importância limitada devia-se a múltiplos fatores: 1) o fracionamento político que impediu a formação de grandes correntes de opinião pública, sacrificando todo o desenvolvimento na pequenez e na rivalidade das pequenas frações regionais, quando não municipais; 2) a servidão de grande parte do território italiano a potências estrangeiras que desperdiçou as melhores energias na luta pela emancipação nacional, porém num quadro de profunda confusão conceitual entre os princípios de independência e liberdade; 3) o espírito da contrarreforma que mortificou o sentimento individualista, premissa essencial do liberalismo moderno; 4) a natureza literária e livresca de uma cultura reduzida a "erudição empoeirada apartada de todos os interesses vitais do presente" que foi transformada em cultura política nacional; 5) o atraso econômico que retardou a diferenciação social entre as classes e a formação de um amplo estrato médio.

Entre os fatores econômicos e sociais que limitaram o potencial do liberalismo italiano, estava também o pouco peso do feudalismo, devido ao rápido surgimento de municípios e senhorios e ao subsequente domínio de potências estrangeiras. Em outros lugares, a antítese entre o povo e o príncipe levou ao surgimento da primeira escola do liberalismo político: dietas, Estados gerais, parlamentos, os quais eram, ao contrário, estranhos à tradição italiana.

> Na Itália, a tradição do direito romano nunca foi completamente extinta, desde a mais remota Idade Média, e sua persistência contrasta efetivamente com o domínio exclusivo do direito feudal, [...] dificultando a formação de um direito exclusivo muito *privilegiado*, favorecendo assim as liberdades civis dos indivíduos. Mas, ao mesmo tempo, sendo um direito de súditos, de homens iguais na

---

[10] Opinião compartilhada por Arturo Carlo Jemolo (*Chiesa e Stato in Italia. Dalla unificazione ai giorni nostri*, Turim, Einaudi, 1975), que reiterou como o liberalismo moderno, fundamentado (embora de muitas maneiras) na ideia de um Estado nacional com uma ordem constitucional e um governo legitimado por uma maioria parlamentar, não contou com um grande teórico entre os intelectuais da Itália – pelo menos até Cavour. Seus homens, escreveu Jemolo, foram principalmente apóstolos da ideia, missionários ou realizadores.

sujeição, com sua influência, impedia que se radicasse na consciência do povo a ideia de um direito próprio e originário, independente do Estado, e por isso oposto ao direito do príncipe. Foi assim que faltou aos italianos a experiência vital da antítese entre o povo e o príncipe, o que em outros lugares ajudou a criar o sentido das liberdades políticas e o amor a elas.[11]

O movimento intelectual do *Risorgimento* foi muito importante na história da Itália, antecipando sua unificação política; no entanto, seus protagonistas, seguidores e exegetas lhe atribuíram uma importância europeia não merecida, gerando equívocos e ilusões fatalmente destinados a revelarem-se no ano de 1848. Essa desproporção autorrepresentativa era atribuída à tradição literária que, para De Ruggiero, assim como para Antonio Gramsci e Gobetti, foi o único elemento de continuidade na vida nacional no decorrer dos séculos, na ausência de uma unidade nacional e política.

Depois de seu fim, o primado giobertiano da civilização e da ciência, típico do humanismo e do Renascimento, converteu-se num "primado das recordações". A ideia da autossuficiência, típica da cultura literária italiana, alimentava-se de um mundo imaginário no qual a ideia daquele primado, já morto e sepultado havia séculos, continuaria subsistindo, assim como, por sua vez, naquele "mundo fictício" formava-se a ideia de uma unidade política nacional de fato (doloro-samente confundida com a unidade da cultura nacional) na história da Itália.

A estreiteza dessa dimensão cultural, convicta de possuir todos os elementos para bastar-se a si mesma, tornara ainda mais difícil a inserção das correntes intelectuais italianas no clima geral da cultura europeia:

> Mesmo quando a influência estrangeira se tornou predominante, como nos sé-culos XVIII e XIX, a indelével glória nacional tentou diminuir sua importância ou reduzir seu significado com aquelas comparações, aqueles paralelos e aquelas antíteses que constituem a parte mais doentia da literatura patriótica italiana.[12]

Nesse sentido, a obra de Vincenzo Gioberti[13] justificava-se perfeitamente e parecia importante no quadro nacional, enquanto era "desajeitada e desafinada" num âmbito mais geral e europeu. De Ruggiero fazia um juízo duríssimo do provincialismo da cultura italiana relacionada ao *Risorgimento*, que revelava uma atitude de "senhores decadentes", orgulhosos de seu próprio status e fechados em seu próprio isolamento. Um "falso pudor patriótico" desmotivara toda a

---

[11]   Guido De Ruggiero, *Storia del liberalismo europeo* (Bari, Laterza, 2003), p. 293.

[12]   Ibidem, p. 316.

[13]   Vincenzo Gioberti, *Del primato morale e civile degli italiani* (Turim, Utet, 1932).

coragem, impedindo que se olhasse além das próprias fronteiras e se percebessem seus próprios limites, arruinando algumas manifestações da consciência nacional do *Risorgimento* e mistificando o entendimento das gerações posteriores: "Ele foi cercado por uma aura retórica; isentado de qualquer avaliação crítica sincera, mesmo quando foi objeto de estudo e curiosidade erudita; e suas manifestações intelectuais foram ainda mais admiradas e exaltadas quanto menos eram conhecidas em sua realidade"[14].

Isso explica por que, num período repleto de efervescências e trocas intelectuais como o século XIX, nenhuma das obras do *Risorgimento* teve ressonância europeia, assim como nenhuma delas se tornou familiar para os próprios italianos.

E, para perceber isso, basta abrir os livros de [Antonio] Rosmini, Gioberti, Mazzini, [Cesare] Balbo, [Massimo] d'Azeglio, [Niccolò] Tommaseo, para ter uma sensação de coisa fechada, de mofo literário, o que traduz a estreiteza do ambiente nacional.[15]

Os protagonistas do *Risorgimento* descritos por De Ruggiero têm diversos pontos em comum com os "voluntários da nação" de que falava Gramsci. Em ambos os casos, alude-se a uma restrita elite autosselecionada das diversas partes da Itália em torno de elevadíssimos valores morais, mas que deseja manter bem distante a participação das massas populares, sendo substancialmente indiferente aos problemas da unidade, da liberdade e da independência. A essa dimensão exclusivamente ética e literária e a sua claustrofóbica dimensão provincial devia-se grande parte do comportamento político da classe dirigente do *Risorgimento*.

O partido moderado era, na realidade, um não partido, ou seja, tratava-se de uma corrente sem organização nem estatuto, em torno da qual se configurava o consenso de grupos sociais muito homogêneos em termos de relações produtivas e de cultura. Abominava a própria ideia de partido, definido por Rosmini como o verme que corrói a sociedade, pela simples razão de que não apenas não se colocava a questão do proselitismo entre as massas, mas porque não havia qualquer vontade de envolvê-las no processo político-social de unificação. Se Maquiavel construiu sua ciência política em torno da centralidade daquilo que se entende por povo, segundo Gioberti o povo era um não-ente, um corpo inerte e sem forma, maleável a seu gosto. Coerentemente com essa concepção, era completamente estranha aos moderados qualquer hipótese democrática não apenas de autogoverno popular, mas também de socialização política comum destinada a ampliar a base social de um hipotético Estado unitário. A ação e a

---

[14] Guido De Ruggiero, *Storia del liberalismo europeo*, cit., p. 317.

[15] Idem.

obra de proselitismo dos moderados eram endereçadas, portanto, somente aos representantes da própria casta e aos príncipes dos Estados italianos, aos quais era atribuída a função de tomar a iniciativa. Em suma, o ideal político dos moderados estava mais próximo do liberalismo semifeudal inglês do século XVIII do que do liberalismo moderno. Essa diferença quanto ao povo não foi resolvida pelo *Risorgimento*, mas se estendeu às primeiras décadas do novo século, apesar da afirmação da política de massas como consequência da guerra. Um tema, como já vimos, constantemente ressaltado, até com certa ironia, por Antonio Gramsci:

> O povo (o que é isso?!), o público (o que é isso?!). Os políticos oportunistas perguntam fazendo aquela careta de quem já sabe a resposta: "Ora, o povo! Mas o que é esse povo? Quem o conhece? Quem alguma vez o definiu?" E, enquanto isso, nada fazem além de truques e mais truques para obter as maiorias eleitorais (quantos comunicados foram feitos na Itália para anunciar novos ajustes à lei eleitoral? Quantos projetos foram apresentados e retirados das novas leis eleitorais? O catálogo seria interessante por si só).[16]

Historicamente, a absoluta relutância em envolver o povo teve duas consequências, uma política e outra filosófica: a primeira teve um caráter claramente antipopular e levou os moderados a posições de rígida defensividade pelo constante terror diante de qualquer possível despertar das massas e do povo e das reivindicações de liberdade; a segunda, por sua vez, tinha raízes na tradicional luta do mundo conservador contra a modernidade, em sua extenuante defesa do particular contra o universal produzido pelo racionalismo filosófico. Dando continuidade a uma longa tradição (Edmund Burke, Joseph de Maistre, Karl Ludwig von Haller), a ideia da revolução iluminista era entendida como consequência de uma suposição falaciosa e insolente, por não se dispor a reconhecer o valor vinculante da continuidade histórica e das tradições estabelecidas no decorrer dos séculos.

Contra o efeito disruptivo dos dois termos, liberdade-racionalismo, a classe dirigente italiana agarrou-se à Igreja, encontrando uma barreira institucional na restauração e uma função de estabilização social na dogmática religiosa. Na Itália, isso levou a considerar a Igreja católica uma instituição puramente nacional, um grande equívoco que não levava em conta sua natureza universal e, portanto, cosmopolita. A conciliação impossível entre os valores da crítica e aqueles do dogmatismo, bem como a ilusão de uma relação não contraditória entre a unificação política da Itália e a centralidade da Igreja como autoridade política, foram as filhas desse equívoco. A Itália viveu apenas os reflexos tanto da revolução como

---

[16] Antonio Gramsci, *Quaderni del carcere* (Turim, Einaudi, 1977), p. 293.

da contrarrevolução romântica. Dos dois termos da contradição surgiu apenas um substitutivo confuso, que deu lugar a uma bizarra combinação eclética:

> Parecia fácil tirar do catolicismo sua aparência reacionária e privar o racionalismo liberal de seu fermento revolucionário para pacificá-los em conjunto. Assim surgiu a ideia, que se destaca na infeliz revolução de 1848, de um ressurgimento liberal centrado no Papa [...], salvando ao mesmo tempo o antigo e o novo, os princípios e a unidade nacional, o catolicismo e o racionalismo, o absolutismo iluminado e a liberdade. O que, sem meios-termos, significa querer fazer uma omelete sem quebrar ovos.[17]

Nessa flagrante contradição seria debatido o horizonte político do *Primado* de Gioberti, e com base nesses limites seria alimentada a falaciosa pretensão de fazer do Papa, enquanto príncipe temporal, o centro de uma tradição italiana da qual se esperaria a iniciativa da unificação política. O sucesso de tal posição entre os moderados é mais uma prova dos limites desse partido conservador, fatalmente inserido numa situação revolucionária.

Paralelamente e contra esse forte componente moderado desenvolveram-se tanto personalidades singulares e vanguardistas capazes de intuições originais, como Giacomo Durando, que contrapôs às tentativas neoguelfas de Gioberti a tradição gibelina, quanto orientações que eram decisivamente mais modernas e adequadas ao fluxo da história europeia. Sob a influência da economia clássica, a orientação mais avançada do liberalismo italiano tentou fazer valer seus princípios na dinâmica de modernização da Itália setentrional. A doutrina do liberalismo fundiu-se com as efervescências da Itália do Norte, encontrando inspiração nas correntes do liberalismo inglês e oferecendo às forças produtivas da Alta Itália a parte do leão no mercado italiano mais amplo, que significava, portanto, a liberdade, entendida antes de tudo em seu sentido econômico, como novo elemento de unificação nacional, por meio da modernização da burguesia agrária e industrial. Nessa escola formou-se Cavour, o único expoente verdadeiramente europeu no *Risorgimento* italiano, de cuja formação cultural estava totalmente ausente aquele bolor literário e aquele estreito provincianismo típico da sonolenta intelectualidade moderada[18]. A cultura científica de Cavour e sua formação no

---

[17] Guido De Ruggiero, *Storia del liberalismo europeo*, cit., p. 325.

[18] Arturo Carlo Jemolo também ressaltou a função de verdadeiro artífice da unificação nacional desempenhada por Cavour, a quem se deve até a matriz constitucional, administrativa e a legislação eclesiástica que moldou o Reino da Itália. De Cavour, Jemolo destacou as relações e as alianças internacionais (francesas e inglesas), o equilíbrio na abordagem do liberalismo, assim como a competência na economia e na administração. Na questão religiosa, Cavour é

liberalismo manchesteriano levaram-no a perceber a potencialidade de expansão da sociedade industrial moderna – embora num contexto como o italiano, em que ainda estava por vir – e, com base nela, a dinamizar o processo de unificação nacional. Pela obra de Cavour, percebe-se, pela primeira vez na história da Itália, o espírito do Estado liberal moderno e, em sua figura, a própria personificação desse Estado e o valor histórico dessa "arte liberal de governar".

Inversamente, de acordo com De Ruggiero, as características básicas da pregação mazziniana eram a abstração mística e a profunda distância entre os motivos inspiradores da sua doutrina e a realidade concreta da Itália. Os longos anos de exílio impediram que Mazzini pudesse ter tomado consciência do que era aquele fantasmagórico povo e a que se dirigiam suas reivindicações. Além disso, os pontos de referência religiosos, políticos e econômico-sociais das pregações de Mazzini, suas reflexões e seus pronunciamentos estavam mais alinhados com a história das vizinhas França e Inglaterra do que com a realidade italiana. O misticismo político-religioso de Mazzini surgiu da tradição de Lamennais e de Saint-Simon, da matriz histórica da Reforma, totalmente estranha à Itália, país da Contrarreforma, por excelência. Por essas razões, o binômio "Deus e povo" não suscitou nenhum entusiasmo ou senso de identificação no espírito popular italiano, ficando circunscrito às exíguas vanguardas do voluntarismo democrático.

Os anátemas de Mazzini contra o espírito individualista, anárquico e materialista da escola liberal deviam-se à orientação saint-simoniana, às obras de Sismondi, de Owen, de Fourier, com a realidade social concreta da Inglaterra industrial do século XIX – onde o espírito individualista do livre mercado gerara enormes conflitos sociais e condições de miséria e exploração para sua classe operária. Mas enfurecer--se contra o individualismo liberal num país como a Itália, ainda enredado por tradições culturais e costumes feudais, onde a revolução industrial estava longe de acontecer, era um contrassenso, significava falar da Itália com os olhos na Inglaterra. O que poderia significar na Itália o associativismo que Mazzini via surgir das ruínas de uma liberdade anárquica e impiedosa, mas que os italianos sequer conheciam? Quais homens se associariam num país agrário com técnicas agrícolas semifeudais[19]?

A democracia de Mazzini era totalmente estranha à realidade italiana, uma pregação repleta de deveres morais e retóricas localizadas no campo do querer

---

apontado como um racionalista, que provavelmente se diz católico mais por razões políticas do que por convicção interior, por estar seguro da exigência de modernização e laicização das instituições fundamentais da vida civil, com base no princípio "Igreja livre num Estado livre". Cavour, segundo Jemolo, teve o mérito de saber resistir às pressões dos jacobinos, de um lado, e dos clérigos, de outro, refutando tanto as pretensões de intromissão eclesiástica nos assuntos institucionais, quanto medidas que limitassem a liberdade religiosa.

[19] Guido De Ruggiero, *Storia del liberalismo europeo*, cit., p. 333.

ser, sequer no campo do dever ser, sem ter nenhum lastro sobre o ser. Mazzini falava ao povo, mas a um povo imaginário e puramente retórico, não às famintas massas de camponeses sem terra do campo italiano. Isso explica o horror experimentado por Mazzini e seus seguidores ao deparar-se com a revolução agrária no *Mezzogiorno* e com as ocupações de terras de 1848, revolução que foi deixada à deriva pelos democratas que não quiseram explorar aqueles acontecimentos perturbadores, e com a concomitante crise dos moderados, deixando o caminho livre para a reação. Uma ideia de democracia entendida como organização popular autônoma, segundo De Ruggiero, só se concretizaria com o nascimento do movimento socialista, o primeiro movimento empenhado (ainda que com limites e confusões) na tentativa de criar uma relação orgânica com as massas, sacudindo-lhes a apatia e a subalternidade a que se encontravam relegadas havia séculos, e colocando na agenda política as questões sociais, amplamente evitadas por Mazzini para além das declarações de princípio e dos impulsos retóricos.

Essa insuficiência do Partido de Ação, temeroso e relutante de envolver de fato as massas populares no processo do *Risorgimento*, despertou várias vezes a atenção do próprio Karl Marx, que chegou a escrever a respeito num artigo publicado no *New York Daily Tribune* em abril de 1853:

> Agora, é um grande progresso para o Partido Mazziniano finalmente ter-se convencido de que, mesmo no caso de insurreições nacionais contra o despotismo estrangeiro, existe o que costumamos chamar de diferenças de classe e que, nos movimentos revolucionários de hoje, não é para as classes altas que se deve olhar. Talvez os mazzinianos deem mais um passo à frente e entendam que precisam lidar seriamente com as condições materiais da população rural caso queiram que seu Deus e seu Povo tenham eco. [...] as condições materiais nas quais se encontra a maioria da população rural a tornaram, se não reacionária, pelo menos indiferente à luta nacional da Itália.[20]

Em artigo seguinte, de 11 de maio de 1858, "Mazzini e Napoleão", Marx censurou os mazzinianos por continuarem totalmente apegados às formas políticas do Estado (República contra Monarquia), *sem* olhar para a organização social sobre a qual se apoia a superestrutura política:

> Orgulhosos de seu falso idealismo, eles consideraram abaixo de sua dignidade prestar atenção à realidade econômica. Nada é mais fácil do que ser idealista em nome dos outros. Um homem empanturrado pode zombar do materialismo dos famintos que pedem um reles pedaço de pão em vez de ideias sublimes. O

---

[20] Karl Marx e Friedrich Engels, *Sul Risorgimento italiano* (Roma, Editori Riuniti, 1959), p. 109.

triunvirato da República Romana de 1848, que deixou os camponeses do campo romano num estado de escravidão mais exasperante que o de seus ancestrais da Roma imperial, não pensou duas vezes quando se tratava de discutir a degradação da mentalidade rural.[21]

Assim, a estratégia mazziniana reduzia-se à ação conspirativa e de agitação, ao golpe de Estado dos "voluntários da nação", sem contudo confiar – diferentemente dos movimentos democráticos na Alemanha, Inglaterra e França – em qualquer classe social histórica concreta. Uma ideia de democracia na qual não havia nada orgânico e permanente, além da explosão instantânea do gesto revolucionário. No entanto, de acordo com De Ruggiero, a tradição democrática de Mazzini cumpriu uma função positiva, conduzindo forçosamente o relutante mundo dos moderados ao campo da ação do *Risorgimento*. O sucesso da ação democrática é, portanto, confiado à sabedoria dos moderados de Cavour, capazes de dar um enquadramento estatal e conservador às conquistas das ruas. Isso explica o aparente paradoxo de que a Itália, obra dos chamados democratas, é também organizada contra eles pelos partidos da ordem[22].

> O temor suscitado pelo povo condicionou, portanto, a formação do Estado italiano unitário. Esta se realizou sem que as massas tomassem parte minimamente, mantendo-as distantes, contra elas. Tal circunstância seria determinante para toda a vida do novo Estado, de sua fundação até os nossos dias.[23]

A debilidade interna da burguesia a forçou a contínuos conchavos para poder permanecer no poder; na Itália não havia como desenvolver uma dialética entre empresários industriais e latifundiários e, portanto, a alternância correspondente (Gramsci a chama de "rotação") das classes dominantes; em contrapartida, estabeleceu-se um pacto de conciliação entre elas, cujo custo foi pago por todo o país e, em particular, pelo *Mezzogiorno*, forçado ao subdesenvolvimento e sob uma condição de "regime quase colonial". Mesmo o fracasso na definição de partidos políticos verdadeiros e específicos das classes dominantes, como verdadeira alternativa segundo uma perspectiva liberal ou conservadora, foi uma consequência dessa dinâmica social. Daí a natureza indistinta e pantanosa dos consórcios liberais e a consolidação das práticas transformistas. A única cola real no país era o aparelho burocrático, liderado, porém, por grupos sem nenhuma base objetiva na sociedade.

---

[21] Ibidem, p. 142.
[22] Guido De Ruggiero, *Storia del liberalismo europeo*, cit. p. 335.
[23] Ibidem, p. 9.

6
"O velho morre e o novo não pode nascer"

Como vimos na primeira parte, a obra de Antonio Gramsci foi traduzida (em sentido filosófico e não apenas linguístico) para realidades profundamente diferentes daquela de que ele se ocupou majoritariamente. Assim, por exemplo, apesar de ter dado pouca atenção à relação entre o Norte e o Sul do mundo, bem como às especificidades da América Latina e do Brasil, em particular, a divulgação e o estudo de sua obra encontraram nesses lugares uma difusão mais extensa e ramificada do que na própria Europa, com a óbvia exceção da Itália. Esse sucesso deve-se à centralidade, em seu pensamento, de duas categorias essenciais à leitura da história política e social desse continente: o binômio Oriente/Ocidente, do qual já falamos, e o conceito de revolução passiva. No *Caderno 10*, Gramsci definiu o conceito de "revolução passiva" como o fato histórico da ausência de iniciativa popular unitária no progresso da história italiana, em que o desenvolvimento histórico efetivo se apresenta como reação das classes dominantes ao subversivismo esporádico, elementar, não orgânico das massas populares. Isso acontece por intermédio das "restaurações progressivas" que acolheram e incorporaram algumas das exigências vindas de baixo, evitando assim a insurreição das massas populares. Contudo, para não gerar equívocos, o fulcro político das revoluções passivas não é o acolhimento de uma parte das reivindicações nascidas da dialética social, mas a esterilização política das grandes massas populares.

Nesse sentido, Gramsci fala de "revolução-restauração" ou, ainda, de "revolução passiva", referindo-se ao *Risorgimento* italiano precisamente por este ter-se desenvolvido como revolução sem revolução, ou seja, sem nenhuma tentativa, nem mesmo por parte dos democratas mazzinianos, destinada a favorecer uma mobilização e uma participação popular mais amplas. Porém, ainda que as revoluções passivas encontrem o nível máximo de centralização no terreno ideológico, sempre podem resultar níveis muito agudos de crise de hegemonia das classes dominantes, devido a diferentes fatores, tais como uma grave crise econômica ou os efeitos disruptivos (depressivos e ao mesmo tempo de mobilização) próprios de uma guerra.

Desse ponto de vista revelam-se particularmente úteis as notas do *Caderno 13* sobre o cesarismo, nas quais Gramsci indica o objetivo de compilar um catálogo dos eventos históricos que culminaram com o advento de uma personalidade carismática. Em termos genéricos, o cesarismo, que deve ser entendido como uma "fórmula de polêmica ideológica" e não como um "cânone de interpretação histórica", resultaria de uma situação na qual a dialética entre as forças em luta assume uma "forma catastrófica", a ponto de só poder chegar a uma conclusão com a destruição recíproca dos sujeitos em conflito. Diante do equilíbrio de forças com "perspectiva catastrófica", o cesarismo é uma solução arbitral, cuja natureza progressiva ou regressiva pode ser entendida com o estudo histórico da realidade concreta e não com esquemas sociológicos abstratos: é do primeiro tipo quando ajuda, ainda que por arranjos e conciliações, a força progressiva a triunfar; segue a direção oposta quando sua intervenção favorece o triunfo da força regressiva. César e Napoleão seriam exemplos de cesarismo progressivo, enquanto Napoleão III e Bismarck exemplificariam o cesarismo regressivo: "Trata-se de ver se, na dialética 'revolução-restauração', prevalece o elemento revolução ou o elemento restauração, pois é certo que não se volta atrás na história e não existem restaurações '*in toto*'"[1].

No mundo moderno, o cesarismo encontrou complicações em virtude da presença de novos meios disponíveis e da maior complexidade da sociedade civil, tornando o fenômeno muito diferente daquele do tempo de Napoleão III:

> Até a época de Napoleão III, as forças militares regulares ou de linha constituíam um elemento decisivo para o advento do cesarismo, que se verificava com golpes de Estado bem precisos, com ações militares etc. No mundo moderno, as forças sindicais e políticas, com meios de financiamento incalculáveis de que podem dispor pequenos grupos de cidadãos, complicam o problema. Os funcionários dos partidos e dos sindicatos podem ser corrompidos ou aterrorizados sem necessidade de ações militares de grande monta, do tipo de César ou do 18 de brumário.[2]

Novamente, o tema das articulações hegemônicas na sociedade civil torna-se central, assim como assume particular importância a análise das mudanças produzidas na política moderna pela guerra de movimento à guerra de posição. Uma guinada radical na história da burguesia, dada depois de 1870, que tornou

---

[1] Antonio Gramsci, *Quaderni del carcere* (Turim, Einaudi, 1977), p. 1.619.

[2] Ibidem, p. 1.620.

"O VELHO MORRE E O NOVO NÃO PODE NASCER" 283

obsoleta a fórmula jacobina da "revolução permanente". O desenvolvimento do parlamentarismo e a afirmação do associativismo por meio dos partidos e dos sindicatos, com amplas burocracias públicas e privadas, transformaram a própria função da polícia controlada pelo Estado, não mais voltada apenas à repressão da criminalidade, mas posta a serviço da sociedade política e da sociedade civil para garantia do domínio. Gramsci reforça uma vez mais esse conceito, de modo a sustentar que os próprios partidos políticos e as organizações econômicas das classes dominantes devem ser considerados "organismos de polícia política, de caráter preventivo e investigativo"[3]. Graças a essa articulação complexa, mesmo uma forma social em crise tem margem para desenvolver-se e aperfeiçoar-se organizativamente, podendo contar com a fraqueza relativa das "forças progressivas antagonistas" que representam sua negação. Nesse sentido, o cesarismo moderno seria mais policialesco do que militar, precisamente por utilizar todos os instrumentos preventivos e investigativos necessários para manter as forças hostis em condição de inferioridade.

A natureza orgânica da crise italiana no pós-guerra era dada por seu duplo significado, porque não se tratava apenas de um problema de desequilíbrios e contratempos na estrutura econômica, mas de uma "crise de hegemonia" de suas classes dirigentes[4]. A continuidade da elaboração gramsciana é total em relação a esse tema, de modo que o parágrafo 80 do *Caderno 7* desenvolve uma concepção da temática força e consenso, já presente nos seus artigos de 1919 relativos à radicalização reacionária da pequena burguesia. "Como reconstruir o aparelho hegemônico do grupo dominante, aparelho que se desagregou em consequência da guerra em todos os Estados do mundo?"[5]

Todavia, para além da crise de hegemonia do liberalismo, a desagregação dos velhos equilíbrios tinha causas múltiplas e não redutíveis a um só fator. Gramsci se debruçou sobre três elementos: 1) a afirmação da política de massa, e daí a irrupção das classes populares no conflito, agora desejosas de assumir um papel social inédito; 2) a crise da pequena e média burguesia que, depois de perder historicamente a função produtiva, foi a principal espinha dorsal da reorganização bélica do país para em seguida ver-se novamente rebaixada com o fim da guerra; 3) os limites do socialismo italiano, inerte e paralisado por uma dialética interna dilacerante, privado de uma estratégia capaz de levar à síntese as instâncias da

---

[3] Ibidem, p. 1.621.

[4] No passado tive a oportunidade de me debruçar sobre esses tópicos em diversas publicações, particularmente a partir de um ensaio publicado em 2008: Gianni Fresu, "Antonio Gramsci, fascismo e classi dirigenti nella Storia d'Italia", *NAE: Trimestrale di Cultura*, Cagliari, Cuec, n. 21, ano 6, 2008, p. 29-35.

[5] Antonio Gramsci, *Quaderni del carcere*, cit., p. 912.

classe operária e dos camponeses e por isso totalmente incapaz de tirar vantagem daquela irrepetível fase histórica. Essa contradição entre a decadência da ordem liberal e a incapacidade das forças orientadas para o socialismo é muito bem sintetizada na já famosa expressão: "O velho morre e o novo não pode nascer"[6].

Diante de tal condição de equilíbrio instável, a regeneração do aparelho hegemônico não poderia se dar com os instrumentos habituais do Estado liberal. A verdadeira mudança se obtém por intermédio do uso político da violência com uma combinação dos métodos legais e ilegais da força. Desse ponto de vista, o fascismo prestou-se perfeitamente a essa operação porque, num contexto de crise de hegemonia das velhas classes dirigentes e da grande mobilização popular, essa nova ideologia apresentou-se com um conteúdo novo e inconformista. O fascismo assumiu para si a função de restaurar a ordem pela força, apresentando-se como um movimento revolucionário, antagonista tanto das velhas classes dirigentes liberais como do movimento socialista. A relação entre domínio e hegemonia, segundo Gramsci, varia em função do nível de desenvolvimento de uma sociedade civil: "Quanto maior é a massa de apolíticos, tanto maior deve ser o peso das forças ilegais. Quanto maiores são as forças politicamente organizadas e educadas, tanto mais é necessário 'proteger' o Estado legal etc."[7].

Numa situação de elevado desenvolvimento das forças produtivas e com uma sociedade civil desenvolvida, os elementos de direção (intelectuais e aparelhos desprovidos de hegemonia) são preponderantes ou, se preferirmos, mais decisivos em relação aos ligados ao exercício da força. Padrão interpretativo já abordado anteriormente, central nas notas do *Caderno 13*, em que Gramsci define a opinião pública como ponto de contato da dialética entre sociedade política e sociedade civil, entre força e consenso, ou mesmo como "o conteúdo político da vontade pública".

Uma das principais funções no exercício do poder consiste precisamente na formação de uma opinião pública antes de o Estado fazer certas escolhas impopulares, em organizar e centralizar certos elementos da sociedade civil. A luta pelo monopólio dos órgãos de opinião pública, por meio do controle dos jornais, partidos e Parlamento, destina-se justamente a evitar que ocorra uma contradição e, assim, uma cisão entre os dois níveis. Quando se verifica tal fratura, estamos diante de uma condição de "crise de hegemonia": os grupos sociais se distanciam de seus partidos tradicionais, não reconhecendo mais em seus próprios dirigentes a expressão política de seus interesses de classe. Em situações desse tipo, multiplicam-se as possíveis soluções de força, os riscos de subversivismo reacionário, de operações obscuras sob a liderança de chefes carismáticos.

---

[6]   Ibidem, p. 311.

[7]   Ibidem, p. 913.

A determinação dessa fratura entre representantes e representados leva, por reflexo, ao reforço de todos aqueles organismos relativamente independentes das oscilações da opinião pública, como a burocracia militar e civil, a alta finança, a Igreja. Por trás da crise de hegemonia do regime liberal da Itália estava o inútil esforço de guerra, com sua carga de promessas alardeadas e não cumpridas e a irrupção dos sujeitos sociais até então passivos.

> E o conteúdo é a crise de hegemonia da classe dirigente, que advém ou porque a classe dirigente fracassou em alguma de suas grandes pretensões políticas, pelas quais demandou ou impôs pela força o consenso das grandes massas (como a guerra), ou porque amplas massas (especialmente de camponeses e intelectuais pequeno-burgueses) repentinamente mudaram da passividade política para determinada atividade e apresentaram reivindicações que, em sua complexa desorganização, constituem uma revolução. Fala-se de uma "crise de autoridade" e isso é precisamente uma crise de hegemonia, ou crise do Estado como um todo.[8]

Se as classes dirigentes dispõem de aparelhos hegemônicos (jornais, universidades, editoras) e de um pessoal político mais bem equipado, capaz de modificar homens e programas em situação de emergência, os grupos subalternos, privados desse robusto arsenal, correm maiores riscos porque nas crises ou reviravoltas históricas tendem a perder seus próprios dirigentes. Foi exatamente o que ocorreu na crise do pós-guerra, quando uma parte significativa das classes dirigentes passou do liberalismo para o fascismo, de Giolitti para Mussolini, unificando suas diferentes frações numa única central política. Como vimos, esse é um tema já abordado por Gramsci nas *Teses de Lyon*, retomado e desenvolvido aqui de maneira orgânica: temos a passagem da massa de manobra de diversas organizações para um único partido que sintetiza os interesses de toda a classe, centralizando sua direção, sendo entendida como a única capaz de superar o perigo mortal contido na crise. "Talvez faça sacrifícios, se exponha a um futuro sombrio e com promessas demagógicas, mas mantenha o poder, fortaleça-o no momento e use-o para esmagar o oponente e dispersar seu grupo dirigente, que não pode ser muito numeroso nem muito treinado."[9] Quando a situação de equilíbrio instável produz uma condição na qual nem o grupo tradicional nem o progressista podem vencer, após o desaparecimento recíproco de ambos, surge uma terceira força que, dialeticamente, supera a contradição por meio de uma solução cesarista para a crise.

---

[8] Ibidem, p. 1.603.

[9] Idem.

A centralização de todo o grupo social por trás de uma única direção política pode assumir a forma de um único partido ou do "líder carismático". Para Gramsci, esta última solução, central no cesarismo, corresponde a uma fase ainda primitiva no desenvolvimento dos partidos de massa, na qual a doutrina é inconsistente e inorgânica e as massas necessitam de um "papa infalível", capaz de interpretá-la e adaptá-la às diferentes circunstâncias. Uma condição dominada por concepções políticas pouco desenvolvidas que conquistam o campo, suscitando a emotividade de sua base social por meio dos golpes teatrais, da demagogia e da habilidade oratória do líder. Um guia desse tipo, no entanto, teria sido contrariado pela ascensão de um partido que fosse a expressão de alguma classe historicamente essencial e progressiva, portadora de uma concepção unitária e rica em desenvolvimento, com respeito à qual se impunha o tema da direção colegiada e da horizontalidade das esferas participativas. Não é preciso dar muitas voltas para entender a que tipo de organização e concepção de mundo Gramsci aludia nessas notas.

O tema do guia carismático retorna nas notas dedicadas à relativa popularidade política de Gabriele D'Annunzio. Entre os elementos que contribuíram para a popularidade de D'Annunzio, Gramsci elencou, em primeiro lugar, a natureza apolítica do povo italiano e, sobretudo, da pequena burguesia, um apolitismo definido como irrequieto e desordeiro, facilmente seduzível por qualquer tipo de aventura e de aventureiro, especialmente se a ordem estabelecida a ele se opunha apenas debilmente e sem método; em segundo lugar, a ausência de uma tradição dominante e forte, atribuível a um partido de massa, capaz de orientar as paixões populares com diretrizes histórico-políticas, a saber, a ausência de um verdadeiro partido de massa da burguesia; no contexto do pós-guerra, esses dois elementos viram sua presença se multiplicar.

Quatro anos de guerra libertaram de toda disciplina estatal os elementos mais inquietos da pequena burguesia, tornando-os ainda mais "moralmente" e "socialmente vagabundos". Mas na base desses fatores, ainda que ocasionais, Gramsci identificava um elemento permanente, o caráter do povo italiano, sua tendência a ser seduzido pelos dons carismáticos do tribuno considerado inteligente[10].

Tanto na investigação histórica como na elaboração política, parecia elementar uma distinção preliminar para esclarecer se certas empresas e organizações políticas eram de "voluntários" ou expressão de grupos sociais homogêneos. Em relação ao surgimento de uma figura como D'Annunzio e a ascensão de Mussolini, capaz de atrair não apenas a pequena burguesia radicalizada, mas partes decisivas das classes dominantes nacionais, Gramsci localiza algumas características imanentes à realidade nacional da época: a passividade e o apolitismo

---

[10] Ibidem, p. 1.202.

das grandes massas, o que facilitou o recrutamento de voluntários, tornando-os facilmente manipuláveis; a composição social italiana, na qual há uma presença desproporcional e "doentia" da burguesia rural improdutiva, da pequena e média burguesia, nas quais se formam intelectuais inquietos, facilmente sugestionáveis por qualquer iniciativa, "mesmo a mais bizarra, desde que seja vagamente subversiva" e, portanto, "voluntários"; a grande presença do subproletariado urbano e de assalariados agrícolas. Como no já citado artigo de abril de 1921, intitulado "Forze elementari" [Forças elementares], nessas notas Gramsci destacava, dentre as características do povo italiano, um certo individualismo apolítico, pelo qual outras formas organizativas, como as *cricche* [bandos], mais de caráter criminoso ou de gangue, eram preferidas aos partidos políticos e aos sindicatos. Cada nível de civilização tinha seu próprio tipo de individualismo, e este correspondia à fase em que as necessidades econômicas não encontravam satisfação regular e permanente devido à miséria e ao desemprego. As origens dessa condição eram profundas e a responsabilidade estava a cargo da classe dominante nacional que, excluindo as grandes massas populares do processo do *Risorgimento*, impedira que o novo Estado surgisse desde baixo, envolvendo e incorporando ao espírito nacional até as camadas mais baixas do ponto de vista econômico e cultural. Segundo Gramsci, diferentemente do que ocorrera na França com a filosofia racionalista do século XVIII, ou na Alemanha com a Reforma luterana e a filosofia alemã do século XIX, na Itália não houve uma reforma intelectual e moral capaz de envolver não apenas as classes mais elevadas, mas também as populares. Apesar de constituir uma reforma, o idealismo moderno de Croce não tinha, por exemplo, esse caráter, enquanto precisamente nesse terreno deveriam ter sido avaliadas a capacidade e a diversidade do materialismo histórico, para o qual Gramsci indica uma "função totalizante" não apenas com relação à visão de mundo orgânica e coerente, mas por sua capacidade de envolver toda a sociedade até suas raízes[11]: "O erro histórico da classe dominante foi impedir sistematicamente que tal fenômeno ocorresse no período do *Risorgimento* e fundamentar sua continuidade histórica em manter uma situação cristalizada, a partir do *Risorgimento*"[12].

Uma vez mais, "o velho morre e o novo não pode nascer": essa famosa frase dos *Cadernos* expressa, portanto, o sentido da crise de modernidade e autoridade verificado na Itália no primeiro pós-guerra: até certo ponto, a classe dominante continua a ser a única que detém a força coercitiva e, desse modo, as classes subordinadas se separam das ideologias tradicionais e "já não acreditam no que acreditavam antes".

---

[11] Ibidem, p. 515.

[12] Ibidem, p. 817.

Gramsci identifica em Croce e Giolitti os dois expoentes mais representativos dessa classe dominante e imputa a ambos o mesmo erro: não terem entendido as mudanças produzidas na sociedade como resultado da entrada das grandes massas populares no cenário da vida política italiana. À luz dessas críticas, até a derrota de Caporetto[13] não era para Gramsci um mero evento militar, mas, acima de tudo, político e social. Imediatamente após a derrota do Exército italiano, espalhou-se a convicção de que responsabilidades políticas seriam encontradas na massa militar e na "greve militar"; todavia, mesmo na hipótese de que isso tivesse mesmo acontecido, a responsabilidade política de tal evento deveria ser atribuída aos governantes; de fato, na guerra, cabe à classe política prever como certos fatos podem levar a uma "greve militar" e remediá-los, evitando-a.

Assim, por exemplo, numa guerra, a classe política pode levar em conta a inevitabilidade de um número elevado de vítimas, mas não pode deixar de tomar medidas para impedir que vidas humanas sejam inutilmente sacrificadas. Não se pode esperar que as massas suportem o peso e o sacrifício de uma guerra inteira, sem levar em conta seu "caráter social" e sem atender a suas exigências. Portanto, se a responsabilidade não pode ser atribuída às massas, também não pode ser atribuída totalmente às graves responsabilidades técnico-militares e políticas de Luigi Cadorna, general bem representativo da mentalidade e da capacidade de compreensão política das forças no governo do país. Uma classe dominante que se mostrou ainda mais inepta no imediato pós-guerra, quando, em última instância, se revelou incapaz de intuir a direção da corrente histórica, facilitando de fato o que ela própria teria querido – e devido – evitar: o fascismo.

Mas quando o velho morre e o novo não pode nascer, pode haver inaptidão não apenas na classe dominante no poder, mas também naquilo que surge, ou deveria apresentar-se, como sua negação histórica: apesar da crise de autoridade do regime liberal do pós-guerra, a disseminação do marxismo na Itália não ultrapassou certo grau de desenvolvimento, e o partido do proletariado mostrou-se incapaz de assumir qualquer papel positivo, sendo vítima de sua própria inércia.

Gramsci encontrou a representação exemplar disso no discurso proferido no Parlamento por Claudio Treves em 30 de março de 1920. Segundo Treves, a "crise do regime" foi consequência do impasse entre as forças sociais opostas. A velha ordem já não podia se impor às massas, e estas, ao mesmo tempo, não podiam impor sua ordem, porque a revolução não é algo que se faz em determinado

---

[13] A batalha de Caporetto, na Primeira Guerra Mundial, foi a maior e mais dramática derrota da história do Exército italiano até então, e determinou uma gravíssima crise política e governativa no país. Em 24 de outubro de 1917, o general do Exército italiano lançou a ofensiva contra os austríacos, mas logo, em virtude das táticas equivocadas do general, tal ofensiva se revelou um desastre que obrigou os italianos à retirada estratégica até as regiões internas do Vêneto.

momento, mas é como um lento processo natural de erosão que se manifesta num estado febril de inquietação das massas.

A agonia dos sistemas econômicos e políticos existentes não podia, no entanto, ser abreviada por uma revolução imediata, mas teria de passar por uma longa e dolorosa *via crucis*, destinada a durar anos, e nisso consistiria a expiação burguesa das próprias culpas. Por trás dessa representação apocalíptica de Treves, ocultava-se, para Gramsci, o medo de assumir alguma responsabilidade concreta e, com ela, a falta de qualquer ligação entre o Partido Socialista Italiano (PSI) e as massas, a incapacidade de entender suas necessidades básicas, aspirações e energias latentes: "Havia uma grandeza sacerdotal nesse discurso, um estertor de maldições que deveriam petrificar de espanto e, em vez disso, eram um grande consolo, porque indicavam que o coveiro ainda não estava pronto e Lázaro poderia ressuscitar"[14].

Para Gramsci, o PSI, mesmo em seus componentes mais radicais, era dominado por uma concepção fatalista e mecânica da história, pela confusão política, pelo diletantismo polêmico de seus líderes. Os líderes socialistas – reformistas ou maximalistas – proclamavam-se todos inimigos jurados do voluntarismo[15], no entanto, detestavam a espontaneidade como algo indigno de ser considerado e analisado. Na realidade, para Gramsci, a espontaneidade das massas no "biênio vermelho" era a prova documental da inépcia do Partido Socialista, da distância entre seu programa e os fatos concretos. De fato, a espontaneidade levara as massas subalternas a sair de seu estado inerte, tornando-as protagonistas de um movimento, em condições – precisamente porque de modo espontâneo – de questionar a posição parasitária de privilégio dos dirigentes sindicais e dos próprios socialistas.

> Era acima de tudo a negação de que aquilo se tratasse de algo arbitrário, de artifício aventureiro [e não historicamente necessário]. Dava às massas uma consciência teórica, de criadora de valores históricos e institucionais, de fundadora de Estados. Essa unidade entre a espontaneidade e a direção consciente, ou seja, da disciplina, é justamente a ação política real das classes subalternas, enquanto política de massas, e não simples aventura de grupos que se dirigem às massas.[16]

Mais uma vez Gramsci retornava aos temas de suas reflexões juvenis, justamente enquanto o desenvolvimento histórico confirmava o quanto eram frágeis

---

[14] Antonio Gramsci, *Quaderni del carcere*, cit., p. 2.592.

[15] Nessas notas, Gramsci recorda a acusação de bergsonismo que ele sofrera na reunião da fração maximalista revolucionária ocorrida em Florença, em novembro de 1917.

[16] Antonio Gramsci, *Quaderni del carcere*, cit., p. 330.

e antidialéticas as posições teóricas do positivismo socialista. Para combater eficazmente as concepções "infantis" e "primitivas" de um materialismo histórico equivocado, era necessário reconsiderar com mais atenção as obras históricas de Marx, como *O 18 de brumário*, *Revolução e contrarrevolução na Alemanha*, *A guerra civil na França* e assim por diante. Esses textos integram as afirmações teóricas presentes em toda a obra de Marx e, sobretudo, são importantes porque neles é perceptível o cuidado com que são tratadas as questões das relações entre estrutura e superestrutura, que não têm lugar nas obras mais gerais de Marx. Não é uma tarefa simples identificar a estrutura, em cada caso, estatisticamente e com precisão: um "período estrutural" só pode ser estudado em termos científicos depois de ter superado todo o seu processo de desenvolvimento; antes disso só é possível formular hipóteses. A pouca atenção na distinção entre o que é orgânico e relativamente permanente e o que é ocasional e contingente gerou duas tendências: a do "doutrinarismo ideológico" e "pedante", propenso a exaltar o elemento voluntarista individual; a tendência oposta, do economicismo vulgar, tendencialmente inclinado a supervalorizar as causas mecânicas "estruturais". Para esclarecer quais forças atuam na história de determinado período, é preciso distinguir o orgânico do ocasional, apoiando-se em dois princípios essenciais da *filosofia da práxis*, contidos no prefácio a *Para a crítica da economia política* de Marx:

> Uma formação social nunca perece antes que estejam desenvolvidas todas as forças produtivas às quais pode dar sequência; novas relações de produção mais adiantadas não são assumidas antes que estejam maduras no seio da velha sociedade as condições materiais de sua existência. É por isso que a humanidade só se propõe os problemas que pode resolver, porque se se consideram as coisas de perto, nota-se que o problema só surge quando as condições materiais de sua solução já existem, ou ao menos estão em formação.[17]

É necessário estabelecer o vínculo dialético entre "movimentos e fatos orgânicos", por um lado, e "movimentos e fatos conjunturais", por outro, não apenas em termos de reconstrução historiográfica – quando se trata de reconstruir o passado –, mas também e sobretudo na arte política – quando se trata de construir o presente e o futuro –, e é preciso ter o cuidado de não fazê-lo com base nos desejos piedosos e nas próprias paixões, em vez de fazê-lo com base nos dados reais.

A aversão, *a priori*, aos conchavos, da qual o "bordiguismo" foi um exemplo perfeito, tal como o economismo, baseia-se na crença de que no desenvolvimento

---

[17] Karl Marx, *Per la critica dell'economia politica* (Roma, Editori Riuniti, 1974), p. 4-5 [ed. bras.: *Para a crítica da economia política*, trad. Leonardo de Deus, Belo Horizonte, Autêntica, 2010].

histórico existem leis objetivas, destinadas a desenvolver-se implacavelmente. Como as concepções mais deterministas, até a indisposição inflexível para fazer conchavos tem, no fundo, uma matriz de "finalismo fatalista", muito semelhante à religiosa, para a qual toda intervenção subjetiva preparada de acordo com um plano é não apenas inútil, mas prejudicial, em comparação com o andamento fatal das coisas, com a marcha triunfal que, por si só, levará às "condições favoráveis", à fatídica "hora H" da palingênese econômica e social. Se Eduard Bernstein desclassificara o tema do "fim", dando ao "movimento" todo o sentido da ação socialista, por sua vez, o maximalismo, na visão de Bordiga, e mesmo de Bukhárin, fizera do objetivo final um momento místico capaz de contradizer toda a natureza dialética do marxismo.

> Interpretação equivocada do materialismo histórico que se torna dogmático e cuja pesquisa é identificada com a busca pela causa única e última etc. História desse problema no desenvolvimento da cultura: o problema da causa última é precisamente frustrado pela dialética. Contra esse dogmatismo já se levantara Engels em alguns textos de seus últimos anos.[18]

A abordagem radicalmente intransigente atribui um papel positivo à vontade apenas no momento da destruição, separada da reconstrução e concebida mecanicamente; por essa razão, ela se apega cega e tolamente à "virtude reguladora das armas". De acordo com essa visão, os "fatos ideológicos de massa" estão sempre atrasados em relação aos fenômenos econômicos de massa, porque são aproveitados e misturados pela intervenção da classe dominante, que fragmenta e proíbe qualquer forma possível de coordenação de forças sociais que possam contrariá-la[19].

A política de fato nem sempre é imediatamente atribuível, em todos os seus aspectos, ao desenvolvimento da estrutura, como mero reflexo mecânico.

---

[18] Antonio Gramsci, *Quaderni del carcere,* cit., p. 445.

[19] A iniciativa política adequada, portanto, também o acordo, é sempre necessária para libertar certas forças sociais da direção que a classe dominante exerce sobre elas. Novamente, para Gramsci, a questão essencial é que um grupo social subordinado, predisposto a se tornar dominante, deve ser capaz de exercer uma direção em relação a grupos afins e aliados, absorvendo-os no interior de um novo bloco econômico-social histórico homogêneo, que pode ser alcançado ou por uma aliança e uma série de acordos ou pela força das armas: ou seja, aliando-se a essa força social ou subordinando-a. Mas, para Gramsci, "se a união de duas forças é necessária para conquistar uma terceira, o uso de armas e da coerção é mera hipótese metodológica e a única possibilidade concreta é o acordo, já que a força pode ser empregada contra inimigos, não contra uma parte de si mesmo que se deseja assimilar rapidamente e cuja boa vontade e entusiasmo são necessários" (ibidem, cit., p. 1.612).

Certo ato político pode ser o resultado de um erro de avaliação por parte dos grupos dominantes, assim como pode ser uma tentativa de um grupo específico de assumir a hegemonia no interior da classe dominante. Essas tentativas podem falhar e, por sua vez, os erros podem ser reabsorvidos e superados pelo desenvolvimento histórico, mas em ambos os casos não nos deparamos com manifestações imediatas da estrutura econômica, com sua modificação real e permanente. Frequentemente, os atos em questão surgem de necessidades organizacionais internas, da necessidade de dar coerência a um partido político, grupo ou sociedade, de necessidades sectárias[20]. Ao considerar cada ato político como o reflexo da estrutura econômica, essas e muitas variáveis não são levadas em conta.

A crítica de Gramsci ao determinismo mecânico, por mais que tenha sido refinada, esclarecida e definida ao longo do tempo, mantém inalterada a abordagem historicista básica dos escritos da juventude e é expressa de forma plena nesta passagem conclusiva, muito importante, das notas sobre "Estrutura e superestrutura":

> Cada fase histórica real deixa um rastro de si mesma nas fases subsequentes que, em certo sentido, se tornam seu melhor documento. O processo de desenvolvimento histórico é uma unidade no tempo, em que o presente contém todo o passado e, do passado, realiza-se no presente aquilo que é essencial, sem o resíduo de um incognoscível que seria sua verdadeira essência. O que foi perdido, isto é, o que não foi transmitido dialeticamente no processo histórico, era em si irrelevante, era escória aleatória e contingente, crônica e não história, episódio superficial, desprezível, em última análise.[21]

O fator econômico é uma das muitas maneiras pelas quais o processo histórico mais profundo se apresenta, mas a filosofia da práxis pretende explicar a totalidade desse processo em sua complexidade, justamente por ser uma filosofia, uma "antropologia" e não um mero padrão de pesquisa histórica. A superstição do progresso científico semeou ilusões e concepções de tal modo ridículas e infantis a ponto de "enobrecer a superstição religiosa", dando origem à expectativa de um novo messias que criaria na terra o "País da Cocanha"* sem a intervenção do

---

[20] Desse ponto de vista, foi esclarecedora para Gramsci a história da Igreja católica, porque seria decididamente absurdo fingir rastrear mudanças na estrutura econômica por trás de qualquer luta ideológica interna – como o cisma entre a Igreja do Oriente e do Ocidente.

[21] Antonio Gramsci, *Quaderni del carcere*, cit., p. 873.

* Segundo a tradição oral da Idade Média, país imaginário, espécie de paraíso mitológico, onde não era preciso trabalhar e todos os prazeres eram permitidos. (N. T.)

esforço humano, mas apenas por obra das forças da natureza e pelos mecanismos de progresso cada vez mais aperfeiçoados. Essa paixão pueril pelas ciências, na verdade, escondia a maior ignorância dos fatos científicos sob a especialização de seus ramos disciplinares e, portanto, acabava carregada de expectativas, transformando o mito do progresso científico numa "bruxaria superior".

7
A DUPLA REVISÃO DO MARXISMO E O PONTO DE CONTATO COM LUKÁCS

O determinismo fatalista e mecanicista é característico de uma fase ainda definida pela subalternidade de determinados grupos sociais, constituindo uma espécie de "aroma ideológico imediato", como uma excitação ou uma religião necessária precisamente pelo caráter subalterno do grupo social. A concepção mecanicista é, para Gramsci, "a religião dos subalternos". No marxismo, a divisão entre teoria e práxis corresponde à separação entre intelectuais-dirigentes e massas, ou seja, a uma fase em que a iniciativa ainda não está na luta, e o determinismo e a crença na racionalidade da história tornam-se uma força de resistência moral e de coesão. Mas tudo isso muda quando o subalterno se torna dirigente, um sujeito histórico, protagonista de seu processo de emancipação. O determinismo mecânico pode ser explicado como "filosofia ingênua" da massa, porém, quando elevado a filosofia pelos intelectuais, "torna-se causa da passividade, da imbecil autossuficiência, e isso sem esperar que o subalterno se torne dirigente e responsável"[1].

Segundo Gramsci, foram precisamente os resíduos do mecanicismo – a consideração da teoria como um "complemento acessório" da práxis, como "serva da prática" – que impediram no marxismo um desenvolvimento pleno da questão relativa à unidade entre teoria e práxis. Gramsci apresenta o problema nas considerações sobre como o desenvolvimento de um novo pensamento intervém para alimentar e fecundar uma era histórica e uma produção orientadas filosoficamente de acordo com uma *Weltanschauung* [visão de mundo] original.

Paralelamente à reflexão de Gramsci, um processo semelhante de esclarecimento intelectual e político também caracteriza a evolução do jovem György Lukács, envolvido numa polêmica constante tanto com o marxismo positivista quanto com aquele revisionista. Em contraste com a dupla revisão pela qual passou o

---

[1] Antonio Gramsci, *Quaderni del carcere* (Turim, Einaudi, 1977), p. 1.389.

marxismo[2], o filósofo húngaro também enfatizou reiteradamente a centralidade da filosofia clássica alemã entre as fontes essenciais do materialismo histórico e a importância absoluta da dialética, que ele considerava o verdadeiro coração pulsante do marxismo. Semelhança abordada diversas vezes por Michael Löwy, estudioso atento dos dois intelectuais.

> A referência ao pensamento idealista – principalmente Bergson e Croce – é em Gramsci, em 1917-1918, um meio para se opor à ortodoxia positivista, científica e econômico-determinista de Claudio Treves e Filippo Turati, representantes oficiais do marxismo da Segunda Internacional na direção do socialismo italiano. Tentativa que encontra seu equivalente preciso na ideologia revolucionária *sui generis* de Lukács na mesma época, composta a partir de uma combinação Hegel-Ady-Dostoiévski-Sorel radicalmente oposta ao kautskismo. [...] Nessa primeira tentativa de formular um marxismo revolucionário não positivista, tanto Gramsci quanto Lukács farão largo uso de Sorel, representante de um socialismo romântico anticapitalista.[3]

Segundo o jovem Lukács, o marxismo caracteriza-se por seu *método* dialético revolucionário capaz de superar a distinção entre teoria e práxis e os mecanicismos do doutrinarismo. Nele, os conceitos não seriam esquemas rígidos e imutáveis ou aparatos racionais isolados um do outro, de modo a serem entendidos apenas por abstração; Lukács fala de realidades vivas que produzem uma passagem processual ininterrupta, na qual conceitos individuais são revertidos no oposto de sua formulação original. Para Eduard Bernstein, protagonista de uma das duas revisões sofridas pelo marxismo contra as quais argumentam Gramsci e Lukács, a dialética violaria a realidade pelo amor ao método, mostrando-se inadequada para entender a ciência moderna baseada nos "fatos". Em outras palavras, a dialética seria um resíduo superado da filosofia hegeliana, da qual era preciso libertar-se para adotar um método científico "sem preconceitos".

Para Gramsci, a afirmação de interpretações deterministas devia-se, por um lado, às necessidades concretas do movimento operário nascente, mas, por outro, as simplificações sobre a inevitabilidade do fim do modo de produção capitalista como uma "necessidade histórica" pareciam oferecer uma explicação adequada

---

[2] Sobre a "dupla revisão do marxismo", ver, neste volume, o capítulo 2 da primeira parte, "Dialética *versus* positivismo: a formação filosófica do jovem Gramsci", p. 31-46.

[3] Michael Löwy, "Gramsci e Lukács: verso un marxismo antipositivista", em Nicola Badaloni (org.), *Gramsci e il marxismo contemporaneo* (Roma, Editori Riuniti, 1990), p. 304 [ed. bras.: "Gramsci e Lukács: em direção a um marxismo antipositivista", *O Social em Questão*, ano 20, n. 39, Rio de Janeiro, set.-dez. 2017, p. 74-5].

para a grande depressão daqueles anos. O estado de instabilidade e vulnerabilidade da sociedade burguesa, criado pela maior crise da produção capitalista até então, combinado com o agravamento das condições de vida dos trabalhadores por quase vinte anos, parecia materializar as teorias da "crescente miséria" e da "crise final"[4].

Por todas essas razões, a impetuosa nova recuperação econômica iniciada em 1896 e a desilusão com o colapso iminente da sociedade burguesa levaram a uma grave crise teórica do movimento operário socialista. Até então, a abordagem dominante no interior do movimento socialista internacional concentrava-se numa tática na qual o desenvolvimento de eventos faria coincidir exatamente a explosão das contradições capitalistas com o incontrolável crescimento do movimento operário, tudo inserido num processo progressivo e ascendente, considerado irreversível. O choque dessa nova situação com as certezas ortodoxas do determinismo marxista condenou essa tática à paralisia, pela incapacidade de lidar adequadamente com os novos fenômenos ligados a um cenário caracterizado pelo imperialismo nascente das grandes potências capitalistas[5].

Nesse contexto de crise teórica, entre 1896 e 1898, Bernstein começou a publicar na *Neue Zeit* uma série de artigos intitulados "Problemas do socialismo", posteriormente retomados e ampliados em 1899 na obra mais famosa do revisionismo marxista, *Os pressupostos do socialismo e as tarefas da social--democracia*[6]. De acordo com o autor, as previsões errôneas de Marx e Engels foram a consequência lógica dos limites do materialismo histórico. Os erros cometidos sobre o tempo e as possibilidades de desenvolvimento do modo de produção capitalista foram, portanto, consequência de certo apriorismo do materialismo histórico, porque nele o progresso histórico seria forçado à camisa de força de um processo metafísico animado por um movimento da antítese dialética.

---

[4] A segunda metade do século XIX foi marcada por uma série de mudanças tão rápidas e profundas que levaram a um desenvolvimento das forças produtivas sem igual na história anterior da humanidade. Entre 1860 e 1870, o apogeu da livre concorrência foi alcançado; com a crise de 1873, o sistema de cartéis começou a surgir; então, entre 1890 e 1903 (o ano que, por sua vez, marcou o início de uma nova crise), houve um aumento no volume de negócios e de comércio que levou à concentração e centralização cada vez mais fortes do capital, transformando a organização de cartéis em base fundamental de toda a vida econômica e não mais num fenômeno transitório vinculado à conjuntura. Segundo a expressão de Lênin, "o capitalismo se transformou em imperialismo".

[5] Gianni Fresu, *Lênin leitor de Marx: determinismo e dialética na história do movimento operário* (trad. Rita Matos Coitinho, São Paulo, Anita Garibaldi, 2016), p. 28-60.

[6] Eduard Bernstein, *I presupposti del socialismo e i compiti della socialdemocrazia* (Bari, Laterza, 1968) [ed. port.: *Os pressupostos do socialismo e as tarefas da social-democracia*, Lisboa, Dom Quixote, 1976].

O filósofo social-democrata definiu o materialista como um "calvinista sem Deus, [...] se ele não acredita na predestinação por decreto divino, acredita e deve acreditar, no entanto, que, a partir de momento qualquer, cada evento ulterior é predeterminado pela matéria dada e pelas relações dinâmicas de suas partes"[7].

A acusação de apriorismo estava ligada à relação entre consciência e ser, por ele considerada unilateral, mecânica e anticientífica. Como veremos, essa é a mesma crítica feita por Benedetto Croce a Marx. Nos dois casos, segundo Gramsci, a necessidade de "revisão" surgiu da incapacidade de distinguir o trabalho de Marx e Engels daquele de seus intérpretes positivistas, refutados e abalados pelo desenvolvimento histórico concreto.

Com a autonomia de fatores políticos e ideológicos em relação ao desenvolvimento das bases econômicas, Bernstein reavalia o ecletismo (acentuando a influência de fatores não econômicos contra a supervalorização da técnica de produção), a seu ver uma "reação natural e de bom senso" contra as tendências doutrinárias "dos que pretendem deduzir tudo de uma única causa e tratar tudo de acordo com um único e mesmo método", dos que pretendem "comprimir o pensamento numa camisa de força"[8].

Essas teorias tinham um objetivo político claro, delineado com transparência desde o título do trabalho: revisar os pressupostos teóricos do socialismo para redefinir as tarefas da social-democracia. Portanto, a análise era toda orientada a demonstrar a inadequação do materialismo histórico, remodelar a social-democracia e, assim, resolver a contradição que Bernstein sentia entre uma prática reformista baseada na atividade parlamentar e uma teoria utópica e revolucionária. Contradição que ele atribuía a uma suposta influência blanquista sobre Marx e à dialética hegeliana, que teria sido particularmente fatal no contexto da efervescência geral dos anos por volta de 1848. O questionamento da relação entre o movimento operário e o marxismo deveria, portanto, passar pela denúncia de seu apriorismo utópico, pela superação da dialética hegeliana e principalmente do blanquismo.

Desse modo, os erros cometidos por Marx e Engels no *Manifesto* deviam-se à adoção da dialética hegeliana – ainda que "colocada de ponta-cabeça" – como princípio dinâmico e cardinal do materialismo histórico. A dialética hegeliana constituía para Bernstein "o elemento mais traiçoeiro da doutrina marxista, a armadilha que impedia qualquer consideração coerente das coisas"[9], e a responsabilidade do apriorismo imanente à filosofia da práxis lhe foi atribuída. De resto, para Bernstein, "colocar a dialética de ponta-cabeça" não era uma operação fácil, "porque, seja qual for a verdadeira relação das coisas com a realidade, assim que

---

[7] Ibidem, p. 31.

[8] Idem.

[9] Ibidem, p. 58.

abandonamos o terreno dos fatos experimentais e prosseguimos com o pensamento além deles, deparamo-nos com o mundo dos conceitos lógicos e, se seguimos as leis da dialética hegeliana, mesmo sem perceber, nos enredamos novamente nas malhas do desenvolvimento espontâneo do conceito; aqui reside o grande risco científico da lógica hegeliana da contradição"[10] e, portanto, ainda que a dialética hegeliana tenha sido de grande utilidade para impulsionar descobertas importantes, assim que se tentou antecipar dedutivamente os desenvolvimentos da realidade com base nesses princípios, o marxismo gerou um doutrinarismo abstrato repleto de construções arbitrárias.

Nesse sentido, a relação dedutiva inserida no *Manifesto do Partido Comunista** entre as condições avançadas da civilização europeia e a iminente revolução proletária constituía uma "autossugestão histórica" digna de um "visionário". Mas, para Bernstein, por trás desse erro não havia apenas uma simples supervalorização de alguns fatores políticos contingentes (como Engels afirmara no prefácio de 1895); tratava-se, antes, de uma antecipação arbitrária, puramente especulativa e dedutiva, sobre a maturidade de um desenvolvimento cujos primeiros sinais poderiam ser, no máximo, vislumbrados. Um resultado inevitável, quando se tenta traduzir a dialética do mundo dos conceitos para o da realidade, atribuído à influência da filosofia hegeliana em Marx.

A contestação desses pressupostos teóricos estava, portanto, ligada à negação de algumas previsões de Marx sobre as modalidades evolutivas do modo de produção capitalista, negações, por sua vez, funcionais à mudança da ação concreta e dos objetivos da social-democracia. Assim, Bernstein negou ou redimensionou algumas teorias fundamentais do marxismo: as teses sobre a contradição entre o caráter social da produção e a forma privada de apropriação dos lucros; aquelas relativas à polarização da sociedade em duas classes extremas, com a crescente proletarização da pequena e da média burguesia e, portanto, com o aumento do fosso da desigualdade econômica entre capitalistas e trabalhadores; as teses sobre a crescente centralização e concentração de capitais e a relação entre esse fato e a maior exploração da força de trabalho; finalmente, as teses relativas às crises ligadas à queda tendencial da taxa de lucro. Todas essas "previsões equivocadas" constituiriam apenas o resultado do apriorismo teórico do marxismo.

A contestação dos princípios teóricos fundamentais do marxismo encontrou sua tradução política na controvérsia sobre os erros de Marx ao lidar com o tema da relação entre socialismo e democracia. Para Bernstein, com o progresso das forças produtivas e a pressão da força organizacional e política do movimento

---

[10]   Ibidem, p. 52.
*   Ed. bras.: Karl Marx e Friedrich Engels, *Manifesto Comunista* (trad. Álvaro Pina, São Paulo, Boitempo, 1998). (N. E.)

operário, as instituições representativas teriam deixado de ser um órgão do governo burguês, dando origem a uma expansão progressiva e irrefreável das esferas da democracia real. O desenvolvimento da legislação social, em especial a proteção dos direitos trabalhistas e a democratização das instituições nos países modernos, naturalmente deporia a luta de classes, reduzindo as oportunidades e a necessidade das grandes catástrofes políticas. Para Bernstein, há uma contra-dição entre democracia política e exploração capitalista; o desenvolvimento da igualdade política levaria naturalmente à reabsorção das desigualdades econô-micas e das diferenças de classe. Portanto, a social-democracia deveria abraçar sem hesitação a bandeira do sufrágio universal e do crescimento parlamentar, abandonando não apenas a ideia da tomada revolucionária do poder, mas também a fraseologia revolucionária que sobreviveu a si mesma, porém agora desprovida de qualquer significado concreto. A partir desse ponto de virada teórico e político, na Segunda Internacional iniciou-se a formação de uma corrente reformista cada vez mais forte, oposta a uma abordagem maximalista. A diferença essencial entre as duas visões estava no primado atribuído à prática reformista ou à estratégia revolucionária.

Mesmo a frase mais representativa do pensamento de Bernstein – "o que é comumente chamado de objetivo final do socialismo para mim não é nada, o movimento é tudo"[11] –, que contrapõe o momento da reforma com o objetivo final da ação social-democrata, tem seu fundamento na "rebelião" contra o apriorismo marxista. As teorias preconcebidas sobre o resultado do movimento, que predeterminavam sua direção e seu caráter, levaram o próprio movimento ao utopismo, paralisando qualquer progresso real e comprometendo a natureza científica da obra de Marx.

No último capítulo de seu ensaio, emblematicamente intitulado "Kant contra Cant", é explícita a influência da vulgata neokantiana, que naqueles anos se afir-mou numa parte minoritária da social-democracia alemã e visava expressamente a manter um núcleo científico do marxismo, reduzindo-o a apenas um cânone da interpretação histórica, e, nesse sentido, reconcilia-o com Kant, na medida em que liberta o socialismo científico da influência negativa da dialética hegeliana.

Bernstein evoca o espírito de Kant contra o *Cant*[12] aninhado no movimento operário, ou seja, a tendência conservadora e dogmática da tradição entre os re-volucionários. Para uma parte que deseja acompanhar o desenvolvimento real, a crítica é indispensável, enquanto a tradição pode se tornar um fardo esmagador e transformar-se de força motriz em freio que a bloqueia; nesse sentido, a invocação

---

[11] Eduard Bernstein, *I presupposti del socialismo e i compiti della socialdemocrazia*, cit., p. 244.

[12] A palavra Cant indica o canto fanático dos puritanos, a repetição ritual pura e simples de uma fórmula e, mais geralmente, segundo Bernstein, a retórica insincera.

a Kant assume o valor da batalha crítica contra o escolasticismo, que encontraria seu principal apoio no legado de Hegel sobre o materialismo histórico[13].

Contrapondo-se fortemente a essa revisão neokantiana, mas também à determinista do marxismo oficial, Gramsci e Lukács dedicaram-se a profundas reflexões críticas tanto na juventude quanto na idade adulta[14].

Segundo o filósofo húngaro, a eliminação do método dialético do marxismo o privaria de seu rigor e de sua força revolucionária. A mera reunião bruta de fatos não tornaria inteligível a complexidade da história, porque apenas a dialética mostra como cada modo de produção cria em si os elementos de sua ruína e superação. Somente por meio da dialética o papel da contradição imanente em cada estágio da história se torna mais claro. Para Lukács, sem a dialética, o pesquisador tatearia num labirinto de fatos desorganizados, sem critério, e se perderia esperando receber dos fatos a indicação de ação. Mais uma vez, encontramos um elemento central da controvérsia filosófica já localizada em Antonio Labriola e Gramsci: se o ecletismo encontrou sua justificativa na rejeição do método dialético, por sua vez, mesmo o achatamento vulgar do marxismo ortodoxo foi atribuído precisamente ao abandono – embora não evidente ou manifesto – da dialética. "Enquanto Bernstein declarou abertamente que o objetivo final não existia para ele, mas que o movimento era tudo, Kautsky e seus seguidores atribuíram ao alvo final um papel de divindade celestial, envolvendo-o numa aura de sublimidade estranha a toda realidade imediata."[15] Desse modo, o objetivo final tornou-se apenas uma fórmula vazia, útil para embelezar as conclusões de discursos, livros ou manifestos.

A revolução em Marx assume um caráter processual – usando o léxico de Gramsci, poderíamos dizer "molecular" – e, a certa altura, o crescimento contínuo das diferenças quantitativas se transforma numa diferença qualitativa. Na unidade dialética dos momentos individuais, portanto, expressa-se o processo revolucionário, e é nela que se deve buscar a maturidade ou a possibilidade de revolução:

> Todo momento do curso normal do movimento operário, todo aumento de salário, toda redução de horas de trabalho etc. são, portanto, uma ação revolucionária, porque justamente nesses momentos compõe-se aquele processo que,

---

[13] Em claro contraste com essa abordagem, durante a guerra, Lênin se dedicou a um estudo aprofundado do trabalho de Hegel para demonstrar sua importância no marxismo. Desse estudo nasceram seus *Cadernos filosóficos* (São Paulo, Boitempo, 2018). Tratei extensivamente disso em minha monografia *Lênin leitor de Marx: dialética e determinismo na história do movimento operário*, cit.

[14] Gianni Fresu, *Il diavolo nell'ampolla. Antonio Gramsci, gli intellettuali e il partito* (Nápoles, Istituto Italiano per gli Studi Filosofici/La Città del Sole, 2005), p. 21-48.

[15] György Lukács, *Scritti politici giovanili 1919-1928* (Bari, Laterza, 1972), p. 28.

em determinado ponto, transforma-se num elemento qualitativamente novo, um elemento que torna impossível a produção capitalista. Mas esses momentos singulares só podem se tornar revolucionários na unidade do método dialético. Para quem reconhece apenas os momentos individuais, o movimento operário se dilui em reformistas reivindicações salariais.[16]

Marx, graças a Hegel, chegou a entender a unidade-totalidade do processo dialético, conseguiu compreender como o todo prevalece sobre as partes e como se deve chegar às partes singulares partindo-se do todo e não vice-versa. Dessa maneira, ele pôde desmascarar a "falsa consciência" imanente na economia política clássica, que considera isoladamente os elementos individuais do processo econômico, chegando então ao sistema econômico. Para Lukács, graças a essa reversão, a economia política faz com que certas suposições do modo de produção apareçam (a origem da propriedade e do direito privados) como leis naturais eternas, como suporte necessário à existência humana. A economia política é capaz de descrever o funcionamento do modo de produção, dentro de certas relações, mas é incapaz de explicar como essas relações de produção nascem e como o processo de produção surge historicamente. Para Lukács, tanto a economia política como a sociologia foram incapazes de ir conceitualmente além do escopo das suposições que governam a produção tal como ocorre na sociedade burguesa.

Exatamente essa concepção unitária, totalitária (não no sentido que esse termo assumiu mais tarde, após a Segunda Guerra Mundial), do processo histórico torna o método de Marx profundamente vinculado à ação e à vida; assim, até o suposto contraste conceitual entre abstrato e concreto desaba diante de uma visão na qual o concreto é concreto enquanto composição de diferentes determinações, unidade do múltiplo.

Se Marx foi o primeiro a apreender a natureza historicamente determinada e não eterna das *leis econômicas*, foi também precisamente graças a esse método que Hegel conseguiu reconhecer a história mundial como um processo unitário impulsionado por um movimento dialético contínuo, no qual as transformações não eram decorrentes de leis divinas ou naturais inescrutáveis, mas do estreito entrelaçamento de contradições objetivas e subjetivas geradas no interior do próprio corpo social. Como reiteradamente esclareceu Domenico Losurdo em suas obras, se antes as revoltas relacionadas à Revolução Francesa foram explicadas recorrendo-se a teorias da conspiração ou comparando-as com desastres naturais e epidemias, Hegel foi o primeiro a fornecer uma estrutura conceitual que permitiu o entendimento histórico racional dos processos revolucionários.

---

[16] Ibidem, p. 30.

Hegel identifica a gênese da revolução num complexo, num entrelaçamento de contradições, e a importância decisiva da *Lógica* está em ter fornecido as ferramentas conceituais essenciais para a compreensão desse fato: as revoltas violentas que varrem o velho mundo feudal e, de maneira mais geral, uma ordem então decrépita e intolerável não são o resultado de uma conspiração ou de manobras sorrateiras, como afirmavam os teóricos da contrarrevolução, tampouco são o resultado da rebelião, da indignação da consciência moral contra uma ordem considerada contrária aos direitos naturais do homem, como queriam ou tendiam a querer não apenas os teóricos, mas também os protagonistas da Revolução Francesa. Mas a categoria do negativo tem grande relevo. Hegel celebra "a imanente potência do negativo", e a negatividade é uma categoria central da lógica, cuja gênese ou cuja centralidade não pode ser adequadamente entendida se não se considera a experiência por trás da Revolução Francesa, o movimento histórico mais elevado e mais dramático da negatividade.[17]

Para Lukács, o método dialético era o único capaz de evitar tanto o utopismo da abordagem reformista quanto o messianismo inerte do "marxismo vulgar", ambos unidos pelo repúdio, pelo abandono ou, mais simplesmente, por não reconhecer a função central da dialética hegeliana no materialismo histórico. Uma centralidade reafirmada por Lukács também na revisão da nova edição das cartas de Ferdinand Lassalle[18]:

A evolução juvenil de Marx é ocupada pelas críticas de Hegel, pela superação interna de Hegel, que é então realizada de maneira tão radical que Marx nunca retornará explicitamente a esse tópico, embora, ocasionalmente, aflore a intenção de dar continuidade a dedicar um volume ao núcleo utilizável da lógica hegeliana, e isso demonstra que o núcleo da filosofia hegeliana, superado e preservado por Marx em seu pensamento, é mais importante do que costumam admitir os marxistas vulgares.[19]

A essência do marxismo não estaria tanto na predominância das motivações econômicas, mas na categoria da chamada "totalidade", isto é, a predominância do todo sobre as partes individuais, o método essencial da filosofia hegeliana

---

[17] Domenico Losurdo, *L'ipocondria dell'impolitico. La critica di Hegel ieri e oggi* (Lecce, Milella, 2001), p. 25 [ed. bras.: *A hipocondria da antipolítica: história e atualidade na análise de Hegel*, trad. Jaime Clasen, Rio de Janeiro, Revan, 2014].

[18] György Lukács, "La nuova edizione delle lettere di Lassalle", em *Scritti politici giovanili 1919--1928*, cit., p. 225.

[19] Ibidem, p. 206.

reelaborado de maneira original por Marx e tornado a base de uma ciência histórica completamente nova.

Marx manteve a essência do método hegeliano e, por meio de sua inversão materialista, fez dele a base de uma ciência revolucionária, que considera todo fenômeno parcial como um elemento do todo e concebe o processo dialético como "unidade de pensamento e história". O materialismo histórico interpreta a sociedade como uma totalidade, admite a delimitação cognoscível de suas partes individuais, mas não concebe uma autonomia conceitual delas: para o marxismo, é inevitável, no estudo, a delimitação disciplinar, porém nunca pode haver uma ciência autônoma do direito, da economia, da história e assim por diante. Para o marxismo, existe apenas uma ciência unitária "histórico-dialética" do desenvolvimento da sociedade como totalidade.

A tradição liberal, pelo contrário, considera os fenômenos da sociedade sempre a partir do indivíduo; assim, a economia política clássica sempre considerou as leis do desenvolvimento capitalista do ponto de vista do *capitalista singular*. Marx, por outro lado, analisou "os problemas de toda a sociedade capitalista como problemas das classes em que está estruturada, entendida como totalidade"[20].

Coerente com essa abordagem epistemológico-política, no ensaio *O jovem Hegel e os problemas da sociedade capitalista*, Lukács se colocou a tarefa de mostrar as específicas raízes alemãs da obra completa de Marx, mostrando a relação orgânica entre sua visão de mundo e a evolução progressiva da Alemanha de Lessing a Heine, de Leibniz a Hegel e Feuerbach. "Uma análise histórica apropriada de Hegel, que desde o princípio o examine e interprete da perspectiva de Marx, pode ser uma contribuição também para a resolução dessa tarefa."[21]

Dentre as coincidências que se revelam entre os temas tratados por Gramsci e por Lukács na polêmica contra "os dois revisionismos", um lugar particularmente importante assumem as respectivas notas críticas sobre os escritos de Bukhárin em 1922, *A teoria do materialismo histórico: manual popular de sociologia marxista*. Ambos o consideravam filho de um materialismo metafísico e "vulgar", quase uma vingança póstuma do determinismo positivista da Segunda Internacional no coração do Estado soviético.

Segundo Lukács, a intenção de realizar uma obra popular sobre o materialismo histórico atendia a uma necessidade real; todavia, o *Manual* de Bukhárin, que já tinha, antes de tudo, o defeito de recorrer essencialmente a fontes "de segunda

---

[20] György Lukács, *Storia e coscienza di classe* (Milão, Sugar, 1970), p. 38 [ed. bras.: *História e consciência de classe: estudos sobre a dialética marxista*, trad. Rodnei Nascimento, São Paulo, WMF Martins Fontes, 2003].

[21] Idem, *O jovem Hegel e os problemas da sociedade capitalista* (trad. Nélio Schneider, São Paulo, Boitempo, 2018), p. 40.

mão", banalizava as grandes questões relativas à arte, à literatura e à filosofia, sem torná-las mais acessíveis aos leigos. Se na superfície a exposição parecia clara e linear, na realidade, todas as conexões mais problemáticas foram omitidas, resultando, em última análise, ainda menos inteligíveis. Assim, a intenção de tornar o materialismo histórico mais compreensível para a maioria acabou se traduzindo num nivelamento raso de todos os problemas que o preocupavam. Nesse ensaio, por exemplo, a análise das relações entre a economia e a esfera espiritual parecia seguir mais as caricaturas dos detratores de Marx do que seu trabalho, afirmando uma relação de identidade absoluta entre as relações de produção e o Estado, totalmente fora da realidade. Ao contrário dessa simplificação, a história mostrou como a possibilidade de equilíbrio das forças econômicas entre as classes concorrentes poderia possibilitar o surgimento temporário de um aparelho estatal não totalmente dominado por nenhuma das duas classes em luta (foi o caso da monarquia absoluta no início da era moderna). Da mesma forma, uma classe poderia alcançar o poder econômico sem, no entanto, ser capaz de criar instituições políticas e jurídicas que correspondessem totalmente à nova época. Foi o caso da burguesia alemã em sua fase de máxima ascensão econômica, quando interrompeu abruptamente sua ação reformadora liberal, deixando o controle do aparelho estatal nas mãos da aristocracia agrária dos Junkers.

Em linhas gerais, o *Manual* abandonava a tradição do materialismo histórico sem, no entanto, atingir os níveis conceituais dos que o precederam nesse trabalho revisionista e, acima de tudo, sem encontrar razão nos fatos. Em particular, o estudo filosófico do capítulo introdutório ignorou completamente as contribuições da filosofia clássica alemã, assim como era de todo superficial a referência fugaz a Feuerbach.

> A teoria de Bukhárin, que se aproxima consideravelmente do materialismo burguês das ciências naturais, adquire assim a aparência de uma *ciência* (de acordo com o uso francês do termo) e, em sua aplicação concreta à sociedade e à história, não raramente acaba anulando o elemento decisivo do método marxista: o de *trazer todos os fenômenos da economia e da sociologia de volta às relações sociais dos homens.* A teoria adquire a tonalidade de uma falsa objetividade: torna-se fetichista.[22]

Ao tratar da evolução social, Bukhárin atribuiu à técnica um significado transbordante, afirmando que todo sistema da técnica social determina também o sistema das relações de trabalho entre os homens, a ponto de definir como "normatividade fundamental" a estreita dependência entre nível de desenvolvimento das forças de produção e evolução técnica da sociedade. Ao se explicar o

---

[22] Idem, *Scritti politici giovanili 1919-1928*, cit., p. 191.

desenvolvimento das forças produtivas por meio da técnica, é inevitável recair num novo "fetichismo", assim como quando se lança mão da centralidade de fatores como a "natureza", o clima e o ambiente nos estudos político-filosóficos dos séculos XVIII e XIX. Pelo contrário, a técnica deveria ser concebida como um momento de cada um dos sistemas produtivos e seu desenvolvimento explicado pela evolução das forças produtivas sociais, e não vice-versa. O nível atingido pela técnica, determinado pelo desenvolvimento das forças produtivas, pode exercer influência sobre esta, mas não seria correto descontextualizar a técnica da série de formas ideológicas a fim de atribuir-lhe uma existência autônoma.

Esses erros eram consequência direta da abordagem generalista de Bukhárin e da reivindicação de entender o marxismo como uma "sociologia geral", ou seja, da tentativa de "flertar" com as ciências naturais.

> Todo o fundamento filosófico da teoria de Bukhárin ainda está preso ao ponto de vista do materialismo da *intuição*; em vez de submeter as ciências naturais e seu método a uma crítica histórico-materialista, ou seja, entendê-las como produtos do desenvolvimento capitalista, ele aplica o método ao conhecimento da sociedade incautamente, de maneira acrítica, anti-histórica e antidialética.[23]

Para passar ao julgamento de Gramsci, no *Caderno 4* ele identifica algumas linhas de pesquisa úteis para o estudo do materialismo e do idealismo, a fim de construir uma história do marxismo com dois objetivos declarados: 1) esclarecer seus processos evolutivos e seus limites; 2) delinear um novo quadro ideológico capaz de incidir sobre a realidade e transformá-la. Essas reflexões filosóficas sobre o marxismo baseiam-se nos critérios metodológicos necessários para enquadrar o trabalho de seu principal inspirador. Quando se pretende estudar um autor, cuja concepção do mundo jamais foi sistematicamente exposta e na qual as atividades teóricas e práticas estão intimamente entrelaçadas, é preciso reconstruir cuidado-samente sua biografia pela análise de todas as obras, escritos menores e cartas de acordo com uma sequência cronológica que seja capaz de captar seu *leitmotiv*. No estudo de um autor, é necessário distinguir as obras que ele concluiu e publicou daquelas que não foram concluídas e ficaram inéditas, uma vez que o conteúdo destas deve ser examinado com muito mais cuidado e atenção, justamente por sua natureza de material provisório e em elaboração, às quais o autor provavelmente retornaria depois. Nessas notas, o intelectual sardo parece esboçar o mapa para avançar no *mare magnum* do pensamento de Karl Marx, mas fornece ao mesmo tempo algumas orientações que preparam o estudo de seu próprio trabalho e dos *Cadernos do cárcere* em particular. Nessas notas, novamente, Gramsci se debruça

---

[23] Ibidem, p. 201.

sobre o processo de involução e vulgarização filosófica do marxismo depois de Marx e Engels. Se o marxismo original constituíra a superação da mais elevada manifestação cultural de sua época, a filosofia clássica alemã, o marxismo depois de Marx se mostrou incapaz de abarcar e entender o homem em todos os seus aspectos; portanto, teve de fazer uso das contribuições de outras filosofias. Gramsci reconhece um mérito ao positivismo: o de ter promovido uma nova conexão entre a cultura europeia, presa às "antigas ideologias racionalistas", e uma realidade cujo sentido ela havia perdido. Ao mesmo tempo, porém, tinha o limite de incluir essa mesma realidade em esquemas autorreferenciais predefinidos, aprisionando-a na esfera da "natureza-morta". Isso resultou no empobrecimento da pesquisa filosófica, transformada numa nova "teologia materialista"[24].

Em forte contraste com essa abordagem, Lênin desenvolveu um confronto teórico muito severo no movimento marxista mundial[25]; no entanto, apesar de sua proximidade com o revolucionário russo, o trabalho de Bukhárin foi fortemente afetado pela influência das ciências sociais e naturais, segundo a abordagem teórica superficial e positivista característica da Segunda Internacional.

Para Gramsci, já entre o título e o conteúdo da obra de Bukhárin revela-se uma contradição. Um livro intitulado *Teoria do materialismo histórico* deveria ter exposto sistemática e organicamente os conceitos filosóficos fundamentais do marxismo, fornecendo também uma revisão crítica de todos os conceitos espúrios e de origem estranha, muitas vezes erroneamente reunidos sob o termo materialismo histórico. Ao contrário, no *Manual*, as únicas considerações filosóficas contidas no capítulo introdutório eram muito esquemáticas e superficiais. Até mesmo a afirmação apodíctica de que a "verdadeira filosofia" é o materialismo filosófico, enquanto a filosofia da práxis seria "pura sociologia", cujo significado Bukhárin não explica, é fruto desse entendimento empobrecido do marxismo. Na

---

[24] Antonio Gramsci, *Quaderni del carcere*, cit., p. 85.

[25] "Tudo isso leva, como consequência prática, a tendências *attendiste* [de esperar] e quase messiânicas no movimento operário: o elemento subjetivo assume uma função marginal e totalmente subordinada em relação à esfera objetiva; a luta de classes é uma lei da evolução social que os marxistas devem se limitar a explicar, como Newton explica a gravitação. Portanto, a tarefa das forças socialistas era simplesmente aumentar sua força, esperando a história seguir seu curso, a ponto de determinar de fato – como uma lei natural inevitável – a demolição do modo de produção capitalista e o estabelecimento de uma sociedade socialista. [...] Todas essas tendências e interpretações encontraram cidadania na parte geral do programa de Erfurt de 1891 – não apenas votadas pela social-democracia alemã, mas que logo se tornaram uma importante suposição teórica para todos os outros partidos socialistas – e encontraram teorização completa nos ensaios de importantes intelectuais como Karl Kautsky, para quem a tarefa da social-democracia não era organizar a revolução, mas organizar-se para a revolução, não fazer a revolução, mas usá-la" (Gianni Fresu, *Lênin leitor de Marx*, cit., p. 41-2).

discussão não se esclarece, primeiro, o que Bukhárin quer dizer com sociologia, se ciência da política e da historiografia ou reunião sistemática de observações empíricas sobre política e pesquisa histórica. O juízo do autor dos *Cadernos* é extremamente severo, identificando na raiz da sociologia a pretensiosa ambição de alcançar uma ciência "exata" dos fatos sociais, da política e da história. Ao comentar a incapacidade da sociologia de conhecer o princípio dialético da mudança quantitativo-qualitativa, Gramsci expõe uma concepção que tem muitos pontos de contato com as reflexões de Lukács:

> A sociologia foi uma tentativa de criar um método da ciência histórico-política, dependendo de um sistema filosófico já elaborado, o positivismo evolucionista, sobre o qual a sociologia reagiu, mas apenas parcialmente. A sociologia tornou-se, portanto, uma tendência em si mesma, tornou-se a filosofia dos não filósofos, uma tentativa de descrever e classificar esquematicamente fatos históricos e políticos, de acordo com critérios construídos no modelo das ciências naturais. Desse modo, a sociologia é uma tentativa de derivar *experimentalmente* as leis da evolução da sociedade humana, a fim de prever o futuro com a mesma certeza com a qual se espera que um carvalho se desenvolva a partir de uma bolota. O evolucionismo vulgar é a base da sociologia que não pode conhecer o princípio dialético com a passagem da quantidade para a qualidade, uma passagem que perturba toda evolução e toda lei de uniformidade entendida no sentido vulgarmente evolucionista.[26]

Ao subjetivismo do *Ensaio popular* de Bukhárin, Gramsci contrapõe o historicismo, reafirmado com a conhecida proposta hegeliana "o que é real é racional e o que é racional é real", frequentemente interpretada erroneamente como legitimação filosófica de tudo o que existe, incluindo-se governos despóticos e reacionários. Na realidade, Hegel aplica o atributo "real" apenas ao que é também "necessário" – assim, não é qualquer medida governamental que pode ser entendida dessa maneira – e o que é "necessário" é também "racional". Como esclarece Engels num de seus mais importantes ensaios filosóficos, tal proposição aplicada à entidade estatal prussiana significa que esse Estado corresponde à razão na medida em que se propõe como necessário: "Se este aparenta ser ruim e, não obstante, continua a existir, apesar de não servir, a má qualidade do governo tem sua justificativa e sua explicação na má qualidade dos seus súditos. Os prussianos de hoje têm o governo que merecem"[27].

---

[26] Antonio Gramsci, *Quaderni del carcere*, cit., p. 1.432.

[27] Friedrich Engels, *Ludwig Feuerbach e il punto di approdo della filosofia classica tedesca* (trad. da edição original alemã de 1888 de Palmiro Togliatti, Roma, Rinascita, 1950), p. 12 [ed. bras.: *Ludwig Feuerbach e o fim da filosofia clássica alemã*, São Paulo, Iskra, 2016].

Assim, para Hegel, o atributo real não se aplica a qualquer contexto histórico e a qualquer estado social ou político das coisas, de modo que a República romana era tão real quanto o Império que a suplantou, enquanto a monarquia francesa era a tal ponto desprovida de necessidade, e portanto irracional, que acabou destruída pela Revolução, cuja racionalidade e necessidade histórica foram defendidas apenas por Hegel. Todo o núcleo da proposição hegeliana está na dialética da *tese* que se transmuta em seu contrário: no devir histórico, o que antes era real acaba perdendo a própria necessidade e tornando-se irreal; no lugar da realidade que morre ascende uma nova realidade vital, e a ascensão violenta ou pacífica desta depende da compreensão do velho, de sua maior ou menor oposição à nova necessidade. Se tudo o que é real na história humana pode deixar de ter necessidade e tornar-se irracional e tudo o que é racional na cabeça dos homens está destinado a tornar-se real, a proposição de Hegel sobre a racionalidade do real significa para Engels que "tudo o que existe está destinado a perecer". Para Engels, o caráter revolucionário da filosofia hegeliana deve-se ao fato de que esta elimina, de uma só vez, o dogmatismo de qualquer tema filosófico, põe fim ao "caráter definitivo de todos os resultados do pensamento e da atividade humana":

> A verdade residia agora no próprio processo de conhecimento, na longa evolução histórica da ciência, que se eleva de graus inferiores de consciência para graus cada vez mais altos, sem, no entanto, jamais alcançar, por meio da descoberta de uma assim chamada verdade absoluta, o ponto do qual já não se pode mais avançar e só lhe resta ficar com as mãos sobre o colo, contemplando a verdade absoluta atingida.[28]

Esse discurso vale tanto para a filosofia quanto para qualquer atividade prática: assim como o conhecimento evolui de um grau mais baixo para outro mais alto, do mesmo modo a história não pode deter-se, chegando a uma conclusão definitiva, a uma condição perfeita. O Estado e a sociedade perfeita e definitiva só existem na fantasia. Toda situação histórica é apenas uma fase de um processo ascendente de desenvolvimento da sociedade humana. Cada etapa é historicamente determinada e, enquanto tal, necessária, mas deixa de sê-lo quando se criam em seu interior as condições para uma fase sucessiva mais elevada, entrando no ciclo que a leva da decadência à morte. Assim, o mesmo discurso diz respeito aos sistemas filosóficos e ao processo de desenvolvimento do pensamento, a cuja essência Bukhárin não chega, limitando-se a negar sua racionalidade. Desse modo, esclarece Gramsci, "a história da filosofia torna-se um tratado histórico

---

[28] Ibidem, p. 14.

de teratologia, porque se parte de um ponto de vista metafísico". Novamente, o intelectual sardo contrapõe o determinismo mecanicista à dialética de Hegel, indicando sua centralidade entre as fontes essenciais do marxismo:

> Julgar todo o passado filosófico como um delírio e uma loucura não é apenas um erro de anti-historicismo, por conter a pretensão anacrônica de que no passado se devesse pensar como hoje, mas é um verdadeiro resíduo de metafísica, porque supõe um pensamento dogmático válido em todos os tempos e países, por meio do qual se julga todo o passado. O anti-historicismo metódico não é mais do que metafísica. O fato de os sistemas filosóficos passados estarem superados não exclui que eles tenham sido válidos historicamente e que tenham desempenhado uma função necessária: sua caducidade deve ser considerada do ponto de vista do completo desenvolvimento histórico e da dialética real; o fato de eles terem sido dignos de queda não é um juízo moral ou de higiene do pensamento, emitido de um ponto de vista "objetivo", mas de um juízo dialético-histórico. Pode-se confrontar a apresentação feita por Engels das proposições hegelianas, segundo a qual "tudo o que é racional é real e o real é racional", proposição que será válida também para o passado.[29]

Não obstante suas pretensões filosóficas, as questões tratadas no *Manual* não têm, para Gramsci, nenhum caráter teórico, talvez apenas imediatamente político, a meio caminho entre a filosofia e a prática cotidiana, e, sobretudo, são uma justaposição caótica e inorgânica de reflexões sobre fatos históricos desconectados. A tentativa de reduzir o marxismo a uma sociologia estava alinhada com as tendências positivistas mais deterioradas do final do século XIX, de que já falamos na primeira parte deste volume, as mesmas que fizeram com que tantos neófitos do marxismo cometessem confusões teóricas imperdoáveis, levando-os às "improvisações jornalísticas mais bizarras". Tratava-se da mesma propensão a traduzir esquematicamente o materialismo histórico com a pretensão de "ter toda a história no bolso" já criticada por Labriola, capaz de gerar as formas mais gerais e mecânicas nas quais o único elemento sistemático era a improvisação. O marxismo, em contrapartida, fundamenta-se na totalidade do processo histórico, ou seja, numa experiência que não pode ser esquematizada ou organizada numa "ciência exata", mas pode conduzir à "filologia", como método de pesquisa na apuração dos fatos empíricos particulares, ou à "filosofia, entendida como a metodologia geral da história".

A filologia pode levar à identificação de linhas de tendência mais gerais, mas a lei estatística de grandes números não pode ser usada no estudo de fatos humanos

---

[29] Antonio Gramsci, *Quaderni del carcere*, cit., p. 1.416-7.

e políticos, como ocorre nas ciências naturais; no máximo, pode ter um valor (limitado) apenas até quando as massas "permanecem essencialmente passivas". Ao contrário, a adoção esquemática da estatística como uma lei essencial da ciência e da arte política pode ter resultados sérios e catastróficos porque, além de promover a "preguiça mental" e a "superficialidade programática", pode determinar não apenas um erro científico (remediável com novas pesquisas, como no caso do uso da estatística nas ciências naturais), mas também um "erro prático em curso" muito mais sério. "A ação política tende precisamente a tirar a multidão da passividade, ou seja, a destruir a lei dos grandes números; então, como isso pode ser considerado uma lei sociológica?"[30] De resto, até a reivindicação econômica que obedece a um plano está destinada a perturbar as leis estatísticas entendidas mecanicamente, e o mesmo ocorre com a predominância da função diretiva coletiva dos partidos políticos no lugar de líderes individuais ou "carismáticos". "A consciência humana substitui a *espontaneidade naturalista*", escreve Gramsci; portanto, a reunião aleatória de atos individuais arbitrários (os chamados dados estatísticos) torna-se a norma para a economia e a arte política, de modo a criar um "esquema naturalista" perturbado pela intervenção consciente do homem, que destrói o que até então era considerado uma "lei natural".

Para Gramsci, como para Lukács, a filosofia da práxis é a "filosofia geral", uma totalidade dada pelo entrelaçamento orgânico entre história, economia e política. Para ser coerente com seu título, no *Ensaio popular*, após um tratamento sistemático da filosofia da práxis como filosofia geral, Bukhárin também teria de lidar com suas singulares partes constituintes, mas em relação a isso carece, em primeiro lugar, de uma definição clara e precisa do que é a própria filosofia da práxis e, além disso, suas discussões acerca das partes individuais são caóticas e aleatórias.

Assim, no *Manual* falta, também, uma exposição mínima da dialética, e Gramsci atribui esse fato à pretensão de Bukhárin de dividir a filosofia da práxis em duas partes distintas: uma sociologia, entendida como a ciência da política e da história, à maneira das ciências naturais; e uma filosofia sistemática propriamente dita. Essa divisão, que para Gramsci é a origem de todos os erros do *Ensaio*, faz com que a dialética perca sua natureza, sua própria razão de ser, porque, de elemento central da história e da política, é rebaixada a uma lógica formal. Só se compreende seu significado quando se concebe o marxismo como uma filosofia integral, nova e original, como o entendia Labriola, em que a dialética é o motor da totalidade de um processo histórico, político e econômico. Para Gramsci, o marxismo, inaugura uma nova fase no desenvolvimento do pensamento mundial,

---

[30] Ibidem, p. 1.430.

graças à qual se supera o idealismo e o antigo materialismo burguês – no qual, definitivamente, Bukhárin recai ao fazer tal distinção.

> Separada da teoria da história e da política, a filosofia só pode ser metafísica, uma vez que a grande conquista na história do pensamento moderno, representada pela filosofia da práxis, é precisamente a historicização concreta da filosofia e sua identificação com a história.[31]

A pretensão de escrever um *Manual* com relação a uma doutrina ainda em fase de definição e elaboração era fraca desde suas premissas. Quando uma visão do mundo ainda não alcançou uma fase "clássica", de modo a permitir uma exposição clara e definida de determinado tópico, por que não pôr a questão nos termos teóricos e históricos corretos, contentando-se em fazer uma introdução ao estudo científico para lidar monograficamente com seus problemas essenciais? Ou seja, um trabalho mais sério e confiável do ponto de vista científico, em contraste com a ideia vulgar de ciência, também essa de derivação positivista, segundo a qual ciência significa "sistema", ainda que do sistema não tenha a coerência orgânica, mas apenas a "exterioridade mecânica". Isso também acontece no *Ensaio popular*, definido como uma "justaposição mecânica de elementos díspares, que permanecem inexoravelmente desconectados, apesar do verniz unitário dada pela redação literária"[32].

Segundo Gramsci, Bukhárin mostrou-se incapaz de entender o movimento histórico, o devir e a própria dialética, e por esse motivo seu trabalho não conseguiu fazer uma crítica à filosofia especulativa. Bukhárin não deveria ter "concebido a filosofia como historicidade", isto é, entender uma afirmação filosófica como expressão necessária de certa ação histórica, mas foi exatamente isso que ele fez ao cair no esquematismo dogmático já seguido por Kautsky e pelos teóricos da Segunda Internacional. Isso se baseará numa casuística de exemplos históricos particulares, de questões resolvidas de forma dogmática, por meio de um empirismo metafísico e anti-histórico como o idealismo especulativo:

> Se o idealismo especulativo é a ciência das categorias e a síntese *a priori* do espírito, ou seja, uma forma de abstração anti-histórica, a filosofia implícita no *Ensaio popular* é um idealismo invertido, no sentido de que conceitos e classificações empíricas substituem categorias especulativas, tão abstratas e anti-históricas quanto esses.[33]

---

[31] Ibidem, p. 1.426.

[32] Ibidem, p. 1.424.

[33] Ibidem, p. 1.403.

O conceito de ciência presente no *Ensaio popular* considera a ciência natural como ciência por excelência, ou a única em absoluto, e, portanto, a metodologia histórica só pode ser definida como científica se for capaz de "abstratamente" prever o futuro da sociedade, o futuro da história, assim como, nas ciências naturais, as leis da evolução permitem prever o resultado da evolução dos processos naturais. O materialismo histórico, por outro lado, só pode prever cientificamente a presença da luta entre as classes, mas não o resultado dela, pois ela é sempre a resultante de forças contrastantes em movimento contínuo, que não podem ser reduzidas a quantidades fixas predetermináveis em tubos de ensaio. Para Gramsci, a única previsão real se dá pela ação, na medida em que contribui com a intervenção voluntária para criar as condições para o resultado hipotético. Tudo isso significa que a "previsão" do socialismo, como resultado da luta entre as classes, não é um "ato científico do conhecimento", não é a "previsão" de uma lei inevitável e já escrita, mas se refere ao esforço prático de formar uma vontade coletiva nesse sentido, diz respeito às possibilidades dadas pelo entrelaçamento de causas objetivas e subjetivas, nas quais estas últimas contribuem poderosamente para determinar os resultados da "previsão". A previsão não pode ser um ato cognoscível, porque só se pode saber o que foi e não o que será.

Como Lukács, Gramsci também contesta Bukhárin por querer fazer com que a filosofia da práxis dependa de uma teoria geral do materialismo vulgar, enquanto o marxismo, como esclareceu Labriola em seus ensaios, seria capaz de "bastar a si mesmo", já dispondo de todos os elementos fundamentais para uma concepção "total" e "integral" do mundo que se "vivifica" reorganizando toda a sociedade, isto é, numa "total e integral civilidade"[34]. O erro consistia em buscar uma filosofia geral na base do marxismo, confundindo, na cultura filosófica pessoal de Marx, as correntes filosóficas e os filósofos pelos quais ele se interessara em sua formação e as origens ou partes constitutivas de sua filosofia. A formação e a cultura filosófica de Marx são úteis desde que fique claro que a filosofia da práxis constitui a superação original de todas as antigas filosofias a que Marx se referiu e abre um caminho completamente novo capaz de transformar integralmente o próprio modo de conceber a filosofia.

Nas notas sobre *Objetividade do mundo externo*, do *Caderno 11*, que tratam da dialética entre a história humana e a história da natureza e nas quais há também uma referência passageira a Lukács, Gramsci se deixa levar a uma afirmação com frequência usada instrumentalmente para reforçar a tese (em nossa visão, errônea) de um Engels profanador positivista da obra de Marx: "É certo que em Engels (*Anti-Dühring*) há ideias que podem levar aos desvios do *Ensaio* [de

---

[34] Ibidem, p. 1.434.

Bukhárin]"[35]. A consideração, no entanto, não leva em conta a natureza dessa obra e o fato de que esta não pretendia, minimamente, ser uma exposição sistemática do materialismo histórico, mas atendia principalmente às necessidades de controvérsia política.

No clima político marcado pela afirmação do marxismo como doutrina predominante do movimento operário, as novas levas do socialismo tentaram encontrar tanto nas ciências sociais como em Marx uma concepção unitária do mundo, uma "filosofia da história". Por muito tempo, essa obra respondeu involuntariamente a essa necessidade "enciclopédica" de síntese sistemática da filosofia da práxis, tendo sido o texto-base da formação marxista de muitas gerações de revolucionários. O *Anti-Dühring* é a primeira apresentação sistemática das teorias do socialismo científico. Os três principais aspectos do trabalho de Marx e Engels – filosofia, economia, política – estão presentes pela primeira vez numa visão geral em que os diferentes elementos se cruzam. Precisamente em virtude de sua natureza unitária e geral, o *Anti-Dühring* teve uma influência decisiva na afirmação do marxismo como teoria do movimento operário.

O *Anti-Dühring* mostra-se tão importante não tanto pela polêmica com Dühring quanto pela exposição positiva que ele contém. De acordo com Valentino Gerratana[36], essa obra, que se prestava tanto a uma interpretação eclética como a uma interpretação "ortodoxa", foi celebrada desde o primeiro momento como um manual ou compêndio do socialismo e definida como primeiro trabalho sistemático e completo dos princípios teóricos do socialismo científico, intimamente ligados a todos os principais aspectos das ciências modernas. Mas foi um mal-entendido. Para Gerratana, o *Anti-Dühring* não era um resumo do pensamento de Engels e Marx, mas exigia a leitura e o aprofundamento da obra desses autores. O *Anti-Dühring* atendeu apenas involuntariamente àquela necessidade de síntese e, em geral, o próprio Engels sempre se mostrou muito crítico da tendência à síntese enciclopédica característica daquele período histórico. Para ser mais exato, precisamente essa "mania", bem presente em Dühring, foi um dos principais alvos polêmicos do texto, desde o prefácio à primeira edição, de 1878, na qual Engels contestou justamente a vocação sistêmica e pseudocientífica da maioria das produções intelectuais daquele tempo[37]. Afinal, o próprio

---

[35] Ibidem, p. 1.449.

[36] Valentino Gerratana, "Introduzione", em Friedrich Engels, *Antidühring* (Roma, Editori Riuniti, 1971).

[37] "O senhor Dühring, enquanto 'criador de um sistema', não é um fenômeno isolado na atualidade alemã. Já faz algum tempo que, na Alemanha, os sistemas da cosmogonia, da filosofia da natureza em geral, da política, da economia etc. brotam do chão às dúzias da noite para o dia, como cogumelos. O mais insignificante *doctor philosophiae* e até mesmo o *studiosus* não

Antonio Labriola, certamente nada suspeito de simpatias positivistas, definiu o *Anti-Dühring* como "o livro mais completo do socialismo crítico", capaz de fornecer "toda a filosofia necessária à inteligência do socialismo"[38]. No prefácio à segunda edição, o próprio Engels explica por que esse escrito assumiu o caráter de representação unitária do método dialético marxista, apesar de ter nascido exclusivamente da necessidade de responder às teorias de Dühring. O pensamento de Dühring, estendendo-se por um campo teórico muito amplo, forçou Engels a segui-lo em todas as áreas abordadas, contrapondo suas teses às dele. Dessa forma, a crítica negativa tornou-se uma exposição positiva, e a simples polêmica tornou-se um compêndio unitário das teorias de Marx e Engels. A necessidade de síntese e o destaque de certas partes em relação a outras, devido essencialmente às necessidades da batalha política contingente[39], fez do *Anti-Dühring* o texto fundamental para favorecer a assimilação e a afirmação do marxismo no movimento operário. Entretanto, ao mesmo tempo, justamente por sua natureza "involuntariamente sistêmica", o *Anti-Dühring* se prestava a generalizações superficiais, que acabavam favorecendo (ou ao menos não impedindo) a internalização determinista do próprio marxismo.

---

aderem mais a um 'sistema' completo" (Friedrich Engels, *Antidühring*, cit., p. 4 [ed. bras.: *Anti-Dühring*, trad. Nélio Schneider, São Paulo, Boitempo, 2015, p. 30-1]).

[38] Antonio Labriola, *La concezione materialistica della storia* (Bari, Laterza, 1965), p. 191.

[39] Sobre essa questão, particularmente esclarecedora é a carta de Engels a Bloch de 21 de setembro de 1890. "O fato é que os jovens, às vezes, atribuem ao lado econômico uma importância maior do que aquela que merece; isso é, em parte, culpa minha e de Marx. Diante dos adversários, devíamos destacar o princípio essencial negado por eles e, então, nem sempre encontrávamos tempo, lugar e ocasião de fazer justiça aos outros fatores que participavam da ação recíproca. Mas assim que se alcançava a exposição de um período da história, isto é, a aplicação prática, a coisa mudava, e nenhum erro era possível. Porém, infelizmente, também acontece com muita frequência acreditarmos ter entendido perfeitamente uma nova teoria e poder, sem dúvida, lidar com ela assim que nos apropriamos dos princípios essenciais – e, além do mais, nem sempre de modo preciso. Não posso deixar de fazer essa crítica a mais de um dos *marxistas* de última hora, e por isso se criou, de vez em quando, uma estranha confusão" (Friedrich Engels, *Sul materialismo storico* (Roma, Editori Riuniti, 1949), p. 78).

8
Tradutibilidade e hegemonia

Como vimos, a biografia política de Gramsci, entre 1921 e 1926, foi marcada pelo dramático fracasso das tentativas revolucionárias no Ocidente e pela abertura de uma fase de refluxo que facilitou uma virada reacionária radical que culminou com o advento do fascismo. Portanto, a principal questão de fundo dos *Cadernos do cárcere* é por que, apesar de uma profunda crise econômica e hegemônica das classes dominantes e de um contexto objetivamente revolucionário, no Ocidente não foi possível "traduzir" a experiência vitoriosa dos bolcheviques russos, e, pelo contrário, foi a reação que triunfou.

Embora frequentemente omitido, o tema da tradutibilidade política nas diferentes linguagens nacionais está bem presente em Lênin e isso influenciou profundamente Gramsci, que foi um dos primeiros a ter consciência desse fato. Encontramos várias confirmações nas notas do cárcere. No *Caderno 11*, particularmente, ele lembra que em 1921 o revolucionário russo ressaltara a incapacidade de traduzir a língua russa para os idiomas europeus, ou seja, de dar conteúdo nacional aos valores universais surgidos de condições especificamente nacionais, da Revolução de Outubro. Um conceito retomado no *Caderno 19*, em que são destacados os limites dos democratas de Giuseppe Mazzini no *Risorgimento*, em particular seu equívoco sobre o papel dos jacobinos na Revolução Francesa, portanto, da centralidade da questão agrária como uma alavanca para incentivar uma revolução democrática na Itália por intermédio da irrupção das massas populares no processo de unificação nacional: "O Ferrari[1] não soube traduzir o francês para o italiano e, portanto, sua própria perspicácia tornou-se

---

[1] Giuseppe Ferrari (1811-1876), importante filósofo e político democrata empenhado no processo de unificação nacional italiano.

um elemento de confusão, provocou novas seitas e escolinhas, mas não afetou o movimento real"[2].

Gramsci abordou difusamente o tema da tradutibilidade recíproca das diferentes linguagens filosóficas, partindo de uma premissa (incluída no *Caderno 11*) que contém um reconhecimento de valor sobre a superioridade gnosiológica do materialismo histórico: apenas na *filosofia da práxis* a tradução é "orgânica e profunda", ao passo que, para outras visões de mundo, geralmente encontramos um jogo simples de "esquematismos genéricos". O conceito de tradutibilidade está localizado na dialética entre universalidade e peculiaridades nacionais de toda formação econômico-social:

> A tradutibilidade pressupõe que dada fase da civilização tenha uma expressão cultural "fundamentalmente" idêntica, mesmo que a linguagem seja historicamente diferente, determinada pela tradição particular de cada cultura nacional e de cada sistema filosófico, pela predominância de uma atividade intelectual ou prática etc.[3]

Na nota subsequente, intitulada *Giovanni Vailati e a tradutibilidade das linguagens científicas*, ele desenvolve ainda mais o raciocínio, explicando como os cientistas formados no terreno de uma mesma cultura podem afirmar verdades consideradas diferentes ou opostas simplesmente por usarem linguagens científicas diferentes. Da mesma maneira, culturas nacionais semelhantes (Alemanha e França, no caso específico) podem ser consideradas diferentes e opostas, ou uma superior à outra, porque empregam linguagens de tradição diferentes, formadas a partir das especificidades histórico-culturais de cada uma delas. Embora a tradutibilidade das linguagens filosóficas nacionais nunca possa ser perfeita (e, mesmo no caso da língua, tampouco pode ser assim), essas civilizações podem encontrar tradução umas nas outras, pelo menos nos elementos de fundo e essenciais. Esse seria o significado da afirmação de Marx e Engels em *A sagrada família* de que a linguagem política francesa é equivalente à linguagem da filosofia clássica alemã. Uma observação também contida nas lições de *História da filosofia* de Hegel, segundo o qual a filosofia de Kant, Fichte e Schelling conteria a revolução na forma de pensamento. Se, na Alemanha, o novo princípio afirma-se como espírito e conceito, na França se manifesta como realidade efetiva; no entanto, os dois países fariam parte do mesmo progresso histórico universal. No plano conceitual, Gramsci encontra uma correspondência entre essa afirmação de Hegel e a décima primeira *Tese sobre Feuerbach* de Marx, segundo a qual, para se tornar verdadeira, a filosofia deve tornar-se política e encontrar uma tradução

---

[2] Antonio Gramsci, *Quaderni del carcere* (Turim, Einaudi, 1977), p. 2.016.

[3] Ibidem, p. 1.468.

prática na realidade efetiva das coisas. Nesse sentido, a filosofia da práxis é historicamente concebida como uma fase transitória do pensamento filosófico, a ponto de interpretar o desenvolvimento histórico como a passagem do domínio da necessidade para o da liberdade.

Toda filosofia surge das íntimas contradições históricas das quais faz parte e toda filosofia concebe a si mesma como uma unidade de história e natureza, isto é, como o desenvolvimento e a superação do que a precedeu; contudo, na história do pensamento filosófico, a obra de Hegel representa um caso separado, porque entende o que é a realidade num único sistema filosófico como consciência das contradições. Nessa nota, Gramsci aborda o problema, que sempre foi objeto de controvérsia, do hegelianismo como fonte do marxismo:

> Em certo sentido, portanto, a filosofia da práxis é uma reforma e desenvolvimento do hegelianismo, é uma filosofia liberta (ou que busca se libertar) de qualquer elemento unilateral e fanático, é a consciência plena das contradições em que o próprio filósofo, entendido individualmente ou entendido como um grupo social inteiro, não apenas compreende as contradições, como coloca a si mesmo como elemento da contradição, eleva esse elemento a princípio de conhecimento e, portanto, de ação.[4]

Essa é a premissa da concretude do marxismo (entendida em sua forma autêntica e não brutalizada pelo determinismo positivista), isto é, de sua capacidade de escapar a qualquer generalização sistêmica abstrata. Por essa razão, ele conclui: "O homem em geral, mesmo que se apresente, é negado, e todos os conceitos dogmaticamente unitários são desrespeitados e destruídos como expressão do conceito de 'homem em geral' ou da natureza humana imanente em todo homem"[5].

A tradução do terreno filosófico para o da práxis seria a essência do materialismo histórico e uma das razões de sua superioridade sobre outras visões filosóficas, razão pela qual Gramsci adota a definição de Labriola: filosofia da práxis. Mas esse nível não esgota o campo da tradutibilidade da filosofia da práxis; pelo contrário, a principal área de sua implementação está na tradução da teoria nas condições de cada formação econômico-social nacional específica e original.

A filosofia da práxis nasce no terreno concreto das contradições históricas; por esse motivo, está ligada principalmente à "necessidade" mais do que à "liberdade", que ainda não teve a chance de se manifestar historicamente. Nesse sentido, a indicação programática das contradições que impedem a passagem da necessidade

---

[4]   Ibidem, p. 1.487.
[5]   Ibidem, p. 1.488.

para a liberdade também significa superar a filosofia da práxis, nascida com base nessas contradições e, portanto, na necessidade de lutar contra elas.

Para Gramsci, a divisão entre teoria e práxis no marxismo corresponde, assim, à distinção entre intelectuais-dirigentes e massas e é característica de uma fase marcada pela completa subordinação destas últimas; o desenvolvimento da filosofia da práxis pode ser alcançado se elevar seus próprios intelectuais no interior da classe da qual é a visão do mundo, isto é, pela superação dessa fratura e da concepção determinista, que é sua expressão teórica. Como vimos, a questão das relações entre intelectuais e massas constitui o tema presente com maior continuidade na obra de Antonio Gramsci, e nas notas do cárcere assume uma centralidade absoluta, tanto em termos histórico-analíticos quanto na elaboração político-filosófica, encontrando no *Caderno 12* seu conjunto de reflexões mais orgânico.

Ao abordar o estudo sistemático da história dos intelectuais, o primeiro problema a ser investigado é se os intelectuais constituem um grupo social autônomo e independente ou se cada grupo social produz sua própria categoria especializada de intelectuais.

Segundo Gramsci, cada grupo social "essencial", surgido no interior de certas relações de produção econômica, tende a criar uma ou mais classes de intelectuais que conferem homogeneidade e consciência ao grupo, tanto no campo econômico como no social e político: assim, por exemplo, a afirmação da burguesia coincide com o surgimento de funções intelectuais especializadas nas ciências econômicas e políticas, no direito, na organização da cultura, na própria técnica produtiva[6].

Entretanto, nesse fenômeno de emergência, a nova classe geralmente encontra não apenas grupos sociais consolidados preexistentes, mas também classes intelectuais que tendem a se apresentar como um grupo social em si mesmas, ou seja, essas várias categorias de intelectuais tradicionais tendem a se afirmar e existir segundo um "espírito de corporação"; consequentemente, se consideram autônomos e independentes do grupo social dominante e de suas funções, como resultado de uma continuidade histórica de seu "estatuto"[7] particular. A filosofia

---

[6] Ibidem, p. 1.513.

[7] Nas notas intituladas *Questões de nomenclatura e conteúdo*, presentes no *Caderno 11*, Gramsci tratou desse fenômeno em termos gerais: "Uma das características dos intelectuais como categoria social cristalizada (isto é, que se concebe como uma continuação ininterrupta na história, portanto, independentemente da luta dos grupos, e não como expressão de um processo dialético, para o qual cada grupo social dominante elabora sua própria categoria de intelectuais) é precisamente a união, na esfera ideológica, a uma categoria intelectual anterior por meio de uma mesma nomenclatura de conceitos. Todo novo organismo histórico (tipo de sociedade) cria uma nova superestrutura, cujos representantes especializados e portadores de padrões (intelectuais) não podem deixar de ser concebidos como, também eles, *novos* intelectuais, surgidos da nova situação e não continuação da intelectualidade anterior. Se os

idealista italiana representa a expressão ideológica mais coerente dessa ininterrupta continuidade histórica dos intelectuais como uma "classe" e da alegada autonomia destes em relação às classes sociais dominantes.

Um exemplo desse tipo são os eclesiásticos, capazes de monopolizar por muito tempo algumas funções "intelectualmente" importantes, como a ideologia religiosa, a escola, a educação, a moral, a justiça, a caridade e assim por diante. Com base no que foi dito, os eclesiásticos permaneceram a categoria intelectual organicamente ligada à aristocracia fundiária, à qual eram legalmente equiparados e com a qual compartilharam o exercício da propriedade feudal da terra e o uso dos privilégios estatais ligados à propriedade. Historicamente, a centralização de poderes na pessoa do monarca, com o surgimento dos Estados modernos, levou ao surgimento de novas categorias seculares de intelectuais orgânicos, como a chamada aristocracia togada, encarregada da gestão administrativa e jurisdicional nos territórios, em nome do soberano.

A relação entre os intelectuais e o mundo da produção é mediada pelo tecido social, por meio do qual se articula o conjunto das superestruturas de que os intelectuais são os funcionários. Esse conjunto é composto essencialmente de dois planos: o plano da "sociedade civil", que corresponde à função de hegemonia que a classe dominante exerce sobre toda a sociedade, e o plano da "sociedade política ou Estado", que corresponde ao domínio direto que se expressa nas funções de comando e no "governo jurídico"[8]. Para Gramsci, o conceito comum de Estado é unilateral e conduz inevitavelmente a grandes erros acerca da sua natureza, pela simples razão de remeter exclusivamente ao aparelho institucional-coercitivo, enquanto por Estado não se deveria entender apenas o aparelho de governo, mas também o aparelho privado de hegemonia ou sociedade civil. Os intelectuais são, assim, "funcionários do grupo dominante para o exercício das funções subalternas da hegemonia e do governo político"[9], cujo exercício se dá de duas maneiras: pela adesão espontânea das massas à orientação impressa à vida social pelo grupo dominante fundamental; ou por meio do aparelho coercitivo jurídico, com o qual a classe dominante garante para si primeiramente a disciplina legal dos grupos dos quais não pode obter o consenso, nem ativo nem passivo, e, em segundo lugar, previne-se para o futuro em vista das crises das funções de hegemonia e domínio, épocas em que se reduz o consenso espontâneo da sociedade.

---

novos intelectuais se colocam como uma continuação direta da *intelligentsia* anterior, eles não são, de modo nenhum, *novos*, ou seja, não estão ligados ao novo grupo social que representa organicamente a nova situação histórica, mas são um remanescente conservador e fossilizado do grupo social que foi historicamente superado" (ibidem, p. 1.406).

[8] Ibidem, p. 1.518.

[9] Ibidem, p. 1.519.

A função organizativa da hegemonia social e do domínio estatal determina uma complexa gradação de qualificações e uma estratificação de competências hierárquicas com muitos pontos de semelhança com o organismo militar. O desenvolvimento das forças produtivas e a evolução das sociedades capitalistas em sentido democrático e burocrático ampliam e tornam mais sofisticados os sistemas do aparelho hegemônico e de domínio, estendendo e graduando as funções intelectuais essenciais, a ponto de se poder dizer que quanto maior o grau do desenvolvimento das forças produtivas, tanto maior a importância das funções hegemônicas na sociedade civil.

Segundo Gramsci, um dos temas mais característicos da teoria da revolução de Lênin é a exigência de traduzir nacionalmente os princípios do materialismo histórico, ou seja, rejeitar as afirmações superficiais sobre o capitalismo e a revolução em geral, para construir uma nova teoria da transformação a partir das condições concretas de cada formação econômico-social[10]. Em consonância com essa questão geral, o percurso da Rússia para o socialismo deveria ter sido diferente do imaginado para os países ocidentais. Em virtude dessa diversidade, Lênin desenvolve uma concepção sobre a relação com as massas camponesas que não é encontrada nos outros membros do Partido Operário Social-Democrata Russo (POSDR) e que, no decorrer de 1917, surpreendeu até mesmo muitos bolcheviques, ainda presos ao velho programa. Na concepção da social-democracia, de fato, entendia-se que o papel das massas camponesas circunscrevia-se à fase democrático-burguesa da revolução, de modo que não se considerava nenhum plano de ação hegemônico a elas dirigido por parte do partido operário. Este foi, aliás, outro tema desenvolvido por Gramsci em sua constante polêmica com o Partido Socialista Italiano (PSI). Contra tudo isso, Lênin realizou uma primeira guinada entre 1901 e 1908, propondo a inserção, no programa do partido revolucionário do proletariado, das reivindicações das massas camponesas, porque o partido russo só teria alguma possibilidade de sucesso se enfrentasse o problema de dirigi-las[11]. Essa intuição, que seria decisiva em 1917 e impulsionaria a recepção do marxismo nos países rurais com limitado desenvolvimento das forças produtivas, não é encontrada em nenhum outro autor marxista da época. Uma posição que a própria Rosa Luxemburgo não deixou de criticar como uma solução "pequeno-burguesa" da questão camponesa.

---

[10] Gianni Fresu, "Gramsci e a revolução nacional", em Ana Lole, Victor Leandro Chaves Gomes e Marcos Del Roio (orgs.), *Gramsci e a Revolução Russa* (Rio de Janeiro, Mórula, 2017), p. 157-78.

[11] Essa batalha de Lênin tem sua síntese mais importante no texto *A questão agrária e os críticos de Marx* (*La questione agraria e i critici di Marx*, Roma, Editori Riuniti, 1976). Os primeiros nove capítulos foram escritos em 1901, e os últimos três em 1907. A publicação clandestina dos nove primeiros deu-se no próprio ano de 1901, depois foram republicados em 1905 e 1906, sendo posteriormente reunidos aos últimos três capítulos numa edição de 1908.

Já em *O desenvolvimento do capitalismo na Rússia*, de 1898[12], a reforma agrária é a pedra angular para levar o proletariado russo a assumir um papel hegemônico diante das imensas e amorfas massas de camponeses sem terra. Gramsci tinha bastante clareza dessa concepção ao analisar a função positiva dos jacobinos na Revolução Francesa e citou esse tipo de direção ao refletir sobre o papel da classe operária italiana na solução progressiva da questão meridional.

Em polêmica tanto com as posições ortodoxas de Kautsky quanto com o revisionismo de Bernstein, Lênin foi protagonista de uma dura contenda teórico-política no interior do movimento socialista internacional. Segundo as orientações então preponderantes, não era possível prescindir do único esquema de modernização e transição do Ocidente. Em consequência disso, um país atrasado como a Rússia não poderia sequer pensar num processo revolucionário socialista sem antes passar por todas as etapas da "*via crucis* do capitalismo" e pelos estágios evolutivos da sociedade burguesa. Essa interpretação antidialética do marxismo mostrou todas as suas contradições diante de um tema candente para o movimento operário europeu numa época marcada pelas profundas contradições interimperialistas: a questão colonial. Entre 1905 e 1907, ante as crescentes ambições expansionistas da Alemanha e a irrupção do nacionalismo, a social-democracia viu-se dividida entre duas posições antitéticas: de um lado, a repulsa e a franca oposição ao imperialismo; de outro, a sustentação de uma política colonial positiva. Nesta segunda linha posicionaram-se, no congresso de Stuttgart de agosto de 1907, figuras proeminentes da social-democracia como Eduard Bernstein, H. H. van Kol e Eduard David, segundo os quais a europeização forçada dos domínios coloniais aceleraria o processo evolutivo daqueles países, livrando-os da estrutura socioeconômica arcaica, das instituições despóticas e feudais. Assim, o colonialismo e a expansão das relações produtivas ocidentais, com o industrialismo, apressariam o socialismo.

Embora seja muito difundida a tendência a apresentar a obra dos *Cadernos* e, mais especificamente, as teorias sobre hegemonia como um ponto de profunda descontinuidade entre Gramsci e Lênin, nas notas relativas à passagem da "guerra de movimento" à "guerra de posição" do *Caderno 7* o intelectual sardo atribui precisamente a Lênin o mérito de ter compreendido a complexidade das estruturas de domínio das sociedades ocidentais de capitalismo avançado, indicando pela primeira vez às classes subalternas a grande tarefa histórica da conquista hegemônica. Ao contrário, para Gramsci, a teoria da "revolução permanente" de Trótski era o reflexo da teoria da guerra de movimento, do assalto imediato, ou seja, um reflexo de um país no qual as condições gerais da economia, da sociedade e da cultura

---

[12] Vladímir Ilitch Lênin, *Opere complete*, v. 3: *Lo sviluppo del capitalismo in Russia* (Roma, Editori Riuniti, 1956).

324 Antonio Gramsci, o homem filósofo

eram embrionárias e pouco desenvolvidas, de modo que a classe dominante não estava em condições de exercer uma hegemonia política e social própria.

A fórmula da "revolução permanente" surgiu pela primeira vez em 1848, como expressão cientificamente elaborada da experiência jacobina, e mais amplamente corresponde a uma fase de forte atraso da sociedade urbana e do campo, na qual havia um desenvolvimento limitado da sociedade civil e dos aparelhos hegemônicos das classes dominantes. Nessa fase ainda não existiam os grandes partidos políticos e os sindicatos e havia maior autonomia nacional da economia e dos aparelhos estatais e militares. Essa fase mudou radicalmente em 1870, com a expansão colonial europeia, quando as relações organizativas internas e internacionais dos Estados se tornaram mais complexas e articuladas; nessa fase, na política, ocorreram mudanças também na arte militar e a fórmula da "revolução permanente" foi superada pela hegemonia civil, isto é, passou-se da guerra de movimento à guerra de posição. Nas democracias modernas, a articulação, tanto do Estado quanto da sociedade civil, é comparável, em arte política, às "trincheiras" e às fortificações permanentes da "guerra de posição". Pode-se dizer que um Estado vence uma guerra na medida em que a prepara, tanto no plano técnico-militar quanto no político, durante os anos de paz. Obviamente, essa discussão diz respeito apenas aos Estados modernos e avançados, e não a países e colônias atrasadas.

Assim, para Gramsci, a teoria de Trótski era fruto de uma abordagem superficial, tanto no plano nacional como no europeu, e somente sua obstinação o levou a acreditar que quinze anos depois seria possível realizar o que tinha sido teorizado na época da revolução de 1905[13]. Lênin, em contrapartida, compreendera que no Ocidente, em março de 1921, após o fracasso das perspectivas revolucionárias e diante da inauguração de uma fase de ofensiva reacionária, ocorria uma mudança da guerra de movimento para a guerra de posição. A primeira tivera sucesso na

---

[13] Gramsci referia-se às memórias de Trótski, nas quais este afirmava que a estreita conexão e a continuidade entre a revolução burguesa e a revolução socialista geraram uma condição de revolução permanente da qual não se podia mais fugir até a irrupção da revolução social. Com base nisso, Trótski reivindicava sua posição voltada ao objetivo de queimar todas as etapas e forçar a situação para passar imediatamente da revolução burguesa para a socialista, afirmando que, mesmo que em 1905 não se tivesse obtido nada e a revolução tivesse sido sufocada, suas previsões vieram a se confirmar quinze anos depois. Gramsci concluiu que a teoria de Trótski não era boa, "nem quinze anos antes, nem quinze anos depois", e com ironia zombou de seus pretensos dotes divinos, afirmando que estes foram, no máximo, capazes de adivinhar "no atacado": "É como dizer que prevê que uma menina de quatro anos será mãe e, quando ela assim se torna depois de vinte anos, dizer que o adivinhara, esquecendo-se, porém, de que quando ela tinha quatro anos quis estuprá-la, certo de que ela se tornaria mãe" (Antonio Gramsci, *Quaderni del carcere*, cit., p. 866).

Revolução Russa de 1917, mas a segunda era, naquele momento, a única possível no Ocidente, onde a sociedade civil era por demais desenvolvida e a capacidade hegemônica da classe dominante muito forte. Para Gramsci, esse é o significado mais imediato e importante da teoria da "frente única". Lênin conseguiu ter a intuição, mas não teve tempo de desenvolvê-la, até porque, de acordo com Gramsci, só pôde fazê-lo no plano teórico, enquanto a tarefa era essencialmente "nacional", ou seja, cabia aos partidos ocidentais realizar um profundo reconhecimento do terreno e uma fixação das trincheiras e das fortalezas:

> No Oriente, o Estado era tudo, e a sociedade civil, incipiente e gelatinosa; no Ocidente, havia uma forte relação entre Estado e sociedade civil, e a cada abalo do Estado via-se a estrutura robusta da sociedade civil. O Estado era apenas uma trincheira avançada, atrás da qual havia uma robusta cadeia de fortalezas e casamatas; mais ou menos, de Estado a Estado, é claro, mas isso exigia precisamente o reconhecimento acurado do caráter nacional.[14]

No *Caderno 14*, no parágrafo 68, dedicado a Maquiavel, Gramsci escreve que a tarefa da "classe internacional" era, portanto, estudar exatamente "a combinação de forças nacionais" (aquilo que em outras notas ele definiu como os elementos de trincheira e fortaleza), desenvolvendo-as também em função das exigências internacionais. Pode-se definir como tal apenas a classe dirigente capaz de interpretar essa combinação; por isso, conclui Gramsci, as acusações de nacionalismo de Leone Davidovici a Giuseppe Bessarione[15] "são ineptas no que se refere ao núcleo da questão"[16]. Quando se estuda todo o esforço, entre 1902 e 1917, dos "majoritários" (os bolcheviques), prossegue Gramsci, compreende-se que sua originalidade esteve precisamente em "depurar o internacionalismo de todos os elementos vagos e puramente ideológicos (no mau sentido) para lhe dar um conteúdo de política realista"[17]. A hegemonia sustenta-se nas exigências de caráter nacional; portanto, para dirigir estratos sociais estritamente nacionais, uma classe internacional deve nacionalizar-se, porque, segundo o intelectual sardo (e essa é também a causa do fracasso nas revoluções no Ocidente), não eram objetivas as condições mundiais para o socialismo, e, desse modo, deveriam ocorrer diversas fases nas quais as combinações nacionais singulares poderiam ser muito diferentes.

---

[14] Idem.

[15] São as formas semicifradas pelas quais Gramsci, para escapar da censura da prisão, referia-se a Liev Davídovitch Bronstein (Trótski) e Joseph Vissarionovitch (Stálin).

[16] Antonio Gramsci, *Quaderni del carcere*, cit., p. 1.729.

[17] Idem.

É interessante notar que Gramsci vincula atitudes "não nacionais" aos erros já cometidos pelo mecanicismo determinista na Segunda Internacional, que produziram inércia e passividade no movimento operário, quando ninguém acreditava nas condições internacionais para iniciar o processo revolucionário e, enquanto uns esperavam pelos outros, o movimento limitava-se a acumular forças. Agora, a mesma atitude "não nacional" reaparecia na teoria da revolução permanente, que ele definiu como fruto de um "napoleonismo anacrônico e antinatural":

> As debilidades teóricas dessa forma do velho mecanicismo são mascaradas pela teoria geral da revolução permanente, que não passa de uma previsão genérica apresentada como dogma que destrói a si mesmo pelo fato de não se manifestar efetivamente.[18]

Segundo Gramsci, a teoria de Rosa Luxemburgo também tratou de maneira superficial e determinista os acontecimentos de 1905, com raciocínios que beiravam o "misticismo histórico". Assim como, na guerra, a artilharia campal, depois de abrir espaço nas fileiras inimigas, irrompe e obtém uma vitória estratégica, do mesmo modo, para Rosa Luxemburgo, o momento imediato da crise econômica levaria à vitória estratégica do proletariado por meio de três efeitos fulminantes: 1) a crise abriria uma lacuna na consciência de classe e na autoconfiança da burguesia; 2) as classes subalternas conseguiriam formar, enquadrar e coordenar seus próprios quadros, antes dispersos; 3) a concentração ideológica da meta perseguida se imporia.

Na realidade, o ataque imediato assumiu uma mera função tática tanto na guerra como na ciência política: no primeiro caso, de fato, a posição da guerra não é composta apenas pelas trincheiras, como tais, mas pelo aparelho industrial por trás delas, pela abundância de suprimentos; em última instância, pela capacidade de resistir após um avanço e um recuo, apta a substituir rapidamente os elementos perdidos no momento da ofensiva inimiga; da mesma forma, nos Estados mais avançados, a sociedade civil assume uma estrutura articulada e complexa, capaz de resistir aos "assaltos" e devastações das crises econômicas repentinas.

> As superestruturas da sociedade civil são como o sistema de trincheiras da guerra moderna. Do mesmo modo que, nesta, num ataque feroz de artilharia, se tem a impressão de que se destruiu todo o sistema defensivo adversário, mas na verdade apenas se destruiu a superfície externa e, no momento do ataque e do avanço, os atacantes se deparam com uma linha defensiva ainda eficiente, assim acontece também durante as grandes crises econômicas.[19]

---

[18] Ibidem, p. 1.730.
[19] Ibidem, p. 1.616.

Na verdade, dois dos três efeitos da incursão nas fileiras inimigas previstas por Rosa Luxemburgo não ocorrem, porque, por um lado, nem as tropas atacantes são capazes de organizar e coordenar as investidas ao longo do tempo e do espaço, adquirindo um espírito agressivo, nem, por outro, tropas atacadas perdem sua coesão e autoconfiança.

Se Lênin é apontado por Gramsci como o protagonista de uma "hegemonia realizada", Benedetto Croce, por sua vez, é apresentado como o maior estudioso da hegemonia na filosofia italiana. Assim, a obra de Croce tem o mérito de ter direcionado o interesse científico para o estudo dos elementos culturais e filosóficos como parte integrante das estruturas de domínio de uma sociedade, de onde provém a compreensão da função dos grandes intelectuais na vida dos Estados, na construção da hegemonia e do consenso, isto é, do "bloco histórico concreto". Mais amplamente, a atenção às funções dos intelectuais na ciência política deve-se, para Gramsci, principalmente a Hegel. Com o filósofo alemão há de fato a passagem da concepção patrimonial do Estado, o Estado de castas sem mobilidade do *ancien régime*, para a concepção do Estado ético. Sem a compreensão desse fato seria historicamente difícil entender o idealismo moderno e suas origens sociais. O que distinguia majoritariamente a burguesia em sua fase revolucionária era sua capacidade de incluir outras classes sociais e dirigi-las por meio do Estado, de exercer a hegemonia política e social. Enquanto, no feudalismo, a aristocracia, organizada como "casta fechada", não se colocava o problema de englobar as outras classes, a burguesia revela-se bem mais dinâmica e móvel, visando à assimilação do restante da sociedade em nível econômico e cultural. Isso muda profundamente a função do Estado, tornando-o "educador", também por meio da função hegemônica do direito na sociedade. A burguesia, historicamente, trabalha para tornar homogêneas (nos costumes, na moral, no senso comum) as classes dirigentes e criar um conformismo social capaz de consolidar seu poder, por meio de uma combinação de força e consenso. Desse modo consegue arregimentar e dirigir com esquemas culturais próprios até mesmo as classes dominantes. Todo Estado é ético na medida em que atua para elevar o conjunto da população a um nível cultural e moral condizente com o desenvolvimento das forças produtivas e com os interesses das classes dominantes. Essa importantíssima função localiza nos tribunais e nas escolas as atividades estatais fundamentais, ainda que não sejam as únicas. O conceito de Estado ético deve incluir também o conjunto das iniciativas privadas que constituem o aparelho de hegemonia política e cultural das classes dominantes. Gramsci refletiu profundamente sobre o funcionamento desses aparelhos de hegemonia e Marx teve o grande mérito de ter desvelado como a burguesia se serve de todos os instrumentos ideológicos (economia, filosofia, política etc.) para transfigurar a realidade concreta, apresentando seus próprios interesses particulares como se fossem universais.

Na concepção de "história ético-política", Benedetto Croce construiu a história do momento da hegemonia. Na historiografia crociana, a justaposição dos termos ética e política indica dois termos essenciais da direção e do domínio político: no primeiro caso (ética), a referência é a hegemonia, a atividade da sociedade civil; no segundo caso (política), a referência é a iniciativa estatal-governamental, a dimensão institucional e coercitiva. "Quando há esse contraste entre ética e política, entre exigência de liberdade e exigência de força, entre sociedade civil e Estado-governo, há uma crise, e Croce chega a afirmar que o verdadeiro Estado, isto é, a força motriz do impulso histórico, deve ser buscado onde menos se espera"[20], a ponto de em determinados momentos, embora pareça paradoxal, a direção política e moral do país poder ser exercida até por um partido revolucionário e não pelo governo legal. Para o intelectual sardo, o maior limite de Croce consiste em acreditar que o marxismo não reconhece o momento da hegemonia e não dá importância à direção cultural. Em sua justa reação ao mecanicismo positivista e ao determinismo econômico, Croce confunde o materialismo histórico com sua forma vulgarizada. É o problema já muito eficientemente destacado por Marco Vanzulli, citado no Capítulo 2 da primeira parte deste livro: Croce, ambíguo curador de sua herança filosófica, foi protagonista da transfiguração arbitrária do pensamento de Antonio Labriola, que lhe serviu de base para sua crítica a Marx. Ao contrário do que afirmava Croce, segundo Gramsci, para a filosofia da práxis as ideologias não têm nada de arbitrário, mas são instrumentos de direção política. Para a massa dos governados, estes são instrumentos de domínio por meio da mistificação e da ilusão; para as classes dominantes, um "engano deliberado e consciente". Na relação entre os dois níveis, emerge a função essencial da luta hegemônica na sociedade civil e a natureza não arbitrária das ideologias:

> Esses são fatos históricos reais, que devem ser combatidos e revelados em sua natureza como instrumentos de dominação, não por razões de moralidade etc., mas precisamente por razões de luta política: tornar intelectualmente independentes os governados dos governantes, destruir uma hegemonia e criar outra, como um momento necessário da inversão da práxis. [...] Para a filosofia da práxis, as superestruturas são uma realidade objetiva e operativa.[21]

De resto, é no terreno das ideologias, da chamada superestrutura, que os homens tomam consciência de seu ser social e da passagem da "classe em si" para a "classe para si". Para o materialismo histórico, portanto, entre estrutura e

---

[20] Ibidem, p. 1.302.
[21] Ibidem, p. 1.319.

superestrutura (entre economia e ideologias), existe um elo necessário e vital, em razão do qual podemos falar do movimento tendencial do primeiro em direção ao segundo, o que não exclui uma relação de reciprocidade entre os dois termos e ainda a função das superestruturas, que é tudo, menos secundária.

Mas Gramsci não limita essa consciência do materialismo histórico à obra de seus dois fundadores; pelo contrário, ele escreve que desenvolvimentos recentes na *filosofia da práxis* – a referência é novamente a Lênin – colocam o momento da hegemonia como um momento essencial da própria concepção estatal e da obra de transformação das relações sociais de produção, valorizando a importância dos fatores de direção cultural, da criação de um "*front* cultural", ao lado dos fatores meramente econômicos e políticos.

A proposição contida na "Introdução" à *Crítica da economia política* de que os homens tomam consciência dos conflitos de estrutura com base nas ideologias deve ser considerada uma afirmação de caráter gnosiológico e não puramente psicológico e moral. Daí resulta que o princípio teórico-prático da hegemonia também tem um significado gnosiológico e, portanto, nesse campo, deve-se buscar a abordagem teórica máxima de Ilitch à filosofia da práxis. Ilitch fez progredir efetivamente a filosofia na medida em que avançou na doutrina e na prática política. A realização de um aparelho hegemônico, na medida em que cria um novo terreno ideológico, determina uma reforma da consciência e dos métodos de conhecimento, é um fato filosófico.[22]

Entre os paradigmas da história ético-política presentes em *Storia dell'Europa nel secolo XIX* [História da Europa no século XIX], de Benedetto Croce, Gramsci identificou um uso político das categorias como "instrumento de governo", espelho fiel dessa autorrepresentação da ideologia burguesa que Marx definiu como "falsa consciência". A principal limitação da representação feita por Croce da era liberal seria a manutenção de dois níveis distintos (um para os intelectuais e outro para as grandes massas populares) do que se entende por religião, filosofia, liberdade. "A liberdade como identidade da história e do espírito e a liberdade como religião-superstição, como ideologia circunstanciada, como instrumento prático de governo."[23] A pressuposta eticidade do Estado liberal colide com sua pouca propensão expansivo-inclusiva.

[Croce] acredita tratar de uma filosofia e trata de uma ideologia, crê tratar de uma religião e trata de uma superstição, crê escrever uma história em que o elemento

---

[22] Ibidem, p. 1.249-50.
[23] Ibidem, p. 1.231.

de classe seja exorcizado e descreve com grande clareza e mérito a obra-prima política pela qual determinada classe é capaz de apresentar e tornar aceitas as condições de sua existência e de seu desenvolvimento de classe como um princípio universal, como uma concepção do mundo, como uma religião, isto é, descreve o desenvolvimento de um meio prático de governo e dominação. [...]
Mas, para as grandes massas da população governada e dirigida, a filosofia ou a religião do grupo dominante e de seus intelectuais sempre se apresenta como fanatismo e superstição, como um motivo ideológico próprio de uma massa servil. E o grupo dirigente não pretende perpetuar esse estado de coisas? Croce deve explicar por que a visão de mundo da liberdade não pode se tornar um elemento pedagógico no ensino das escolas primárias e como ele próprio, como ministro, introduziu nas escolas elementares o ensino da religião confessional. Essa ausência de "expansividade" nas grandes massas é o testemunho do caráter restrito e imediatamente prático da filosofia da liberdade.[24]

Nessas notas, ressurge com toda a sua força o problema central da obra de Gramsci, a distinção entre trabalho manual e intelectual, entendido como um paradigma da distinção entre dirigentes e dirigidos, a dimensão orgânica de todas as estruturas de dominação e exploração da sociedade liberal. Uma concepção cuja suposta origem natural Gramsci contestou, demonstrando sua historicidade e contrastando-a com a afirmação de que "todo homem é filósofo".

Dito isso, Gramsci atribuiu à filosofia de Croce uma importância absoluta, a ponto de sugerir em sua obra um trabalho semelhante ao realizado por Marx e Engels sobre Hegel e, ao mesmo tempo, a elaboração de um *Anti-Croce* capaz de realizar a mesma função que o *Anti-Dühring* assumira para os novos marxistas de antes da guerra. Seu caráter polêmico e niilista diante do materialismo histórico era, para Gramsci, uma reação ao mecanicismo fatalista do determinismo, mas, para além da confusão feita pelo filósofo entre o marxismo e algumas de suas tendências degenerativas, reconheceu-lhe o mérito de ter reavaliado, no terreno da luta e organização política, o "*front* da luta cultural", elaborando a doutrina da hegemonia e ampliando o campo conceitual da ciência política para além da simples identificação da relação Estado-força.

Confundindo o marxismo com suas degenerações deterministas, Croce criticava em Marx a ideia de uma suposta sucessão mecânica, naturalmente inscrita nas leis da evolução histórica, entre um modo social de produção e outro.

Desenvolvendo as contradições da era capitalista ou burguesa, que se seguiu à feudal, e fazendo nascer do seio dessa era, por ela gerados e educados, os que irão

---

[24] Ibidem, p. 1.231-2.

enterrá-la e sucedê-la, os proletários, extraiu a síntese comunista que ele gostaria que fosse realizada por esses executores da necessidade histórica; e com base nesse esquema dialético redigiu e formulou, no fim de 1947, o *Manifesto Comunista*.[25]

Sua originalidade como "criador de ideologias" residia em tudo isso, no sentido de que o intelectual de Trier deu ao movimento comunista um fundamento teórico mais articulado, com um substrato filosófico e histórico, em sua obra mais importante, *O capital*, com a qual Marx acabou com "o moralismo e o sentimentalismo", voltando-se para "estímulos mais fáceis e elementares". Marx, afirma Croce, substituiu o lema dado por Wilhelm Weitling à Liga dos Justos, "Todos os homens são irmãos", ao introduzir a perspectiva da união de uma parte da humanidade no ódio contra a outra e na destruição desta: "Proletários de todos os países, uni-vos". Se, por meio da dialética de Hegel, o materialismo histórico parecia conquistar "a certeza racional do futuro", eram imanentes a essa doutrina tanto o mesmo utopismo dos primeiros socialistas quanto a concepção insurrecional da investida violenta do velho jacobinismo. A novidade consistia em revestir essas premissas de uma visão filosófica e dialética com a qual se indicava o caminho, o objetivo de acompanhar o implacável devir do processo histórico com a união de teoria e práxis, fazendo irromper, no momento oportuno, a intervenção revolucionária da violência que permitiria "colher o fruto maduro".

Marx dedicou-se à elaboração doutrinária da economia e da historiografia esboçadas no *Manifesto Comunista* e iniciou aquela série de trabalhos que, por meio da *Crítica da economia política*, conduziram-no a *O capital*. Praticamente, prevaleceu nele o determinismo ou o fatalismo naturalista.[26]

É preciso dizer que a acusação feita por Croce de vulgarização positivista não se limitava ao socialismo; ele a considerava uma tendência degenerativa da cultura europeia na fase histórica da Segunda Revolução Industrial. Segundo Croce, tudo o que dizia respeito ao movimento liberal e à ordenação nacional da sociedade europeia estava estreitamente ligado ao pensamento idealista e histórico desenvolvido nos primeiros decênios do século XIX, até se objetivar nas constituições e nas instituições de suas diversas nações. Apesar disso, o filósofo italiano não escondeu uma progressiva redução do impulso propulsor originário do liberalismo; nesse sentido, escreveu que "se as águas haviam molhado e fecundado a terra, que se cobrira de boa colheita, pouco a pouco a fonte da qual

---

[25] Benedetto Croce, *Storia d'Europa nel secolo decimonono* (Bari, Laterza, 1965), p. 129-30.

[26] Ibidem, p. 184.

tinham brotado se tornou exígua e quase secou"[27]. Depois de 1870, no próprio liberalismo restavam poucos traços de sua grande tradição filosófica e historiográfica, que foi substituída pelo primado das ciências naturais e das ciências exatas, gerando uma concepção positivista do desenvolvimento histórico e social extremamente mais pobre[28]. A historiografia foi reduzida a "simples erudição e filologismo" ou convertida em determinismo histórico, esmagado pela predominância desta ou daquela causa naturalista à qual tudo deveria conformar-se. Uma abordagem que negava valor ao momento espiritual, à força criadora da vontade, à liberdade como princípio estimulador de ideias e de ideais que movem os homens na história. A confusão entre ciências naturais e ciências históricas e filosóficas, portanto, a pretensão de transformar estas últimas em ciências positivas, produziu um determinismo mecânico e primitivo incapaz de compreender tanto as primeiras quanto as segundas:

A ciência, por sua instituição, não considera, e não deve considerar, senão a força ou as forças, sem nenhuma qualificação moral, estética ou intelectual, a força física ou a força vital, e deve tratá-la de modo determinista para medi-la e dar-lhe leis; a filosofia da época colocou esse conceito científico da força no alto da vida e do espírito, transformando-o em fonte desta; daí as pseudoteorias filosóficas, mecanicistas em diversos modos, e a pseudo-hermenêutica da história baseada nessas teorias fantásticas, e daí, por uma espécie de correspondência simpatética entre teoria e prática, a elevação da mera e abstrata energia vital a ideal, como lei do mais forte e valor do ato enquanto ato e do fato enquanto fato. O darwinismo ofereceu, então, um caso marcante dessa passagem de simples observações e conjecturas de ciência natural a interpretação geral da vida, da realidade e da história e, ulteriormente, a ditame de ação prática, a regra suprema de comportamento.[29]

Croce evidencia que uma das nefastas consequências dessa concepção se encontra nos delírios da teoria das raças elaborada, entre outros, por Arthur de Gobineau, que convertia algumas classificações empíricas naturais em entidades reais, atribuindo, por fim, a uma ou a outra o direito de dominar a sociedade. Uma sentença sem apelação que, pertencendo a uma obra criada em 1931, portanto, na fase de máxima expansão do fascismo, que, alguns anos depois, promulgaria leis raciais, assume um significado ainda mais forte.

---

[27] Idem.
[28] Idem.
[29] Ibidem, p. 226-7.

9
O HOMEM FILÓSOFO E O GORILA AMESTRADO

Como vimos, a concepção ampliada do conceito de Estado e domínio político em Gramsci não se reduz aos aparelhos coercitivos, mas abarca os instrumentos por meio dos quais se articula o aparelho hegemônico de uma classe dominante, encarregado de defender e desenvolver o "*front* teórico ou ideológico". Compreender a articulação cultural (imprensa, editoras, bibliotecas, escolas, círculos etc.) das estruturas de domínio é vital para qualquer teoria que tenha a intenção de modificar o estado de coisas existente, seja por fornecer um modelo histórico vivo de tal estrutura, seja por tornar possível uma avaliação mais realista e ponderada das forças que atuam na sociedade para garantir determinada estabilidade. Sem dúvida, o parágrafo 49 do *Caderno 3* é aquele em que Gramsci delineia mais claramente a tarefa histórica de uma conquista hegemônica dos "elementos de trincheira e fortificações" em que se articula a sociedade civil, a partir de um processo de autodeterminação material e espiritual dos grupos subalternos que, utilizando uma típica expressão de Georges Sorel, Gramsci identifica como o "espírito de cisão".

> O que se pode contrapor, por parte de uma classe inovadora, a esse formidável conjunto de trincheiras e fortificações da classe dominante? O espírito de cisão, isto é, a progressiva aquisição da consciência da própria personalidade histórica, espírito de cisão que deve tender a se estender da classe protagonista para as classes aliadas em potencial: tudo isso requer um complexo trabalho ideológico, cuja primeira condição é o exato conhecimento do campo a ser esvaziado de seu elemento de massa humana.[1]

Assim, a compreensão política do âmbito hegemônico é fundamental para estudar a crise de hegemonia da burguesia depois da Primeira Guerra Mundial,

---

[1] Antonio Gramsci, *Quaderni del carcere* (Turim, Einaudi, 1977), p. 333.

portanto, o advento do fascismo. É precisamente essa complexa articulação da sociedade civil avançada que torna essencial o estudo da função histórica nela assumida pelos intelectuais. Daí provém a exigência de uma análise aprofundada da distinção entre intelectuais entendidos como "categoria orgânica de todo grupo social" e intelectuais entendidos como "categoria tradicional". Historicamente, a afirmação de um novo modo social de produção é sempre marcada pela luta do grupo social emergente por "hegemonizar os intelectuais tradicionais", luta que se revela tanto mais rápida quanto mais o grupo social em questão consegue elaborar simultaneamente seus próprios intelectuais orgânicos[2].

Um exemplo disso é a afirmação da moderna produção industrial na Inglaterra, em que a classe emergente obtém um surpreendente predomínio econômico-corporativo, mas uma limitada afirmação no campo intelectual e político. Com a consolidação do novo sistema de produção industrial, a burguesia produz um amplo número de intelectuais orgânicos, mas a velha aristocracia, tendo perdido sua supremacia econômica, mantém seu monopólio na dimensão teórica e política mais elevada. Em sua luta pelo domínio, a burguesia industrial acaba absorvendo a dimensão político-intelectual da velha classe dominante, que "é assimilada como intelectuais tradicionais e como estrato dirigente do novo grupo social no poder. A velha aristocracia agrária une-se aos industriais com um tipo de costura que, em outros países, é justamente a que une os intelectuais tradicionais às novas classes dominantes"[3].

Na identificação da figura do intelectual, o erro mais grosseiro consiste em buscar seu elemento distintivo e característico, a natureza intrinsecamente intelectual de sua atividade, ao invés do "sistema de relações em que se posicionam no conjunto geral das relações sociais", ou seja, na posição social que os intelectuais assumem com base nas relações de produção existentes. Para explicar esse conceito, Gramsci utiliza precisamente o exemplo do operário industrial: de fato, a característica fundamental não é a natureza intrinsecamente manual ou instrumental de sua atividade laborativa – se assim fosse não seriam diferentes das formas anteriores de trabalho, igualmente manuais e instrumentais –, mas sim esse trabalho em relação a determinadas condições ou relações sociais. Do mesmo modo, embora o empresário deva ter algumas qualificações de caráter intelectual, sua figura social é dada pelas relações sociais gerais que caracterizam sua própria posição de proprietário na indústria.

> Todos os homens são intelectuais, pode-se dizer; mas nem todos têm, na sociedade, a função de intelectuais (assim como pode acontecer que todo mundo,

---

[2] Ibidem, p. 1.541.
[3] Ibidem, p. 1.526.

em algum momento, frite dois ovos ou costure um rasgo em seu casaco, não se poderá dizer, por causa disso, que todos são cozinheiros e alfaiates). Formam-se assim, historicamente, categorias especializadas para o exercício da função intelectual, formam-se em conexão com todos os grupos sociais mais importantes e passam por elaborações mais extensas e complexas em conexão com o grupo social dominante.[4]

Esse tema foi retomado nas notas dedicadas ao *Fordismo* e a seu objetivo estratégico: a criação de um novo tipo de trabalhador, moldado às exigências da produção[5]. As reflexões do *Caderno 22*, todavia, não se limitaram ao fordismo, colocando em estreitíssima conexão os objetivos técnico-produtivos do taylorismo com o americanismo, do qual a ideologia do Rotary era, a seu modo, representativa. Já no parágrafo 2 do *Caderno 5*, Gramsci ressalta a peculiaridade e as diferenças essenciais entre o Rotary e a maçonaria tradicional, destacando a importância dessa forma moderna de ideologia burguesa. Gramsci sugeria um estudo dos aspectos ideológicos, práticos e organizativos dessa realidade, questionando se a grande crise de 1929 não teria redimensionado seu prestígio e, mais amplamente, o da ideologia americanista.

Antes de tudo, o Rotary não é nem confessional, nem anticlerical, nem maçônico, podendo aderir a tudo de forma clara, assumindo a concepção da atividade industrial e comercial como um "serviço social" capaz de superar o "capitalismo de rapina". O Rotary encontrou nos Estados Unidos a sede natural de seu desenvolvimento e no americanismo um suporte ideológico para um desenvolvimento das forças produtivas coerente com os novos hábitos de honestidade e lealdade nos negócios. Assim, o Rotary não pode ser confundido com a maçonaria; é, antes, uma superação, sendo expressão de "interesses concretos e precisos". A maçonaria tinha um caráter democrático-burguês associado ao laicismo, enquanto o Rotary tinha uma projeção popular apenas indireta, sendo essencialmente uma organização moderna das classes elevadas. Gramsci destacou que a Igreja, não vendo o Rotary com bons olhos, não podia ter a mesma postura de contraposição tradicionalmente assumida contra a maçonaria, porque isso teria assumido um significado de hostilidade contra o próprio capitalismo.

A exceção a essa orientação é o mundo jesuíta, em virtude das reiteradas tentativas de ofensiva ideológica de *La Civiltà Cattolica*[6] contra o Rotary, considerado

---

[4] Ibidem, p. 1.516.

[5] Gianni Fresu, "Americanismo e fordismo: l'uomo filosofo e il gorilla ammaestrato", *NAE: Trimestrale di Cultura*, Cagliari, Cuec, n. 18, ano 6, 2007, p. 53-4.

[6] Fundada em 1850 por um grupo de homens da Igreja, como os sacerdotes Carlo Maria Curci e Antonio Bresciani (muito citado criticamente por Gramsci), e ainda em atividade, *La Civiltà*

uma emancipação dissimulada da maçonaria tradicional[7]. A ideia de fundo é que a maçonaria tradicional se servia do agnosticismo religioso dos rotarianos para afirmar sua própria visão de mundo laica. No entanto, o intelectual sardo ressalta uma contradição em sua atitude que impede uma luta mais direta contra o Rotary. Se a atitude de indiferença e, portanto, de tolerância religiosa, é motivo de hostilidade aberta nos países católicos, em contrapartida ela se torna motivo de interesse nos países não católicos ou protestantes, nos quais, para poder difundir-se e conduzir uma ofensiva de conquista, o mundo católico precisa de "instituições amorfas" do ponto de vista religioso. Isso explica por que a postura em relação ao Rotary é de crítica ideológica, mas sem excomunhões, proibições ou outras práticas internacionais de combate.

Sempre confirmando essa estreita ligação entre o plano técnico e o ideológico, a racionalização do trabalho e o proibicionismo tiveram momentos de profunda convergência, como as investigações sobre a vida dos operários e as inspeções nas empresas para verificar sua moralidade, obviamente entendida como necessidade do novo método de trabalho. Quem atribui tal ofensiva a uma simples manifestação do puritanismo hipócrita não compreendeu a extensão do "fenômeno americano", que para Gramsci é o maior esforço coletivo já feito, com uma "consciência de objetivos" inédita na história, a de criar um novo tipo de trabalhador e de homem. A expressão de Taylor, "gorila amestrado", expressa perfeitamente, ainda que de maneira brutal e cínica, esse objetivo da sociedade americana:

> Desenvolver ao máximo no trabalhador as atitudes automáticas e mecânicas, de modo a romper a antiga ligação psicofísica do trabalho profissional qualificado – que exigia certa participação ativa da inteligência, da imaginação, da iniciativa do trabalhador – e reduzir as operações produtivas unicamente ao aspecto físico mecânico.[8]

Contudo, para Gramsci, não estamos diante de uma realidade completamente original, mas no ponto de chegada de um longo processo de transformação que é afirmado pelo industrialismo.

A atenção ao comportamento do trabalhador certamente não era ditada pela preocupação com sua "humanidade" e "espiritualidade", mas visava tão somente

---

Cattolica é a revista da Companhia de Jesus, a ordem dos jesuítas. Historicamente, essa publicação representava as posições mais conservadoras e antimodernistas da Igreja, empenhadas na luta contra o liberalismo, o socialismo e a tradição da maçonaria.

[7] Antonio Gramsci, *Quaderni del cárcere*, cit., p. 593.

[8] Ibidem, p. 2.165.

manter um equilíbrio psicofísico para além do trabalho que impedisse o trabalhador de entrar em colapso na produção. O envolvimento humano na produção atingiu seu nível máximo no trabalho do artesão, em que a personalidade do trabalhador se refletia no objeto criado, mas o industrialismo e especialmente o taylorismo direcionaram a brutalização na divisão do trabalho contra essa humanidade e espiritualidade do produtor. O industrial americano tem como única preocupação a eficiência física (psicomuscular) necessária para garantir a estabilidade e a continuidade da produção. O industrial fordista cuida dos trabalhadores por uma razão simples: a empresa é como uma máquina que, como tal, "não deve ser desmontada e renovada em suas peças individuais com muita frequência, sem grandes perdas"[9]. Nesse sentido, até a cruzada proibicionista foi uma batalha contra o agente mais perigoso de destruição da força produtiva, uma maneira de padronizar o estilo de vida da classe trabalhadora com a nova divisão do trabalho que seria criada pelo taylorismo. O mesmo se aplicava ao comportamento sexual, cuja irregularidade era, juntamente com o álcool, um perigoso inimigo das energias nervosas. Também porque a indução a comportamentos de depravação alcoólica e sexual seria inerente aos trabalhos monótonos, repetitivos e obsessivos. Isso explica por que Ford criou os órgãos de inspeção corporativa com o objetivo de controlar como os operários gastavam seu dinheiro e quais eram suas atitudes latentes ou privadas no nível sexual. É interessante como, nessas notas, Gramsci coloca em estreita conexão as exigências do modo de produção com os traços mais destacados do puritanismo e da *ideologia americana*, não reduzindo a cruzada proibicionista e pela moralização dos costumes a uma simples tendência cultural e religiosa. Nesse sentido, fala de uma nova "ideologia estatal" enxertada no puritanismo tradicional, apresentando-se como um "renascimento da moralidade dos pioneiros, do *verdadeiro* americanismo [...]".

É evidente que o novo industrialismo quer a monogamia, quer que o trabalhador não desperdice suas energias nervosas na busca desordenada e empolgante de satisfação sexual ocasional: o operário que vai trabalhar depois de uma *noite de extravagâncias* não é um bom trabalhador, a exaltação apaixonada não se coaduna com os movimentos cronometrados dos gestos de produção ligados aos mais perfeitos automatismos[10].

Mas, ainda que as tentativas de despersonalizar o trabalho, típicas do industrialismo taylorista, possam ser profundamente difundidas, segundo Gramsci, o objetivo de transformar o trabalhador em um "gorila amestrado" está fadado ao fracasso. Isso ocorre porque quando a divisão das funções do trabalho atinge seu nível de aprimoramento e especialização técnica – o que Gramsci chama de

---

[9] Idem.

[10] Ibidem, p. 2.167.

"processo de adaptação" – o cérebro do trabalhador é libertado e não mumificado. A mecanização diz respeito apenas ao gesto físico: "A memória do ofício, reduzido a simples gestos repetidos com ritmo intenso, *acomoda-se aos feixes musculares e nervosos*, deixando o cérebro livre e tranquilo para outras ocupações"[11]. Do mesmo modo que caminhamos sem precisar que o cérebro participe de todos os movimentos que envolvem a caminhada, assim o trabalho do chamado "operário fordizado" não determina a anulação das funções intelectuais no ato produtivo. A tentativa de brutalizar o industrialismo visa, portanto, a tornar constantemente operante e insuperável a separação entre o trabalho manual e as funções intelectuais, e é precisamente nessa aspiração irrealista que reside sua maior limitação.

Assim, quando geralmente aludimos à distinção entre intelectuais e não intelectuais, toma-se como elemento distintivo apenas aquele predominante na atividade profissional específica, ou seja, a elaboração intelectual ou, alternativamente, o esforço muscular-nervoso. No entanto, mesmo levando em conta essa classificação muito superficial, para Gramsci pode-se falar de intelectuais, mas não se pode falar de não intelectuais, ou seja, pode-se dizer que não existem não intelectuais, porque, em primeiro lugar, não há atividade humana que exclua qualquer intervenção intelectual e, porque, em segundo lugar, todo ser humano fora de sua atividade profissional realiza alguma atividade intelectual, é um filósofo que participa de uma concepção específica do mundo, que contribui com seu trabalho para sustentá-la ou modificá-la[12].

Os industriais tinham consciência dessa verdade: o trabalhador, "infelizmente", continua sendo um ser humano e não apenas não pode ser impedido de raciocinar, mas a própria especialização em simples funções repetitivas oferece a ele mais possibilidades de pensar do que as formas de trabalho em que há um componente maior de "humanidade" e "espiritualidade". Para Gramsci, esta última está presente com sua máxima força no artesanato, no qual ainda existe uma forte ligação entre arte e trabalho. Pelo contrário, a insatisfação induzida pela monotonia obsessiva do trabalho, que não permite nenhuma harmonia criativa entre a personalidade do operário e o fruto de suas atividades, leva o trabalhador a desenvolver pensamentos "pouco conformistas". A fábrica taylorista, portanto, leva ao extremo o fenômeno da alienação já presente nas formas organizativas precedentes de produção industrial e, simultaneamente, aumenta os fatores essenciais à deflagração do conflito social. Tudo isso significa que, embora seja muito mais racional e progressivo do que as formas anteriores de organização econômica capitalista, o taylorismo não pode desenvolver todo o seu potencial precisamente em virtude das contradições de classe que interferem na direção desse processo.

---

[11] Ibidem, p. 2.171.
[12] Ibidem, p. 1.375.

Numa fase histórica em que o trabalhador toma consciência de si e de sua função e, por isso, atinge plena subjetividade social e política, a automação do trabalho não é capaz de ir além da contradição fundamental entre capital e trabalho. O taylorismo só pode objetivar adequadamente sua natureza programática num contexto dominado pela autogestão dos trabalhadores, quando o proletariado assumir uma função de direção econômica. Precisamente a ausência disso, somada à pretensão de concentrar todo o esforço para o desenvolvimento das forças produtivas apenas no momento da coerção externa, enfraquecia também a perspectiva da militarização do trabalho proposta por Trótski para enfrentar a desagregação econômica russa. Para Gramsci, a posição de Trótski sobre a "militarização do trabalho" estava intimamente relacionada ao problema da "racionalização da produção e do trabalho", típico do americanismo, mas expressava uma tendência muito mais atrasada. O objetivo essencial dessa posição era dar supremacia à indústria, em termos produtivos e culturais, com o uso de métodos coercitivos capazes de acelerar os processos de transformação da sociedade na direção da disciplina e da ordem na produção, adaptando os costumes às necessidades do trabalho. A abordagem do problema nesses termos necessariamente acarretaria uma forma deletéria de "bonapartismo produtivo". As preocupações subjacentes às posições de Trótski estavam corretas, mas as soluções propostas eram profundamente equivocadas.

O aperfeiçoamento do método taylorista pressupõe continuidade e estabilidade na composição dos trabalhadores, ou seja, uma limitação nos fenômenos de *turnover* da força de trabalho. Na Ford, isso ocorria por meio do sistema de altos salários, porque apenas a coerção social, além de não ser suficiente, também teria sido mais cara que os altos salários. No entanto, em Gramsci, está claro que o sistema de altos salários seria um fato transitório, destinado a se esgotar com o fim do monopólio técnico-industrial de algumas empresas, tanto nos Estados Unidos como no exterior. Com a concorrência que a produção racionalizada, generalizada e de baixo custo inevitavelmente determina, desaparecem os altos lucros e, nesse ponto, a limitação do *turnover* só pode se dar, no máximo, pela pressão do exército industrial de reserva, quando ampliado.

Em todo caso, não obstante o sistema de altos salários, na Ford persistia uma grande instabilidade da mão de obra, tendência decorrente do fato de que a organização taylorista requeria um tipo de qualificação que comportava níveis de exploração da força de trabalho muito maiores do que era possível compensar com os altos salários. À luz de todas essas considerações, Gramsci questiona se o sistema taylorista é realmente "racional" ou se é um "fenômeno mórbido" a ser combatido com lutas sindicais e limitações legislativas. Na sua interpretação, o método taylorista é racional, mas, para ser aplicado, requer uma profunda mudança nas condições sociais, costumes e estilos de vida. Acima de tudo, é necessário difundi-lo por meio do consentimento, da persuasão e não apenas por coação, como pretendia Trótski, por exemplo. Ou seja, por intermédio de um sistema de altos salários acompanhado por uma melhoria geral na qualidade de vida, para compensar o pesado gasto de energia muscular e nervosa que esse método de trabalho implica. É preciso garantir a continuidade e a estabilidade do trabalho, de modo a favorecer de todas as maneiras a formação de um conjunto de trabalhadores qualificados, que não se abale nem mesmo por uma crise cíclica ou por uma interrupção temporária da produção:

> Seria antieconômico [acrescenta Gramsci] dispersar os elementos de um todo orgânico constituído com esforço, porque seria quase impossível reagrupá-los, na medida em que sua reconstituição com novos elementos, se bem-sucedida, custaria tentativas e despesas consideráveis.[13]

Porém, como já mencionado, embora Gramsci defina o americanismo-fordismo como racional e progressivo, isso não o impede de identificar seus limites, sobretudo a impossibilidade de superar as contradições sociais inerentes à crise orgânica do capitalismo. O americanismo-fordismo baseava seu projeto de economia programática na tentativa de fazer do trabalhador uma simples extensão da máquina, a ponto de pretender adequar suas atitudes e estilos de vida às necessidades de produção. Entretanto, como vimos, para Gramsci, na luta entre o "gorila amestrado" e o "homem filósofo", é este último que prevalece e, por conseguinte, o outro pressuposto necessário para a homogeneização da sociedade para os propósitos da produção fordista – a superação do conflito capital-trabalho – também não se realiza.

A realização de novas relações sociais de produção, portanto, deveria ter como premissa essencial a superação da distinção entre trabalho manual e intelectual, uma distinção não natural, mas historicamente determinada, como consequência de uma divisão do trabalho imposta às massas de trabalhadores instrumentais. A criação, pelas classes subordinadas, de seus próprios intelectuais orgânicos é o elemento-chave, mas, como vimos, essa tarefa é dificultada pelas próprias condições das classes subordinadas, cuja história é necessariamente desagregada e episódica. Nelas há uma tendência à unificação, mas isso só pode ser totalmente realizado após a vitória, caso contrário, as classes subordinadas dependem da iniciativa da classe dominante, mesmo quando se rebelam.

Para Gramsci, os grandes intelectuais formados no contexto do marxismo, além de serem pouco numerosos, não estavam ligados ao povo, e muito menos vieram do povo, mas sempre foram uma expressão da classe dominante à qual

---

[13] Ibidem, p. 2.174.

retornaram nas mudanças históricas. Quanto aos que permaneceram no campo do marxismo, o fizeram submetendo-o a uma revisão profunda, em vez de favorecer seu desenvolvimento autônomo.

A chave de leitura do transformismo também é usada por Gramsci para explicar a irresistível capacidade de atração exercida pelas classes dominantes sobre os líderes do movimento socialista italiano; daí a tendência cíclica à sua absorção nos equilíbrios conservadores do país. O movimento socialista italiano formou estratos inteiros de intelectuais que depois passaram em grupos para a classe cuja dominação social eles contestaram. Uma questão que, segundo o intelectual sardo, poderia ser explicada pela baixa adesão das classes altas ao povo:

> Na luta de gerações, os jovens se aproximam do povo; nas crises de virada, eles retornam à própria classe (como aconteceu com os sindicalistas revolucionários e os fascistas). O transformismo "clássico" foi o fenômeno pelo qual os partidos do *Risorgimento* se uniram; esse transformismo deixa claro o contraste entre civilização, ideologia etc. e força de classe. A burguesia é incapaz de educar seus jovens (luta de gerações): os jovens se deixam atrair culturalmente pelos operários e até se tornam (ou tentam tornar-se) seus líderes (desejo "inconsciente" de realizar a hegemonia da sua própria classe sobre o povo), mas em crises históricas eles retornam ao rebanho.[14]

Desse modo, a criação de seus próprios intelectuais orgânicos torna-se central para evitar a decapitação sistemática dos movimentos políticos das massas populares em tempos de crise; no entanto, essa criação não deve consistir em separar os proletários individuais de suas classes de origem para torná-los líderes do movimento, mas em transformar radicalmente a concepção, o papel e a função dos intelectuais e, sobretudo, reorientar completamente a relação entre atividade manual e atividade intelectual:

> O problema de criar uma nova classe intelectual consiste, portanto, em elaborar criticamente a atividade intelectual que existe em todos em certo grau de desenvolvimento, modificando sua relação com o esforço muscular-nervoso rumo a um novo equilíbrio e fazendo com que o mesmo esforço muscular-nervoso, como elemento de uma atividade prática geral, que inova perpetuamente o mundo físico e social, torne-se o fundamento de uma nova e integral concepção do mundo.[15]

Gramsci contrapõe essa nova ideia da função intelectual ao tipo "tradicional" e "vulgarizado", isto é, ao literato, ao filósofo, ao jornalista, ao artista, a todas

---

[14] Ibidem, p. 397.
[15] Ibidem, p. 1.551.

aquelas categorias de indivíduos que conseguem ter a exclusividade da atividade intelectual. Na verdade, esse é um resíduo ossificado do passado, pois na moderna sociedade industrial já se determina espontaneamente uma estreita intersecção entre atividade técnico-prática e atividade intelectual.

A criação de "intelectuais orgânicos" e sua estreita ligação com os "intelectuais tradicionais" assumem particular importância para o partido moderno. Se levamos em conta a função predominante que os membros de um partido desempenham, ou seja, a função diretiva e organizativa, temos de concluir que todos eles são, em certo sentido, intelectuais. Os indivíduos de diferentes grupos sociais entram num partido político com uma perspectiva e um papel diferentes dos do sindicato de categoria, porque no partido se tornam agentes das atividades gerais de caráter nacional e internacional do partido.

Para Gramsci, *O Príncipe* de Maquiavel é a metáfora do moderno partido político, no qual se concentra uma vontade coletiva propensa a se tornar "universal e total", isto é, a fundar o próprio Estado. Nas notas dos *Cadernos* evoca-se a elaboração de um "moderno Príncipe", entendido como organismo que encarna plasticamente a vontade coletiva das massas populares. O "moderno Príncipe" deve necessariamente ter uma parte dedicada ao jacobinismo, um exemplo de como uma vontade coletiva, em alguns aspectos original, foi formada e operada concretamente; ele também deve investigar quais condições devem existir para despertar e desenvolver uma vontade coletiva que seja criação *ex-novo*.

Segundo Gramsci, *O Príncipe* de Maquiavel não é uma fria utopia, mas um "livro vivo", porque consegue mesclar ideologia e ciência política por meio do mito, porque nele a concepção política não tem nada de abstratamente doutrinário, mas se objetiva num líder ideal que, embora não exista na realidade histórica imediata, representa a vontade coletiva de um povo disperso e pulverizado. Por intermédio de sua forma fantástica e artística, *O Príncipe* tem a capacidade de estimular, convencer e despertar a organização dessa vontade coletiva. Se, na exposição, Maquiavel identifica com rigor e distanciamento científico as qualidades necessárias ao príncipe para guiar um povo e fundar um Estado, nas conclusões ele se faz povo, confunde-se com ele, torna-se sua consciência e expressão orgânica. Em tudo isso está, segundo Gramsci, a força e a modernidade de *O Príncipe*, na compreensão de que a formação de uma vontade coletiva popular nacional não é possível sem a irrupção das grandes massas na vida política. Essa intuição está contida na ideia da reforma da milícia, na qual Gramsci capta no "jacobinismo primitivo de Maquiavel" o germe de sua concepção revolucionária que depois se traduziu historicamente na função desempenhada pelos jacobinos na Revolução Francesa.

A ideia de um "moderno Príncipe", a construção de um partido que é a real expressão das massas populares, tem como principal objetivo justamente a quebra de qualquer "equilíbrio passivo" por meio da realização de uma profunda "reforma intelectual e moral", ou seja, uma concepção de mundo que coincide com o desenvolvimento posterior dessa vontade coletiva em direção a uma "forma superior e total de civilização", uma transformação radical da sociedade a partir de seu modo social de produção econômica. Assim como, para Marx, em sua polêmica juvenil com Bruno Bauer acerca da *Questão judaica*, a emancipação humana não pode se limitar à emancipação política, da mesma forma, segundo Gramsci, não pode haver uma reforma cultural, uma elevação civil das classes exploradas se antes não ocorreu uma transformação econômica radical capaz de pôr fim à sua condição de subalternidade.

> Portanto, uma reforma intelectual e moral não pode deixar de ser vinculada a um programa de reforma econômica, de modo que o programa de reforma econômica é precisamente a maneira concreta pela qual se apresentam todas as reformas morais e intelectuais.[16]

Esse nó problemático é fundamental para entender corretamente as notas dos *Cadernos* sobre escola e educação sem fazer de Gramsci um pedagogo[17]. Reduzir o problema pedagógico presente em suas reflexões a técnica educacional ou a problema cultural significa não entender, subestimar ou omitir a natureza orgânica das questões e a radicalidade das soluções propostas[18].

Já em Marx, as dimensões política e educativa estão indissoluvelmente entrelaçadas numa relação de reciprocidade: por um lado, uma profunda transformação das condições sociais é essencial para criar um sistema escolar diferente; por outro, é necessário mudar a natureza da educação para mudar as condições sociais[19].

A perspectiva educacional no marxismo reside na exigência de tornar possível o pleno desenvolvimento da personalidade humana, superando as condições impostas pela divisão na sala de aula e pela especialização do trabalho. Em seu caminho de formação intelectual, Marx passou da crítica filosófica à crítica da economia política, mantendo, no entanto, uma relação dialética de organicidade entre as duas esferas, que também diz respeito ao problema educacional e à questão da libertação completa do homem. Se o desenvolvimento da sociedade

---

[16] Ibidem, p. 1.561.

[17] Gianni Fresu, "De Marx a Gramsci: educação, relações produtivas e hierarquia social", em Anita Helena Schlesener, André Luiz de Oliveira e Tatiani Maria Garcia de Almeida (orgs.), *A atualidade da filosofia da práxis e políticas educacionais* (Curitiba, UTP, 2018), p. 19-62.

[18] Mario Alighiero Manacorda, *L'alternativa pedagogica in Gramsci* (Roma, Editori Riuniti, 2012), p. 43-101.

[19] Idem, *Marx e a pedagogia moderna* (trad. Newton Ramos-de-Oliveira, São Paulo, Cortez, 1991), p. 36.

industrial produz o máximo de desumanização, a alienação do trabalho e a transformação do trabalhador em mercadoria e prótese da máquina, a mesma divisão do trabalho responsável por aquela negação da humanidade pode tornar-se fator determinante para o desenvolvimento integral do indivíduo.

Para Marx, como para Gramsci, na sociedade burguesa, a escola desempenha um papel cada vez mais importante na consolidação das relações entre dirigentes e dirigidos, fornecendo mão de obra para a produção material e formando intelectualmente os futuros representantes da classe dominante. O ensino público e gratuito, livre das condições sociais de exploração da sociedade burguesa, permitiria a participação de jovens em todo o sistema produtivo, possibilitando a alternância de um setor para outro em razão das exigências sociais ou de suas próprias inclinações.

A possibilidade de escolher o direcionamento da própria existência, desativando a predestinação dos antigos relacionamentos de classe, representaria a premissa do desenvolvimento unilateral do homem, na qual se consubstancia a passagem do domínio da necessidade para o da liberdade. Nesse sentido, o socialismo encontraria uma de suas razões fundamentais em garantir a igualdade de oportunidades para todos, o que significa concretamente a possibilidade de escolher (já em Hegel a passagem da necessidade para a liberdade é expressa nesses termos) conscientemente e sem condicionamentos o próprio campo de atividade. Somente quando essa liberdade de arbítrio deixa de ser patrimônio de poucos, tornando-se uma condição coletiva para o desenvolvimento integral da personalidade, segundo Marx, "a sociedade poderá escrever em sua bandeira: 'De cada um segundo suas capacidades, a cada um segundo suas necessidades!'"[20].

Esse conjunto de problemas, já tratado pelo jovem Gramsci em alguns artigos publicados entre 1916 e 1920, teve nos *Cadernos* um aprofundamento mais orgânico, conectando-se à questão da relação entre intelectuais e grupos subalternos e à da ausência de uma cultura nacional-popular italiana.

No parágrafo *Sobre as universidades italianas*, no *Caderno 5*, aborda-se esse problema, analisando a incapacidade das universidades de influenciar e regular a vida da cultura nacional, enquanto no *Caderno 12* a reflexão focaliza diretamente o papel histórico da escola e sua evolução cada vez mais especializada, paralela à modernização e proporcional ao grau de desenvolvimento das forças produtivas.

O enorme desenvolvimento das atividades e da organização escolar (em sentido amplo) nas sociedades que emergiram do mundo medieval indica a importância das categorias e funções intelectuais no mundo moderno: assim como se buscou

---

[20] Karl Marx, *Critica del programma di Gotha* (Roma, Editori Riuniti, 1976), p. 32 [ed. bras. *Crítica do programa de Gotha*, trad. Rubens Enderle, São Paulo, Boitempo, 2012, p. 32].

aprofundar e expandir a "intelectualidade" de cada indivíduo, também se procurou multiplicar as especializações e refiná-las. Isso resulta em instituições educacionais de diferentes graus, até órgãos para promover a chamada "alta cultura", em todos os campos da ciência e da tecnologia. A escola é o instrumento para elaborar intelectuais de diferentes graus. A complexidade da função intelectual nos vários Estados pode ser medida objetivamente pelo número de escolas especializadas e por sua hierarquia: quanto maior a área escolar e quanto mais numerosos os "graus" "verticais" da escola, tanto mais complexo o mundo cultural, a civilidade, de um determinado Estado.[21]

Assim, o nível de desenvolvimento industrial e social pode ser medido pelo grau de articulação das estruturas de formação e seleção intelectual. A elaboração das classes intelectuais não ocorre num "terreno democrático abstrato", mas em coerência com certas relações sociais de produção, segundo "processos históricos tradicionais muito concretos" que, por intermédio da escola, orientam a divisão e a especialização do trabalho. As orientações escolares têm a função precisa de moldar a sociedade, separando as classes dominantes intelectuais da base social de massa dos trabalhadores instrumentais. O estreito entrelaçamento entre as necessidades técnico-produtivas e a conformação das orientações formativas também é encontrado nas diferenças de seleção intelectual entre cidade e campo, portanto, entre o Norte e o Sul da Itália:

A diferente distribuição dos diversos tipos de escola (clássicas e profissionais) no território "econômico" e as diferentes aspirações das várias categorias dessas classes determinam ou dão forma à produção nos diferentes ramos da especialização intelectual. Assim, na Itália, a burguesia rural produz especialmente funcionários do Estado e profissionais liberais, enquanto a burguesia da cidade produz técnicos para a indústria: portanto, a indústria setentrional produz especialmente técnicos, e a Itália meridional, especialmente funcionários públicos e profissionais liberais.[22]

Nessa articulação, continua Gramsci, a divisão entre escola clássica e escola profissional realizou uma tarefa coerente com as necessidades produtivas da sociedade burguesa. Todavia, o surgimento de um novo sistema de escolas especializadas de diferentes graus abalou a estrutura tradicional da escola. Essa especialização posterior dizia respeito não apenas às chamadas escolas profissionais, mas também à seleção de classes intelectuais com uma formação cada vez mais especializada e menos universalista. Por exemplo, se antes o pessoal político-burocrático tinha

---

[21] Antonio Gramsci, *Quaderni del carcere*, cit., p. 1.517.
[22] Ibidem, p. 1.518.

uma preparação técnico-jurídica geral, passou-se depois a uma especialização disciplinar cada vez mais detalhada, com a criação de figuras profissionais construídas em torno de uma necessidade específica (técnico-administrativa, fiscal, econômico-política etc.). A crise do antigo sistema educacional levou à superação de qualquer tipo de escola "desinteressada" e puramente formativa. A solução poderia ter sido encontrada numa única escola inicial de cultura geral, humanista e formativa, capaz de equilibrar harmoniosamente habilidades de trabalho manual e funções intelectuais. Desse primeiro nível, após repetidas experiências de orientação profissional, se passaria a uma escola secundária de especialização, de acordo com as atitudes e inclinações do estudante[23].

Segundo Gramsci, a escola precisava ser pública, destinatária de um compromisso econômico e organizacional do Estado em criar uma rede educacional desde os jardins de infância até as universidades, porque apenas as escolas públicas podem envolver todas as gerações sem diferenças de grupo, estrato ou classe. Gramsci fala de uma "escola ativa", referindo-se a uma primeira fase em que deve ser disciplinar e nivelar na direção de um conformismo dinâmico, e de uma "escola criativa", na qual, a partir do nível comum dos estudantes, é possível incentivar o desenvolvimento específico de cada personalidade, tornada autônoma e responsável e com uma consciência moral-social sólida e homogênea. Uma escola em tempo integral e vida coletiva diurna e noturna, livre das antigas formas hipócritas e externas de disciplina, nas quais o estudo deve ser realizado coletivamente. Identificando-a como "criativa", Gramsci não pretendia propor uma escola de inventores e descobridores, mas indicar uma fase específica caracterizada por um método de pesquisa e formação capaz de estimular um esforço espontâneo do aluno, no qual o professor tem apenas o papel de orientador: "Descobrir por si mesmo, sem sugestões e ajuda externa, uma verdade e criação, pois a verdade é antiga e demonstra o processo do método, indica que, de qualquer forma, entramos na fase de maturidade intelectual, em que novas verdades podem ser descobertas"[24] por meio de seminários, trabalhos experimentais e pesquisa bibliográfica.

Na visão de Gramsci, a velha escola era profundamente oligárquica, perpetuando e consolidando as velhas relações dualistas entre as classes e a condição de subalternidade dos simples. Embora pudesse parecer fruto da democratização, até a especialização profissional da escola contribuía, na verdade, para tornar permanentes as diferenças sociais. Mais uma vez, a solução dessa contradição exigia a mudança dos antigos "esquemas naturalistas" na relação entre dirigentes e dirigidos. A nova maneira de ser intelectual deveria conter organicamente

---

[23] Ibidem, p. 1.531.
[24] Ibidem, p. 1.537.

técnica de trabalho, técnica científica e concepção humanística, transformando cada indivíduo num dirigente "especialista + político"[25].

A tendência democrática, intrinsecamente, não pode significar apenas que um trabalhador manual se qualifica, mas que todo "cidadão" pode tornar-se "governante" e que a sociedade o coloca, ainda que "abstratamente", nas condições gerais de poder fazê-lo; a democracia tende a fazer com que governantes e governados coincidam (no sentido do governo com o consentimento dos governados), garantindo que cada governado tenha livre aprendizado das habilidades e preparação técnica geral necessária para esse fim.[26]

---

[25] Ibidem, p. 1.551.
[26] Ibidem, p. 1.547.

10
MICHELS, OS INTELECTUAIS E O PROBLEMA DA ORGANIZAÇÃO

O tema do uso instrumental do direito pelos grupos dirigentes, transformados, graças a uma relação de delegação passiva, em casta sacerdotal de especialistas da política, tem, nas notas dedicadas por Gramsci a Robert Michels, alguns pontos essenciais para nosso debate[1].

Sociologia dos partidos políticos, de Michels, obra de sucesso publicada pela primeira vez em 1911, representa um momento essencial nas considerações sobre as contradições entre direção política e massas na história do movimento operário. Obviamente, este não é o lugar para um estudo sistemático desse texto, nem entraremos no terreno da biografia político-intelectual controversa e paradigmática de Michels[2]. Limitamo-nos aqui a recordar apenas alguns elementos (em nossa opinião) úteis para desenvolver um raciocínio mais amplo e orgânico sobre algumas categorias e concepções gramscianas abordadas neste trabalho. Como veremos, nos *Cadernos*, Gramsci lidou extensivamente com a obra de Michels, extraindo dela reflexões e avaliações críticas que ajudam a definir sua visão do marxismo como uma solução orgânica para a separação entre funções intelectuais e manuais.

Entre tantos outros, nesse sentido, dois temas do discurso de Michels são essenciais: a chamada "lei férrea das oligarquias" e a "lei da distorção dos fins", ou seja, o estudo das dinâmicas que levam a estrutura organizada de um partido de massa a acabar vítima da ditadura de uma minoria dirigente até transformar a própria organização de meio para fim. Ambos os aspectos surgem dos processos de crescimento e desenvolvimento da organização política dos trabalhadores, e

---

[1] Gianni Fresu, *Il diavolo nell'ampolla. Antonio Gramsci, gli intellettuali e il partito* (Nápoles, Istituto Italiano per gli Studi Filosofici/La Città del Sole, 2005), p. 201-18.

[2] A biografia de Robert Michels, com sua trajetória parabólica da social-democracia alemã ao fascismo, é emblemática das contradições épicas daqueles anos.

os dois inevitavelmente levam à distorção total dos propósitos, dos fins e, mais amplamente, da própria natureza do partido revolucionário do proletariado. Segundo Michels, quando uma classe pretende realizar os propósitos e ideais derivados das funções econômicas que cumpre, precisa de uma organização no campo econômico e político como meio de constituir uma vontade coletiva.

Em linhas gerais, a democracia não pode existir sem organização, e isso é ainda mais verdadeiro para a classe trabalhadora, cuja única arma, na luta contra as classes privilegiadas, é a organização. A tendência à unificação entre sujeitos na mesma condição socioeconômica é um dado cada vez mais característico das sociedades modernas, mas a classe trabalhadora necessita ainda mais de "solidariedade entre as partes interessadas", porque, se isolado, o proletário fica totalmente à mercê das classes economicamente mais fortes. Segundo Michels, as massas populares têm força numérica, mas isso só terá um peso real – multiplicando-se, de simples força numérica desagregada, em força política e social – com sua organização estruturada e disciplinada no nível das massas.

Uma vez constituída, essa organização pode manter sua fisionomia de partido de luta e enfrentar o mais alto nível de centralização da burguesia, apenas estruturando-se de acordo com uma linha de comando ágil e hierarquizada, na qual os filiados devem obedientemente seguir seu líder, para que toda a organização possa parecer um martelo nas mãos de seu presidente. A centralização é a única garantia para a tomada rápida de decisões e apenas certo grau de "cesarismo" garante uma transmissão rápida e uma execução pontual das ordens na batalha cotidiana. Para Michels, a democracia interna num partido político é contraproducente para a imediata disponibilidade para a luta. Mas essa necessidade também traz consigo a desvantagem igualmente inevitável da ditadura dos grupos dirigentes sobre as massas organizadas:

> De fato, a fonte da qual as correntes conservadoras fluem para desaguar na planície da democracia, onde às vezes causam estouros ruinosos a ponto de torná-la irreconhecível, tem o mesmo nome, ou seja, chama-se organização. Quem diz organização diz tendência à oligarquia. Um elemento profundamente aristocrático integra a natureza da organização. Enquanto cria uma estrutura sólida, o mecanismo da organização provoca mudanças significativas na massa organizada, como a reversão total do relacionamento do dirigente com a massa e a divisão de cada partido ou sindicato em duas partes: uma minoria, que tem a tarefa de dirigir, e uma maioria dirigida por aquela.[3]

---

[3] Robert Michels, *La sociologia del partito politico nella società moderna* (Bolonha, Il Mulino, 1966), p. 55-6 [ed. bras.: *Sociologia dos partidos políticos*, trad. Arthur Chaudon, Brasília, Editora UnB, 1982].

Para Michels, há uma relação inversamente proporcional entre democracia e organização; portanto, nas sociedades avançadas, o grau de democracia está destinado a diminuir com a evolução da organização político-social. Essa perspectiva profundamente pessimista não pode ser arranhada nem mesmo por sistemas de participação política não mediados pela representação. Segundo Michels, o autogoverno das massas, a superação da liderança por meio de formas de democracia direta e a emanação da vontade popular são de fato irrealizáveis porque, em primeiro lugar, a democracia direta não pode operar sem o auxílio do sistema representativo. Além disso, mesmo que se mostrem capazes de limitar a participação delegada das democracias representativas, as assembleias populares estão realmente mais sujeitas à formação de uma liderança oligárquica.

A "multidão" leva à "lei da redução da responsabilidade", ou seja, na massa indistinta, o indivíduo e sua personalidade tendem a desaparecer. Nas assembleias populares, multidões são mais suscetíveis à eloquência do orador e, portanto, são mais fáceis de dominar do que num parlamento tradicional. O pequeno público garante uma adesão mais ponderada e reflexiva, permitindo maior respeito à eventual emergência de minorias ou indivíduos em oposição à maioria, enquanto as deliberações por aclamação das assembleias populares são determinadas pelo entusiasmo ou pelo pânico irracional, isto é, por formas de adesão mais tumultuadas e elementares.

Por sua vez, a relação inversamente proporcional entre organização e democracia, que leva a maioria a ser tiranizada por uma minoria eminente, encontra sua forma mais típica de expressão no partido político moderno. Em sua análise, Michels refere-se ao grande Partido Social-Democrata da Alemanha (SPD): a tendência à especialização técnica das principais funções de um partido ou sindicato, consequência lógica de seu crescimento, leva à necessidade de "direção por competência" e acaba transferindo todos os poderes de decisão da massa participante apenas para os dirigentes. Se inicialmente são órgãos executivos da vontade da massa, mais tarde, com o desenvolvimento em organização complexa, os dirigentes se emancipam das massas, tornam-se independentes e, por fim, a dominam. Também nesse caso, o grau de organização inevitavelmente tende a aumentar com o próprio crescimento do partido, mas, ao mesmo tempo, a tecnicização de suas funções dirigentes leva à formação de uma casta de funcionários e dirigentes que tendem a se tornar uma liderança oligárquica; em conclusão, o estabelecimento de uma liderança profissional no partido marca, para Michels, o fim de sua democracia.

Entre as oligarquias dirigentes de um partido inserido no sistema de representação parlamentar, um papel de absoluto destaque é desempenhado pelos representantes institucionais. Michels enfatiza com muita eficácia que o relacionamento de delegação produz uma espécie de "direito moral" à perpetuação dessa função, ou seja, manter esse cargo continuamente e pelo maior tempo possível, transformando-o de uma eleição por prazo determinado numa eleição que dura a vida toda. Quando um dirigente recebe uma delegação por determinado período, ele tende a considerá-la sua propriedade. Se depois a delegação for questionada, o dirigente usará todas as técnicas de retaliação possíveis e imagináveis para causar estragos na organização e finalmente sair fortalecido em seu papel. Diante das críticas por seu desempenho, o dirigente ameaça demitir-se, com o único objetivo de preservar e fortalecer seu poder, obtendo da assembleia uma nova investidura plebiscitária capaz de encarnar a função vicária de um tribunal competente. Obviamente, essa manobra é bem-sucedida quando o dirigente em questão é insubstituível naquele determinado momento ou, em qualquer caso, habilidoso e astuto a ponto de parecer insubstituível.

Esse processo, analisado por Michels também na relação entre o grupo parlamentar e o conjunto do corpo militante no Partido Socialista Italiano (PSI), é um fator determinante daquele fenômeno que leva os líderes a se libertarem do condicionamento da massa organizada no partido. O belo gesto democrático da renúncia ocultaria, na maioria das vezes, um mal disfarçado espírito autoritário de pressão sobre seus seguidores, a fim de obter um novo mandato irrevogável.

Intimamente ligada aos fenômenos descritos até agora está outra degeneração dos partidos políticos (central às reflexões de Gramsci) analisada por Michels tanto em sua gênese histórica em relação aos Estados quanto em referência a sua manifestação nos partidos democráticos: o "bonapartismo". Para Napoleão I, seu poder fundava-se na vontade da massa, tanto que ele se autodenominou "Primeiro Representante do Povo"; Napoleão III, por sua vez, baseou seu "cesarismo" no princípio da soberania popular. O "bonapartismo" relaciona qualquer violação da legalidade ao princípio da vontade popular e não reconhece nenhum órgão intermediário entre a vontade do príncipe e a do povo. O "bonapartismo é a teorização da vontade individual, surgida originalmente da vontade coletiva, mas emancipada ao longo do tempo para se tornar soberana"[4], uma vez que precisamente a natureza democrática original constitui a legitimidade também de seu presente antidemocrático. Por meio do plebiscito, acaba-se conectando democracia e autocracia. Para o "bonapartismo", até a independência e a possível oposição a um ato próprio de órgãos intermediários, como o judiciário ou a administração pública, são um ataque à vontade popular que, através do voto, colocou o poder do príncipe acima de qualquer outro organismo. O parlamento, o judiciário e a administração pública devem ser instrumentos sujeitos à vontade do príncipe e, através dele, à vontade popular.

---

[4] Ibidem, p. 295.

A história dos modernos partidos e sindicatos revela inúmeras afinidades com os aspectos descritos até agora e, como vimos, em torno desse problema o jovem Gramsci, ainda profundamente influenciado por Sorel, desenvolve um aspecto importante de sua controvérsia contra o socialismo italiano. Nos partidos, a autoridade intangível (por causa da origem democrática) é o Comitê dirigente ou o líder, a quem a massa de membros deve obediência absoluta. Para Michels, a disciplina é a submissão da coletividade à sua vontade coletiva. Também nesse caso, a tendência a considerar qualquer oposição ao trabalho do líder como antidemocrática é dada pela natureza democrática de seu mandato. Isso acaba, em última análise, levando os dirigentes dos partidos a exigir das massas uma adequação mecânica e militar, sem a necessidade de maiores explicações. Eles emitem ordens por ciência e consciência, na convicção íntima de que o trabalho realizado, enquanto consequência de um mandato livremente votado, está acima de qualquer crítica.

Desse modo, não é coincidência que, nos partidos socialistas, qualquer corrente de opinião crítica em relação à liderança seja considerada obra de sabotadores e inimigos comprometidos em quebrar demagogicamente a unidade do partido:

> Na atitude geral da liderança dos partidos democráticos modernos, [...] a teoria da graça popular tornou-se graça divina, uma teoria própria daquele sistema que nós, na história dos Estados, aprendemos a conhecer pelo termo bonapartismo.[5]

Por esses motivos, no movimento operário revolucionário, tanto as táticas como as atitudes em relação aos conflitos de oposição interna não seriam nem um pouco diferentes da ação política de um governo burguês. Segundo Michels, quando se alcança certo grau de desenvolvimento partidário, este acaba sendo dominado por dinâmicas oligárquicas tornadas autônomas pela massa dos organizados. Os líderes acabam identificando a organização, bem como seu patrimônio, consigo mesmos, de modo a interpretar qualquer crítica ao partido como direta e pessoalmente dirigida a eles. A identificação do burocrata com o partido é tão perfeita e sem limites que torna cada líder um pequeno Rei Sol, cujo lema poderia facilmente ser *Le parti c'est moi* [O partido sou eu].

A estrutura do partido político tem uma configuração piramidal e o poder de decisão é inversamente proporcional ao número. Sua estrutura se desloca do corpo eleitoral, sobre este estrutura-se a massa dos inscritos, seguida pelo conjunto de participantes das assembleias gerais e, finalmente, pelo grupo de funcionários e pelo restrito comitê dirigente. Essa estrutura torna muito estreita a base participativa e de decisão, enquanto a massa dos organizados torna-se,

---

5   Robert Michels, *La sociologia del partito politico*, cit., p. 305.

para usar uma expressão clássica de Gramsci, mera "massa de manobra". No interior da configuração hierárquica, os militantes da cidade – entre os quais são selecionados os líderes – tendem a se sobrepor claramente aos filiados do campo ou das seções provinciais, em grande parte destinados a assumir um papel meramente passivo na vida do partido.

Além disso, há também o problema da composição social dos participantes nas discussões e dos principais organismos dirigentes do partido político da classe operária, em grande parte de origem burguesa:

> Os frequentadores habituais das reuniões, especialmente nas cidades pequenas, não são os proletários, que, exaustos do trabalho, dormem cedo, mas indivíduos de classe média de todos os tipos: desde pequeno-burgueses a vendedores de jornais e cartões-postais ilustrados, a jovens intelectuais ainda sem uma posição, que têm prazer de discursar como autênticos proletários e como classe do futuro.[6]

Para Michels, essa condição dualista entre os dirigentes e as massas é muito facilitada pela mentalidade das massas, que precisam de preparação preliminar pelos seus dirigentes e, mais amplamente, de orientação para se movimentar. Michels fala de uma "impotência inata das massas", confirmada pela condição de desintegração experimentada por elas quando repentinamente são privadas de seus líderes: elas abandonam o campo numa fuga caótica, sem mostrar capacidade de rápida reorganização, comportam-se como um "formigueiro aterrorizado", e a única maneira de sair dessa paralisia é o surgimento espontâneo de novos líderes, capazes de substituir os anteriores. Para Gramsci, ao contrário, a impotência das massas não é inata, mas é consequência das modalidades de organização dos partidos do proletariado, que reproduzem amplamente as fraturas mais características da sociedade burguesa. Para evitar esse fenômeno, é necessário combater qualquer concepção que considere a direção política uma função complexa demais para o povo – portanto, uma atividade a ser delegada a uma casta especializada –, para tornar o mais horizontal possível (recordemos a metáfora gramsciana do partido como um recife de coral) a elaboração e a direção, ou pelo menos a criação de órgãos intermediários capazes de manter constantemente em contato os diferentes níveis do partido.

A impotência demonstrada pelas massas quando são decapitadas subitamente, embora não seja inata, mas induzida, também é um problema fundamentalmente importante em Gramsci. A história do movimento operário na Itália já tinha oferecido vários exemplos desse fenômeno, mas o advento do fascismo é talvez o emblema mais representativo:

---

[6] Ibidem, p. 87.

A classe operária é como um grande exército que foi subitamente despojado de todos os seus oficiais subalternos; nesse exército, seria impossível manter a disciplina, a estrutura, o espírito de luta, a unidade da direção com a mera existência de um Estado-maior. Cada organização é um complexo articulado que funciona apenas se houver uma relação numérica adequada entre a massa e os dirigentes. Não temos quadros, não temos conexões, não temos serviços para abraçar a grande massa com nossa influência, fortalecê-la e torná-la uma ferramenta eficaz para a luta revolucionária.[7]

Segundo Michels, a tendência das massas a serem guiadas é também acrescida de outro fator de natureza psicológica que contribui para determinar a supremacia dos dirigentes: a gratidão por quem escreve e luta em nome de seus interesses, criando a reputação de defensores e conselheiros do povo, talvez sofrendo prisão, exílio, perseguições. Esse "sagrado dever de gratidão" praticamente se traduz num mandato ilimitado de representação, a ponto de elevar o dirigente acima de tudo e nunca sujeitar seu trabalho à verificação em nome de batalhas passadas.

Para Michels, com o crescimento do partido, o trabalho voluntário e provisório dos proletários é substituído pelo trabalho profissional de técnicos políticos, um problema particularmente central nas reflexões de Gramsci sobre a relação entre intelectuais e massas. Em certo nível de desenvolvimento do partido, as habilidades se especializam e a divisão do trabalho triunfa, a ponto de determinar uma estrutura organizacional complexa, dirigida constantemente por profissionais e funcionários independentes da massa organizada. O surgimento dessa liderança profissional aumenta ainda mais as diferenças entre dirigentes e seguidores no partido e, precisamente, a educação formal adquirida, a "superioridade intelectual", é um dos fatores mais determinantes na supremacia das minorias sobre as maiorias.

Esse fenômeno produz duas consequências diferentes: em alguns países, como a Itália, os chamados intelectuais burgueses ou "desertores da burguesia" (advogados, professores universitários, médicos), em virtude de sua superioridade intelectual e habilidades específicas, ingressam no partido e tornam-se seus guias. Em outros países, como a Alemanha, por certas condições gerais – como a gravidade do conflito entre as classes e também o nível de educação mais elevado dos trabalhadores –, uma grande maioria de ex-trabalhadores manuais passou para as funções técnicas e políticas do partido, ao lado de um número limitado de intelectuais de origem burguesa. Porém, inclusive nesse caso, segundo Michels, o resultado é o mesmo, porque o nível de educação alcançado por

---

[7] Antonio Gramsci, "Il nostro indirizzo sindacale", *Lo Stato Operaio*, 18 out. 1923, em *La costruzione del Partito Comunista 1923-1926* (Turim, Einaudi, 1971), p. 5.

esses ex-trabalhadores manuais e a consequente libertação social – e também econômica – fazem com que sejam profundamente diferentes de seus antigos colegas de classe.

Nessas reflexões de Michels, para além de algumas aproximações e qualquer instrumentalização, é possível apreender um dos problemas mais sentidos por Gramsci e, ainda antes, por Marx: a separação entre trabalho intelectual e manual. Michels, de fato, observa a grande atração exercida pelo partido – com sua abundância de posições remuneradas e a possibilidade de fazer carreira – sobre proletários intelectualmente dotados. Esse fenômeno é capaz de modificar molecularmente os próprios proletários que se tornaram dirigentes ou oficiais do partido, transformando-os em funcionários com características pequeno-burguesas:

> Enquanto os compromissos de trabalho e as ansiedades da vida cotidiana fazem com que um conhecimento mais preciso dos processos políticos e, em particular, o funcionamento da máquina política sejam inacessíveis às massas, o dirigente, em contrapartida, é conduzido por sua nova posição a se familiarizar mais intimamente com o tecnicismo da vida política. Dessa maneira, o operário elevado ao cargo de dirigente assimila em pouco tempo as noções [...] que, a longo prazo, determinam um aumento crescente de sua superioridade em relação aos que estão sob sua direção.[8]

Portanto, com a evolução da legislação social, quanto maior a dificuldade de se orientar na vida política e maior a complexidade das próprias funções da política, mais se acentua esse distanciamento entre líderes e classe "a ponto de os primeiros perderem a consciência de sua origem de classe e formar-se uma verdadeira divisão entre ex-proletários e seguidores proletários"[9].

A assunção de funções diretivas em nível profissional determina, então, uma dependência econômica e de status do partido, a qual faz com que os líderes se apeguem com todas as forças a esse papel, mesmo quando, com o passar dos anos, se perdem as paixões pelo futuro socialista e pela irmandade proletária. Michels descreve esse fenômeno e o encontra tanto nos "desertores da burguesia", que frequentemente quebram as pontes com suas classes de origem e com suas atividades profissionais anteriores, como naqueles de origem proletária, agora acostumados ao status social e econômico decorrente de seus deveres políticos e organizacionais e não mais capazes ou, de qualquer forma, não mais dispostos a retomar a antiga profissão de trabalhadores manuais. Essa representação, embora pareça talvez excessivamente esquemática, mesmo nesse caso, levanta

---

[8] Robert Michels, *La sociologia del partito politico*, cit., p. 127.
[9] Idem.

pontos de investigação muito interessantes. Entre eles certamente está a análise das dinâmicas que levam os desertores da burguesia a mudar a barricada para tornarem-se líderes do proletariado. Uma tendência, como vimos, várias vezes presente no centro das reflexões de Gramsci.

Os chamados "desertores da burguesia", que se tornaram líderes dos partidos operários, geralmente encontram seu ponto de contato com o proletariado em tenra idade, como um ato de ruptura e rebelião ética contra o estado de coisas existente em sua própria família, ou por causa da sua adesão científica aos postulados do materialismo histórico. Muitas vezes, a transição de uma classe para a direção da que é antagonista é decorrente de instintos juvenis, do entusiasmo niilista que impulsiona o ataque imediato contra a realidade da qual se foge.

Na outra parte da barricada, os "desertores da burguesia" costumam agir e lutar ao longo de toda uma vida, mas rapidamente se desgastam. Eles entram nas organizações operárias e logo se tornam líderes em pleno vigor dos anos, mas, com o tempo, o peso das tensões físicas e mentais, determinadas por uma vida assim, leva a uma visão desencantada, a uma adesão formal, mas desinteressada, ao socialismo, e finalmente, como escreve Gramsci, eles "retornam ao rebanho":

> Com a juventude vão-se também os ideais [...]. A massa perde, aos seus olhos, o encanto glorioso, o amor ao próximo e os ideais empalidecem na realidade. Assim, muitos líderes se afastam do socialismo em seus componentes essenciais; alguns opõem leve resistência ao ceticismo, outros até, conscientemente ou não, retornam aos ideais de sua infância (não socialista) ou de sua casa natal.[10]

Para Antonio Gramsci, esse fenômeno é característico dos chamados "pontos de virada históricos", das fases de refluxo que forçam o movimento dos trabalhadores a posições defensivas ou a retiradas estratégicas e é precisamente esse fenômeno, difundido na história do socialismo italiano, que determina ciclicamente a decapitação do movimento operário e a impossibilidade, por vários anos, de reconstituir suas bases em posições de força. Mas, para Gramsci, diferentemente de Michels, esse fenômeno não é uma lei natural inevitável, mas um dos desafios mais decisivos e complexos do socialismo: a construção dos próprios intelectuais orgânicos, não funcionários do partido com papéis empregatícios pequeno-burgueses, mas trabalhadores manuais capazes de desempenhar funções de direção política, principalmente no local de trabalho, sem nunca perder o contato com sua função histórica.

O objetivo não deveria ser a promoção social de alguns operários com atitudes particulares em relação ao papel dos intelectuais, mas a elevação cultural

---

[10] Ibidem, p. 283.

e política das massas populares como um todo e sua transformação em protagonistas conscientes.

Essa fratura determinou historicamente uma contradição irremediável no processo de formação da consciência de classe do proletariado, porque, na chamada passagem da "classe em si" para a "classe para si", o papel fundamental é desempenhado pela burguesia, que, em sua incessante luta de classes, mobiliza e fortalece seus interesses, hegemonizando o proletariado. Mas a burguesia não apenas atua como um "mestre de armas" do proletariado, como também é protagonista de outro fenômeno: a tendência de grupos de indivíduos a se separar dela, a colocar suas habilidades e energias a serviço da classe trabalhadora e a estimulá-la a lutar contra sua própria classe social e contra o estado de coisas que ela representa.

Esse fenômeno nunca é particularmente significativo em termos numéricos – o número de "desertores da burguesia" é sempre bastante limitado –, mas é muito significativo em termos de qualidade, porque esses indivíduos geralmente estão acima da média de sua própria classe por força moral, habilidade teórica e espírito de sacrifício. No início de sua história política, o proletariado ainda não dispunha dos meios culturais para se desembaraçar no complicado labirinto das relações sociais de produção, para reunir seus interesses novamente e construir sua visão do mundo de maneira coerente. Michels, como já fizera Lênin em *O que fazer?*, ressalta que a teoria socialista se originou das elaborações filosóficas, econômicas e históricas da ciência burguesa e que os próprios progenitores do socialismo eram, em primeiro lugar, estudiosos e, apenas em segundo, homens políticos.

A ação dos partidos operários de recrutamento entre as fileiras da intelectualidade burguesa assume uma centralidade absoluta na formação de seus grupos dirigentes; porém, de fato, leva ao domínio de verdadeiras oligarquias, na maioria dos casos socialmente estranhas às massas que pretendem liderar. O sindicalismo revolucionário e várias correntes de pensamento socialista procuraram historicamente eliminar esse problema, propondo a exclusão de intelectuais da direção do movimento operário para confiá-la diretamente e sem mediação às lideranças operárias, de modo a manter uma afinidade efetiva entre os dirigentes operários e seus seguidores.

A liderança proletária tem vantagens indubitáveis, segundo Michels, em primeiro lugar porque o dirigente ex-proletário, embora não pratique mais sua profissão, é capaz de entender melhor as necessidades econômicas das massas e, portanto, pode expressar opiniões competentes sobre questões específicas relacionadas ao trabalho, à produção e à vida profissional em geral. Ele tem um conhecimento muito mais profundo da psicologia das massas do que um deputado ou dirigente de origem burguesa e, desse modo, consegue manter um contato muito mais constante com elas.

Mas, de acordo com Michels, essas razões podem se aplicar à atividade sindical, em que o quadro de dirigentes permanece realmente ligado à sua profissão, enquanto no âmbito da luta política a situação seria completamente diferente. Na luta política, a "lei férrea das oligarquias" manifesta sua natureza implacável mesmo entre as fileiras do proletariado, porque o trabalhador manual, no momento em que profissionalmente assume uma posição dirigente no interior de um partido político, e por esse motivo recebe um salário, deixa de pertencer à classe trabalhadora para ingressar na dos funcionários, até que seja absorvido organicamente pelas tendências oligárquicas que distinguem todo grupo dirigente:

> O dirigente operário de origem proletária deixa então de ser um trabalhador, não apenas no sentido puramente técnico [...], mas também no sentido psicológico e econômico, e se torna um intermediário profissional exatamente como seu colega advogado ou médico. Em outras palavras: em sua nova qualidade de delegado ou representante, o chefe de origem proletária está sujeito às mesmas tendências oligárquicas de que falamos em relação aos refugiados da burguesia que se tornaram líderes operários.[11]

Como em grande parte de sua obra, também ao lidar com esse tema Michels permanece insistentemente e com certa arbitrariedade no esquematismo de uma pequena sociologia, que pretende mapear atitudes e comportamentos coletivos com base em supostas características psicológicas dos grupos sociais. Para Gramsci, trata-se da "pura descrição e classificação externa da antiga sociologia positivista":

> Ele não tem uma metodologia intrínseca, nenhum ponto de vista crítico que não seja um adorável ceticismo de sala de estar ou de café reacionário que substituiu a irreverência igualmente superficial do sindicalismo revolucionário e do sorelismo.[12]

Assim, mesmo quando se ocupa dos quadros dirigentes de origem proletária, o sociólogo alemão recorre a longas explicações e a numerosos exemplos práticos com o objetivo de demonstrar como estes, uma vez libertados de sua profissão, geralmente seriam mais ávidos por poder, teimosos, egoístas, vaidosos e sujeitos à autossatisfação, preguiçosos, vira-casacas, menos abertos a críticas e até tendentes à covardia inata, em comparação com os intelectuais burgueses. Em Michels, coexistiram análises em alguns casos profundas e bastante atuais, com representações esquemáticas da dinâmica social e individual, frequentemente não

---

[11] Ibidem, p. 408.
[12] Antonio Gramsci, *Quaderni del carcere* (Turim, Einaudi, 1977), p. 238.

diferentes dos lugares-comuns sobre a imutável natureza indolente e inclinada aos delitos dos meridionais, ou sobre a proverbial avareza dos judeus.

Para Michels, a história do movimento operário geralmente ensina que um partido socialista está tanto mais exposto às demandas do meio ambiente – portanto, mais corruptível e propício ao oportunismo – quanto mais acentuado é seu caráter proletário. Por isso a ideia de que o proletariado pode confiar apenas em si mesmo, garantindo assim a proteção de seus interesses, sem a intermediação de terceiros de outras classes sociais, não passaria de mera ilusão.

A tendência oligárquica inevitável da liderança no partido político é, portanto, um problema sem saída. Para demonstrá-lo, Michels tem o cuidado de negar, como soluções alternativas viáveis, tanto a hipótese do sindicalismo revolucionário quanto a do anarquismo. Além disso, internamente aos processos degenerativos do partido político revolucionário de massas, Michels inclui também a tendência, igualmente inevitável, de uma progressiva transformação conservadora. Mesmo nesse caso, a doença que leva a organização à perda de seu ímpeto revolucionário – e a se tornar cada vez mais prudente, até se perder na preguiça, na inércia e na imobilidade de suas tarefas institucionais ordinárias – seria decorrente do crescimento da organização.

O partido revolucionário nasce com a ambição de ter superioridade sobre a força centralizada do Estado burguês e, por esse motivo, oferece a si mesmo uma estrutura organizacional poderosa e articulada, dotada de autoridade própria e regulada por rígida disciplina. O partido revolucionário de massa é um Estado dentro do Estado, nascido com o objetivo declarado de esvaziar e destruir o existente para substituí-lo por um completamente diferente. Contudo, à medida que essa organização se expande e se consolida para assumir uma fisionomia imponente, ao invés de ganhar dinamismo revolucionário, acaba sendo vítima de um fenômeno oposto.

Para Michels, também nesse caso há uma relação muito estreita entre o crescimento do partido e o aumento da prudência na política adotada:

> Em outras palavras, as tendências conservadoras que são tipicamente associadas à posse também se manifestam no partido socialista. Os homens do partido lutaram e suaram meio século para criar uma organização-modelo. [...] foi organizada uma burocracia que pode competir, por seu senso de dever, zelo e obediência a seus superiores, com a do próprio Estado; as caixas estão cheias; um complexo de interesses financeiros e morais se formou em todo o país. Uma tática enérgica e ousada colocaria em risco tudo isso: o trabalho de muitos milhares de líderes e sublíderes; em suma, o partido inteiro.[13]

---

[13] Robert Michels, *La sociologia del partito politico*, cit., p. 495.

Por fim, a organização acaba sendo transformada de meio em fim, de modo que o amor pela obra criada leva seus dirigentes a evitar qualquer política de risco potencialmente capaz de comprometer sua existência. Uma excessiva e contínua ofensiva revolucionária poderia induzir o Estado a decidir dissolver o partido, o que se torna a principal preocupação, que acaba direcionando a linha política.

Com isso, Michels também descreve a "lei da distorção dos fins", completando o quadro de sua análise sobre a organização socialista de massas, que em última análise não oferece soluções particulares sobre seu *dever ser*. Michels limita-se essencialmente a uma avaliação ontológica, continuando e desenvolvendo a análise das tendências decadentes e decompositivas das organizações marxistas iniciadas por Sorel. Uma vez acertadas as contas com seus limites, resta um dado incontestável: essa obra revelou uma série de problemáticas reais que o movimento político dos trabalhadores, no decorrer de sua longa história até os dias atuais, não conseguiu resolver completamente.

Nos *Cadernos do cárcere*, Gramsci expressa julgamentos sérios e sarcásticos sobre os estudos de Michels sobre partidos políticos, dedicando-lhes algumas reflexões de considerável importância. As notas relativas ao estudioso alemão têm seu ponto de partida na definição de Max Weber, segundo a qual o partido político é uma associação espontânea de propaganda e agitação, cuja propensão ao poder está ligada à necessidade de obter, para seus membros, as vantagens morais e materiais que o poder implica, e de perseguir e obter fins objetivos. Para Gramsci, a forma do partido pessoal, que concede a proteção de um *homem poderoso* a seus afiliados *inferiores*, seria bastante comum, especialmente no surgimento dos partidos políticos modernos. Os exemplos de grupos políticos identificados pelos nomes de seus líderes seriam muitos. Mesmo no movimento operário e socialista, a tendência continua a sobreviver. O exemplo mais evidente foi a distinção entre lassallistas e marxistas, no socialismo alemão, e entre guesdistas e jauressistas no francês[14]. Nisso haveria uma analogia entre partidos modernos, seitas religiosas e ordens monásticas.

Para Gramsci, a definição de "líder carismático", isto é, de um líder que exerce poder sobre seus subordinados por qualidades que parecem sobrenaturais, não seria uma descoberta de Michels, mas de Weber.

As formas gerais desse partido são múltiplas e o próprio movimento lassalliano fornece um primeiro exemplo emblemático:

---

[14] Gramsci refere-se às articulações do movimento socialista francês e da social-democracia alemã em torno da personalidade forte no plano político, com as quais ganharam vida correntes que tomaram de empréstimo os nomes dos respectivos pontos de referência intelectual: Jules Bazile, conhecido por Guesde (1845-1922) e Jean Jaurès (1859-1914), na França; Ferdinand Lassalle (1825-1864) e Karl Marx (1818-1883), na Alemanha.

Ele [Lassalle] comprazia-se em se vangloriar, diante de seus partidários, da idolatria de que gozava por parte das massas delirantes e das virgens vestidas de branco que cantavam coros e lhe ofereciam flores. Essa fé carismática não era apenas o resultado de uma psicologia exuberante e um tanto megalomaníaca, mas também correspondia a uma concepção teórica. Devemos – disse ele aos trabalhadores renanos, expondo suas ideias sobre a organização do partido – forjar, a partir de todas as nossas vontades dispersas, um martelo, e colocá-lo nas mãos de um homem cuja inteligência, caráter e dedicação são uma garantia de que golpeará energicamente. Era o martelo do ditador.[15]

Outro exemplo emblemático considerado por Gramsci é o próprio Mussolini, que assumiu para si as funções de chefe único de um partido e de um Estado. O partido fascista está totalmente identificado com a figura de Mussolini. No entanto, este ter-se tornado carne e sangue da direção carismática única também está vinculado à proibição de formação de grupos ou posições que poderiam questioná-lo. Nesse sentido, Mussolini usou o Estado para dominar o partido e, por sua vez, o partido para dominar o Estado. No entanto, o efeito arrasador dos líderes carismáticos entre as massas é "infantil": "Para quem conhece a facilidade das multidões italianas para o exagero sentimental e o entusiasmo emotivo". Assim, a duração dos partidos carismáticos, que para Gramsci pode ser tanto autoritária quanto antiautoritária, "é frequentemente regulada pela duração do momento e do entusiasmo que às vezes lhe dão uma base muito frágil"[16].

Segundo Gramsci, a produção teórica de Michels sobre partidos políticos é sumária e superficial, suas ideias são frequentemente confusas e esquemáticas, as categorias e definições nelas incluídas não são imunes a erros triviais, o enredo analítico e narrativo é oprimido por uma babel ociosa e complicada de citações bibliográficas redundantes[17]. No entanto, para Gramsci, alguns aspectos desse trabalho podem ser interessantes e úteis como uma reunião de matéria-prima e observações empíricas. Assim, por exemplo, mesmo criticando duramente os argumentos relativos à teoria do "líder carismático" e as afirmações sobre a "lei férrea da oligarquia", sobre os problemas das relações entre a democracia e

---

[15] Antonio Gramsci, *Quaderni del carcere*, cit., p. 232.

[16] Ibidem, p. 234.

[17] "Ele também apoia os truques mais banais com a autoridade dos escritores mais díspares. Tem-se a impressão de que não é o curso do pensamento que determina as citações, mas a pilha de citações prontas que determina o pensamento, dando a ele algo de aleatório e improvisado. Michels deve ter construído um imenso arquivo, mas como amador, como autodidata […]; ele não tem uma metodologia intrínseca aos fatos, nenhum ponto de vista crítico que não seja um ceticismo amigável da sala de estar ou de um café reacionário que substituiu a clareza superficial do sindicalismo revolucionário e do sorelismo" (ibidem, p. 237-8).

a tendência à oligarquia nos partidos políticos descritos por Michels, Gramsci reconhece que essas elaborações têm um significado preciso quando na organização há uma divisão de classe entre chefes e filiados. Nesse caso, o problema não é uma das muitas classificações de esquematismo sociológico, que muitas vezes tornam a obra de Michels não confiável, mas o encontro com um problema real, uma profunda contradição política com claros efeitos práticos na história do sindicalismo, dos partidos social-democratas e comunistas. E é precisamente este o tema que abordaremos no último capítulo deste livro.

I I
O DESMANTELAMENTO DOS VELHOS ESQUEMAS DA ARTE POLÍTICA

Como amplamente esclarecido, a natureza dualista das relações entre dirigentes e dirigidos é um tema central na elaboração teórica de Gramsci por diversas razões, sobretudo porque internamente a essa contradição encontram-se tanto as origens como a força persuasiva das relações de exploração e domínio características da sociedade burguesa.

No *Caderno 2,* o cadornismo é definido como uma categoria paradigmática capaz de sintetizar a relação entre intelectuais e massas, e, portanto, a natureza passiva das relações sociais e políticas italianas. Segundo Gramsci, exigir de Cadorna[1] uma grande capacidade política não seria generoso, pois, naquele momento, os principais homens políticos no governo eram totalmente desprovidos de capacidade militar. As classes dominantes italianas se mostraram inadequadas para preparar politicamente os chefes militares; assim, a incapacidade de Cadorna de exercer um papel político motivador em relação a oficiais, suboficiais e soldados correspondia à do governo (e da política em geral) diante das massas populares. A aversão proverbial de Cadorna à vida política parlamentar não era diferente daquela da casa real e da dos liberais que lideravam o país[2]. Mas, como vimos ao longo desta biografia, o cadornismo não foi apenas um problema das classes dirigentes nacionais; ao contrário, marcou profundamente também o movimento que a elas se opunha.

---

[1] Luigi Cadorna (1850-1928) foi o general italiano associado à derrota de Caporetto na Primeira Guerra Mundial, que se deveu a sua estratégia rígida e cara (em termos de vidas humanas sacrificadas) baseada nas chamadas *spallate* [ataques frontais], a ofensiva militar contra as cerradas linhas de defesa austríacas, que terminou com o fracasso das tropas e a retirada do Exército italiano para o vale do rio Piave.

[2] Antonio Gramsci, *Quaderni del carcere* (Turim, Einaudi, 1977), p. 259.

As organizações do movimento operário mostraram-se inadequadas para derrubar os velhos padrões da arte política, acabando por aplicá-los internamente e atribuindo mais uma vez às classes populares o papel de "massa de manobra". Todos os agregados humanos têm para Gramsci seu próprio "princípio ótimo de proporções definidas" e isso pode ser visto tanto no Exército como nos partidos políticos, nos sindicatos ou nas fábricas. Esse princípio consiste nas relações entre os diferentes elementos do agregado social em questão[3], relações necessariamente equilibradas e harmoniosas, em que a mudança numa das partes determina a necessidade de um novo equilíbrio com o todo.

A presença de quadros de diferentes graus e capacidades revela como um movimento de opinião se transforma em partido político, porque o partido tem essencialmente a função de criar quadros dirigentes capacitados para suas diversas funções. A eficácia de um partido reside em sua existência como "função de massa", que desenvolve e multiplica os principais quadros dirigentes de uma classe social, transformando-a de um grupo desintegrado e amorfo em um "exército político organicamente predisposto". O déficit qualitativo ou mesmo quantitativo das funções dirigentes nos diferentes níveis de um partido político acaba tornando sua ação estéril e ineficaz mesmo na presença de precondições favoráveis ao seu funcionamento útil. Para Gramsci, a história do partido socialista no pós-guerra, mas também a do partido comunista, é o testemunho mais claro disso.

Ligada à discussão sobre o princípio de proporções definidas está a formação, durante o desenvolvimento histórico, do funcionário de carreira tecnicamente treinado no trabalho burocrático, uma questão de significado "primordial" na ciência política e na história dos agregados estatais, um tópico tratado extensivamente nas páginas anteriores dedicadas a Michels. A questão dos funcionários tende a coincidir com a dos "intelectuais orgânicos" ao grupo social essencial: a afirmação de uma nova forma social e estatal determina a necessidade de um novo tipo de funcionário, mas ela não pode prescindir (pelo menos por certo período) dos funcionários herdados de relações sociais e políticas preexistentes.

Esse problema teve extraordinária importância para a Rússia depois de Outubro de 1917, devido às dificuldades encontradas pelo nascente Estado soviético em direcionar a produção e a própria administração pública para os trabalhadores, e foi preciso buscar sua solução num novo motivo inspirador, para o qual se deveria dirigir toda a máquina estatal: a unidade entre trabalho manual e intelectual. Um problema não resolvido pela Revolução Russa, nem no âmbito prático nem no teórico. No parágrafo intitulado *A concepção do centralismo orgânico e a casta*

---

[3] Num partido político, isso está ligado às relações entre o grupo dirigente, os representantes institucionais, os quadros intermediários, os quadros militantes e a massa de filiados.

sacerdotal, do *Caderno 3*, Gramsci parece se referir ao problema da cristalização doutrinária e dogmática de uma ideologia e à questão da formação de um sacerdócio oficial delegado à sua administração. Contra essa tendência, ele escreve que a ideologia deve ser concebida historicamente, como manifestação de uma luta incessante, não como algo artificial e sobreposto mecanicamente. A pretensão de "fabricar um organismo objetivamente perfeito", de uma vez por todas, seria uma ilusão desastrosa do centralismo orgânico, porque poderia "afundar um movimento num atoleiro de disputas pessoais acadêmicas"[4].

A questão dos funcionários e da organização de uma nova ordem social estatal está intimamente ligada ao tema do chamado "centralismo orgânico" e do "centralismo democrático". O "centralismo orgânico" é um conceito segundo o qual o grupo político é selecionado por cooptação em torno de uma personalidade, de um "líder carismático" que se julga portador de "verdades infalíveis" e guardião de "leis naturais infalíveis" da evolução histórica. No interior do "centralismo orgânico", é necessário distinguir se o domínio de uma parte sobre o todo é oculto ou implementado explicitamente; em outras palavras, se é o resultado de uma concepção unilateral de grupos fanáticos e sectários. Nesse caso, não se deve falar em "centralismo orgânico", mas em "centralismo burocrático"; a organicidade é antes "centralismo democrático", orgânico porque é o resultado de uma adaptação contínua da organização ao movimento real das coisas, não a cristalização burocrática destas. O "centralismo democrático" é para Gramsci "um equilíbrio dos impulsos de baixo com o comando de cima, uma inserção contínua dos elementos que brotam das profundezas da massa na estrutura sólida do aparelho de direção, que assegura a continuidade e o acúmulo regular de experiências"[5]. É uma fórmula flexível que consiste na busca crítica constante do que é igual na aparente diversidade, em que a procura pela unidade orgânica não é uma uniformidade plana, muito menos o resultado de um frio processo racionalista; a unidade orgânica é uma necessidade prática e experimental, e é a unidade orgânica da teoria e da práxis, das classes intelectuais e das massas populares, dos governantes e dos governados. A predominância do "centralismo burocrático" num Estado indica, em vez disso, que seu grupo de liderança está "saturado", tornou-se um consórcio de interesses comprometidos em perpetuar seus privilégios, de modo a sufocar ainda no nascimento as novas forças vitais, mesmo quando alinhadas aos interesses do grupo dominante.

A "lei das proporções definidas" varia de acordo com o grupo social levado em consideração e também com o nível de cultura, independência mental e espírito de iniciativa de seus membros mais atrasados e periféricos. Nesse sentido, as formas

---

[4] Antonio Gramsci, *Quaderni del carcere*, cit., p. 337.

[5] Ibidem, p. 1.634.

mais estagnadas e brutais de "centralismo burocrático" ocorrem precisamente em razão da ausência de iniciativa e responsabilidade vinda de baixo, devido aos limites e à natureza ainda primordial do elemento periférico, mesmo quando homogêneo com o grupo territorial hegemônico.

A conquista da forma completa e perfeita pelos partidos é difícil, porque qualquer desenvolvimento comporta, para eles, novas tarefas e responsabilidades. No caso do partido impulsionado pela ambição de eliminar da sociedade a distinção de classes, pode-se dizer que atinge a condição de perfeição quando perde a necessidade histórica, deixando de ser um sujeito real enquanto racional e vice-versa. Cada partido é uma nomenclatura de classe e, portanto, se as classes não existem mais, a necessidade de se organizarem em partido também diminui. Desse modo, a realização completa da sociedade sem as classes e do partido comunista deve ocorrer com o fim do próprio partido comunista.

Dito isso, porém, dentre as várias formas de agregação humana, o partido político é um dos exemplos em que a regra do "princípio ótimo de proporções definidas" pode ser mais bem compreendida. Um partido torna-se historicamente necessário quando as condições de se tornar Estado começam a tomar forma e nos permitem vislumbrar possíveis desenvolvimentos; quando isso acontece, o partido compõe-se e articula-se por meio de três elementos fundamentais: primeiro, o elemento difuso de massa, para cuja participação a disciplina e a lealdade são essenciais e sem as quais o partido não poderia existir. No entanto, a força desse elemento está estreitamente ligada à capacidade do elemento dirigente de desempenhar uma função coesa e centralizadora, na ausência da qual o elemento difuso de massa seria dispersado, desprovido de disciplina e, finalmente, impotente.

Gramsci entende por disciplina o relacionamento orgânico, contínuo e permanente entre governantes e governados, tendente a gerar uma vontade coletiva, não a aceitação passiva e mecânica de ordens a serem executadas sem discussão. Se concebida dessa maneira, a disciplina não anula a personalidade e a liberdade, mas torna-se assimilação consciente de um direcionamento a ser implementado que, existindo, limita o "arbítrio e a impulsividade irresponsável". A questão da liberdade e da personalidade é posta em discussão não pela disciplina em si, mas pela natureza da fonte da qual provém o direcionamento a realizar: se é de origem democrática, isto é, se é uma função técnica especializada, e não um ato arbitrário ou uma imposição externa, a disciplina se torna um elemento necessário de ordem democrática e de liberdade. Mas a origem democrática da direção é obtida se for exercida no interior de um grupo social homogêneo; se, ao contrário, for exercida por uma classe social sobre outra, o grupo social que exerce a ordem talvez possa falar de disciplina, mas não aquele que a sofre.

O segundo elemento fundamental do partido examinado por Gramsci é o "coesivo principal", o grupo dirigente nacional, que confere força coesiva e centralização a todos os membros, e se revela ainda mais decisivo para a existência do partido que o elemento difuso da massa. Escreve Gramsci:

> Fala-se de capitães sem exército, mas, na realidade, é mais fácil formar um exército do que formar capitães. Tanto que um exército é destruído se lhe faltarem os capitães, ao passo que a existência de um grupo de capitães, unidos, de acordo um com o outro, com fins comuns, não tarda a formar um exército, mesmo onde ele não existe.[6]

Finalmente, o terceiro elemento é o dos chamados quadros intermediários, cuja função é articular o elemento dirigente com a massa, mantendo-os em contato físico, moral e intelectual, garantindo assim a continuidade da direção política. A eficácia política de um partido e a eficiência de seu funcionamento estão, portanto, intimamente ligadas à existência de "proporções definidas" entre esses três elementos.

A distinção entre dirigentes e dirigidos e entre governantes e governados é um elemento primordial e irredutível da arte política, cuja origem tem causas próprias que devem ser analisadas em detalhes. O problema das "proporções definidas" no partido político diz respeito à melhor e mais eficaz maneira de dirigir e formar grupos dirigentes. No partido revolucionário, a questão fundamental, ligada à formação dos grupos dirigentes, é a vontade de reduzir a divisão entre governantes e governados. Por outro lado, um dos defeitos mais clássicos dos grupos dirigentes é, ao contrário, a convicção de que, uma vez identificada a orientação, ela deve ser aplicada com obediência militar, de modo que sequer se sinta a necessidade de explicar sua necessidade e racionalidade.

A convicção de que algo será feito porque o dirigente o considera correto e racional, e por essa razão é afirmado como um fato incontestável, é exatamente o que Gramsci entende por "cadornismo". Nos partidos, a tendência ao "cadornismo" e, com ela, "o hábito criminoso de negligenciar os meios de evitar sacrifícios desnecessários" fazem parte de uma maneira equivocada de conceber a direção política, embora seja claro que os piores desastres políticos coletivos ocorrem quando "se brinca com a pele de outros".

> Todo mundo já ouviu falar de oficiais do *front* dizendo como os soldados realmente arriscavam a vida quando era necessário, mas como eles se rebelavam quando se viam negligenciados. Por exemplo: uma companhia seria capaz de jejuar por

---

[6] Ibidem, p. 1.734.

muitos dias ao perceber que os víveres não seriam suficientes, mas se amotinaria se uma única refeição tivesse sido negada por negligência ou burocratismo.[7]

A superação do "cadornismo" – a predominância de organismos coletivos e amplos de direção política – leva à superação dos antigos esquemas "naturalistas" da arte política e, mais amplamente, da relação entre dirigentes e dirigidos na sociedade. A disseminação dos partidos de massa e sua adesão orgânica à vida mais íntima das classes populares, juntamente com a formação de sua consciência crítica de classe, entendida como a superação de uma forma desorgânica, casual e mecânica dos sentimentos populares, são os dois elementos essenciais dessa mudança na qual já se vislumbram os germes da sociedade futura.

O cadornismo é, portanto, a metáfora de um problema histórico não resolvido: o uso instrumental das massas pelos grupos dirigentes, o fato de elas acabarem sendo uma matéria-prima nas mãos do "líder carismático" de plantão. Já num artigo escrito por ocasião da morte de Lênin em 1924[8], Gramsci se fez algumas perguntas sobre as relações necessárias entre o partido e as massas no contexto da ditadura do proletariado, na qual podemos ler que, preliminarmente, cada Estado é uma ditadura. Enquanto houver a necessidade de um Estado, surgirá o problema de direção, do "líder". No entanto, no contexto da transição para o socialismo, o problema essencial não é a existência ou não de um "líder", mas a natureza das relações entre ele e as massas. Em outras palavras, se se trata de relações puramente hierárquicas e militares ou, ao contrário, de relações de caráter orgânico. Para que o "líder" e o partido não sejam uma excrescência, uma sobreposição não natural e violenta no corpo das massas, ambos devem primeiro fazer parte da classe, ou pelo menos representar seus interesses e aspirações mais vitais. Para Gramsci, Benito Mussolini representou perfeitamente todas as características mais negativas do chamado "líder carismático", com a intenção de seduzir as massas com sua oratória brilhante e os golpes teatrais, mas sem uma conexão orgânica com elas[9].

---

[7] Ibidem, p. 1.753.

[8] Antonio Gramsci, "Capo", *L'Ordine Nuovo*, mar. 1924, em *La costruzione del Partito Comunista 1923-1926* (Turim, Einaudi, 1971).

[9] "Temos na Itália o regime fascista, temos à frente do fascismo Benito Mussolini, temos uma ideologia oficial na qual o líder é divinizado, é declarado infalível, é proclamado organizador e inspirador de um sagrado império romano renascido. Vejamos as fotografias: a máscara mais endurecida de um rosto que já vimos nos comícios socialistas. Conhecemos esse rosto: conhecemos esse girar dos olhos nas órbitas, que no passado, com sua ferocidade mecânica, ameaçavam a burguesia e hoje ameaçam o proletariado. Conhecemos aquele punho cerrado sempre fechado e ameaçador. Conhecemos todo esse mecanismo, toda essa parafernália e entendemos que ele pode impressionar e mover as vísceras da juventude das escolas burguesas;

Esse tema é retomado nas notas do *Caderno 6*, em que o intelectual sardo trata do significado deturpado assumido pelos termos "ambição" e "demagogia", afirmando a necessidade de não confundir "grande" e "pequena ambição". Quando se tem clareza dessa diferença, pode-se dizer que uma política sem ambição não é concebível; no entanto, quando não se é capaz de distinguir uma da outra, a ambição é associada ao oportunismo arrivista, à traição de seus princípios e de seu grupo social, para obter um lucro imediato maior.

Assim como a política não pode existir sem ambição, também não pode haver um "líder" desinteressado no exercício do poder, mas mesmo nesse caso o problema não é tanto a ambição em si, e sim a natureza do relacionamento entre o "líder" e a massa junto à qual essa "grande ambição" é perseguida. O problema é quando a ambição do líder aumenta depois de ter criado um deserto ao seu redor, ou se esse sentimento está associado à elevação de todo um estrato social; em outras palavras, se o líder ambicioso vê sua elevação como uma função da elevação geral.

As mesmas observações são dirigidas à chamada demagogia, associada à tendência geral a se servir das massas, suscitando-lhes o entusiasmo, conscientemente provocado e alimentado, com o objetivo único de perseguir suas "pequenas ambições" particulares. Mas se o "líder" não considera a massa como "carne para canhão", isto é, um instrumento para atingir seus próprios objetivos e depois ser deixado à deriva, mas, ao contrário, lhe proporciona protagonismo histórico num fim político orgânico e geral, não particular, a demagogia em si pode assumir um significado positivo. A tendência do demagogo deturpado é a de se mostrar insubstituível, de fazer acreditar que atrás dele só existe o abismo. Para tanto, ele elimina todos os possíveis concorrentes, colocando-se diretamente em relação instrumental com as massas, por meio de seus atributos sedutores e do uso de todos os instrumentos espetaculares necessários para obter o consentimento passivo, e não a participação ativa:

> [O líder político que não é movido por pequenas ambições] tende a incentivar um estrato intermediário entre ele a massa, a possibilitar possíveis concorrentes e iguais, a elevar o nível de capacidade das massas, a criar elementos que possam substituí-lo na função de líder. Ele pensa segundo os interesses das massas e estes

---

de perto, é realmente impressionante e surpreende. Mas líder? [...] Ele era então, como hoje, o tipo concentrado da pequena burguesia italiana, raivosa e feroz mistura de todos os detritos deixados em solo nacional pelos vários séculos de dominação de estrangeiros e padres: ele não poderia ser o líder do proletariado; ele se tornou o ditador da burguesia, que ama a face feroz quando esta novamente se torna bourbônica, que espera ver na classe trabalhadora o mesmo terror que sentiu por aquela rotação de olhos e aquele punho cerrado ameaçador" (ibidem, p. 15).

requerem que o aparelho de conquista não se desfaça pela morte ou pela perda de um líder, jogando as massas no caos e na impotência primitiva.[10]

Substituir o "cadornismo" e mudar os velhos esquemas "naturalistas" da arte política significa, em primeiro lugar, combater o preconceito que leva a considerar a filosofia algo excessivamente difícil e reservado a uma categoria especializada de intelectuais e sábios. Todo homem, seja qual for sua atividade profissional, é um filósofo[11] que participa de determinada visão de mundo. O problema não é ter mais ou menos faculdades intelectuais, mas entender se aquela concepção é puramente espontânea ou mecânica ou, ao contrário, crítica e coerente. Ou seja, se responde às reais exigências de quem as carrega ou se é fruto de uma formulação exógena e imposta, ou absorvida inconscientemente do ambiente social no qual vem ao mundo[12]. Como vimos, segundo Gramsci, os grupos subalternos sofreram constantemente a direção das classes dominantes e, portanto, até nas diversas manifestações da filosofia popular (linguagem, senso comum, bom senso, religião popular, folclore) podem ser encontrados fragmentos e modos de ser da visão de mundo do grupo dirigente. A adesão impensada ou espontânea à ideia de civilidade da classe dominante é, de fato, a garantia mais eficaz da conservação de suas relações de domínio, que leva os explorados a aceitar as próprias leis da exploração em que se apoia sua subalternidade. Numa sociedade avançada, com aparelhos privados estratificados de hegemonia civil, a pedra angular dos equilíbrios passivos não reside tanto na concentração de força nas mãos do Estado quanto na capacidade gravitacional de arregimentação ideológica e cultural.

Para que os grupos subordinados possam se libertar desse domínio, é necessário um "espírito de cisão". Os subalternos devem autodeterminar-se material e espiritualmente, superando as formas fragmentárias e episódicas da "filosofia espontânea" que lhes inibe a consciência.

---

[10] Antonio Gramsci, *Quaderni del carcere*, cit., p. 772.

[11] Já no artigo "Socialismo e cultura", publicado em *L'Ordine Nuovo* em 1919, Gramsci escreveu que "todo homem é um filósofo", abordando esse tema em termos não muito diferentes dos que utilizou nos *Cadernos*.

[12] Nas notas sobre o *Ensaio popular* de Bukhárin, Gramsci define a "filosofia do senso comum" como a "filosofia dos não filósofos", isto é, a concepção de mundo absorvida acriticamente dos vários ambientes sociais e culturais em que se desenvolve a individualidade moral do homem médio. Para Gramsci, essa filosofia não é sempre idêntica no tempo e no espaço e caracteriza-se por ser uma "concepção desagregada, incoerente, inconsequente, conforme a posição social e cultural das multidões em que esta é a filosofia" (Antonio Gramsci, *Quaderni del carcere*, cit., p. 1.396).

O DESMANTELAMENTO DOS VELHOS ESQUEMAS DA ARTE POLÍTICA   373

É preferível pensar sem consciência crítica, de modo desagregado e ocasional [...] ou é preferível elaborar a própria concepção de mundo consciente e criticamente e, a partir daí, em conexão com o trabalho do próprio cérebro, escolher a própria esfera de atividade, participar ativamente da produção da história do mundo, ser seu próprio guia e já não aceitar, passiva e indiferentemente, que a marca de sua personalidade venha de fora? [...] Desse modo, criticar a própria concepção de mundo significa torná-la unitária e coerente e elevá-la até o ponto atingido pelo pensamento mais avançado do mundo. Significa, portanto, também criticar toda a filosofia até então existente, na medida em que esta deixou estratificações consolidadas na filosofia popular. O início da elaboração crítica é a consciência do que existe realmente, ou seja, conhecer a si mesmo como um produto do processo histórico até então desenvolvido, que lhe deixou uma infinidade de traços aceitos sem o benefício do inventário. Esse inventário inicial precisa ser feito.[13]

Uma visão de mundo criticamente coerente necessita da plena consciência de sua historicidade (a concepção crítica deve responder a determinados problemas postos pela realidade) e é historicamente determinada, surge de um desenvolvimento específico das forças produtivas, é uma visão de mundo em contradição com outras, que são, por sua vez, expressão de outros interesses historicamente determinados.

Mas a criação de uma visão de mundo criticamente coerente deve necessariamente assumir um caráter unitário, encontrando uma saída na socialização e na participação coletiva para as premissas dessa filosofia. Criar uma nova cultura capaz de se posicionar criticamente em relação ao passado também significa socializar as descobertas já feitas e transformá-las no fundamento de ações concretas, fazendo dessa cultura um "elemento de coordenação" e de ordem "intelectual e moral" das massas. Em si mesmo, Gramsci escreve ainda, o fato de uma massa de homens ser levada a pensar o presente e a realidade de maneira unificada e coerente é filosoficamente mais importante do que qualquer descoberta ou novidade filosófica que permaneça no armário das restritas elites intelectuais. Para qualquer concepção do mundo que se torne um movimento cultural e produza uma atividade prática e uma direção política consciente e consequente[14], o verdadeiro problema é manter a unidade ideológica do bloco social por ela unificado.

Assim, por exemplo, um dos principais elementos de força, significado e persistência entre as massas religiosas, e em particular da católica, é precisamente o fato de que esta lutou constantemente pela união doutrinária de toda a massa

---

[13]   Ibidem, p. 1.376.

[14]   Gramsci refere-se à ideologia, isto é, a uma concepção de mundo que se manifesta na arte, no direito, na atividade econômica e em todas as manifestações de vida, tanto intelectuais como coletivas.

religiosa, de modo que não se formasse uma religião dos intelectuais e outra das "almas simples", para que as camadas intelectuais superiores não se separassem das inferiores.

A Igreja soube manter sua comunidade de fiéis por meio da repetição coerente de sua apologética e da manutenção da continuidade entre ela e os fiéis. Sempre que essa continuidade foi interrompida – como nos tempos da Reforma religiosa e da Revolução Francesa –, a Igreja sofreu danos incalculáveis. A *filosofia da práxis* deveria ter tirado uma lição desse exemplo. Toda nova visão do mundo que pretenda substituir o senso comum e as antigas concepções deve necessariamente agir de duas maneiras: em primeiro lugar, nunca se cansar de repetir seus próprios argumentos, dando-lhes coerência e continuidade; em segundo, trabalhar para "elevar intelectualmente camadas populares cada vez mais vastas, o que significa trabalhar para suscitar elites intelectuais de um novo tipo que surjam diretamente das massas e permaneçam em contato com elas para se transformar em sua base de sustentação"[15].

Um dos maiores limites das filosofias anteriores à *filosofia da práxis* foi precisamente não ter conseguido criar uma "unidade ideológica de alto a baixo", "entre os simples e os intelectuais". Assim, por exemplo, o idealismo se opunha ao movimento cultural de "ir em direção ao povo" manifestado no fenômeno das universidades populares, embora este fosse, em meio a milhares de defeitos, um fenômeno digno de estudo e interesse, e não de simples rebaixamento, porque demonstrava o entusiasmo e a vontade dos simples diante da possibilidade de ascender a uma concepção superior do mundo.

Se, no entanto, um dos pontos fortes da Igreja católica reside em sua intenção de manter, na unidade doutrinária, o contato entre os estratos intelectuais mais elevados e as massas, esse objetivo nunca foi alcançado com um trabalho destinado a elevar as massas ao nível dos intelectuais, mas com uma disciplina férrea sobre os intelectuais, para que não ultrapassassem certos limites na distinção entre eles e as massas. Para Gramsci, o marxismo deveria ser metodologicamente (não apenas ideologicamente) antitético a essa concepção, uma vez que não deveria manter as massas em sua filosofia primitiva do senso comum, mas ter o objetivo de elevá-las a uma concepção superior da vida[16].

---

[15] Antonio Gramsci, *Quaderni del carcere*, cit., p. 1.392.

[16] Nessa abordagem percebe-se a grande influência de *O que fazer?*, de Lênin, em que a questão é tratada extensivamente. Em tal obra, podemos ler, por exemplo: "A primeira e mais imperiosa de nossas obrigações é contribuir para a formação de operários revolucionários que, do ponto de vista de sua atividade no partido, estejam no mesmo nível dos revolucionários intelectuais [...]. Por isso, nossa atenção deve voltar-se principalmente para elevar os operários ao nível dos revolucionários e não para descermos nós próprios infalivelmente ao nível da 'massa

O DESMANTELAMENTO DOS VELHOS ESQUEMAS DA ARTE POLÍTICA   375

Se ele afirma a necessidade de contato entre intelectuais e pessoas simples, não é para manter a unidade no nível mais baixo das massas, mas precisamente para construir um bloco intelectual-moral que torne politicamente possível o progresso intelectual das massas e não apenas de escassos grupos intelectuais.[17]

---

operária', como querem os 'economistas' [...]" (Vladímir Ilitch Lênin, *Che fare?*, Turim, Einaudi, 1979, p. 151 [ed. bras.: *O que fazer?*, trad. Edições Avante! e Paula Vaz de Almeida, São Paulo, Boitempo, 2020, p. 145]). E, ainda nesse sentido, uma citação que Lênin faz de Karl Kausty: "A consciência socialista moderna não pode surgir senão na base de profundos conhecimentos científicos. [...] o portador da ciência não é o proletariado, e sim a *intelectualidade burguesa*: foi do cérebro de alguns membros dessa camada que surgiu o socialismo moderno e foram eles que o transmitiram aos proletários intelectualmente mais desenvolvidos [...]" (ibidem, p. 47 [ed. bras.: p. 55]), que depois o revolucionário russo comenta em nota de rodapé: "Isso não significa, é claro, que os operários não participem dessa elaboração. Mas participam não como operários, participam como teóricos do socialismo [...]; em outras palavras, só participam no momento e na medida em que conseguem dominar, em maior ou menor grau, a ciência da sua época e fazê-la progredir. E para que os operários o consigam com maior frequência, é preciso esforçar-se o mais possível para elevar o nível de consciência dos operários em geral; é preciso que os operários não se confinem no quadro artificialmente restrito da 'literatura para operários', mas aprendam a assimilar cada vez mais a literatura geral. Seria mesmo mais justo dizer, em vez de 'não se confinem', 'não sejam confinados', porque os próprios operários leem e querem ler tudo quanto se escreve também para a intelligentsia, e só alguns (maus) intelectuais pensam que 'para os operários' basta falar das condições nas fábricas e repisar aquilo que já sabem há muito tempo" (ibidem, p. 47-8 [ed. bras.: p. 55-6]).

[17] Antonio Gramsci, *Quaderni del carcere*, cit., p. 1.384.

Conclusão

"É necessário destruir o preconceito muito difundido de que a filosofia é algo muito difícil por ser a atividade intelectual própria de determinada categoria de especialistas ou de filósofos profissionais sistemáticos."

Antonio Gramsci [1]

Para Gramsci, a conquista de uma consciência crítica capaz de transformar os grupos subalternos em sujeitos históricos conscientes de si só é possível com a subversão dos "velhos esquemas naturalistas" da arte política, com o total abandono de um modo dualista de entender a relação entre direção política e massas. Graças a essa concepção tradicional, o intelectual torna-se uma espécie de sacerdote depositário da ampola com o diabo dentro, encarregado de interpretar os sentimentos das massas populares para depois traduzi-los em orientações políticas que elas devem aplicar mecanicamente, quando não militarescamente. Ao contrário, o processo de autodeterminação material e espiritual faz com que a elaboração e a direção sejam decorrentes de um "envolvimento ativo e consciente" do organismo coletivo, e não mais o resultado da intuição intelectual do líder ou do grupo dirigente, que a cadeia de comando traduz unilateralmente, de cima para baixo, em ideia-força necessária à ação das massas. Gramsci descreve todo esse sistema de "filologia viva", no qual subsiste uma relação de proporção definida entre "grande massa, partido, grupo dirigente e todo o conjunto, bem articulado, [que] pode se movimentar como um homem coletivo"[2].

---

[1] *Quaderni del carcere* (Turim, Einaudi, 1977), p. 1.375.

[2] Ibidem, p. 1.430.

380 Antonio Gramsci, o homem filósofo

Gramsci atribui a contradição na relação entre intelectuais e massas a uma incomunicabilidade de fundo. Em virtude de sua subalternidade, o elemento popular consegue "sentir", mas nem sempre é capaz de compreender e, sobretudo, "saber", ao passo que o elemento intelectual consegue "saber", mas raramente é capaz de "sentir". Para o filósofo sardo, o erro dos intelectuais consiste na convicção de que é possível "saber" até na ausência total de empatia, sem "sentir e sem se apaixonar"; portanto, por um processo de distinção, não por meio de uma relação orgânica com o "povo-nação" capaz de compreender suas paixões elementares. O intelectual puro, expressão da histórica relação dualista entre saber e atividade instrumental, que para Gramsci une figuras díspares como Benedetto Croce e Amadeo Bordiga, relaciona-se com o povo apenas para interpretar seus sentimentos, não para compreendê-los e entrar em sintonia com eles a fim de colocá-los em relação dialética com uma concepção de mundo superior, científica e coerentemente elaborada. O intelectual puro inclina-se para o povo apenas com o objetivo de construir esquemas científicos, relaciona-se com o povo como um zoólogo que observa o mundo dos insetos:

> O saber não se faz política-história sem essa conexão sentimental entre intelectuais e povo-nação. Na ausência de tal nexo, as relações entre intelectual e povo-nação se reduzem a relações de ordem puramente burocrática, formal; os intelectuais tornam-se uma casta ou um sacerdócio. Se a relação entre intelectuais e povo-nação, entre dirigentes e dirigidos, entre governantes e governados se dá por uma adesão orgânica em que o sentimento-paixão se torna compreensão e, assim, saber (não mecanicamente, mas de modo vivo), só então a relação é de representação e acontece a troca de elementos individuais entre governados e governantes, entre dirigentes e dirigidos, ou seja, realiza-se a vida do conjunto que é a única força social, cria-se o bloco histórico.[3]

Gramsci falou reiteradamente da ditadura de ferro dos intelectuais sobre o conjunto das funções instrumentais da sociedade, uma relação dualista de tal modo orgânica que torna intransponível a barreira entre dirigentes e dirigidos, condenando as massas a uma condição imutável e violenta de subalternidade. Nela se concentram e se resumem todas as relações de domínio e exploração burguesa, legitimam-se todos os vínculos de comando e obediência da eterna distinção entre dirigentes e dirigidos. Tal ditadura exemplifica a representação interessada do saber por parte dos estratos intelectuais: a filosofia, o conhecimento e a direção política são representados como conceitos intransmissíveis aos "simples", como algo complicado demais, que deve ficar a cargo de um sacerdócio

---

[3] Ibidem, p. 1.505-6.

especializado. Conservar, em relação ao saber, o mesmo espanto generalizado no povo, tal qual um milagre (humanamente inatingível), era funcional ao estado de coisas existente e ao equilíbrio social passivo. Toda a biografia intelectual e política de Gramsci origina-se e mantém-se estreitamente vinculada a um problema histórico: retirar dos ombros dos "simples" o peso insuportável da subalternidade política, estreitamente ligada à exploração e consequência do domínio do homem sobre o homem.

> Boa parte dos italianos, ao discutir um problema, não presta atenção ao que é essencial nesse problema, apenas examina os detalhes mais proeminentes e os apresenta como essenciais. Eles são como o cidadão que foi ao campo oferecer aos camponeses ajuda patriótica na debulha, ensacou o joio e deixou o trigo no terreiro. Ele era um poeta, um bom cidadão, e o joio o enfeitiçara por sua divina leveza, pela suave dança que fazia no terreiro sob os raios cintilantes do sol, e também porque seus ombros preferiam um saco de joio a um saco de trigo.[4]

Na figura de Antonio Gramsci convivem exigências e perspectivas diferentes, mas em sua produção teórica se desenvolve um quadro de profunda continuidade. Isso não significa que ele se mantenha sempre idêntico; ao contrário, sobre muitas questões seu raciocínio se desenvolve, torna-se mais complexo, assume novas direções, muda alguns juízos iniciais. O Gramsci dos *Cadernos* não pode ser sobreposto secamente ao jovem diretor de *L'Ordine Nuovo*, ou ao dirigente comunista, porque sua elaboração não se desenvolve numa condição de rigidez intelectual desprovida de evoluções.

Não existe, portanto, uma contraposição entre um Gramsci político e um Gramsci "homem de cultura" e tampouco se pode falar de uma pretensa fratura ideológica em sua produção intelectual, a ponto de separá-la num antes e num depois. Gramsci foi um jovem revolucionário, um dirigente político e um teórico: todavia, essa tripartição só tem sentido para ajudar a organizar cronologicamente as diferentes fases de sua vida. Nas reflexões dos *Cadernos do cárcere*, ele não renegou seus ideais juvenis; da mesma maneira, a indomável necessidade de questionamento teórico, típica das notas do cárcere, caracterizou toda sua existência, mesmo quando era um jovem revolucionário ou o dirigente político do movimento comunista internacional.

---

[4] Ibidem, p. 133.

Posfácio
Antonio Gramsci: o marxismo diante da modernidade

Numa Itália ainda fortemente hegemonizada pelo conservadorismo católico e pelas posições reacionárias do Sílabo – e na qual permanecia intocado o domínio, não menos reacionário, exercido sobre o aparelho de Estado pelo bloco formado pelas velhas classes dirigentes aristocráticas, a burguesia do Norte e os agraristas meridionais –, o encontro com as ideias de Hegel, reelaboradas por Benedetto Croce e Giovanni Gentile, e também sob a influência dos irmãos [Bertrando e Silvio] Spaventa, significou, para o jovem Gramsci, uma verdadeira entrada na modernidade. Pode-se dizer que essa foi uma primeira aproximação do tema da liberdade moderna e de sua prática mundana: a tomada de consciência acerca da capacidade humana de fazer a história, bem como da possibilidade de superar o antigo regime no plano político e social. O confronto com dois autores de orientação liberal, mas que também se situavam na vanguarda da cultura europeia, se mostraria muito fecundo, especialmente diante dos pesados entulhos positivistas que com frequência minavam os alicerces da elaboração política do Partido Socialista, impedindo sua ação entre as massas (pensemos, sobretudo, nos estereótipos naturalistas com que se abordava a questão meridional).

Naqueles anos, precisamente a cautela política derivada da lição hegeliana, além de uma concepção universalista da cultura ligada à ideia de espírito absoluto, permitira que Croce evitasse as tentações de interpretação metafísica da Primeira Guerra Mundial, aquele "inútil massacre" – nessa questão, até mesmo os católicos se mostraram mais avançados que muitos outros setores políticos! –, então vista em termos de choque de civilizações ou de religiões por grande parte dos intelectuais europeus (pensemos no empenho para a agitação e a propaganda exercido por personalidades eminentes como [Max] Weber e [Edmund] Husserl na Alemanha ou [Henri] Bergson e [Éttienne] Boutroux na França). Esse realismo, contudo, não impedira o grande filósofo de se associar à causa do imperialismo italiano e de ver na catástrofe europeia uma oportunidade benéfica que, tendo ajudado a superar as divisões nacionais derivadas do socialismo e da luta de classes e projetado no exterior o conflito social, favoreceria a regeneração do país, levando o *Risorgimento* à sua conclusão.

Tampouco o impedira de reafirmar, mesmo nessa circunstância, o papel perenemente subordinado das classes trabalhadoras, configuradas como carne para canhão a ser sacrificada em nome da nova potência da nação e do seu direito de obter um "lugar ao sol" ao lado dos outros países europeus mais importantes. Do mesmo modo, a inspiração hegeliana – drasticamente redimensionada, além disso, a partir da teoria da distinção no âmbito da dinâmica do espírito – não o impediria, no momento da crise do liberalismo italiano e do advento do fascismo, de se distanciar do próprio liberalismo "democrático" – marcado, a seu ver, pelas influências deletérias das ideias abstratas de 1789 e de seus ingênuos princípios universalistas – e de simpatizar, ao menos um período, com a ditadura, entendida como garantidora da estabilidade social e do direito de propriedade (uma vez mais) como barreira para fazer frente ao socialismo.

Nesse ponto, fica clara a ruptura de Gramsci com o neoidealismo italiano. Se o ativismo de Gentile foi refutado como uma forma de fichtismo que se remete a um momento anterior à categoria hegeliana de contradição objetiva, um ultrassubjetivismo vazio e pronto a subsumir e idealizar, sob o conceito de ato puro, toda forma de práxis (a começar pela da mobilização total e da guerra), tampouco o liberalismo de Croce assimilara completamente o conceito universal de homem sem o qual não era possível pensar a dignidade humana comum das classes subalternas e também dos povos coloniais. Nessa perspectiva, aliás, o liberalismo havia, de certo modo, traído aquela mesma cultura da qual se pretendia herdeiro. Então, para Gramsci (e também para Togliatti) só o marxismo se apresentava como portador do que existia de melhor na tradição ocidental – em primeiro lugar, a Revolução Francesa, mas, ainda antes desta, a modernidade como tal, em sua essência de progresso –, à altura da qual os liberais não tiveram condições de manter-se. É nesse momento que, para Gramsci, a ideia de comunismo passa a se identificar com a ideia de universalidade. E é a partir do acerto de contas com o núcleo mais profundo do liberalismo que, para Gramsci, o marxismo começa a se entrelaçar com essa ideia, com o objetivo de levar a termo aqueles múltiplos processos de emancipação inaugurados pela burguesia, mas abandonados pelo liberalismo.

Qual marxismo, porém? Sabe-se que a Segunda Internacional julgara a Revolução de Outubro sob o ponto de vista de um marxismo dogmático e pretensamente "ortodoxo" e a condenara como uma precipitação voluntarista ocorrida num país ainda amplamente feudal e atrasado. Na Rússia pareciam faltar por inteiro as condições maduras para a passagem ao socialismo, uma ordenação social que pressupunha o completo florescimento da sociedade burguesa capitalista e um imenso desenvolvimento das forças produtivas. Ao definir 1917 como uma "revolução contra *o capital*" e ao lhe reconhecer plena legitimidade política, Gramsci se afastará de todas as leituras evolucionistas e mecanicistas do processo revolucionário, denunciando o economicismo e o materialismo vulgar dos dirigentes socialistas, mas fazendo valer, em parte, a experiência de Lênin até contra o próprio Marx.

De fato, mesmo no legado marxiano está presente, com frequência, uma teoria simplificada da revolução, que considera exclusiva ou principalmente o acúmulo das contradições no âmbito econômico dos países industrializados europeus. Em outros momentos, porém, Marx mostrou-se muito mais atento à natureza complexa do processo revolucionário, apresentando-o como um entrelaçamento de longa duração entre a economia e os componentes de tipo político, como a guerra ou a opressão nacional. Nesse sentido, nem sempre ou necessariamente existe sincronia absoluta entre as condições econômicas objetivas e as condições subjetivas e políticas da revolução. E o componente político pode, portanto, possibilitar o desencadeamento de um processo revolucionário de longa duração, até em países mais atrasados como a Alemanha ou em colônias como a Irlanda, partindo de especificidades nacionais que incluem até as tradições históricas e culturais de determinado povo. É o que ocorre, por exemplo – embora possa parecer paradoxal –, com a persistência de um forte sentimento religioso que se identifica com a causa da autodeterminação.

Chegamos ao segundo encontro decisivo na formação de Gramsci. A esse respeito, é justamente a essa visão mais complexa do marxismo que o leninismo confere atualidade ao desvelar a centralidade da situação concreta e, consequentemente, o caráter peculiar do processo revolucionário. Um processo que se apresenta sempre como uma negação determinada, ou seja, ligada às condições históricas específicas de um país e às correlações de força ali vigentes, e que só pode ser atribuído à especificidade de alguma questão nacional (razão pela qual o trotskismo, com sua teoria da revolução permanente e da necessidade de exportar o socialismo para garantir a continuidade da Revolução de Outubro, acabava resvalando para posições economicistas, mencheviques e até eurocêntricas).

Para Gramsci, se uma rigorosa compreensão das condições objetivas se impunha aos dirigentes revolucionários na Rússia, ela era ainda mais urgente para os comunistas nos países do Ocidente, nos quais a revolução, embora pudesse contar com uma maturidade econômica mais acentuada e com seu consequente desenvolvimento de um proletariado industrial, deveria necessariamente fazer frente a uma sociedade civil muito mais articulada e a um bloco dominante muito mais forte e ideologicamente atraente. Assim, na Europa industrialmente avançada, a revolução não se configurava como uma guerra de movimento destinada a atacar frontalmente a fortaleza do poder, mas como uma longa e penosa guerra de posição que, de trincheira em trincheira, de fortificação em fortificação, deveria envolver a sociedade, pouco a pouco, numa grande rede de contrapoderes. Sobretudo, por intermédio do trabalho dos próprios intelectuais orgânicos, a revolução poderia expugnar a ordem burguesa a partir de dentro, lançando mão de uma sutil operação hegemônica e cultural, elevando progressivamente a consciência das classes trabalhadoras, mas também conquistando, pouco a pouco, o consenso da própria burguesia nacional. É por isso que, no Ocidente ainda mais do que na Rússia, o partido da classe operária, além de se dotar de uma organização capilarizada e eficaz, deveria apresentar-se como uma classe dirigente nacional e adequar sua práxis à situação específica de cada país, sem contar com um modelo de revolução *passe-partout*. Como ocorreu, de fato, durante a guerra de libertação do nazifascismo, ou seja, ele teria de tomar para si o interesse geral da nação e de sua autodeterminação *no exato momento* em que assumia o objetivo de transformar as ordenações político-sociais: nesse ponto, a questão social coincidia com a nacional na mesma medida em que a questão nacional coincidia com a social.

Muito cedo, porém, o marxismo de Gramsci se distinguiria daquele de seus contemporâneos também por outros aspectos essenciais. Já Marx e Engels, por exemplo, em certos momentos desenvolveram a ideia de uma iminente e inevitável crise do capitalismo e de uma consequente decadência da burguesia, seja no plano político, seja no ideológico. De acordo com essa tese, finda sua fase revolucionária, depois de 1848, a burguesia europeia tornara-se completamente incapaz não apenas de levar adiante o processo de democratização e de manter-se no comando do progresso histórico, mas também de ter uma atuação eficaz no terreno político, porque, para opor resistência ao agora já maduro sujeito antagonista proletário, se empoleirara em posições inequivocamente conservadoras, perdendo toda potência criativa. Também nesse caso estamos claramente na presença de uma concepção mecanicista e economicista da história e de uma versão bastante limitada da teoria da revolução. No marxismo da Segunda Internacional, essa visão se ligará a uma leitura exasperada da tese marxiana da queda da taxa de lucro e produzirá quase imediatamente o anúncio messiânico da inevitável superação do sistema capitalista e da iminente revolução socialista, diante de uma burguesia agora substancialmente morta e desprovida de soluções políticas inovadoras.

Se essa visão do conflito entre burguesia e proletariado estaria ainda amplamente presente no otimismo revolucionário dos primeiros anos da Terceira Internacional, em contrapartida, nada disso pode ser lido em Gramsci. Como vimos, este não apenas se formou em contato constante com o pensamento filosófico mais refinado da época, mas também foi obrigado, pelas circunstâncias histéricas, a se confrontar com as derrotas das tentativas revolucionárias no Ocidente e teve de experimentar na própria pele a revanche das classes dominantes por meio do fascismo e da vitória de uma determinada fase do desenvolvimento do capitalismo. Assim, ele aprendera muito bem quão viva e atuante – além de perigosa – a burguesia ainda podia ser e quão complicada e distante estava a perspectiva da transição social. É exatamente nesse contexto que se situa a célebre teoria da revolução passiva, por meio da qual Gramsci reconheceu a força ainda intacta e a persistente vitalidade da burguesia europeia. Uma classe que deve ser combatida, mas da qual – pensemos nas teses de *Americanismo e fordismo* – as classes trabalhadoras precisam continuar a aprender, uma vez que ela não apenas ainda é capaz de se reafirmar como classe dominante, por meio de uma capilar influência hegemônica, mas também consegue modernizar a sociedade capitalista.

Podemos medir aqui toda a originalidade e a genialidade de Gramsci. Na Europa daqueles anos, a experiência trágica da guerra mundial evidenciara todo o horror inevitavelmente ligado à sociedade burguesa em sua fase imperialista – e o advento do fascismo e do nazismo e, na sequência, o ainda mais grave desastre da Segunda Guerra Mundial reforçam essa convicção. Então o marxismo do século XX rompe subitamente o equilíbrio marxiano entre crítica e reconhecimento da modernidade. E a história do mundo moderno, descrita por Marx e Engels no *Manifesto* com notas de admiração pelas propensões progressivas da burguesia, passa a ser vista cada vez mais como a preparação direta dessa sucessão de tragédias. E aquelas posições ambíguas e antimodernas já criticadas por Marx em [Mikhail] Bakunin e na tradição anarquista encontrarão cada vez mais espaço no movimento socialista.

Segundo essa abordagem, todo o passado da civilização é uma negatividade morta, um acúmulo único de horrores e opressões do qual nada se salva ou se herda. A própria história cultural da Europa é vista "como um delírio e uma insensatez", algo "irracional" e "monstruoso", configurando-se – são palavras célebres – como um "tratado histórico de teratologia". Como podemos ver, é uma negação abstrata e indeterminada da modernidade, da qual se pretende agora uma superação total e palingenética. Daí deriva a difusão das posições que distorceram cada vez mais o marxismo em perspectiva messiânica, interpretando a revolução socialista como uma verdadeira anulação da história, destinada a livrar a humanidade dessa catástrofe. Em vez de ser compreendido criticamente, o mundo moderno deve ser, antes de tudo, condenado em sua totalidade e, então, redimido, por meio da violência purificadora revolucionária e da edificação de um mundo radicalmente novo e diferente, que instaure magicamente na Terra o reino comunista da felicidade e da abundância. A essa leitura populista da história e a essa concepção religiosa e utópica do marxismo está ligada a pretensão, hegemônica sobretudo no chamado marxismo ocidental, de entender o próprio comunismo como um Novo Início, como a *plenitudo temporum* que transfigura completamente o semblante do real: é a pretensão de uma completa subversão da sociedade burguesa que se propõe eliminar, na sociedade sem classes, o Estado e o mercado, as fronteiras e as tradições nacionais, as religiões e todas as formas jurídicas.

Inversamente, Gramsci contesta essa visão caricata da história e do papel da burguesia, ao mesmo tempo que preserva, em sua abordagem, o reconhecimento, ainda que crítico, da modernidade como época da emancipação e da liberdade individual. Colocar-se o problema da hereditariedade dos pontos altos dessa história significa, portanto, renunciar *a priori* a todo utopismo infantil e resgatar a concretude da perspectiva filosófica e histórico-política hegeliana, concebendo o comunismo não como aniquilação, mas como real *consumação* da modernidade. Significa, então, em primeiro lugar, reconhecer o papel do Estado como forma da universalidade: uma forma que ainda não é substância, mas que tampouco é inexistente e que, portanto, introduz, já na sociedade burguesa, os elementos de regulação de que o próprio proletariado necessitou e soube utilizar no decorrer da própria luta (desde as leis que reduzem a jornada de trabalho até as que garantem a progressiva ampliação do sufrágio). Certamente, agora é preciso revelar sem piedade o papel do aparelho repressivo estatal, que, em situações de crise, é capaz de arregimentar a sociedade civil de forma onipresente, arrastando-a para a mobilização total fadada a desembocar na ditadura e na guerra.

Não podemos esquecer, contudo, que, junto à função de controle das classes subalternas em nome do domínio burguês, o Estado – ao contrário daqueles que no movimento marxista contrapõem *libertas maior* e *libertas minor,* direitos econômicos e sociais e direitos formais – não é apenas uma máquina de dominação social, mas também desempenha uma função essencial de garantia recíproca para os admitidos como cidadãos. Isso se dá justamente a partir daquele princípio de limitação do poder estatal, que é o melhor fruto do pensamento liberal e deve ser absorvido pelo socialismo.

Assim, o socialismo, longe de se apresentar como a utopia harmônica de um mundo desprovido de conflitos e contradições, revela-se para Gramsci como um complexo processo de transição que se realiza no tempo longo e que – como muitas vezes recordou Domenico Losurdo – se dirige à "sociedade regulada": a uma sociedade construída sobre bases racionais, na qual os laços de solidariedade entre os seres humanos são garantidos por uma série de regulamentos e procedimentos que não renegam, mas universalizam as conquistas da modernidade, de sua cultura e de sua filosofia. Uma sociedade que não pretende superar de uma só vez a moeda, o valor de troca e toda forma de divisão do trabalho, mas que, por meio da experimentação pragmática de formas econômico-sociais inevitavelmente híbridas e "impuras" (como a NEP de Lênin), chega à construção de um mercado socialista equânime e eficiente. De uma sociedade, enfim, que não pretende anular as fronteiras, as identidades nacionais, até mesmo as tradições religiosas dos povos em nome da república mundial dos sovietes e do ateísmo de Estado, mas sabe levar em conta as particularidades e valorizá-las do ponto de vista cooperativo, prevenindo, ao mesmo tempo, todo hegemonismo e toda forma de chauvinismo social por meio do universal concreto que é o internacionalismo corretamente entendido.

Stefano G. Azzarà*

---

* Professor de história da filosofia da Universidade de Urbino. (N. E.)

Cronologia – vida e obra[*]

Vida de Gramsci	Eventos históricos
1891	
Em 2 de janeiro, nasce Antonio Gramsci na cidade de Ales, província de Cagliari, na Sardenha. O pai, Francesco Gramsci, nascido em Gaeta, na região do Lazio, era funcionário de cartório. Sua mãe, Giuseppina Marcias, era natural de Ghilarza, na Sardenha.	Em maio, Giuseppe De Felice Giuffrida funda o primeiro Fascio Siciliani dei Lavoratori [Agrupamento siciliano dos trabalhadores], movimento de inspiração libertária e socialista. No mesmo mês, o papa Leão XIII proclama a encíclica *Rerum novarum* a respeito das relações entre capital e trabalho.
	Em 24 de fevereiro, é promulgada a primeira Constituição da história do Brasil depois da proclamação da República.
1898	
O pai de Gramsci é acusado de irregularidade administrativa, afastado do emprego e preso. A mãe, com os sete filhos, se transfere para Ghilarza, onde Gramsci frequenta a escola elementar.	Em 13 de janeiro, Émile Zola publica sua carta aberta *J'Accuse*, a respeito do Caso Dreyfus.
	Em 1º de março, é criado o Partido Operário Social-Democrata Russo (POSDR).

---

[*] Esta cronologia foi elaborada por Alvaro Bianchi e Daniela Mussi. (N. E.)

Vida de Gramsci	Eventos históricos
1903	
Com onze anos de idade, depois de concluir o ensino elementar, começa a trabalhar no cartório de Ghilarza.	Em julho-agosto, ocorre o 2º Congresso do POSDR. Em novembro, o partido se divide em duas alas: a maioria (bolcheviques) e a minoria (mencheviques).
1905-1908	
Retoma os estudos e conclui os últimos três anos do ensino fundamental na cidade de Santu Lussurgiu, perto de Ghilarza. Começa a ler a imprensa socialista. Em 1908, inicia o ensino médio em Cagliari, no liceu clássico Giovanni Maria Dettori. Vive com o irmão Gennaro, que trabalha em uma fábrica de gelo e é membro do Partido Socialista Italiano (PSI).	Em 9 de janeiro (22 de janeiro no calendário gregoriano), as tropas do tsar reprimem violentamente uma manifestação de trabalhadores, dando início a uma revolução na Rússia.
1910	
Publica seu primeiro artigo no jornal *L'Unione Sarda*, de Cagliari.	Em 20 de novembro, tem início a Revolução Mexicana.
1911	
Termina o ensino médio e obtém uma bolsa de estudos que lhe permite inscrever-se no curso de Filologia Moderna na Faculdade de Filosofia e Letras da Universidade de Turim. Conhece Angelo Tasca.	Em 29 de setembro, tem início a ofensiva militar italiana para a conquista da Líbia.
1912	
Conhece Palmiro Togliatti e aproxima-se dos professores Matteo Bartoli (glotologia) e Umberto Cosmo (literatura italiana). No outono, é aprovado nos exames de geografia, glotologia e gramática grega e latina.	

Vida de Gramsci	Eventos históricos

1913

Em 5 de fevereiro, com o pseudônimo Alfa Gamma, publica o artigo "Pela verdade", no *Corriere Universitario*. Em outubro, adere ao Grupo de Ação e Propaganda Antiprotecionista em Ghilarza e acompanha a campanha eleitoral na Sardenha. Inscreve-se na seção turinesa do PSI. Sua saúde precária o impede de prestar os exames na universidade.

1914

Em março e abril, presta os exames de filosofia moral, história moderna e literatura grega. É leitor de *La Voce*, revista de Giuseppe Prezzolini, e de *L'Unità*, de Gaetano Salvemini. Planeja fundar uma revista socialista. Publica "Neutralidade ativa e operante", seu primeiro artigo no jornal *Il Grido del Popolo*, em 31 de outubro, defendendo uma orientação política próxima à do então socialista Benito Mussolini. O artigo recebe fortes críticas e Gramsci suspende sua colaboração com a imprensa socialista. Em novembro, presta o exame de línguas neolatinas.

Depois do assassinato de três manifestantes antiguerra na cidade de Ancona, tem lugar uma insurreição popular que chega até Turim, conhecida como a "Semana Vermelha" (7 a 14 de junho). A Confederação Geral do Trabalho convoca uma greve geral, que dura dois dias.

Em 28 de junho, é assassinado em Sarajevo o arquiduque Francisco Fernando, herdeiro do trono do Império Austro-Húngaro. No dia 28 de julho, ocorre a invasão austro-húngara da Sérvia. Tem início a Primeira Guerra Mundial. A Itália permanece neutra no conflito.

Em 4 de agosto, o Partido Social-Democrata Alemão, contrariando as resoluções antimilitaristas do movimento socialista, vota favoravelmente aos créditos de guerra. O episódio marca o que Lênin denominou a "falência da Segunda Internacional".

Em 18 de outubro, Mussolini publica no *Avanti!* o artigo "Da neutralidade absoluta à neutralidade ativa e operante", no qual defende a entrada da Itália na guerra. Em 15

Vida de Gramsci	Eventos históricos
	de novembro, funda o jornal *Il Popolo d'Italia* e, em 29 de novembro, é expulso do PSI.

1915

Presta em abril seu último exame na faculdade (literatura italiana), abandonando o curso sem obter o título. Em outubro, volta a publicar no jornal *Il Grido del Popolo*. Em dezembro, começa a colaborar com a edição turinesa do jornal *Avanti!*.

A Itália entra na guerra ao lado da França, Inglaterra e Rússia. Uma forte campanha antigermânica tem lugar na Itália.

1917

Em fevereiro, redige sozinho e publica o número único do jornal *La Città Futura*, órgão da Federação Socialista Juvenil do Piemonte. Em outubro, após a prisão de seus companheiros, torna-se secretário da seção turinesa do PSI e passa a dirigir o jornal *Il Grido del Popolo*. Em novembro participa em Florença de uma reunião clandestina da fração intransigente revolucionária do PSI, à qual também comparecem o líder da corrente maximalista, Giacinto Menotti Serrati, e o dirigente dos abstencionistas, Amadeo Bordiga.

Em 23 de fevereiro (8 de março, no calendário gregoriano), tem início a Revolução Russa.

Em 13 de agosto, ocorre uma grande manifestação socialista em Turim, de apoio à Revolução Russa. Dias depois, entre 23 e 26 de agosto, uma revolta contra a carestia agita a cidade. A reação é forte e um grande número de dirigentes socialistas é preso.

Em 25 de outubro (7 de novembro, no calendário gregoriano), os sovietes, liderados pelos bolcheviques, conquistam o poder na Rússia.

No início de novembro, o Exército italiano sofre uma fragorosa derrota na Batalha de Caporetto. Mais de 250 mil italianos são aprisionados. A derrota leva à queda do governo liderado por Paolo Boselli e ao afastamento do comando do general Luigi Cadorna.

1918

Em fevereiro, é denunciado na Procuradoria Real por propaganda contra a guerra. Em dezembro conhece Piero Gobetti.

Em outubro, deixa de ser publicado *Il Grido del Popolo*, substituído pela edição piemontesa do *Avanti!*.

Vida de Gramsci	Eventos históricos
	Em 29 de outubro, um motim de marinheiros detona a Revolução Alemã; em 9 de novembro, a República é proclamada.

1919

Em abril, desenvolve propaganda da Brigada Sassari entre os soldados sardos, enviados a Turim para reprimir os grevistas. Em 1º de maio, sai o primeiro número da revista *L'Ordine Nuovo*, com o subtítulo *"Rassegna settimanale di cultura socialista*. Gramsci é o secretário e dirige a publicação juntamente com Angelo Tasca, Palmiro Togliatti e Umberto Terracini. No mesmo mês, é eleito para a Comissão Executiva do PSI de Turim. Em julho, é preso durante uma greve de apoio às repúblicas socialistas da Rússia e da Hungria e liberado logo depois. Em outubro, conhece a socialista inglesa Sylvia Pankhurst.

Em janeiro, ocorre o levante espartaquista na Alemanha. O primeiro-ministro social--democrata autoriza as *Freikorps* a atacar os espartaquistas. Em 15 de janeiro, Rosa Luxemburgo e Karl Liebknecht são sequestrados e executados pelas *Freikorps*.

De 2 a 6 de março, reúne-se em Moscou o Congresso de Fundação da Internacional Comunista (IC).

Em 21 de março, é proclamada a República Soviética da Hungria, a qual duraria até o dia 1º de agosto.

Em 23 de março, em Milão, Mussolini cria os *Fasci Italiani di Combattimento* [Agrupamentos italianos de combate].

Em 12 de setembro, uma expedição liderada pelo poeta Gabriele D'Annunzio ocupa a cidade de Fiume, motivo de disputa entre a Itália e a Iugoslávia.

No Congresso de Bolonha (5 a 8 de outubro), o PSI vota sua adesão à IC. Em novembro, a assembleia da Federazione Italiana Operai Metallurgici (Federação Italiana dos Operários Metalúrgicos, Fiom) aprova a criação dos conselhos operários propostos pelo jornal *L'Ordine Nuovo*.

1920

Em janeiro, cria, em Turim, o Círculo Socialista Sardo. No dia 8

O 2º Congresso da IC é realizado entre 19 de julho e 7 de agosto. São aprovadas as 21

Vida de Gramsci	Eventos históricos
de maio, publica a moção "Por uma renovação do Partido Socialista", a qual havia sido apresentada no Conselho Nacional do PSI, em abril. No mesmo mês, participa como observador da Conferência da Fração Comunista Absenteísta, liderada por Bordiga. Discorda de Togliatti e Terracini sobre questões de estratégia e cria um pequeno círculo de "Educação comunista", próximo às posições da fração abstencionista de Bordiga. Em setembro, engaja-se no movimento de ocupação de fábricas. Em novembro, participa do encontro de Ímola, que constitui oficialmente a Fração Comunista do PSI.	condições para a admissão na IC; Serrati se opõe. Lênin afirma que a moção escrita por Gramsci ("Por uma renovação do Partido Socialista") está "plenamente de acordo com os princípios da Internacional". Em 27 de dezembro, chega ao fim a aventura d'annunziana em Fiume.

1921

Em 1º de janeiro, é publicado em Turim o primeiro número do jornal diário *L'Ordine Nuovo*, sob a direção de Gramsci, que, no dia 14, funda o Instituto de Cultura Proletária, seção da Proletkult de Moscou. Em 21 de janeiro, é eleito para o Comitê Central do novo Partido Comunista da Itália (PCd'I), mas não para seu Comitê Executivo. Em 31 de janeiro, *L'Ordine Nuovo* começa a ser publicado com o subtítulo "*Quotidiano del Partito Comunista*". Em 27 de fevereiro, conhece Giuseppe Prezzolini, antigo editor da influente revista *La Voce*. Em abril tenta encontrar-se com Gabriele D'Annunzio, sem sucesso. Em maio se candidata a deputado na lista do PCd'I, obtendo 48.280 votos, mas não se elege.	De 15 a 21 de janeiro, ocorre, em Livorno, o XVII Congresso do PSI. A Fração Comunista é derrotada e seus delegados decidem fundar, no dia 21, o Partido Comunista da Itália, seção da Internacional Comunista. Nas eleições de 15 de maio, os nacionalistas antissocialistas elegem 105 deputados, 35 dos quais fascistas, dentre eles Mussolini. De 22 de julho a 12 de julho, reúne-se o 3º Congresso da Internacional Socialista. No dia 7 de novembro, os *Fasci Italiani di Combattimento* realizam seu 3º Congresso e fundam o Partito Nazionale Fascista [Partido Nacional Fascista].

Vida de Gramsci	Eventos históricos

1922

Participa em Roma do 2º Congresso do PCd'I, no qual a fração de Bordiga obtém ampla maioria. Gramsci é designado representante do partido no Comitê Executivo da IC, em Moscou, e parte para a cidade em 26 de maio. Em junho, começa a fazer parte do Comitê Executivo e do Presidium da IC. Em 18 de julho, durante um período de repouso no sanatório de Serebriani Bor, conhece Eugenia Schucht. No segundo semestre, participa regularmente das reuniões do Presidium e em 1º de setembro é indicado membro da Comissão sobre Questões Sul-Americanas. No dia 8, escreve, a convite de Leon Trótski, uma carta sobre os futuristas italianos. Nesse mesmo mês, conhece sua futura esposa, Julia Schucht. De 5 de novembro a 5 de dezembro, participa do 4º Congresso da Internacional Comunista. Participa das reuniões que discutem a fusão com o PSI e também da comissão que analisa a adesão do Partido Comunista do Brasil.

Os fascistas realizam a Marcha sobre Roma em 28 de outubro. No dia seguinte, o rei Vittorio Emanuele III convoca Benito Mussolini para chefiar o governo.

O 4º Congresso da Internacional Comunista, realizado nos meses de novembro e dezembro, aprova a proposta de fusão entre o PCd'I e o PSI e a tática da frente única. Os delegados do PCd'I são contrários à fusão, mas se submetem à disciplina da IC e aceitam a proposta.

1923

Recebe telegrama no dia 17 de janeiro, no qual é informado de que a polícia havia emitido um mandado de prisão contra ele na Itália. Em junho, é substituído por Terracini no Presidium da IC. No dia 12 de setembro, propõe, em carta ao Comitê Executivo do PCd'I, a

A polícia prende vários milhares de comunistas e dezenas de dirigentes, dentre eles Amadeo Bordiga. Em setembro, o mesmo Bordiga lança um manifesto com críticas à IC.

Em 13 de setembro, na Espanha, Primo de Rivera lidera um golpe de Estado que dissolve o Parlamento e institui uma ditadura.

Vida de Gramsci	Eventos históricos
criação de um jornal diário chamado *L'Unità*. Insiste na importância da questão meridional e na aliança entre operários e camponeses. Em novembro, Gramsci se recusa a assinar o manifesto de Bordiga contra a IC. No dia 4 de dezembro, chega a Viena com o propósito de estabelecer o contato do PCd'I com outros partidos comunistas europeus.	

1924

Em carta a Togliatti e Terracini, do dia 9 de janeiro, expõe sua concepção de partido e a intenção de criar um novo grupo dirigente comunista, mais alinhado com a IC. Publica em *L'Ordine Nuovo* o artigo "Líder", sobre Lênin. No dia 6 de abril, é eleito deputado pelo distrito do Vêneto, com 1.856 votos dos 32.383 que o PCd'I obtém na região. No dia 12 de maio, regressa à Itália para assumir sua cadeira de deputado. Participa da 2ª Conferência do PCd'I. Entra para o Comitê Executivo do Partido, mas o grupo liderado por Bordiga permanece majoritário. Em agosto, após a adesão dos socialistas ao PCd'I, Gramsci assume a secretaria-geral do Partido. Em Moscou, Julia dá à luz seu primeiro filho, Delio.	Em 21 de janeiro, morre Lênin. Em 12 de fevereiro, sai o primeiro número do diário *L'Unità*. No dia 1º de março, sai o primeiro número do quinzenário *L'Ordine Nuovo: Rassegna di politica e di cultura operaria*. Em 10 de junho, é sequestrado o deputado italiano socialista Giacomo Matteotti, depois de pronunciar um duro discurso contra o governo fascista. Seu corpo é encontrado em 16 de agosto. A oposição se retira do Parlamento e tem início uma profunda crise política que coloca sob ameaça o governo. Em junho-julho, ocorre o 5º Congresso da IC, o qual aprova a "bolchevização dos partidos comunistas" e reafirma a tática da frente única. Em agosto, a fração do PSI favorável à IC se dissolve e entra no PCd'I.

1925

Em fevereiro, organiza uma escola do partido por correspondência. No mesmo mês, conhece Tatiana	Em 3 de janeiro, Mussolini pronuncia discurso assumindo a responsabilidade pela crise política e ameaçando a oposição, a qual

CRONOLOGIA – VIDA E OBRA   399

Vida de Gramsci	Eventos históricos
"Tania" Schucht, sua cunhada. Em março, viaja para Moscou para participar da reunião do Comitê Executivo da IC. Em 16 de maio, pronuncia seu único discurso na Câmara dos Deputados, sobre a proibição da maçonaria e das sociedades secretas. Julia e Delio chegam a Roma.	não reage. Nos meses seguintes, são emitidos decretos e aprovadas leis que levam à rápida fascistização do Estado.

1926

Participa do 3º Congresso do Partido Comunista e apresenta as teses sobre a situação nacional que redigiu juntamente com Togliatti (Teses de Lyon). É eleito para o Comitê Executivo do PCd'I. Em agosto, Julia, grávida, volta a Moscou com Delio. Em 14 de outubro, envia carta ao Comitê Central (CC) do PC Russo sobre a luta fracional no partido. Embora não se alinhe com a oposição de Trótski, Zinoviev e Kámenev, faz duras críticas aos métodos burocráticos do grupo de Stálin e Bukhárin. Na Rússia, Togliatti se opõe ao conteúdo da carta e uma áspera troca de correspondência tem lugar. Redige *Alguns temas da questão meridional*. No início de novembro, é abordado pela polícia em Milão e não consegue participar da reunião do CC que discutiria a questão russa. No dia 8 de novembro, na esteira da onda repressiva decorrente do atentado a Mussolini, é preso pela polícia fascista e conduzido ao cárcere de Regina Coeli. No dia	Em 31 de outubro, um estranho atentado contra a vida de Mussolini ocorre em Bolonha. O suposto autor, um jovem de quinze anos de uma família anarquista, é imediatamente linchado por fascistas. O atentado fornece o pretexto para as *leis fascistíssimas* de novembro, dentre as quais a supressão dos partidos e dos jornais antifascistas e a criação de uma polícia política. De 1º a 3 de novembro, ocorre uma reunião do CC do PCd'I com a participação de Humbert-Droz, representante da IC, para discutir as lutas internas no partido bolchevique.

Vida de Gramsci	Eventos históricos
18, é condenado ao confinamento por cinco anos. Chega no dia 7 de dezembro à ilha de Ustica.	

1927

Em 20 de janeiro, é transferido para o cárcere de San Vittore, em Milão, onde chega após dezenove dias de viagem. Em fevereiro, é autorizado a ler jornais e livros. No dia 19 de março, comunica à cunhada Tatiana seu plano de realizar um estudo *für ewig* [para sempre] sobre alguns temas.	Em dezembro, o 15º Congresso do Partido Comunista da União Soviética, na época chamado Partido Comunista de toda a União (bolchevique), expulsa a Oposição de Esquerda e Trótski é enviado para o exílio em Alma-Ata, no Cazaquistão.

1928

Recebe uma carta do líder comunista Ruggero Grieco, com informações políticas. O promotor lhe convence de que a carta mostra que "tem amigos que querem prejudicá-lo". A carta estimula sua desconfiança contra o grupo dirigente do PCd'I e, particularmente, Togliatti. No dia 11 de maio, é conduzido a julgamento em Roma. No dia 4 de junho, o Tribunal Especial o condena a vinte anos, quatro meses e cinco dias de reclusão. Em 19 de julho, chega à Casa Penal Especial de Turi, na província de Bari, onde partilha uma cela com cinco outros presos. Em agosto, é transferido para uma cela individual. Em dezembro, sofre uma crise de uricemia.	Em fevereiro, o 9º Pleno do Comitê Executivo da IC (Ceic) vota a política do Terceiro Período, caracterizado pelo colapso do capitalismo e pela iminência da revolução mundial. O 6º Congresso da IC, realizado em julho-agosto, ratifica a política do Ceic.

1929

Recebe permissão para escrever e começa a fazer traduções. No dia 8	Em julho, o 10º Pleno do Ceic aprova resolução segundo a qual em "países nos

Vida de Gramsci	Eventos históricos

de fevereiro, começa a redação do *Primeiro caderno*, com um elenco de temas sobre os quais desejava pesquisar e escrever. No dia 25 de março, comunica a Tatiana seu plano de estudos: "Decidi ocupar-me predominantemente e tomar notas sobre estes três assuntos: 1) A história italiana no século XIX, com especial referência à formação e ao desenvolvimento dos grupos intelectuais; 2) A teoria da história e da historiografia; 3) O americanismo e o fordismo".

quais há partidos social-democratas fortes, o fascismo assume a forma particular de social-fascismo". Decide-se pelo afastamento de Nikolai Bukhárin e Jules Humbert-Droz da direção da IC. Na reunião, o PCd'I é acusado de ter agido de modo benevolente com a "oposição de direita", representada por Angelo Tasca. Palmiro Togliatti e Ruggero Grieco se alinham no Pleno à maioria stalinista. Reunido em agosto, o secretariado político do PCd'I realiza a autocrítica exigida e adota as teses da IC sobre o social-fascismo. Na reunião do CC de setembro, é abandonada a palavra de ordem da Assembleia Republicana e Tasca é expulso do partido.

Em outubro, ocorre o colapso da bolsa de valores de Nova York e tem início a Grande Depressão econômica mundial.

1930

Em junho, recebe a visita do irmão Gennaro, enviado pela direção do PCd'I para informá-lo a respeito da expulsão de Leonetti, Tresso e Ravazzoli, acusados de trotskistas, e saber sua opinião a respeito. Em agosto, pede que o irmão Carlo solicite permissão para que possa ler alguns livros de Trótski, mas sua carta é apreendida pelo diretor da prisão. Em novembro, inicia discussões com seus colegas de prisão e manifesta discordância com a nova linha política do PCd'I, o qual havia abandonado a política da frente única. Nesse contexto, passa a defender a convocação de uma Assembleia Constituinte.

Em março, o CC do PCd'I expulsa Amadeo Bordiga, acusado de trotskismo. Em 9 de junho, Alfonso Leonetti, Pietro Tresso e Paolo Ravazzoli também são expulsos do partido sob a mesma acusação.

Em 3 de outubro, tem início a chamada Revolução de 1930, no Brasil.

Vida de Gramsci	Eventos históricos
Nessas discussões, enfrenta forte oposição dos presos alinhados com a direção do partido. Em novembro, escreve rapidamente a respeito dos "movimentos militares-populares na Argentina, no Brasil, Peru e México", uma das poucas referências ao Brasil nos *Cadernos do cárcere*.	

1931

Em 3 de agosto, tem uma grave crise de saúde. Em outubro, envia petição ao governo solicitando permissão para continuar a receber e ler algumas revistas. Em dezembro, a petição é parcialmente aceita.	Em abril, é realizado, na Alemanha, o $4^{\underline{o}}$ Congresso do PCd'I, o qual consolida a nova política, alinhada com o giro esquerdista da IC e a política do social-fascismo.

1932

É projetada uma troca de prisioneiros entre a Itália e a União Soviética, a qual permitiria sua libertação, mas o plano não prospera. Em 15 de setembro, Tatiana encaminha petição ao governo para que Gramsci receba a visita de um médico de confiança a fim de avaliar sua situação. Em outubro, é visitado por um médico do sistema prisional. Em novembro, sua pena é reduzida para dezesseis meses. Piero Sraffa tenta conseguir a liberdade condicional para Gramsci, mas o governo insiste que o prisioneiro peça clemência. No dia 30 de dezembro, morre a mãe de Gramsci, mas a notícia só lhe será transmitida pela família meses depois.	Em 7 de julho, Antonio de Oliveira Salazar torna-se presidente do Conselho de Ministros no Estado Novo ditatorial, em Portugal.

CRONOLOGIA – VIDA E OBRA   403

Vida de Gramsci	Eventos históricos

1933

Em fevereiro, o governo concede que seja visitado por um médico de sua confiança. Em 7 de março, tem uma nova crise de saúde. Passa a ser cuidado pelo comunista Gustavo Trombetti e por outro operário preso. É revogada momentaneamente a permissão para escrever. No dia 20 de março, recebe a visita do médico Umberto Arcangeli, que sugere um pedido de clemência, ao qual Gramsci se opõe mais uma vez. Em seu relatório, Arcangeli registra: "Gramsci não poderá sobreviver muito tempo nas condições atuais; considero necessária sua transferência para um hospital civil ou uma clínica, a menos que seja possível conceder-lhe a liberdade condicional". Em julho, pede a Tatiana que intensifique os esforços para conseguir sua transferência para a enfermagem de outra prisão. Em outubro, as autoridades acolhem o pedido de transferência. Em 19 de novembro, é transferido provisoriamente para a enfermaria da prisão de Civitavecchia e, em 7 de dezembro, passa, definitivamente, para a clínica do doutor Giuseppe Cusumano, em Formia. Recebe as visitas do irmão Carlo e de Sraffa. Volta a ler, mas as condições de saúde não lhe permitem escrever.

Em 30 de janeiro, o Partido Nacional--Socialista dos Trabalhadores Alemães (NSDAP) chega ao poder na Alemanha e Adolf Hitler assume o posto de chanceler.

Em maio, o relatório do doutor Arcangeli é publicado no jornal *L'Humanité*, de Paris, e é constituído um comitê para a liberação de Gramsci e dos prisioneiros do fascismo, do qual fazem parte Romain Rolland e Henri Barbusse.

Vida de Gramsci	Eventos históricos
1934 Em 25 de outubro, recebe a liberdade condicional.	Em setembro, Romain Rolland publica o folheto *Antonio Gramsci: ceux qui meurent dans les prisons de Mussolini* [Antonio Gramsci: aqueles que morrem nas prisões de Mussolini].
1935 Em junho, sofre nova crise e solicita ser transferido para outra clínica. Em 24 de agosto, transfere-se para a clínica Quisisana, de Roma, onde passa a receber os cuidados de Tatiana. Recebe visitas frequentes do irmão Carlo e de Sraffa.	Realizado entre julho e agosto, o $7^{\underline{o}}$ Congresso da IC abandona a política do social-fascismo e passa a defender a constituição de frentes antifascistas. Em 3 de outubro, a Itália invade a Etiópia.
1936 Retoma a correspondência com a esposa e o filho.	Em 16 de fevereiro, a Frente Popular obtém a maioria eleitoral na Espanha, e Manuel Azaña, da Izquierda Republicana [Esquerda Republicana], assume a presidência do Conselho de Ministros. Em 17 de julho, ocorre uma tentativa de golpe militar contra o governo espanhol; após seu fracasso tem início a Guerra Civil Espanhola. Em maio, o *Front Populaire* [Frente Popular], uma coalizão de partidos de esquerda liderada pelo socialista Léon Blum, vence as eleições na França e assume o governo.
1937 Em abril, Gramsci obtém a liberdade plena e planeja voltar à Sardenha para se recuperar. Em 25 de abril, sofre uma hemorragia cerebral e morre no dia 27. Suas	Em 8 de março, a Luftwaffe, apoiando os monarquistas liderados por Francisco Franco, bombardeia a cidade de Guernica, na Espanha.

Vida de Gramsci	Eventos históricos
cinzas são transferidas no ano seguinte para o Cemitério Acatólico para Cidadãos Estrangeiros de Testaccio, em Roma.	No dia 9 de junho, são assassinados na França os antifascistas italianos Nello e Carlo Rosseli. Em 6 de novembro, a Itália passa a fazer parte do Pacto Anticomintern, ao lado da Alemanha e do Japão.

Bibliografia

AGOSTI, Aldo (org.). *Gli anni del fascismo, l'antifascismo e la Resistenza*. Bari, De Donato, 1980.

_____. *La Terza Internazionale*. Storia documentaria (1929-1943). Roma, Editori Riuniti, 1979.

AJMONE, Fiorella. *Lelio Basso nel socialismo italiano*. Milão, Franco Angeli, 1981.

ALBANESE, Giulia. *La marcia su Roma*. Roma/Bari, Laterza, 2006.

ALIAGA, Luciana. *Gramsci e Pareto*: ciência, história e revolução. Curitiba, Appris, 2017.

ANGIONI, Giulio. *Rapporti di produzione e cultura subalterna*. Contadini in Sardegna. Cagliari, Edes, 1982.

_____. *Sa laurera*. Il lavoro contadino in Sardegna. Cagliari, Edes, 1982.

ANTONINI, Francesca. Gramsci, il materialismo storico e l'antologia russa del 1924. *Studi Storici*: Rivista Trimestrale dell'Istituto Gramsci, v. 59, n. 2, 2018. p. 403-36.

AMORETTI, Biancamaria Scarcia. *Il mondo musulmano*. Quindici secoli di storia. Roma, Carocci, 1998.

BADALONI, Nicola. *Il marxismo di Gramsci*. Turim, Einaudi, 1975.

_____ (org.). *Gramsci e il marxismo contemporaneo*. Roma, Editori Riuniti, 1990.

BALDUSSI, Annamaria; MANDUCHI, Patrizia. *Gramsci in Asia e in Africa*. Cagliari, Aipsa, 2009.

BANTI, Alberto Mario et al. *Storia contemporanea*. Roma, Donzelli, 1997.

BARATTA, Giorgio. *Le rose e i Quaderni*. Saggio sul pensiero di Antonio Gramsci. Roma, Gamberetti, 2000.

_____; CATONE, Andrea (orgs.). *Tempi moderni*. Gramsci e la critica dell'americanismo. Roma, Edizioni Associate, 1989.

_____; LIGUORI, Guido (orgs.). *Gramsci da un secolo all'altro*. Roma, Editori Riuniti, 1999.

BERNSTEIN, Ernst. *I pressuposti del socialismo e i compiti della socialdemocrazia*. Bari, Laterza, 1968. [Ed. port.: *Os pressupostos do socialismo e as tarefas da social-democracia*. Lisboa, Dom Quixote, 1976.]

BERTOLISSI, Sergio; SESTAN, Lapo (orgs.). *Da Gramsci a Berlinguer*. La via italiana al socialismo attraverso i congressi del Partito Comunista Italiano, v. 2: *1944-1955*. Veneza, Edizioni del Calendario/ Marsilio, 1985.

BIROCCHI, Italo. Considerazioni sulla privatizzazione della terra in Sardegna dopo le leggi abolitive del feudalesimo. *Archivio Sardo del Movimento Operaio, Contadino e Autonomistico*, n. 11-13, 1980.

_____. *Per la storia della proprietà perfetta in Sardegna*. Provvedimenti normativi, orientamenti di governo e ruolo delle forze sociali dal 1839 al 1851. Milão, Giuffrè, 1982.

_____. Il Regnum Sardiniae dalla cessione ai Savoia alla "fusione perfetta". In: GUIDETTI, Massimo (org.). *Storia dei sardi e della Sardegna*. L'Età contemporanea. Dal governo piemontese agli anni sessanta del nostro secolo. Milão, Jaca Book, 1990.

BORDIGA, Amadeo. Partito e azione di classe. *Rassegna Comunista*, ano I, n. 4, 31 maio 1921.

_____. Il pericolo opportunista e l'Internazionale. *l'Unità*, 30 set. 1925.

_____. *Struttura economica e sociale della Russia d'oggi*. Milão, Contra, 1966.

_____. *Le lotte di classi e di stati nel mondo dei popoli non bianchi*. Storico campo vitale per la critica rivoluzionaria marxista. Nápoles, La Vecchia Talpa, 1972.

_____. *Testi sul comunismo*. Nápoles, La Vecchia Talpa, 1972.

_____. *Economia marxista ed economia controrivoluzionaria*. Milão, Iskra, 1976.

_____. *La sinistra comunista nel cammino della rivoluzione*. Roma, Edizioni Sociali, 1976.

_____. *I fattori di razza e nazione nella teoria marxista*. Milão, Iskra, 1976.

_____. *Drammi gialli e sinistri della moderna decadenza sociale*. Milão, Iskra, 1978.

_____. *Dalla guerra di Libia al Congresso socialista di Ancona, 1911-1914*. Org. Luigi Gerosa. Gênova, Graphos, 1996.

_____. *La guerra, la Rivoluzione russa e la nuova Internazionale, 1914-1918*. Org. Luigi Gerosa. Gênova, Graphos, 1998.

_____. *Mai la merce sfamerà l'uomo*. La questione agraria e la teoria della rendita fondiaria secondo Marx. Org. R. Camiris. Roma, Odradek, 2009.

_____. *Scritti 1911-1926*. Gênova, Graphos, 2010.

_____. *Scritti scelti*. Milão, Feltrinelli, 1975.

BOSCOLO, Alberto. *I viaggiatori dell'Ottocento in Sardegna*. Cagliari, Editrice Sarda Fossataro, 1973.

_____; BRIGAGLIA, Manlio; DEL PIANO, Lorenzo. *La Sardegna contemporanea*. Cagliari, Edizioni della Torre, 1974.

BRIGAGLIA, Manlio. *Sardegna perché banditi*. Milão, Carte Segrete, 1971.

_____ (org.). *L'inchiesta Salaris e la relazione Pais Serra*. Sassari, Edes, 1990.

BURGIO, Alberto. *Gramsci storico*. Una lettura dei Quaderni del Carcere. Bari, Laterza, 2003.

_____. *Per Gramsci*. Crisi e potenza del moderno. Roma, Derive Approdi, 2007.

_____; SANTUCCI, Antonio (orgs.). *Gramsci e la rivoluzione in Occidente*. Roma, Editori Riuniti, 1999.

CAFIERO, Salvatore. *La questione meridionale*. Florença, Le Monnier, 1980.

CANFORA, Luciano. *Gramsci in carcere e il fascismo*. Roma, Salerno Editrice, 2012.

CARDIA, Umberto. *Autonomia sarda*. Un'idea che attraversa i secoli. Cagliari, Cuec, 1999.

_____ (org.). *Gramsci e la svolta degli anni trenta*. Cagliari, Edes, 1976.

CARDIA MARCI, Susanna. *Il giovane Gramsci*. Cagliari, In.E.S., 1977.

CARTEGGIO Marx-Engels. Roma, Editori Riuniti, 1972.

CATONE, Andrea; SUSCA, Emanuela (orgs.). *Problemi della transizione al socialismo in URSS*. Nápoles, La Città del Sole, 2004.

CERRONI, Umberto. Introduzione. In: LÊNIN, Vladímir Ilitch. *Stato e rivoluzione*. Roma, Newton Compton, 1975.

CHABOD, Federico. *L'Italia contemporanea (1918-1948)*. Turim, Einaudi, 1961.

CHAMBERS, Iain (org.). *Esercizi di potere*. Gramsci, Said e il postcoloniale. Roma, Universale Meltemi, 2006.

_____; CURTI, Lidia (orgs.). *La questione postcoloniale*. Nápoles, Liguori, 1997.

CIVILE, Giuseppe. *I volti dell'élite*. Classi dirigenti nell'Ottocento meridionale. Nápoles, Libreria Dante & Descartes, 2002.

COLE, George Douglas Howard. *Storia del pensiero socialista*, v. 5: *Socialismo e fascismo*. Roma/Bari, Laterza, 1968.

COLOMBI, Arturo. *Nelle mani del nemico*. Roma, Editori Riuniti, 1971.

COUTINHO, Carlos Nelson. *Gramsci*. Porto Alegre, L&PM, 1981.

_____. *Democracia e socialismo*: questões de princípio e contexto brasileiro. São Paulo, Cortez, 1992.

_____. *Marxismo e política*: a dualidade de poderes e outros ensaios. São Paulo, Cortez, 1994.

_____. *Contra a corrente*: ensaios sobre democracia e socialismo. São Paulo, Cortez, 2000.

_____. *Cultura e sociedade no Brasil*: ensaios sobre ideias e formas. Rio de Janeiro, DP&A, 2000.

_____. *Il pensiero politico di Gramsci*. Milão, Unicopli, 2006. [Ed. bras.: *Gramsci*: um estudo sobre seu pensamento político. 3. ed., Rio de Janeiro, Civilização Brasileira, 2007.]

_____. *Intervenções*: o marxismo na batalha das ideias. São Paulo, Cortez, 2006.

_____. *De Rousseau a Gramsci*. São Paulo, Boitempo, 2011.

_____. *O leitor de Gramsci*. Rio de Janeiro, Civilização Brasileira, 2011.

CORTESI, Luigi (org.). *Amadeo Bordiga nella storia del comunismo*. Nápoles, Edizioni Scientifiche Italiane, 1999.

CRITICA MARXISTA. Il pensiero di Gramsci. Roma, n. 6, ano 25, 1986.

_____. *Oltre Gramsci, con Gramsci*. Roma, n. 2-3, ano 25, 1987.

CROCE, Benedetto. *Due anni di vita politica italiana (1946-1947)*. Bari, Laterza, 1948.

_____. *Teoria e storia della storiografia*. Bari, Laterza, 1948.

_____. *Scritti e discorsi politici*. Bari, Laterza, 1963.

_____. *Storia d'Europa nel secolo decimonono*. Bari, Laterza, 1965.

DAL PANE, Luigi. *Antonio Labriola nella politica e nella cultura italiana*. Turim, Einaudi, 1975.

DANIELE, Chiara (org.). *Gramsci a Roma, Togliatti a Mosca*. Il carteggio del 1926. Turim, Einaudi, 1999.

DE CLEMENTI, Andreina. *Amadeo Bordiga*. Turim, Einaudi, 1971.

DE FELICE, Franco. Introduzione al Quaderno 2. In: *Americanismo e fordismo*. Turim, Einaudi, 1978.

DE FELICE, Renzo. *Il fascismo*. Le interpretazioni dei contemporanei e degli storici. Bari, Laterza, 1970.

_____. *Le interpretazioni del fascismo*. Bari, Laterza, 1995.

DE LUNA, Giovanni. *La passione e la ragione*. Fonti e metodi dello storico contemporaneo. Florença, La Nuova Italia, 2001.

DE MICHELI, Mario. *La matrice ideologica del fascismo*. Milão, Feltrinelli, 1975.

DEL PIANO, Lorenzo (org.). *I problemi della Sardegna da Cavour a Depretis (1849-1876)*. Cagliari, Fossataro, 1977.

DEL ROIO, Marcos. *Gramsci e a emancipação do subalterno*. São Paulo, Editora Unesp, 2018.

_____. *I prismi di Gramsci*. La formula politica del fronte unico (1919-1926). Nápoles, La Città del Sole, 2010. [Ed. bras.: *Os prismas de Gramsci*: a fórmula política da frente única (1919--1926). São Paulo, Boitempo, 2019.]

_____. (org.). *Gramsci*: periferia e subalternidade. São Paulo, Edusp, 2017.

410 ANTONIO GRAMSCI, O HOMEM FILÓSOFO

DE RUGGIERO, Guido. *Storia del liberalismo europeo*. Bari, Laterza, 2003.

DE SIMONE, Cesare. *Soldati e generali a Caporetto*. Roma, Tindalo, 1970.

DEGRAS, Jane (org.). *Storia dell'Internazionale comunista attraverso i documenti ufficiali*, t. 1: *1919-1922*. Milão, Feltrinelli, 1975.

_____. (org.). *Storia dell'Internazionale comunista attraverso i documenti ufficiali*, t. 2: *1923-1928*. Milão, Feltrinelli, 1975.

_____. (org.). *Storia dell'Internazionale comunista attraverso i documenti ufficiali*, t. 3: *1929-1943*. Milão, Feltrinelli, 1979.

D'ORSI, Angelo. *1917*. L'anno della rivoluzione. Roma/Bari, Laterza, 2016.

_____. *Gramsci*. Una nuova biografia. Milão, Feltrinelli, 2017.

DUBLA, Ferdinando. *Gramsci e la fabbrica*. Bari, Lacaita, 1986.

_____; GIUSTO, Massimo (orgs.). *Il Gramsci di Turi*. Manduria, Chimienti, 2008.

ELLENSTEIN, Jean. *Storia dell'URSS*. Roma, Editori Riuniti, 1976. 2 v.

ENGELS, Friedrich. *La guerra dei contadini in Germania*. Roma, Rinascita, 1949.

_____. *Sul materialismo storico*. Roma, Editori Riuniti, 1949.

_____. *Ludwig Feuerbach e il punto di approdo della filosofia classica tedesca*. Trad. da edição original alemã de 1888 de Palmiro Togliatti. Roma, Rinascita, 1950. [Ed. bras.: *Ludwig Feuerbach e o fim da filosofia clássica alemã*. São Paulo, Iskra, 2016.]

_____. *Sulle origini del cristianesimo*. Roma, Rinascita, 1954.

_____. *La situazione della classe operaia in Inghilterra*. Roma, Edizioni Rinascita, 1955. [Ed. bras.: *A situação da classe trabalhadora na Inglaterra*. Trad. B. A. Schumann. São Paulo, Boitempo, 2008.]

_____. *Antidühring*. Roma, Editori Riuniti, 1971. [Ed. bras.: *Anti-Dühring*. Trad. Nélio Schneider. São Paulo, Boitempo, 2015.]

_____; MARX, Karl. *Sul Risorgimento italiano*. Roma, Editori Riuniti, 1959.

FERRARA, Marcella; FERRARA, Maurizio (orgs.). *Conversando con Togliatti*. Note biografiche. Roma, Editori di Cultura Sociale, 1953.

FILIPPINI, Michele. *Una politica di massa*. Antonio Gramsci e la rivoluzione della società. Roma, Carocci, 2015.

FIORI, Giuseppe. *Vita di Antonio Gramsci*. Roma/Bari, Laterza, 1989.

_____. *Vita di Enrico Berlinguer*. Roma/Bari, Laterza, 1989.

_____. *Gramsci, Togliatti, Stalin*. Roma/Bari, Laterza, 1991.

_____. *Antonio Gramsci*. Vita attraverso le lettere. Turim, Einaudi, 1994.

FOVEL, N. Massimo. *Economia e corporativismo*. Ferrara, S.A.T.E., 1929.

FRANCIONI, Gianni. *L'officina gramsciana*. Ipotesi sulla struttura dei "Quaderni del carcere". Nápoles, Bibliopolis, 1984.

_____. *Tre studi su Gramsci*. Nápoles, Bibliopolis, 1988.

_____; GIASI, Francesco; PAULESU, Luca (org.). *Gramsci*. I quaderni del carcere e le riviste ritrovate. Roma, MetaMorfosi, 2019.

FRESU, Gianni. *Il diavolo nell'ampolla*. Antonio Gramsci, gli intellettuali e il Partito. Nápoles, Istituto Italiano per gli Studi Filosofici/La Città del Sole, 2005.

_____. Americanismo e fordismo: l'uomo filosofo e il gorilla ammaestrato. *NAE: Trimestrale di Cultura*. Cagliari, Cuec, n. 18, ano 6, 2007 (número monográfico dedicado a Antonio Gramsci).

_____. *Lenin lettore di Marx*. Determinismo e dialettica nella storia del movimento operaio. Nápoles, La Città del Sole, 2008. [Ed. bras.: *Lênin leitor de Marx*: dialética e determinismo na história do movimento operário. Trad. Rita Matos Coitinho. São Paulo, Anita Garibaldi, 2016.]

_____. Antonio Gramsci, fascismo e classi dirigenti nella storia d'Italia. *NAE: Trimestrale di Cultura*. Cagliari, Cuec, n. 21, ano 6, 2008.

_____. *La prima bardana*. Modernizzazione e conflitto nella Sardegna dell'Ottocento. Cagliari, Cuec, 2011.

_____. Moderati e democratici nell'Ottocento. L'interpretazione di Gramsci. In: CARPINELLI, Cristina; GIOIELLO, Vittorio (orgs.). *Il Risorgimento: un'epoca?* Per una ricostruzione storico-critica. Frankfurt, Zambon, 2012.

_____. *Eugenio Curiel*. Il lungo viaggio contro il fascismo. Roma, Odradek, 2013.

_____. Gramsci e a revolução nacional. In: LOLE, Ana; GOMES, Victor Leandro Chaves; DEL ROIO, Marcos (orgs.). *Gramsci e a Revolução Russa*. Rio de Janeiro, Mórula, 2017.

_____. *Nas trincheiras do Ocidente*: lições sobre fascismo e antifascismo. Ponta Grossa, Editora UEPG, 2017.

_____. De Marx a Gramsci: educação, relações produtivas e hierarquia social. In: SCHLESENER, Anita Helena; OLIVEIRA, André Luiz de; ALMEIDA, Tatiani Maria Garcia de (orgs.). *A atualidade da filosofia da práxis e políticas educacionais*. Curitiba, UTP, 2018.

_____; ACCARDO, Aldo. *Oltre la parentesi*. Fascismo e storia d'Italia nell'interpretazione gramsciana. Roma, Carocci, 2009.

GARIN, Eugenio. *Cronache di filosofia italiana*. Bari, Laterza, 1959.

_____. *Intellettuali italiani del XX secolo*. Roma, Editori Riuniti, 1974.

_____. *Con Gramsci*. Roma, Editori Riuniti, 1997.

GAROSCI, Aldo. *Storia dei fuoriusciti*. Bari, Laterza, 1953.

GEMELLI, Francesco. *Rifiorimento della Sardegna*. Cagliari, Fossataro, 1966.

GENTILE, Emilio. *Fascismo e antifascismo*. I partiti italiani fra le due guerre. Florença, Le Monnier, 2000.

_____. *Fascismo*. Storia e interpretazione. Roma/Bari, Laterza, 2002.

_____. *Il culto del littorio*. La sacralizzazione della politica nell'Italia fascista. Roma/Bari, Laterza, 2008.

_____. *La via italiana al totalitarismo*. Il Partito e lo Stato nel regime fascista. Roma, Carocci, 2008.

_____. *E fu subito regime*. Il fascismo e la marcia su Roma. Roma/Bari, Laterza, 2012.

GIACOMINI, Ruggero; LOSURDO, Domenico (orgs.). *Lenin e il Novecento*. Nápoles, La Città del Sole, 1997.

_____; _____; MARTELLI, Michele (orgs.). *Gramsci e l'Italia*. Nápoles, Istituto Italiano per gli Studi Filosofici/La Città del Sole, 1992.

GILPIN, Robert. Attori nell'economia globale. In: BATINI, Elisabetta; RAGIONIERI, Rodolfo (orgs.). *Culture e conflitti nella globalizzazione*. Florença, S. Olschki, 2002.

GIOBERTI, Vincenzo. *Del primato morale e civile degli italiani*. Turim, Utet, 1932.

GOBETTI, Piero. *Camilla Ravera in carcere e al confino*. Parma, Guanda, 1969.

_____. *La rivoluzione liberale.* Saggio sulla lotta politica in Italia. Turim, Einaudi, 1974.

GRAMSCI, Antonio. Il Partito si rafforza combattendo le deviazioni antileniniste. *l'Unità*, 5 jul. 1925.

_____. *L'Ordine Nuovo 1919-1920*. Turim, Einaudi, 1954.

_____. *Scritti giovanili 1914-1918*. Turim, Einaudi, 1958.

_____. *Il Vaticano e l'Italia*. Roma, Editori Riuniti, 1961.

_____. *Scritti politici*. Roma, Editori Riuniti, 1969.

_____. *La costruzione del Partito Comunista 1923-1926*. Turim, Einaudi, 1971.

_____. *Lettere dal carcere*. Turim, Einaudi, 1975. [Ed. bras.: *Cartas do cárcere*. Trad. Luiz Sergio Henriques. Org. Carlos Nelson Coutinho e Luiz Sergio Henriques. Rio de Janeiro, Civilização Brasileira, 2005. 2 v.]

_____. *Scritti 1915-1925*. Milão, Moizzi, 1976.

_____. *Quaderni del carcere*. Turim, Einaudi, 1977. [Ed. bras.: *Cadernos do cárcere*. Org. e trad. Carlos Nelson Coutinho, Luiz Sérgio Henriques e Marco Aurélio Nogueira. Rio de Janeiro, Civilização Brasileira, 1999-2000. 6 v.]

_____. *Socialismo e fascismo*. Turim, Einaudi, 1978.

_____. *Il rivoluzionario qualificato*. Roma, Delotti, 1988.

_____. *La questione meridionale*. Roma, Editori Riuniti, 1991.

_____. *Lettere dal carcere 1926-1930*. Palermo, Sellerio, 1996.

_____. *Lettere a Tatiana Schucht*. Turim, Einaudi, 1997.

_____. *Quaderni del carcere*. I Quaderni di traduzione (1929-1932). Roma, Treccani, 2007. 2 v.

_____. *Quaderni del carcere*: edizione anastatica dei manoscritti. Cagliari, Società Editrice L'Unione Sarda, 2009. 18 v. (Biblioteca Treccani)

_____. *Il giornalismo, il giornalista*. Scritti, articoli, lettere del fondatore de "l'Unità". Org. Gianluca Corradi. Florença, Tessere, 2017.

GRIECO, Ruggero. *Scritti scelti*. Roma, Editori Riuniti, 1966.

GRUPPI, Luciano. *Il pensiero di Lenin*. Roma, Editori Riuniti, 1971.

_____. *Storicità e marxismo*. Roma, Editori Riuniti, 1976.

_____. *La teoria del partito rivoluzionario*. Roma, Editori Riuniti, 1980.

_____. *Il Partito Comunista Italiano*. Roma, Salemi, 1981.

_____. *Per un avvio allo studio di Gramsci*. Roma, Salemi, 1987.

HAUPT, Georges. *L'Internazionale socialista dalla comune a Lenin*. Turim, Einaudi, 1978.

HEGEL, Georg Wilhelm Friedrich. *Fenomenologia dello spirito*. Florença, La Nuova Italia, 1960. [Ed. bras.: *Fenomenologia do espírito*. 9. ed. Trad. Paulo Meneses. Petrópolis/Bragança Paulista, Vozes/Edusf, 2014.]

_____. *Lineamenti di filosofia del diritto*. Bari, Laterza, 1965. [Ed. bras.: *Princípios da filosofia do direito*. Trad. Orlando Vitorino. São Paulo, Martins Fontes, 1997.]

_____. *Enciclopedia delle scienze filosofiche in compendio*. Bari, Laterza, 1967. [Ed. port.: *Enciclopédia das ciências filosóficas em epítome*. Trad. Artur Morão. Lisboa, Edições 70, 2018. 3 v.]

_____. *Scienza della logica*. Bari, Laterza, 1968. [Ed. bras.: *Ciência da lógica*. Trad. Christian G. Iber, Marloren L. Miranda e Federico Orsini. Petrópolis, Vozes, 2016. 3 v.]

_____. *Filosofia del diritto*. Florença, Vallecchi, 1969. [Ed. bras.: *Filosofia do direito*. Trad. Paulo Meneses et al. Recife/São Paulo/São Leopoldo, Unicapa/Loyola/Unisinos, 2010.]

_____. *Filosofia della storia*. Florença, La Nuova Italia, 1975. [Ed. bras.: *Filosofia da história*. 2. ed. Trad. Maria Rodrigues e Hans Harden. Brasília, Editora UnB, 1999.]

_____. *Filosofia dello spirito*. Turim, Unione Tipografico Torinese, 1980.

_____. *Introduzione alla storia della filosofia*. Bari, Laterza, 1982. [Ed. bras.: *Introdução à história da filosofia*. Trad. Euclidy Carneiro da Silva. São Paulo, Hemus, 1998.]

BIBLIOGRAFIA 413

HOBSBAWM, Eric. *I rivoluzionari*. Turim, Einaudi, 1975. [Ed. bras.: *Revolucionários*. Trad. João Vitor Garcia e Adelângela S. Garcia. Rio de Janeiro, Paz e Terra, 1982.]

_____. *Il secolo breve*. Milão, Rizzoli, 1994. [Ed. bras.: *Era dos extremos*: o breve século XX (1914--1991). Trad. Marcos Santarrita. São Paulo, Companhia das Letras, 1995.]

_____. *Intervista sul nuovo secolo*. Bari, Laterza, 1999. [Ed. bras.: *O novo século*: entrevista a Antonio Polito. Trad. Claudio Marcondes. São Paulo, Companhia das Letras, 2009.]

_____. *Anni interessanti*. Autobiografia di uno storico. Milão, Rizzoli, 2002. [Ed. bras.: *Tempos interessantes*: uma vida no século XX. Trad. S. Duarte. São Paulo, Companhia das Letras, 2002.]

_____. *I banditi*. Il banditismo sociale nell'età moderna. Turim, Einaudi, 2002. [Ed. bras.: *Bandidos*. 5. ed., trad. Donaldson M. Garschagen, São Paulo, Paz e Terra, 2015.]

_____. *Nazioni e nazionalismi dal 1780*. Programma, mito, realtà. Turim, Einaudi, 2002. [Ed. bras.: *Nações e nacionalismo desde 1780*: programa, mito e realidade. Trad. Maria Celia Paoli e Anna Maria Quirino. Rio de Janeiro, Paz e Terra, 2012.]

_____ (org.). *Storia del marxismo*. Turim, Einaudi, 1979-1981. 3 v. [Ed. bras. *História do marxismo*. Rio de Janeiro, Paz e Terra, 1979-. 12 v.]

_____; BAIROCH, Paul (orgs.). *L'età contemporanea*. Turim, Einaudi, 1996.

HOLZ, Hans Heinz. *Marx, la storia, la dialettica*. Nápoles, La Città del Sole, 1996.

_____; ABENDROTH, Wolfgang; KOFLER, Leo. *Conversazioni con Lukács*. Bari, De Donato, 1968.

IRDE, Pierino. *Dalla terra di nessuno alla proprietà perfetta*. Cagliari, Edizioni Castello, 1999.

ISNEGHI, Mario. *Il mito della grande guerra*. Bolonha, Il Mulino, 1989.

_____. *L'Italia in piazza*. I luoghi della vita pubblica dal 1848 ai giorni nostri. Milão, Mondadori, 1994.

JEMOLO, Arturo Carlo. *Chiesa e Stato in Italia*. Dalla unificazione ai giorni nostri. Turim, Einaudi, 1975.

KAUTSKY, Karl. *Etica e concezione materialistica della storia*. Milão, Feltrinelli, 1958.

_____. *La questione agraria*. Milão, Feltrinelli, 1959.

_____. *Introduzione al pensiero economico di Marx*. Bari, Laterza, 1972.

_____. *La questione coloniale*. Milão, Feltrinelli, 1977.

_____. *L'imperialismo*. Bari, Laterza, 1980.

LA FONDAZIONE del Partito Comunista. Documenti. Nápoles, Laboratorio Politico, 1996.

LA QUESTIONE italiana al Terzo Congresso della Internazionale Comunista. Roma, Libreria Editrice del Partito Comunista d'Italia, 1921.

LABRIOLA, Antonio. *Discorrendo di socialismo e di filosofia*. Org. Benedetto Croce. Bari, Laterza, 1947.

_____. *Opere*. Milão, Feltrinelli, 1962. 3 v.

_____. *La concezione materialistica della storia*. Bari, Laterza, 1965.

_____. *In memoria del Manifesto dei comunisti*. Roma, Newton Compton, 1973.

_____. *Scritti filosofici e politici*. Turim, Einaudi, 1973. 2 v.

_____. *Epistolario*. Roma, Editori Riuniti, 1983. 3 v.

LE LANNOU, Maurice. *Pastori e contadni in Sardegna*. Cagliari, Edizioni della Torre, 2006.

LÊNIN, Vladímir Ilitch. *Opere complete*. Roma, Editori Riuniti, 1955-1970. 45 v.

_____. *Sul movimento operaio italiano*. Roma, Editori Riuniti, 1970.

_____. *Stato e rivoluzione*. Roma, Newton Compton, 1975. [Ed. bras.: *O Estado e a revolução*: a doutrina do marxismo sobre o Estado e as tarefas do proletariado na revolução. Trad. Edições Avante! e Paula Almeida. São Paulo, Boitempo, 2017.]

_____. *Che fare?*. Turim, Einaudi, 1979. [Ed. bras.: *O que fazer?*. Trad. Edições Avante! e Paula Vaz de Almeida. São Paulo, Boitempo, 2020.]

_____. *L'imperialismo fase suprema del capitalismo*. Nápoles, La Città del Sole, 1994. [Ed. bras.: *O imperialismo*: fase superior do capitalismo. Trad. Silvio Donizete Chagas. São Paulo, Centauro, 2003.]

LEONETTI, Alfonso. *Note su Gramsci*. Urbino, Argalia, 1970.

LEPRE, Aurelio. *Gramsci secondo Gramsci*. Nápoles, Liguori, 1978.

_____. *Il prigioniero. Vita di Antonio Gramsci*. Bari, Laterza, 1998.

LIGUORI, Guido. *Gramsci conteso*. Interpretazioni, dibattiti e polemiche 1922-2012. Roma, Editori Riuniti/University Press, 2012.

_____. *Sentieri gramsciani*. Roma, Carocci, 2006.

_____; VOZA, Pasquale (orgs.). *Dizionario gramsciano, 1926-1937*. Roma, Carocci, 2009. [Ed. bras.: *Dicionário gramsciano*. Trad. Ana Maria Chiarini, Diego Silveira Coelho Ferreira, Leandro de Oliveira Galastri e Silvia De Bernardinis. São Paulo, Boitempo, 2017.]

LIVORSI, Franco (org.). *Amadeo Bordiga*. Il pensiero e l'azione politica 1912-1970. Roma, Editori Riuniti, 1976.

LOLE, Ana; GOMES, Victor Leandro Chaves; DEL ROIO, Marcos (orgs.). *Gramsci e a Revolução Russa*. Rio de Janeiro, Mórula, 2017.

LOMBARDO RADICE, Lucio; CARBONE, Giuseppe. *Vita di Antonio Gramsci*. Roma, Edizioni di Cultura Sociale, 1952.

LONGO, Luigi. *Continuità della resistenza*. Turim, Einaudi, 1977.

LOSURDO, Domenico. *Democrazia o bonapartismo*. Trionfo e decadenza del suffragio universale. Turim, Bollati Boringhieri, 1993.

_____. *Antonio Gramsci dal liberalismo al comunismo critico*. Roma, Gamberetti, 1997.

_____. *Il revisionismo storico*. Bari, Laterza, 1998.

_____. *Il peccato originale del Novecento*. Bari, Laterza, 1999.

_____. *L'ipocondria dell'impolitico*. La critica di Hegel ieri e oggi. Lecce, Milella, 2001. [Ed. bras. *A hipocondria da antipolítica*: história e atualidade na análise de Hegel. Trad. Jaime Clasen. Rio de Janeiro, Revan, 2014.]

_____. *Dai Fratelli Spaventa a Gramsci*. Per una storia politica della fortuna di Hegel in Italia. Nápoles, La Città del Sole, 2006.

_____. *Guerra e revolução*: o mundo um século após outubro de 1917. Trad. Ana Maria Chiarini e Diego Silveira Coelho Ferreira. São Paulo, Boitempo, 2017.

_____. *Il marxismo occidentale*. Come nacque, come morì, come può rinascere. Bari/Roma, Laterza, 2017. [Ed. bras. *O marxismo ocidental*: como nasceu, como morreu, como pode renascer. Trad. Ana Maria Chiarini e Diego Silveira Coelho Ferreira. São Paulo, Boitempo, 2018.]

LUKÁCS, György. *Il giovane Hegel e i problemi della società capitalistica*. Turim, Einaudi, 1960. [Ed. bras.: *O jovem Hegel e os problemas da sociedade capitalista*. Trad. Nélio Schneider. São Paulo, Boitempo, 2018.]

_____. *Storia e coscienza di classe*. Milão, Sugar, 1970. [Ed. bras.: *História e consciência de classe*: estudos sobre a dialética marxista. Trad. Rodnei Nascimento. São Paulo, WMF Martins Fontes, 2003.]

_____. *Scritti politici giovanili 1919-1928*. Bari, Laterza, 1972.

LUPO, Salvatore. *Il fascismo*. La politica in un regime totalitario. Roma, Donzelli, 2005.

LUXEMBURGO, Rosa. *L'accumulazione del capitale*. Contributo alla spiegazione economica dell'imperialismo. Turim, Einaudi, 1960. [Ed. bras.: *A acumulação do capital*: contribuição ao estudo econômico do imperialismo. Trad. Marijane Lisboa et al. São Paulo, Nova Cultural, 1985.]

BIBLIOGRAFIA   415

_____. *Scritti politici*. Roma, Editori Riuniti, 1967.

_____. *Introduzione all'economia politica*. Milão, Jaca Book,1975.

MANACORDA, Mario Alighiero. *Marx e a pedagogia moderna*. Trad. Newton Ramos-de-Oliveira. São Paulo, Cortez, 1991.

_____. *L'alternativa pedagogica in Gramsci*. Roma, Editori Riuniti, 2012.

_____. *O princípio educativo em Gramsci*: americanismo e conformismo. Trad. William Laços. Campinas, Alínea, 2013.

MANCONI, Francesco (org.). *Le inchieste parlamentari sulla Sardegna dell'Ottocento*. L'Inchiesta Depretis. Cagliari, Edizioni della Torre, 1984.

MAQUIAVEL, Nicolau. *Il Principe*. Turim, Einaudi, 1995. [Ed. bras.: *O Príncipe*. Trad. Lívio Xavier. Rio de Janeiro, Nova Fronteira, 2019.]

MARX, Karl. *Per la critica dell'economia politica*. Roma, Editori Riuniti, 1974. [Ed. bras.: *Para a crítica da economia política*. Trad. Leonardo de Deus. Belo Horizonte, Autêntica, 2010.]

_____. *Critica del programma di Gotha*. Roma, Editori Riuniti, 1976. [Ed. bras.: *Crítica do Programa de Gotha*. Trad. Rubens Enderle. São Paulo, Boitempo, 2012.]

_____. *Il capitale*. Roma, Editori Riuniti, 1994. [Ed. bras.: *O capital*: crítica da economia política, Livro I: *O processo de produção do capital*. Trad. Rubens Enderle. São Paulo, Boitempo, 2011.]

_____; ENGELS, Friedrich. *L'ideologia tedesca*. Roma, Editori Riuniti, 1958. [Ed. bras.: *A ideologia alemã*. Trad. Rubens Enderle, Nélio Schneider e Luciano Cavini Martorano. São Paulo, Boitempo, 2007.]

_____; _____. *Sul Risorgimento italiano*. Roma, Editori Riuniti, 1959.

_____; _____. *Opere complete*. Roma, Editori Riuniti, 1972.

_____; _____. *Carteggio*. Roma, Editori Riuniti, 1972.

MAURO, Walter. *Invito alla lettura di Gramsci*. Milão, Mursia, 1981.

MELCHIORRE, Virgilio; VIGNA, Carmelo; DE ROSA, Gabriele (orgs.). *Antonio Gramsci*. Il pensiero teorico e político. La "questione leninista". Roma, Città Nuova, 1977.

MELIS, Guido (org.). *Gramsci e la questione sarda*. Cagliari, Edizioni della Torre, 1977.

MERLI, Stefano. *Fronte antifascista e politica di classe*. Socialisti e comunisti in Italia (1923- 1939). Bari, De Donato, 1975.

MICHELS, Robert. *La sociologia del partito politico nella società moderna*. Bolonha, Il Mulino, 1966. [Ed. bras.: *Sociologia dos partidos políticos*. Trad. Arthur Chaudon. Brasília, Editora UnB, 1982.]

MUSTÈ, Marcello. *Marxismo e filosofia della praxis*. Da Labriola a Gramsci. Roma, Viella, 2018.

NOCE, Teresa. *Rivoluzionaria professionale*. Milão, La Pietra, 1974.

NOLTE, Ernst. *La crisi dei regimi liberali e i movimenti fascisti*. Bolonha, Il Mulino, 1970.

_____. *I tre volti del fascismo*. Milão, Mondadori, 1971.

PAGGI, Leonardo. *Le strategie del potere in Gramsci*. Roma, Editori Riuniti, 1984.

PALA, Mauro. *Americanismi*. Sulla ricezione del pensiero di Gramsci negli USA. Cagliari, Cuec, 2009.

_____. *Narrazioni egemoniche*. Gramsci, letteratura e società civile. Bolonha, Il Mulino, 2014.

PAULESU QUERCIOLI, Mimma (org.). *Gramsci vivo*. Milão, Feltrinelli, 1977.

PAVONE, Claudio. *Una guerra civile*. Saggio storico sulla moralità della Resistenza. Turim, Bollati Boringhieri, 1994.

_____. *Alle origini della Repubblica*. Scritti su fascismo, antifascismo e continuità dello Stato. Turim, Bollati Boringhieri, 1995.

PECCHIOLI, Ugo (org.). *Da Gramsci a Berlinguer*. La via italiana al socialismo attraverso i congressi del Partito Comunista Italiano, v. 1: *1921-1943*. Veneza, Marsilio/Edizioni del Calendario, 1985.

416   Antonio Gramsci, o homem filósofo

PETRONIO, Giuseppe; MUSITELLI, Marina Paladini (orgs.). *Marx e Gramsci*. Memoria e attualità. Roma, Manifestolibri, 2001.

PILLON, Cesare. *I comunisti nella storia d'Italia*. Roma, Edizioni del Calendario, 1967. 2 v.

PIRASTU, Ignazio. *Il banditismo in Sardegna*. Roma, Editori Riuniti, 1973.

PISTILLO, Michelle. *Vita di Ruggero Grieco*. Roma, Editori Riuniti, 1985.

POITIER, Jean-Pierre. *Piero Sraffa*. Biografia. Roma, Editori Riuniti, 1990.

RAGIONIERI, Ernesto. *Socialdemocrazia tedesca e socialisti italiani 1875-1895*. Milão, Feltrinelli, 1961.

_____. *Il marxismo e l'Internazionale*. Roma, Editori Riuniti, 1968.

_____. *Alle origini del marxismo della Seconda Internazionale*. Roma, Editori Riuniti, 1968.

_____. *Il marxismo e l'Internazionale*. Studi di storia del marxismo. Roma, Editori Riuniti, 1972.

_____. *Palmiro Togliatti*. Roma, Editori Riuniti, 1976.

_____. *La Terza Internazionale e il Partito Comunista Italiano*. Saggi e discussioni. Turim, Einaudi, 1978.

RAO, A. M. (org.). *La crisi politica del regno di Sardegna dalla rivoluzione patriottica ai moti antifeudali (1793-96)*. Roma, Carocci, 1999.

RAPONE, Leonardo. *Cinque anni che paiono secoli*. Antonio Gramsci dal socialismo al comunismo. Roma, Carocci, 2011.

RENDA, Francesco. Contadini e pastori nella Sardegna moderna. *Archivio Sardo del Movimento Operaio, Contadino e Autonomistico*, n. 11-13, 1980.

RIGOLA, Rinaldo. *Storia del movimento operaio italiano*. Milão, Domus, 1947.

ROBOTTI, Paolo; GERMANETTO, Giovanni. *Trent'anni di lotte dei comunisti italiani, 1921--1951*. Roma, Edizioni di Cultura Sociale, 1952.

ROMANO, Salvatore Francesco. *Gramsci*. Turim, Einaudi, 1965.

ROSSI, Pietro (org.). *Gramsci e la cultura contemporanea*. Atti del Convegno internazionale di studi gramsciani (Cagliari 23-27 aprile 1967). Roma, Editori Riuniti, 1967.

ROVERI, Alessandro. *Dal sindacalismo rivoluzionario al fascismo*. Florença, La Nuova Italia, 1972.

SAID, Edward W. *Orientalismo*. Turim, Bollati e Boringhieri, 1991. [Ed. bras.: *Orientalismo*: o Oriente como invenção do Ocidente. Trad. Rosaura Eichenberg. São Paulo, Companhia das Letras, 1990.]

_____. *Cultura e imperialismo*. Roma, Gamberetti, 1998. [Ed. bras.: *Cultura e imperialismo*. Trad. Denise Bottmann. São Paulo, Companhia das Letras, 2011.]

SALARIS, Francésco. Atti della Giunta per la Inchiesta Agraria. In: *Le inchieste parlamentari sulla Sardegna dell'Ottocento*. Sassari, Edes, 1984.

SALINARI, Carlo. *I comunisti raccontano*, v. 1: *1919-1945*. Milão, Teti, 1975.

_____; SPINELLI, Mario. *Il pensiero di Gramsci*. Roma, l'Unità, 1977.

SALVADORI, Massimo. *Gramsci e il problema storico della democrazia*. Turim, Einaudi,1970.

_____. *Storia del pensiero comunista da Lenin a Gorbaciov*. Bari, Laterza, 1992.

SALVATI, Mariuccia. *Il Novecento*. Interpretazioni e bilanci. Bari, Laterza, 2001.

SALVATORELLI, Luigi. *Pensiero e azione del Risorgimento*. Turim/Roma, Einaudi, 1944.

_____; MIRA, Giovanni. *Storia d'Italia nel periodo fascista*. Turim, Einaudi, 1964.

SALVEMINI, Gaetano. *Memorie di un fuoriuscito*. Milão, Feltrinelli, 1960.

SALVUCCI, Pasquale (org.). *Tra marxismo e idealismo*. Urbino, Montefeltro, 1981.

SANTARELLI, Enzo. *Storia del fascismo*. Roma, Editori Riuniti, 1973. 3 v.

_____. *Il mondo contemporaneo*. Roma, Editori Riuniti, 1974.

BIBLIOGRAFIA 417

SANTUCCI, Antonio. *Nuove lettere di Antonio Gramsci, con altre lettere di Piero Sraffa*. Roma, Editori Riuniti, 1986.

SILONE, Ignazio. *Il fascismo, origini e sviluppo*. Milão, Mondadori, 2002.

SMITH, Denis Mack. *Da Cavour a Mussolini*. Catânia, Bonanno, 1968.

_____. *Storia d'Italia*. Bari, Laterza, 1975.

_____. *Mussolini*. Milão, Rizzoli, 1990.

_____. *Le guerre del Duce*. Milão, Mondadori, 1997.

_____. *A proposito di Mussolini*. Bari, Laterza, 2004.

SOLE, Carlino (org.). *La Sardegna di Carlo Felice e il problema della terra*. Cagliari, Fossataro, 1967.

SOREL, Georges. *Scritti politici*. Turim, Unione Tipografico-Editrice Torinese, 1968.

SOTGIU, Girolamo. *Alle origini della questione sarda*. Note di storia sarda del Risorgimento. Cagliari, Fossataro, 1967.

_____. *Lotte sociali e politiche nella Sardegna contemporanea*. Cagliari, Edes, 1974.

_____. *Movimento operaio e autonomismo*. Bari, De Donato, 1975.

_____. *Storia della Sardegna sabauda (1720-1847)*. Bari, Laterza, 1984.

_____. *Storia della Sardegna dopo l'Unità*. Bari, Laterza, 1986.

SPINETTI, Gastone Silvano. *Bibliografia degli esuli politici sotto il fascismo*. Roma, Solidarismo, 1959.

SPIVAK, Gayatri Chakravorty. *Critica della ragione postcoloniale*. Verso una storia del presente in dissolvenza. Roma, Meltemi, 2004.

SPRIANO, Paolo. *Gramsci e L'Ordine Nuovo*. Roma, Editori Riuniti, 1965.

_____. *Gramsci*. Milão, C.E.I., 1966.

_____. *Storia del Partito Comunista Italiano*. Turim, Einaudi, 1967-1979. 4 v.

_____. *L'Ordine Nuovo e i Consigli di fabbrica*. Turim, Einaudi, 1971.

_____. *Gramsci e Gobetti*. Turim, Einaudi, 1977.

_____. *Gramsci in carcere e il Partito*. Roma, Editori Riuniti, 1977.

_____. *Sulla rivoluzione italiana*. Turim, Einaudi, 1978.

_____. *Togliatti segretario dell'Internazionale*. Milão, Mondadori, 1980.

SULLAM, Simon Levi. Dio e il popolo. La rivoluzione religiosa di Giuseppe Mazzini. In: BANTI, Alberto M.; GINSBORG, Paul. *Storia d'Italia*. Turim, Einaudi, 2007.

TASCA, Angelo. *Nascita e avvento del fascismo*. Bari, Laterza, 1972.

TERRACINI, Umberto. *Quando diventammo comunisti*. Conversazione con Umberto Terracini tra cronaca e storia. Milão, La Pietra, 1976.

_____. *Intervista sul comunismo difficile*. Roma/Bari, Laterza, 1978.

_____. *Al bando dal Partito*. Carteggio clandestino dall'isola e dall'esilio, 1938-45. Milão, Rizzoli, 1981.

THOMAS, Peter D. Cosa rimane dei subalterni alla luce dello Stato integrale?. *International Gramsci Journal*, v. 2, n. 4, 2015. p. 82-92.

TOGLIATTI, Palmiro. *Il Partito Comunista Italiano*. Roma, Editori Riuniti/Rinascita, 1971.

_____. *Gramsci*. Roma, Editori Riuniti, 1972.

_____. *Opere*. Roma, Editori Riuniti/Rinascita, 1972-1979. 4 v.

_____. *La formazione del gruppo dirigente del Partito Comunista Italiano (1923-24)*. Roma, Editori Riuniti, 1984.

TRANFAGLIA, Nicola. *Dallo Stato liberale al regime fascista*. Milão, Feltrinelli,1973.

418   Antonio Gramsci, o homem filósofo

_____. *Labirinto italiano*. Il fascismo, l'antifascismo, gli storici. Florença, La Nuova Italia, 1989.

_____. *La prima guerra mondiale e il fascismo*. Milão, TEA, 1996.

_____. *Un passato scomodo*. Fascismo e postfascismo. Bari, Laterza, 1999.

_____. *Fascismi e modernizzazione in Europa*. Turim, Bollati Boringhieri, 2001.

VACCA, Giuseppe. *Gramsci e Togliatti*. Roma, Editori Riuniti, 1991.

_____. *Vita e pensieri di Antonio Gramsci*. 1926-1937. Turim, Einaudi, 2012.

_____. *Modernità alternative*. Il Novecento di Antonio Gramsci. Turim, Einaudi, 2017.

_____ (org.). *Gramsci e il Novecento*. Atti del convegno internazionale di studi del 1997. Roma, Carocci, 1997.

_____; MANDUCHI, Patrizia; MARCHI, Alessandra (orgs.). *Studi gramsciani nel mondo*. Gramsci nel mondo arabo. Bolonha, Il Mulino, 2017.

VALIANI, Leo et al. *Fascismo e antifascismo*. Lezioni e testimonianze. Milão, Feltrinelli, 1962. 2 v.

VANZULLI, Marco. *Il marxismo e l'idealismo*. Studi su Labriola, Croce, Gentile e Gramsci. Roma, Aracne, 2013.

VILLA, Nora. *Camilla Ravera*. La piccola grande signora del PCI. Milão, Rizzoli, 1983.

ZANELLI, Antonio. *Condizioni della pastorizia in Sardegna*. Relazione al Ministero dell'Agricoltura, Industria e Commercio (Direttore dello stabilimento in zootecnia di Reggio Emilia). Cagliari, Tipografia Editrice dell'Avvenire di Sardegna,1880.

ŽIŽEK, Slavoj. *Tredici volte Lenin (per sovvertire il fallimento del presente)*. Milão, Feltrinelli, 2003.

_____. *Lenin oggi*. Milão, Ponte delle Grazie, 2017.

Índice onomástico*

Adorno, Theodor W. (1903-1969), 142

Agnelli, Giovanni (1866-1945), 90

Alighieri, Dante (1265-1321), 240

Amendola, Giovanni (1882-1926), 190

Amoretti, Giuseppe (1902-1941), 233, 236

Angioni, Giulio (1939-2017), 215-6

Arendt, Hannah (1906-1975), 142

Bakunin, Mikhail Aleksandrovitch (1814-
-1876), 387

Balbo, Cesare (1789-1853), 257, 275

Barberis, Francesco (1864-1945), 62

Bartoli, Matteo Giulio (1873-1946), 60, 239-
-40, 392

Bauer, Bruno (1809-1882), 14, 343

Bavassano, Mario (1895-1964), 242

Bazile, Jules (Guesde) (1845-1922), 361n

Bebel, August Ferdinand (1840-1913), 33

Belloni, Ambrogio (1864-1950), 126

Bergson, Henri-Louis (1859-1941), 34, 296, 383

Bernstein, Eduard (1850-1932), 14, 36, 291,
296-301, 323

Bessone, Anna (1899-1947), 233, 236

Birocchi, Italo (1949), 212n, 214

Bismarck, Otto von (1815-1898), 37, 282

Bissolati, Leonida (1857-1920), 121

Bloch, Joseph (1871-1936), 45, 315n

Bocchini, Arturo (1880-1940), 234-5

Bombacci, Nicola (1879-1945), 103, 126, 158,
185

Bonomi, Ivanoe (1873-1951), 121

Bordiga, Amadeo (1889-1979), 15, 86-7, 100,
103-4, 119-33, 145, 147-54, 157-61, 163-
-75, 177-82, 184-5, 189, 195, 197-8, 200-1,
242, 251, 291, 380, 394, 396, 397, 398, 401

Boutroux, Étienne Émile Marie (1845-1921),
383

Bresciani, Antonio (1798-1862), 335n

Buffoni, Francesco (1882-1951), 161

Bukhárin, Nikolai Ivánovitch (1888-1938), 14,
160-1, 234, 291, 304-14, 372n, 399, 401

Buozzi, Bruno (1881-1944), 193

Burgio, Alberto (1955), 227

Burke, Edmund (1729-1797), 276

Cabrini, Angiolo (1869-1937), 121

Cadorna, Luigi (1850-1928), 288, 365, 394

Cajani, Lido, 122

Canfora, Luciano (1942), 60

Carboni Boi, Enrico, 24n

Carducci, Giosuè (1835-1907), 32

---

* Apesar dos esforços empenhados na localização da data de nascimento e de morte dos personagens, nem sempre tivemos êxito. (N. E.)

420 ANTONIO GRAMSCI, O HOMEM FILÓSOFO

Carli, Filippo (1876-1938), 107-8

Carnera, Primo (1906-1967), 239

Casati, Gabrio (1798-1873), 50

Cattaneo, Carlo (1801-1869), 257

Cavour, conde de [Camillo Paolo Filippo Giulio Benso] (1810-1861), 19n, 107, 217, 256-7, 269-70, 272, 273n, 277-8, 280

Ceriana, Luigi, 233n

Cerroni, Umberto (1926-2007), 69

Cervantes, Miguel de [Miguel de Cervantes Saavedra] (1547-1616), 240

César, Julio (100 a. C.-44 a. C.), 282

Chambers, Iain, 243

Cieszkowski, August von (1814-1894), 35

Cocco Ortu, Francesco (1842-1929), 24n

Colombino, Giuseppe Emilio (1884-1933), 193

Cosenz, Enrico (1820-1898), 257

Cosmo, Umberto (1868-1944), 239, 392

Coutinho, Carlos Nelson (1943-2012), 57, 237

Crispi, Francesco (1818-1901), 19, 22, 106, 111, 246n, 265, 269-70

Cristo [Jesus de Nazaré] (7-2 a.C. – 30-33 d.C.), 29-30

Croce, Benedetto (1866-1952), 14, 25, 31-6, 106, 200, 222, 226, 231-2, 243, 246n, 271, 273, 287-8, 296, 298, 327-32, 380, 383-4

Cromwell, Oliver (1599-1658), 222

Curci, Carlo Maria (1810-1891), 335n

D'Annunzio, Gabriele (1863-1938), 108-9, 113, 286, 395, 396

D'Aragona, Ludovico (1876-1961), 193

d'Azeglio, Massimo [Massimo Taparelli, marquês d'Azeglio] (1798-1866), 275

D'Onofrio, Edoardo (1901-1973), 235

Dal Pane, Luigi (1903-1979), 42

Darwin, Charles Robert (1809-1882), 33, 38, 42

David, Eduard (1863-1930), 323

De Bella, Antonio, 41n

De Benedetti, Emilio, 90

De Clementi, Andreina (1940), 122

De Felice, Franco (1937-1997), 64, 65

de Maistre, Joseph-Marie (1753-1821), 276

De Ruggiero, Guido (1888-1948), 272-80

Deffenu, Attilio (1890-1918), 217

Deffenu, Giuseppe, 217n

Depretis, Agostino (1813-1887), 19n, 20, 212, 265, 269-70

Di Cesarò, Giovanni Antonio Colonna (1878--1940), 230

Dietz, Johann Heinrich Wilhelm (1843-1922), 33

Dorso, Guido (1892-1947), 222

Dostoiévski, Fiódor (1821-1881), 296

Eckermann, Johann Peter (1792-1854), 240

Engels, Friedrich (1820-1895), 14, 37-9, 42-5, 52, 71, 291, 297-9, 307-10, 313-5, 318, 330, 386-7

Federzoni, Luigi (1878-1967), 235

Ferrari, Giuseppe (1811-1876), 257, 317

Ferrero, Guglielmo (1871-1942), 198

Ferri, Enrico (1856-1929), 121, 198, 223

Feuerbach, Ludwig Andreas (1804-1872), 37, 43-4, 304-5

Fichte, Johann Gottlieb (1762-1814), 318

Finck, Franz Nikolaus (1867-1910), 240

Fiori, Giuseppe (1923-2003), 25n, 62, 86, 152

Ford, Henry (1863-1947), 337

Fortichiari, Bruno (1892-1981), 103, 126, 159, 166-7

Fortunato, Giustino (1848-1932), 226, 231, 246n

Foucault, Michel (1926-1984), 142

Fourier, Jean-Baptiste Joseph (1768-1830), 278

Fovel, Nino Massimo (1880-1941), 229

Fracchia, Umberto (1889-1930), 241

Franco, Marielle (1979-2018), 187

Galetto, Leo, 63

Garibaldi, Giuseppe (1807-1882), 257

Garin, Eugenio (1909-2004), 28

Gennari, Egidio (1876-1942), 126

Gentile, Giovanni (1875-1944), 33, 36, 121, 246n, 272n, 383-4

Gentiloni, Ottorino (1865-1916), 204n

Gerratana, Valentino (1916-2000), 237, 314

ÍNDICE ONOMÁSTICO 421

Gioberti, Vincenzo (1801-1852), 257, 274-5, 277

Giolitti, Giovanni (1842-1928), 93n, 110, 115, 154, 204n, 225, 265, 269, 271, 285, 288

Gobetti, Piero (1901-1926), 232, 267-72, 274, 394

Gobineau, Joseph Arthur de (1816-1882), 332

Goethe, Johann Wolfgang von (1749-1832), 240-1, 243

Gramsci, Francesco (1860-1937), 19n, 24n, 391

Gramsci, Gennaro (1884-1965), 392, 401

Gramsci, Giuseppina Marcias (1861-1932), 19n, 391

Graziadei, Antonio (1872-1953), 158, 185

Grieco, Ruggero (1893-1955), 126, 159, 161, 221, 233, 400-1

Grimm, irmãos [Jacob Grimm (1785-1863) e Wilhelm Grimm (1786-1859)], 238-9

Guicciardini, Francesco (1483-1540), 26

Halévy, Daniel (1872-1962), 250

Haller, Cain (Chiarini), 159

Haller, Karl Ludwig von (1768-1854), 276

Hardt, Michael (1960), 142

Hegel, Georg Wilhelm Friedrich (1770-1831), 13, 33, 43-5, 47, 57, 255, 272n, 296, 301-4, 308-10, 318-9, 327, 330-1, 344, 383

Heine, Heinrich (1797-1856), 304

Hess, Moses (1812-1875), 35

Hobbes, Thomas (1588-1679), 237

Horthy, almirante [Miklós Horthy de Nagybánya] (1868-1957), 138

Humberto I (1844-1900), 115

Husserl, Edmund (1859-1938), 383

Ilitch, ver Lênin

Jaurès, Jean (1859-1914), 361n

Jemolo, Arturo Carlo (1891-1981), 273n, 277n, 278n

Kabakčiev, Christo Stefanov (1878-1940), 158

Kámenev, Liev Borissóvitch (1883-1936), 234, 399

Kant, Immanuel (1724-1804), 32, 272n, 300-1, 318

Kautsky, Karl Johann (1854-1938), 14, 33, 36, 38, 43, 46, 132, 301, 307n, 312, 323

Kipling, Joseph Rudyard (1865-1936), 113

Kol, Henri H. van (1852-1925), 323

Kolarov, Vasil Petrov (1877-1950), 151

Kún, Béla (1886-1938), 87

Labriola, Antonio (1843-1904), 14, 34-43, 46, 301, 310-1, 313, 315, 319, 328

Labriola, Arturo (1873-1959), 217

Lamennais, Hughes Félicité Robert de (1782--1854), 278

Lassalle, Ferdinand (1825-1864), 303, 361n, 362

Lázaro de Betânia [personagem bíblico], 289

Leibniz, Gottfried Wilhelm (1646-1716), 304

Lênin [Vladímir Ilitch Uliánov] (1870-1924), 14-5, 28-9, 32, 46, 65, 68-73, 78, 81, 87, 97, 124, 132-3, 135-9, 141-7, 150, 155, 160, 172, 180-1, 183-4, 200-1, 216, 224n, 234, 251-2, 297n, 301n, 307, 317, 322-5, 327, 329, 358, 370, 375, 385, 388, 393, 396, 398

Leon, Daniel de (1852-1914), 87

Leonetti, Alfonso (1895-1984), 61, 63, 76, 88, 166, 172, 221, 233n, 401

Leonetti, Francesco (1924-2007), 242

Leopardi, Giacomo (1798-1837), 241

Lessing, Gotthold Ephraim (1729-1781), 304

Li Causi, Girolamo (1896-1977), 235

Liebknecht, Wilhelm (1826-1900), 33, 44-5

Lisa, Athos, 242

Livorsi, Franco, 119, 121-3

Locke, John (1632-1704), 47

Loria, Achille (1857-1943), 37, 198

Losurdo, Domenico (1941-2018), 33, 142, 302, 388

Löwy, Michael (1938), 296

Lukács, György (1885-1971), 87, 295-6, 301-4, 308, 311, 313

Luxemburgo, Rosa (1871-1919), 87, 322, 326-7, 395

422 ANTONIO GRAMSCI, O HOMEM FILÓSOFO

Macis, Enrico, 60

Maglione, Giovanni Battista, 193

Manin, Daniele (1804-1857), 257

Maquiavel, Nicolau (1469-1527), 13-4, 237, 261, 268, 275, 325, 342

Marabini, Anselmo (1865-1948), 126

Marcuse, Herbert (1898-1979), 142

Marinetti, Filippo Tommaso (1876-1944), 107

Marx, Karl Heinrich (1818-1883), 14, 16, 25, 29, 33, 35-7, 39, 41-5, 50, 52-4, 71-2, 77, 106, 142, 185, 279, 290, 297-307, 313-15, 318, 327-31, 343-4, 356, 385-7

Masci [Antonio Gramsci] (1891-1937), 170

Matteotti, Giacomo (1885-1924), 106, 181n, 187-8, 191, 201, 204, 398

Mazzini, Giuseppe (1805-1872), 256-7, 268-9, 275, 278-80, 317

Medici, Giacomo (1807-1872), 257

Menelik II, Negus (1844-1913), 270n

Michels, Robert (1876-1936), 349-63

Misiano, Francesco (1884-1936), 103, 126

Missiroli, Mario (1886-1974), 33

Montagnana, Luigi, 167

Montanelli, Giuseppe (1813-1862), 257

Mussolini, Benito Amilcare Andrea (1883--1945), 106, 109, 121-2, 150, 178, 187n, 188-91, 193, 198, 205, 232, 238, 267, 271--2, 285-6, 362, 370, 393, 395-9, 404

Mustè, Marcello (1959), 34, 39

Napoleão Bonaparte (1769-1821), 222, 279, 282, 352

Napoleão III [Carlos Luís Napoleão Bonaparte] (1808-1873), 282, 352

Negri, Antonio "Toni" (1933), 142, 170

Nenni, Pietro Sandro (1891-1980), 161

Niceforo, Alfredo (1876-1960), 223

Nitti, Francesco Saverio (1868-1953), 190

Olivetti, Samuel David Camillo (1868-1943), 90

Orano, Paolo (1875-1945), 198, 223

Orlando, Vittorio Emanuele (1860-1952), 190, 230

Owen, Robert (1771-1858), 278

Paggi, Leonardo, 56, 226

Parodi, Giovanni (1889-1962), 126

Pascoli, Giovanni (1855-1912), 243

Pastore, Ottavio (1887-1965), 63

Paulesu, Teresina Gramsci (1895-1976), 238

Pelloutier, Fernand-Léonce-Émile (1867-1901), 56

Pio IX [Giovanni Maria Mastai-Ferretti] (1792--1878), 33n

Pio X [Giuseppe Melchiorre Sarto] (1835--1914), 204n

Podrecca, Guido (1865-1923), 121

Polano, Luigi (1897-1984), 126

Presutti, Smeraldo (1898-1084), 158

Rabezzana, Pietro (1876-?), 62

Radek, Karl Berngardovitch (1885-1939), 139, 147-8, 151, 156, 158, 181, 183-4

Ragionieri, Ernesto (1926-1975), 34, 164

Rákosi, Mátyás (Pinguim) (1892-1971), 158-9

Rattazzi, Urbano (1808-1873), 269

Ravazzoli, Paolo (1894-1940), 233n, 242, 401

Ravera, Camilla (1889-1988), 166, 221, 233

Recchia, Teresa (1899-1935), 233n

Reed, John [John "Jack" Silas Reed] (1887--1920), 87

Rei Sol [Luís XIV] (1638-1715), 353

Rena, Ettore, 193

Repossi, Luigi (Luigino) (1882-1957), 103, 126, 159

Rigola, Rinaldo (1868-1954), 193

Riviére, Jacques (1886-1925), 241

Robespierre, Maximilien François Marie Isidore de (1758-1794), 32

Rocco, Alfredo (1875-1935), 188, 228

Rolland, Romain (1866-1944), 48, 403, 404

Rosmini, Antonio (1797-1855), 275

Rotteck, Karl von [Karl Wenzeslaus Rodecker von Rotteck] (1775-1840), 45

Rousseau, Jean-Jacques (1712-1778), 47, 57

Said, Edward (1935-2003), 243

Saint-Simon, Conde de (1760-1825), 278

Salandra, Antonio (1853-1931), 190, 230, 271

ÍNDICE ONOMÁSTICO 423

Salvatorelli, Luigi (1886-1974), 109

Salvemini, Gaetano (1873-1957), 217n, 393

São Paulo [Paulo de Tarso] (5 d.C.-67 d.c.), 29-30

Scalarini, Giuseppe (1873-1948), 62

Schelling, Friedrich Wilhelm Joseph (1775--1854), 318

Schiavi, Alessandro (1872-1965), 62

Schucht, Eugenia (1888-1972), 159, 397

Schucht, Julia "Julca" (1896-1980), 159, 161n, 178, 181n, 187n, 188, 397-9

Schucht, Tatiana "Tania" (1887-1943), 159, 221, 243, 398-404

Scoccimarro, Mauro (1895-1972), 159-60, 166-7, 169-70, 171n

Sella, Quintino (1827-1884), 260n, 269

Sergi, Giuseppe (1841-1936), 223

Serrati, Giacinto Menotti (1872-1926), 103, 124, 160-1, 165n, 394, 396

Sessa, Cesare (1885-1954), 126

Shakespeare, William (1564-1616), 240-1

Silone, Ignazio (1900-1978), 233n, 234, 242

Sincero, Francesco (1869-1933), 51

Sismondi, Jean de (1773-1842), 278

Sonnino, Sidney (1847-1922), 260

Sonzogno, Edoardo (1836-1920), 228n

Sorel, Georges Eugène (1847-1922), 14, 34, 55-6, 217n, 296, 333, 353, 361

Spano, Velio (1905-1964), 233n

Spaventa, Bertrando (1817-1883), 36-7, 39, 42, 383

Spaventa, Silvio (1822-1893), 383

Spencer, Herbert (1830-1903), 38, 42

Spriano, Paolo (1925-1988), 120n, 132, 158, 161, 234

Sraffa, Piero (1898-1983), 28, 402, 403, 404

Stálin, Josef [Joseph Vissarionovitch] (1878--1953), 28, 220-1, 234, 325n

Tarsia, Ludovico (1876-1970), 126

Tasca, Angelo (1892-1960), 75-7, 96, 99, 104, 151, 158, 165-7, 171n, 172, 175, 177, 178n, 180-1, 184, 233n, 242, 392, 395, 401

Taylor, Frederick Winslow (1856-1915), 336

Terracini, Umberto Elia (Urbani) (1895-1983), 75, 103, 126-7, 145-7, 159, 166, 168-70, 172-3, 242, 395-8

Thomas, Peter D., 244

Togliatti, Palmiro (Palmi) (1893-1964), 23-4, 28n, 37, 63, 75, 104, 121, 126-8, 151, 159, 163-7, 169-73, 221, 233, 242, 384, 392, 395-6, 398-9, 400-1

Tommaseo, Niccolò (1802-1874), 275

Tresso, Pietro (1893-1943), 233n, 242, 401

Treves, Claudio (1869-1933), 52, 288-9, 296

Trótski, Leon [Liev Davídovitch Bronstein] (1879-1940), 35, 87, 139, 141, 151, 158, 160, 234, 323-5, 339-40, 397, 399, 400

Turati, Filippo (1857-1932), 37-8, 41, 81, 124, 251, 296

Vanzulli, Marco, 36, 328

Venegnani, Carlo, 149

Venegoni, Carlo (1902-1983), 233n

Vico, Giambattista (1668-1744), 14, 256

Vittorio Emanuele II (1820-1878), 257, 269

Vittorio Emanuele III [Vittorio Emanuele Ferdinando Maria Gennaro di Savoia] (1869--1947), 235, 397

Vota, Giuseppe, 158, 166

Weber, Max (1864-1920), 361, 383

Weitling, Wilhelm (1808-1871), 331

Welcker, Carl Theodor (1790-1869), 45

Zanelli, Antonio (1825-1894), 21

Zetkin, Klara [Clara Zetkin] (1857-1933), 158

Zinoviev, Gueórgui Evséievíteh (1883-1936), 87, 156-8, 160, 165-6, 181-5, 234, 399

Žižek, Slavoj (1949), 142

Ilustração do cartunista Kinho kartoon por ocasião da morte de Miguel Otávio Santana da Silva, aos 5 anos, em Recife, em 2 de junho de 2020.

Publicado em julho de 2020, um mês após a morte de Miguel Otávio Santana da Silva, que, com apenas 5 anos, foi deixado sozinho num elevador pela patroa da mãe dele – expressão trágica da relação de dominação que Gramsci passou a vida combatendo –, este livro foi composto em Adobe Garamond Pro, corpo 11/13,2, e impresso em papel Avena 80 g/m² pela Rettec, para a Boitempo, com tiragem de 2 mil exemplares.